U0811998

上海市重点图书

普通高等教育"十二五"规划教材
国家教学改革与质量工程项目

会计学特色专业系列教材

总主编 薛小荣

财务管理

（第二版）

王新平 陈淑芳／主编

立信会计出版社
LIXIN ACCOUNTING PUBLISHING HOUSE

图书在版编目(CIP)数据

财务管理/王新平，陈淑芳主编. —2 版. —上海：立信会计出版社，2015.1

会计学特色专业系列教材

ISBN 978-7-5429-4501-3

Ⅰ.①财… Ⅱ.①王… ②陈… Ⅲ.①财务管理—教材 Ⅳ.①F275

中国版本图书馆 CIP 数据核字(2015)第 021282 号

策划编辑 张巧玲
责任编辑 郭 光
封面设计 周崇文

财务管理(第二版)

出版发行	立信会计出版社		
地　　址	上海市中山西路 2230 号	邮政编码	200235
电　　话	(021)64411389	传　　真	(021)64411325
网　　址	www.lixinaph.com	电子邮箱	lxaph@sh163.net
网上书店	www.shlx.net	电　　话	(021)64411071
经　　销	各地新华书店		

印　　刷	常熟市华顺印刷有限公司		
开　　本	710 毫米×960 毫米	1/16	
印　　张	22.75	插　　页	1
字　　数	417 千字		
版　　次	2015 年 1 月第 2 版		
印　　次	2018 年 1 月第 4 次		
印　　数	9 301—10 300		
书　　号	ISBN 978-7-5429-4501-3/F		
定　　价	39.00 元		

如有印订差错，请与本社联系调换

国家教学改革与质量工程项目
会计学特色专业系列教材

项目总负责人	薛小荣	西安财经学院副院长　博士　教授
编委会主任	吴旺延	西安财经学院商学院院长　博士　教授
副主任	陈淑芳	西安财经学院商学院副院长　教授
	刘总理	西安财经学院商学院会计系主任　教授
总主编	薛小荣	
副总主编	吴旺延　陈淑芳　刘总理	

编委会成员（按姓氏笔画为序）

王新平　左　锐　刘　杉　刘总理　陈淑芳

赵珍珠　赵栓文　贾宗武　徐　玮　高晓林

郭西强　盛碧荷　薛小荣

总　序

西安财经学院会计学专业创建于20世纪50年代初，在半个多世纪的会计学专业教学中，由具有丰富实践经验和中外会计学专业知识背景的中青年会计学人才组成的专业教学团队，以“重基础、重实践、重规范”为教学理念，自编适合培养对象特点的讲义与教材，形成了自己的教学特色，为新中国，尤其是为西部建设培养了一大批急需的应用型会计专门人才，奠定了会计学专业人才培养的基本教学模式，得到了用人单位和会计教育界的肯定。

进入21世纪以来，我校会计学专业秉承并充实传统的教学理念，按照“宽口径、厚基础、强能力、高素质”的人才培养要求，以及培养“信得过、用得上、干得好”且具有创新精神的高级应用型会计专门人才的特色定位，大力进行教学改革，提高教学质量，取得了一系列优秀的教学成果。会计学专业的毕业生就业率一直稳居各相关专业前列，对学生的吸引力进一步增强。2008年会计学专业被立项为“省级特色专业建设点”，2010年被立项为“国家级特色专业建设点”，为提高会计学专业教学质量，以及加快教学改革步伐增添了新的动力。

教材是体现教学内容和课程体系的知识载体，是进行教学的基本工具，也是全面推进素质教育、培养应用型创新人才的重要保证。为了系统总结西安财经学院会计学专业多年来的教学改革成果，整合会计学专业已有的教材、讲义资源，体现会计学专业最新的教学理念和特色，依托国家级和省级教学改革与质量工程项目，西安财经学院组织编写了“会计学特色专业系列教材”。

本系列教材主要包括：《基础会计学》、《中级财务会计》、《高级财务会计》、《成本会计》、《审计学》、《金融企业会计学》、《税务会计》、《财务管理》、《企业财务分析》、《管理会计学》、《会计信息系统实践教程》、《会计模拟实践教程》等。本系列教材的特点是重点突出、难点易化；重视系统性、讲求实用性、避免重复性；重基础、重实践、重规范、重应用、重能力培养；便于学习、便于掌握、便于应用和实践。编写本系列教材的目的是为了使学者能提高学习效率，使教者能提高教学质量。

需要说明的是，本系列教材既是国家级、省级教学改革与质量工程项目的重点资助内容，又是会计学专业教学改革成果的系统总结；反映了前辈们的探索和当今会计学人的研究成果；还有同行们的关心和相关单位、部门的支持，在此一并表示谢意。希望我们的努力能够为我国的会计教育和人才培养作出更多的有益贡献。

期望读者和同行对本系列教材提出宝贵的意见和建议。

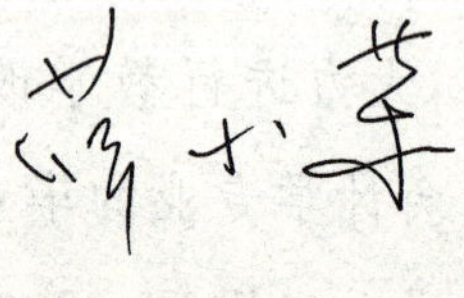

2015年1月

第二版前言

《财务管理》第一版于2012年2月出版，2013年荣获陕西省教育厅优秀教材一等奖。本书经多次印刷，深受广大师生的好评，其他读者也给予了积极的评价。《财务管理》第二版在第一版的基础上融入了近年来财务管理理论的新发展、新应用及编者多年的教学经验，改进了部分内容的叙述方式和部分例题的解题方法，兼顾当今高等学校应用型人才的培养要求。

本书以财务管理理论中的经典内容为核心，文理渗透、启发诱导，旨在提高学生的理论水平，提高其分析问题和解决问题的能力。在教材内容的组织和讲解方面，力求做到符合教学规律和认知特点，在突出主要概念的同时，更加贴近实用，增强了学生对所学知识的系统性、规律性的认识。为提高学生的学习效果，增强学生自主解决问题的能力，在精选了丰富的例题和习题的同时，增加了典型例题内容，开拓了学生的视野，激发了学习兴趣。在每章末配有思考与练习，有助于学生对相关章节内容的理解和掌握。

本书在编写过程中，得到了西安财经学院有关领导和教师的支持和帮助，得到了西安邮电大学李永红教授的支持和帮助，特别是西安财经学院薛小荣教授、盛碧荷教授详细认真审阅了本书的初稿，并提出了许多宝贵的意见。在此，对所有帮助过我们的同志一并表示衷心的感谢！

本次各章修订分工是，陈淑芳：第一章、第九章；王新平：第二章、第三章；吴艳文：第五章、第七章；张佩：第六章；袁艺：第八章；徐玮：第四章；马国清：第十章。修订稿完成后，由王新平、陈淑芳进行了修改、补充、总纂和定稿。

限于编者水平，本书在内容取舍、编写方面难免存在不妥之处，恳请读者批评指正。

编　者

2015 年 1 月

前言

为了配合和推进教育部实施国家教学改革与质量工程项目，促进优质教学资源的建设、共享和应用，立信会计出版社组织出版了国家级会计学特色专业系列教材。

自20世纪90年代初西方财务与会计理论被引入我国以来，我国财务与会计领域发生了重大的变革，从事财务管理课程教学和研究的学者不断增加，新老学者会集在一起，使我国财务管理课程教学和研究实现了跨越式发展，并且成果斐然。这是市场经济发展的内在需求使然。这种学科发展态势和丰富的成果积淀为我们的教材编写提供了深厚的理论支持，同时也对编写质量提出了更高的要求。

本教材的编写是以我国最新颁布的各项会计准则、财务制度、财务通则、公司法等法规政策为依据，结合我国企业财务管理的新情况和改进财务管理课程教学的新要求，系统、全面地介绍了财务管理学的基本原理、基本方法、操作实务和相关理论。本教材是高校会计学、财务管理、审计学和金融学等经济管理专业财务管理教学的核心教材，同时也是各相关专业学生学习财务管理课程和报考注册会计师财务成本管理科目的理想参考教材。

本教材具有以下特点：

(1) 体系新颖、结构合理、内容严谨，便于学生在较短时间内掌握这门专业基础课。

(2) 以财务报表分析、财务管理的两个价值观念(时间价值和风险价值)等基础理论知识为出发点，系统、全面地阐述了企业的筹资管理、投资管理、营运资本管理、利润分配管理等相关内容，最后以全面预算和财务控制为终结。在体系、结构和内容上，既便于老师讲授，也便于学生的学习和理解。

(3) 充分体现了财政部已颁布或修订的最新企业会计准则、财务通则、公司法、证券法、注册会计师职业准则及其指南的规定和要求。

(4) 除第一章外，每章附有大量思考题、练习题以及案例题，既便于学生在学习各章内容之后，明确把握各章的学习要点、巩固所学知识，也丰富了教师的课堂教学。

本教材由西安财经学院王新平副教授、陈淑芳教授担任主编。各章的执笔人员为：第一章、第九章由陈淑芳编写；第二章、第三章由王新平编写；第五章、第七章由吴艳文编写；第六章由张佩编写；第八章由袁艺编写；第四章由高文涛编写；第十章由刘磊编写。各章初稿完成后，先后进行交叉审阅，最终由王新平、陈淑芳定稿。

感谢参与本教材编写的教师的努力和付出，感谢立信会计出版社给予的诸多支持和付出的辛勤劳动！

教材的编写及其质量的提高是一个持续不断的过程。由于编者水平有限，难免存在不足之处，我们恳请广大师生及其他读者朋友对本教材给予批评指正，并提出宝贵的意见和建议，以便我们进一步提高教材的质量，更好地适应教学的需要。

编　者

2012 年 2 月

目　录

第一章 绪 论

重点提示

学习本章，要求掌握财务管理的内容、财务管理目标的主要理论形式、利益冲突的协调、经济环境、法律环境；熟知财务管理的概念、财务管理的职能、财务管理环境的概念；了解经济环境。

第一节 财务管理概述

一、财务管理的概念

任何企业的生产经营活动，都是运用人力、资金、物资与信息等各项生产经营要素来进行的，其中包含了生产经营的业务活动和财务活动两个方面，与之对应的，在企业中必然存在两种基本管理活动，即生产经营管理和财务管理。

社会商品是使用价值和价值的统一体，资金是企业生产经营过程中商品价值的货币表现，在企业生产经营过程中，劳动者将生产中所消耗的生产资料的价值转移到产品中去，并且创造出新的价值，通过实物商品的出售，使转移价值和新创造的价值得以实现，这便是资金的运动。在资金运动过程中，随着价值的转移与新价值的创造，必然会发生人与人之间的经济利益关系。企业的财务活动是企业生产经营过程中的资金运动及其所体现的财务关系。因此，企业财务管理就是组织企业财务活动，处理财务关系的一项经济管理工作。

二、财务管理的内容

（一）财务活动

企业的基本活动是从资本市场上筹集资金，投资于生产性经营资产，并运用这些资产进行生产经营活动，取得利润后用于补充权益资本或者分配给股东。因此，企业的基本活动可以分为筹资、投资、分配和资金营运活动四个方面。

1. 筹资活动

企业的创建和经营活动的开展首先必须筹集一定数量的资金，这是企业从事生产经营活动的前提。企业从各种渠道以各种形式筹集一定数额的资金是资金运动的起点。筹资活动是企业为了满足投资和用资的需要，筹措和集中所需资金的过程。在筹资过程中，企业一方面要确定筹资的总规模，以保证投资所需要的资金；另一方面要通过筹资渠道、筹资方式或工具的选择，合理确定筹资结构，以降低筹资成本和风险，提高企业价值。

企业资金来源包括所有者投入资金和债权人投入资金两部分，前者属于企业的所有者权益，形成权益资金；后者属于企业的债权人权益，形成负债资金。企业筹集资金，表现为企业资金的收入。企业偿还借款、支付利息、支付股利以及付出各种筹资费用等，则表现为企业资金的支出。这种因为资金筹集而产生的资金收支便是由企业筹资而引起的财务活动。

2. 投资活动

企业筹集资金的目的是为了把资金用于生产经营活动以便取得盈利，不断增加企业价值，否则，筹资就失去了目的和效用。企业投资可以分为广义投资和狭义投资两种。广义的投资是指企业将筹集的资金投入使用的过程，包括对内投资和对外投资；狭义的投资仅指对外投资。企业把筹集到的资金投资于企业内部用于购置固定资产、无形资产等，便形成企业的对内投资；企业把筹集到的资金投资于购买其他企业的股票、债券或与其他企业联营进行投资，便形成企业的对外投资。

企业在投资过程中，必须考虑投资规模（即为确保获取最佳投资收益，企业应投入的资金数额），同时还必须通过投资方向和投资方式的选择来确定合适的投资结构，以提高投资效益、降低投资风险。

3. 分配活动

企业通过投资（包括对内投资和对外投资）和资金的营运活动可以取得相应的收入，并实现资金的增值。企业在取得各种收入后，必然对资金进行分割和分派。对资金进行分割和分派是有先后顺序的。首先，在补偿成本后要依法纳税；其次，要用来弥补亏损，提取公积金；最后，要向投资者分配利润。这种因利润分配而产生的资金收支便属于由利润分配引起的财务活动。

另外，随着分配过程的进行，资金或者退出企业或者留存企业，必然会影响到企业资金的规模和结构，作为盈余公积的资金继续留在企业内部，为企业的持续发展提供保证，而分配资金则退出了企业。股利分配决策的核心问题是协调解决企业与利益相关者、企业近期与远期利益之间的矛盾。因为若当期股利分配过多会影响企业未来的发展，分配过少又将导致股东近期利益难以满足。因此，企业必须依据一定的法律原则、行业状况、公司实际情况，合理确定分配规模和分配方式，以确保企业取得最大的长期效益。

4. 资金营运活动

企业在日常的经营过程中，会发生一系列资金收支。首先，企业要采购材料或商品，以便从事生产和销售活动，同时，还要支付工资和其他营业费用；其次，当企业把产品或商品售出后，便可取得收入，收回资金；最后，如果企业现有资金不能满足企业经营的需要，还要采取商业信用等方式来筹集所需资金。上述各方面都会产生企业资金的收支，即为企业日常经营引起的财务活动。

企业在营运过程中，必须考虑如何加速资金周转，提高资金的利用效率。因为，在一定时期内，资金周转越快，资金的利用效率越高，就可能生产出更多的产品，取得更多的收入，获得更多的报酬。

上述筹资活动、投资活动、资金营运活动和分配活动是相互联系、相互依存的。正是上述互相联系又有一定区别的四个方面，构成了完整的企业财务活动，这四个方面也就是企业财务管理的基本内容。

（二）财务关系

企业在筹资、投资、资金营运及利润分配等财务活动中，必然与企业的利益相关者之间发生广泛的经济联系，从而与其发生经济利益关系，这种经济利益关系也称财务关系，主要包括以下几个方面。

1. 企业与投资者之间的财务关系

这主要是指企业的投资者向企业投入资金，企业向其投资者支付投资报酬所形成的经济利益关系。企业的投资者也即企业的所有者要按照投资合同、协议、章程的约定履行出资义务，以便及时形成企业的资本金。企业利用资本金进行经营，实现利润后，应按出资比例或合同、章程的规定，向其所有者分配利润。投资者是企业最重要的利益相关者，因为其拥有企业的所有权。

投资者的所有权主要体现在：① 对企业进行一定程度的控制或施加影响。② 参与企业的利润分配。③ 享有剩余财产索取权。④ 承担一定的经济法律责任等方面。企业同其所有者之间的财务关系，体现着所有权的性质，反映着经营权和所有权的关系。

2. 企业与被投资单位之间的财务关系

这主要指企业将其闲置资金以购买其他企业股票或直接投资的形式向其他企

业投资所形成的经济关系。随着经济体制改革的深化和横向经济联合的开展，企业的经营规模和经营范围不断扩大，这种关系将会越来越广泛。企业向其他单位投资，应按约定履行出资义务，依据其对被投资单位的出资份额，可以独资、控股、参股等形式参与被投资单位的经营管理和利润分配。企业与被投资单位的关系是体现所有权性质的投资与受资的关系。

3. 企业与债权人之间的财务关系

这主要是指企业向债权人借入资金，并按借款合同的规定按时支付利息和归还本金所形成的经济关系。企业筹资的过程中除投资者投入权益性资金外，还向债权人借入负债性资金，以便降低企业资本成本，扩大企业经营规模。企业的债权人主要有：债券持有人、贷款机构、商业信用提供者、其他出借资金给企业的单位或个人。企业利用债权人的资金，要按约定的利息率，及时向债权人支付利息，债务到期时，要合理调度资金，按时向债权人归还本金。企业同其债权人的关系，体现的是债务与债权关系。

4. 企业与债务人之间的财务关系

这主要是指企业将其资金以购买债券、提供借款或商业信用等形式出借给其他单位所形成的经济关系。企业将资金借出后，有权要求债务人按约定的条件支付利息和归还本金。企业同其债务人的关系体现的是债权与债务关系。

5. 企业与政府之间的财务关系

这主要是指企业要按税法的规定依法纳税而与国家税务机关所形成的经济关系。企业与国家之间的财务关系主要体现在两方面：一是国家为了实现其职能，以社会管理者的身份无偿参与企业收益的分配。企业必须按照法律规定向国家缴纳各种税费，包括所得税、流转税、资源税、财产税、行为税、教育费附加等。二是国家作为投资者，通过其授权部门或机构以国有资产向企业投入资本，并根据其比例参与企业利润的分配。前者体现的是强制的、无偿的分配关系，后者体现的是所有权性质的投资与受资的关系。

6. 企业内部各单位之间的财务关系

这主要是指企业内部各单位之间在生产经营各环节中相互提供产品或劳务所形成的经济关系。企业内部各单位之间既分工又合作，共同形成一个完整的生产经营系统。企业内部每个单位是一个相对独立的子系统，各子系统既要履行各自独立的职能，又要相互协调、配合，从而实现企业既定的生产经营目标。在企业内部经济核算制和企业内部经营责任制的条件下，企业供、产、销各部门以及各生产单位之间相互提供产品和劳务要按内部转移价格进行核算，以便考察、评估各单位的工作业绩。企业在实行内部经济核算制和内部经营责任制的条件下，企业供、产、销各部门以及各生产单位之间，相互提供产品和劳务也要进行计价结算。

7. 企业与职工之间的财务关系

这主要是指企业向职工支付劳动报酬过程中所形成的经济关系。职工是企业的劳动者,他们以自身提供的劳动作为参与企业分配的依据。企业要根据劳动者提供的劳动数量和质量,用自身的产品销售收入,向职工支付工资、津贴、奖金等劳动报酬。这种企业与职工之间的财务关系,体现了职工和企业在劳动成果上的分配关系。

三、财务管理的职能

财务管理职能是随着财务管理实践和管理理论的发展而不断演变的,自从财务管理作为企业管理的一个独立部分被广泛应用以来,其所体现出的特有职能取得了迅速发展。在管埋实践活动较简单、管理理论处于初级阶段时,财务管理职能的发挥受到限制,人们对它的认识也较狭窄;在管理实践活动变得复杂并出现了新的管理理论之后,财务管理职能才得以充分发挥,人们对它的认识也才更加全面和深刻。

在我国,财务管理职能的发挥情况与国家的经济体制有很大的关系。在计划经济条件下,国有企业所需资金由国家下拨,所获利润上缴国家,企业完全服从国家的计划安排,按照国家制定的财务制度办理收支和使用资金,企业与国家之间为单纯的经济服从关系,企业与企业之间则为建立在共同服从国家计划之上的经济协作关系。与这些经济利益相适应,企业财务管理的职能主要为计划和监督,即计划使用国家资金,监督国家资金的使用情况。建立社会主义市场经济以来,企业作为独立的商品生产者,与各方面的经济关系发生了极大的变化,企业与投资者之间成为权益关系,企业与其他企业成为债权、债务关系或合同义务关系,因而财务管理的职能也不同于以前。

(一) 财务决策

财务决策是指企业财务人员根据企业经营目标和财务管理目标的总体要求,从若干个可供选择的财务活动方案中选择最优方案的过程。

财务决策程序一般包括:

(1) 确定财务决策目标。

(2) 制定可实现目标的各种方案。

(3) 评价和比较各种方案。

(4) 选择实现目标的最优方案。

(二) 财务计划与预算

1. 财务计划

财务计划是指财务人员对企业未来一定时期内现金流量、经营成果和财务状况所做的数量预测。包括资金需要量计划、成本和费用计划、材料采购计划、生产和销售计划、利润计划、财务收支计划等。

财务计划的编制程序一般包括：

(1) 根据企业发展规划，制定财务收支的总体规划。

(2) 对需要和可能发生的支出进行协调，实现综合平衡。

(3) 根据协调结果，制定可执行的具体计划。

2. 财务预算

财务预算是企业在预测、决策的基础上，以数量和金额的形式反映企业未来一定时期内投资、筹资、经营等财务活动的具体计划，是为实现企业目标而对各种资源和企业活动做的详细安排。

企业编制预算，一般应按照"上下结合、分级编制、逐级汇总"的程序进行。

(三) 财务控制

财务控制是在财务管理的过程中，利用有关信息和特定手段，对企业财务活动所施加的影响或进行的调节。实行财务控制是落实预算任务、保证预算实现的有效措施。财务控制程序一般包括：

(1) 制定控制标准，分解落实责任。

(2) 实施追踪控制，及时调整误差。

(3) 分析执行情况，提供考核基础。

(四) 财务分析

财务分析是根据企业财务报表等信息资料，采用专门方法，系统分析和评价企业财务状况、经营成果以及未来发展趋势的过程。进行财务分析时，根据分析任务的不同，一般要经过以下程序：

(1) 确立分析标准。

(2) 确定分析目标。

(3) 收集、整理并核实信息资料。

(4) 采用专门方法分析确定的分析目标。

(5) 作出分析结论。

第二节　财务管理的目标

一、财务管理目标概述

目标是灯塔，在茫茫大海上引导着巨轮的航行；目标是个人努力的方向，同样也赋予企业前进的动力，要管理好一个企业，首先要明确什么是企业财务管理目标。

财务管理目标又称理财目标，是指企业进行财务活动所要达到的根本目的，是评价企业理财活动是否合理、有效的基本标准，它决定着财务管理理论体系中的基本要素和行为导向。它既是企业理财活动所希望实现的结果，又是财务管理实践中进行财务决策的出发点和归宿。

从根本上说，财务管理的目标取决于企业生存的目的或企业目标，取决于特定的社会经济模式，制约着财务运行的基本特征和发展方向，是财务运行的一种驱动力。不同的财务管理目标，会产生不同的财务管理运行机制，科学地设置财务管理目标，对优化企业理财行为，实现财务管理的良性循环，具有重要意义。在现行的市场经济条件下，企业的组织结构不断完善，公司制企业是现行最主要的企业结构形式，因此对于财务管理目标的研究主要集中在公司制企业财务管理的目标，包括利润最大化、每股收益最大化、股东财富最大化、企业价值最大化等目标。

（一）利润最大化

利润最大化即假定在企业投资预期收益确定的情况下，财务管理行为朝着有利于企业利润最大化的方向发展，利润最大化是西方微观经济学的理论基础。西方经济学家以往都是以利润最大化这一概念来分析和评价企业行为和业绩的。

以利润最大化作为财务管理的目标是有一定道理的：一是人类从事生产经营活动的目的是为了创造更多的剩余产品，在商品经济条件下，剩余产品的多少可以用利润这个指标来衡量；二是在自由竞争的资本市场中，资本的使用权最终属于获利最多的企业；三是只有每一个企业都最大限度地获得利润，整个社会的财富才可能实现最大化，从而带来社会的进步和发展。

以利润最大化作为财务管理的目标，有其合理的一面。企业追求利润最大化，就必须讲求经济核算，加强管理，改进技术，提高劳动生产率，降低产品成本。这些措施都有利于资源的合理配置，有利于经济效益的提高。

但是，以利润最大化作为财务管理的目标也存在一些缺陷：

（1）利润最大化没有考虑利润实现的时间，即没有考虑资金时间价值。

（2）利润最大化没能有效地考虑风险问题。这可能会使财务人员不顾风险的大小去追求最多的利润。

（3）利润最大化没有反映创造的利润与投入资本之间的关系，因而不利于不同资本规模的企业或同一企业在不同期间的比较。

（4）利润最大化往往会使企业财务决策带有短期行为的倾向，即只顾实现目前的最大利润，而不顾企业的长远发展，如忽视产品开发、人才培养、生产安全、技术设备更新和履行社会责任等。应该看到，将利润最大化作为企业财务管理的目标，只是对经济效益的浅层次的认识，存在一定的片面性，所以现代财务管理理论认为，利润最大化并不是财务管理的最优目标。

（二）每股收益最大化

这种观点认为，应该把企业的利润和股东投入的资本联系起来考察。以每股收益最大化作为财务管理的目标可以克服利润最大化目标不能反映企业获取的利润额同投入资本额之间的投入产出相比较的缺陷；有利于正确衡量企业经济效益水平，评价企业经营状况、盈利能力和发展前景；有利于不同资本规模的企业或同一企业不同时期之间的比较分析，从而为决策提供更有针对性的资料信息。然而，同利润最大化目标一样，每股收益最大化目标仍然没有考虑资金的时间价值和风险因素，也不能避免企业的短期行为。

（三）股东财富最大化

持此观点的学者认为，企业的经营就是要为其所有者——股东带来更多的财富，从而将其作为管理的根本目标。在资本市场中，股东财富最大化又被演绎为股票价格最大化、每股收益（EPS）最大化，这种观点曾被西方的一些经济学家提出。例如，本顿·E·盖普教授指出，股东财富最大化是用公司股票的市场价格来计量的。偌斯教授等也曾明确指出，财务管理的目标就是要使每股股票的目前价值极大化。

1. 股东财富最大化的优点

与利润最大化目标相比，股东财富最大化目标有以下优点：

(1) 股东财富最大化目标考虑了风险因素，因为风险的高低，会对股票价格产生重要影响。

(2) 股东财富最大化在一定程度上能够克服企业在追求利润上的短期行为，因为不仅目前的利润会影响股票价格，预期未来的利润对企业股票价格也会产生重要影响。

(3) 股东财富最大化目标比较容易量化，便于考核和奖惩。

2. 股东财富最大化的缺点

股东财富最大化目标也存在一些缺点：

(1) 它只适用于上市公司，对非上市公司则很难适用。

(2) 它只强调股东的利益，而对企业其他关系人的利益重视不够。

(3) 股票价格受多种因素影响，并非都是公司所能控制的，把不可控因素引入理财目标是不合理的。

尽管股东财富最大化存在上述缺点，但如果一个国家的证券市场高度发达，市场效率极高，上市公司就可以把股东财富最大化作为财务管理的目标。

（四）企业价值最大化

企业价值最大化是指通过企业财务上的合理经营，采用最优的财务政策，充分考虑资金的时间价值和风险与报酬的关系，在保证企业长期稳定发展的基础上使企业总价值达到最大。企业价值不是简单地等同于账面资产总价值，而是企业全部资产的市场价值，企业价值反映了企业潜在或预期获利能力，这种观点充分考虑了资金时间价值和风险因素。

多边治理公司理论认为，企业是利益相关者的集合体，利益相关者都被认为是企业利益的贡献者和分享者，包括企业的员工、客户、供应商、债权人和所有者，企业进行经营活动必然会得到以上利益相关者的拥戴和支持，企业的持续发展就有了保证。所以企业在追求自身价值最大化、保持可持续发展过程中必须考虑各利益相关者的利益。

企业价值最大化看似简单，实际具有丰富的内涵，其基本思想是将企业长期稳定发展摆在首位，强调在企业价值增长中满足各方利益关系，具体内容包括以下几个方面：① 强调风险与报酬的均衡，将风险限制在企业可以承受的范围内。② 创造与股东之间的利益协调关系，努力培养安定性股东。③ 关心本企业普通职工利益，创造优美和谐的工作环境。④ 不断加强与债权人的联系，重大财务决策请债权人参加讨论，培养可靠的资金供应者。⑤ 关心客户的利益，在新产品的研制和开发上有较高投入，不断推出新产品来满足顾客的要求，以便保持销售收入的长期稳定增长。⑥ 讲求信誉，注意企业形象的宣传。⑦ 关心政府政策的变化，努力争取参与政府制定政策的有关活动，以便争取出台对自己有利的法规。

由此可见，以企业价值最大化作为财务管理的目标，其优点是非常明显的：① 该目标考虑了资金的时间价值和投资的风险价值，有利于统筹安排长短期规划、合理选择投资方案、有效筹措资金、合理制定股利政策等。② 该目标反映了对企业资产保值增值的要求，从某种意义上说，股东财富越多，企业市场价值就越大，追求股东财富最大化的结果可促使企业资产保值或增值。③ 该目标有利于社会资源合理配置。④ 该目标有利于克服管理上的片面性和短期行为。因此，企业价值最大化的观点体现了对经济效益的深层次认识，它是现代财务管理的最优目标。所以，应以企业价值最大化作为财务管理的目标，并在此基础上，确立财务管理的理论体系和方法体系。

如同从利润最大化向股东财富最大化转变一样，从股东财富最大化向企业价值最大化的转变是财务管理目标理论的又一次飞跃。

1. 企业价值最大化扩大了考虑问题的范围

现代企业理论认为，企业是多边契约关系的总和，包括股东、债权人、经理阶层和一般职工等。对企业的发展而言，缺一不可。各方都有自身的利益，共同参与构成企业的利益制衡机制，如果试图通过损伤一方利益而使另一方获利，结果会导致矛盾冲突，出现诸如职工罢工、债权人拒绝提供贷款、股东抛售股票、税务机关提出罚款等，这些都不利于企业的发展。从这个意义上说，股东财富最大化容易仅仅考虑股东利益，忽略了其他关系人的利益，而企业价值最大化正好可以弥补股东财富最大化的不足。

2. 企业价值最大化注重在企业发展中考虑各方利益关系

从上述论述可以看出，合理的财务管理目标必须考虑与企业有契约关系的各个方面，但如何考虑仍是一个十分重要的问题。企业价值最大化是在发展中考虑问题，在企业价值的增长中来满足各方利益。如果我们把企业的财富比作一块蛋糕，这块蛋糕可以分为几个部分，分属于企业契约关系的各方——股东、债权人、职工等。从逻辑关系上来看，当企业财富总额一定时，各方的利益是此消彼长的关系，而当企业的财富增加后，各方利益都会有所增加，各种契约关系人的利益都会较好地得到满足，这又有利于企业财富的增加，实现财务管理的良性循环。

二、利益冲突的协调

一个企业同时拥有不同的利益相关者，这些利益相关者之间常常存在利益冲突，从而出现不协调的行为，如不加以解决，就会影响整体财务目标的实现。在这些不同利益主体的冲突中最主要的有以下几种矛盾，需要加以重点协调。

（一）所有者与经营者的利益冲突与协调

在现代企业中，由于所有权和管理权分别由所有者和经营者所有，作为所有者，其利益在于企业价值最大化；作为经营者，则希望高报酬、多闲暇、少劳动。显然这两种利益主体之间的利益存在冲突。所有者与经营者之间的这种利益冲突常常会导致经营者采取背离所有者目标的行为，如工作不卖力、挥霍股东的财产等行为。为了解决这一矛盾，所有者应将经营者的报酬与绩效挂钩，并辅以必要的监督措施。可供选择的措施有以下几种。

1. 激励

激励即将经营者的报酬与绩效挂钩，使经营者能够分享企业增加的财富，从而激励其努力工作。对经营者可以采取以短期激励为主的现金奖励措施，也可以采取以长期激励为主的股权激励措施。

2. 接收

这是一种通过市场来约束经营者的办法，如果经营者经营决策失误、管理不力，导致企业的生产经营每况愈下，该公司就有可能被其他公司强行接收或兼并，经营者便会因此自动被解聘。因此，经营者为了避免这种接收，必然会采取一切措施以提高公司股票市价。

3. 解聘

这是一种通过所有者约束经营者的办法，所有者对经营者予以监督，如果经营者未能达到所有者的预期，就解聘经营者。经营者因害怕被解聘而被迫努力工作，实现财务管理目标。

（二）所有者与债权人的利益冲突与协调

所有者的财务目标与债权人期望实现的目标发生冲突的表现通常有以下二种情况：一是所有者可能未经债权人同意，要求经营者投资于比债权人预计风险更高的项目，从而增大债权人的资金收回的风险。二是所有者未征得债权人同意，而要求经营者发行新债券或举借新贷款，致使企业偿债风险增大，旧债券或老债务的价值相应降低。

债权人为了防止其利益被伤害，除了寻求立法保护外，通常采用的方法还有：

(1) 在借款合同中，加入限制性条件。如规定借款的使用用途、借款的担保条款和借款的信用条件；规定不得举借新债或限制举借新债的数额等。

(2) 当债权人发现企业有侵蚀其债权意图时，拒绝进一步合作，不再提供新的借款或提前收回借款，以保护自身的权益。

（三）企业与社会的利益冲突与协调

企业财务管理的目标虽然与社会目标在很大程度上是趋于一致的，但也存在一些矛盾。这些矛盾主要表现为：企业常常为了追求片面利润，可能生产伪劣产品；可能不顾员工的健康，剥夺员工的权益；可能危害环境，将企业成本转变为社会成本，等等。

协调企业与社会的矛盾，需要从法律制约、道德约束、舆论监督和行政监督等多层面、多方位地来解决。

第三节 财务管理的环境

一、财务管理环境的概念

财务管理环境又称理财环境，是指对企业财务活动和财务管理产生影响作用的企业内外各种条件和因素的统称。

企业财务管理环境可以分为宏观环境和微观环境，企业财务管理的微观环境是指影响企业财务活动的各种微观因素，如企业的组织形式、经营状况、资本供应状况、企业素质、管理者水平等。微观环境是作为企业内部的、影响企业财务活动的客观条件而存在的。宏观环境是指影响财务活动的各种宏观因素，如政治因素、经济因素、法律因素、金融市场等。宏观环境是作为企业外部的、影响企业财务活动的客观条件而存在的。企业是整个社会经济系统的一个基本单元或组成细胞，社会经济环境是企业经济发展的土壤。

本节重点介绍企业的宏观环境，即企业的经济环境、金融环境、法律环境。

二、经济环境

经济环境是影响企业财务管理的重要环境。影响财务管理的经济环境因素主要包括经济周期、经济发展水平、经济政策和通货膨胀等。

（一）经济周期

在市场经济条件下，经济发展与运行带有一定的波动性，大体上经历复苏、繁荣、衰退和萧条几个阶段的循环，这种循环叫做经济周期。资本主义经济周期是人们所共知的现象，西方财务学者曾探讨了经济周期中的经营理财策略。各经济周期中的经营理财策略，如图 1-1 所示。

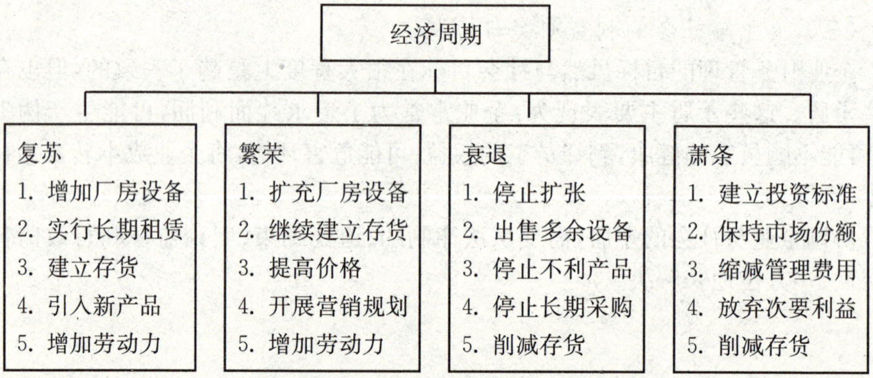

图 1-1　各经济周期中的经营理财策略

我国的经济发展与运行也呈现周期性特征，带有一定的经济波动。以雷曼兄弟的破产为标志在 2008 年发生的经济危机，至今仍然影响着世界的经济格局，失业率居高不下、通货膨胀、经济泡沫等一系列经济现象相继发生。随着世界经济一体化的发展，受西方的经济周期影响，我国的经济发展也受到了很大的影响，物价上涨、筹资困难、热钱流入等一系列经济行为影响着我国企业。因此，企业财务人员必须认识到经济周期的影响，掌握在经济发展波动中的理财之道。

（二）经济发展水平

财务管理的发展水平是和经济发展水平密切相关的，经济发展水平越高，财务管理水平也越好。财务管理水平的提高，将推动企业降低成本，改进效率，提高效益，从而促进经济发展水平的提高；而经济发展水平的提高，将改变企业的财务战略、财务理念、财务管理模式和财务管理的方法和手段，从而促进企业财务管理水平的提高。财务管理应当以经济发展水平为基础，以宏观经济发展目标为导向，从业务工作角度保证企业经营目标和经营战略的实现。

（三）经济政策

我国经济政策改革的目标是建立社会主义市场经济体制，进一步解放和发展生产力。在这个总目标的指导下，我国已经并正在运行财税体制、金融体制、外汇体制、外贸体制、计划体制、价格体制、投资体制、社会保障制度等各项改革。所有这些改革措施深刻地影响着我国的经济生活，也深刻地影响着我国企业的发展和财务活动的运行。如金融政策中的货币发行量、信贷规模会影响企业投资的资金来源和投资的预期收益；财税政策会影响企业的资本结构和投资项目的选择等；价格政策会影响资金的投向和投资的回收期及预期收益；会计制度的改革会影响会计要素的确认和计量，进而对企业财务活动的事前预测、决策及事后的评价产生影响等。

（四）通货膨胀

通货膨胀是指在纸币流通条件下，因货币供给大于货币实际需求，也即现实购买力大于产出供给，导致货币贬值，而引起的一段时间内物价持续而普遍地上涨现象，其实质是社会总需求大于社会总供给（供远小于求）。促退论认为，通货膨胀与经济增长负相关，不仅不会促进经济增长，还会损害经济的发展。较长期的通货膨胀会增加生产性投资的风险和经营成本，导致生产性投资下降。通货膨胀会降低投资成本，诱发过度的投资需求，从而迫使金融机构加强信贷配额，降低金融体系的效率。持续的通货膨胀最终可能迫使政府采用全面的价格管制措施，降低竞争性和经济活力。

通货膨胀对企业财务活动的影响是多方面的，主要表现在：

（1）引起资金占用的大量增加，从而增加企业的资金需求。

（2）引起企业利润虚增，造成企业资金流失。

（3）引起投资人风险上升，加大企业的资金成本。

（4）引起有价证券价格下降，增加企业的筹资难度。

（5）引起资金供应紧张，增加企业的筹资困难。

为了减轻通货膨胀对企业造成的不利影响，企业应当采取措施予以防范。在通货膨胀初期，货币面临着贬值的风险，这时企业进行投资可以避免风险，实现资本保值;与客户签订长期购货合同,以减少物价上涨造成的损失;取得长期负债,保持资本成本的稳定。在通货膨胀持续期,企业可以采用比较严格的信用条件,减少企业债权;调整财务政策,防止和减少企业资本流失等。

三、金融环境

金融环境是资金融通的场所,是由资金供给者和资金需求者形成的交易场所。企业从事投资和经营活动是离不开资金的。而资金的取得,除了自有资金外,主要依靠金融环境取得。金融政策的变化必然影响企业的筹资、投资和资金运营活动等。所以,金融环境是企业最为主要的环境因素。影响财务管理的金融环境主要包括:金融机构、金融工具、金融市场和利率。

(一)金融机构

我国的金融机构由银行和非银行类金融机构组成。

1. 银行

我国的银行体系由中央银行、商业银行和政策性银行组成。

(1)中央银行。中央银行的职能由中国人民银行履行,中国人民银行作为我国的中央银行享有货币(人民币)发行的垄断权,它是货币发行的银行;中国人民银行代表政府管理全国的金融机构和金融活动,经理国库,是政府的银行;中国人民银行作为最后贷款人,在商业银行资金不足时,向其发放贷款,是银行的银行。中国人民银行的性质决定了它的特殊地位。根据法律规定,它在国务院的领导下依法独立执行货币政策,履行职责,开展业务,不受各级政府部门、社会团体和个人行为干涉。中国人民银行具有相对独立性,主要体现在:财政不得向中国人民银行透支;中国人民银行不得直接认购政府债券,不得向各级政府贷款,不得包销政府债券。

中国人民银行的职责:① 根据《中国人民银行法》及“三定”方案的规定,中国人民银行具有依法制定和执行货币政策,维护支付、清算系统的正常运行等14项职责。② 依法制定和执行货币政策,包括发行人民币,管理人民币流通,管理存款准备金、基准利率,对商业银行发放再贷款和再贴现,合理操作公开市场业务。③ 监督管理银行间同业拆借市场和银行间债券市场、银行间外汇市场、黄金市场。④ 防范和化解系统性金融风险,维护国家金融稳定。⑤ 发行人民币,管理人民币流通。中国人民银行是国家法律规定的唯一的发行银行,负责人民币的发行和流通管理工作,除此之外,任何组织或个人不得以任何名义在国内市场发行货币。⑥ 经理国库。中国人民银行在北京有1个总部,在上海也有1个总部。中国人民银行所属的分支机构目前有9个分行,有2个营业管理部。

(2)商业银行。商业银行是以经营存款、贷款和金融服务为主要业务,以盈利为经营目标的金融企业。与其他金融机构相比,吸收活期存款、创造信用货币,是商业银行最明显的特征。正是这一点,使商业银行具有特殊的职能,它们的活期存款构成货币供给或交换媒介的重要组成部分,也是信用扩张的重要源泉。因此,通常人们又称商业银行为存款货币银行。在我国的金融体系中,银行业一直占据着主要地位,商业银行是我国金融业的主体,以银行信贷为主的间接筹资在社会总筹资中占主导地位,在支持经济发展、促进结构调整和维护社会稳定等方面,发挥着越来越重要的作用。

目前,我国的商业银行体系可分为:①国家控股的四大商业银行。国家控股的商业银行在我国商业银行体系中处于主体地位,是从国家专业银行演变而来的,包括中国工商银行、中国农业银行、中国银行、中国建设银行。② 股份制商业银行,1987 年 4 月,重新组建后的交通银行正式对外营业,成为新中国成立以来的第一家股份制商业银行。随后,又成立了深圳发展银行、中信实业银行、中国光大银行、华夏银行、招商银行、广东发展银行、兴业银行、上海浦东发展银行、中国民生银行等新兴股份制商业银行。股份制商业银行采取了股份制的企业组织形式,股本金来源除了国家投资外,还包括境内外企业法人投资和社会公众投资。③城市商业银行,目前我国共有近 200 家城市商业银行,随着我国经济发展的需要,城市商业银行还将得到进一步发展。④农村商业银行。我国首家股份制农村商业银行于 2001 年 11 月 28 日在江苏省的张家港、常熟、江阴组建完成。在农村信用社基础上改制组建股份制商业银行,是中国农村金融体系改革的一大突破。⑤外资商业银行。目前,我国境内设立的外资银行可分为四类:一是外资独资银行,指在中国境内注册,拥有全部外国资本股份的银行。二是中外合资银行,指在中国境内注册、拥有部分外国资本股份的银行。三是外国银行在中国境内的分行。四是外国银行驻华代表机构。

(3) 政策性银行。政策性银行也有其独有的特征,主要表现在:一是政策的控制性,政策性银行的资本金一般由政府财政拨付。二是经营目标的非营利性。三是筹资原则的非商业性。政策性银行有其特定的资金来源,主要依靠发行金融债券或向中央银行举债,一般不面向公众吸收存款。四是业务范围的确定性,政策性银行有特定的业务领域,不与商业银行竞争。

我国设立的三家政策性银行分别是国家开发银行、中国进出口银行以及中国农业发展银行。

2. 非银行类金融机构

目前我国的非银行类金融机构有:① 保险公司。其主要经营保险业务,包括财产保险、责任保险、保证保险和人身保险。② 信托投资公司。其主要是以受托人的身份代人理财,其主要业务有经营资金和财务委托、代理资产保管、金融租赁、经济咨询以及投资等。③ 证券机构。指从事证券业务的机构，包括证券公司、证券交易所和登记结算公司。④ 财务公司。它类似于投资银行。⑤ 金融租赁公司。指办理融资租赁业务的公司组织，主要业务有动产和不动产的租赁、转租赁、回租赁等。

（二）金融工具

金融工具是指在金融市场中可交易的金融资产，又称交易工具。它是证明债权与债务关系，并据以进行货币资金交易的合法凭证，是货币资金或金融资产借以转让的工具。

1. 金融工具分类

(1) 按期限长短划分。按期限长短划分，有货币市场金融工具和资本市场金融工具。前者期限短，一般为1年以下，如商业票据、短期公债、银行承兑汇票、可转让大额定期存单、回购协议等；后者期限长，一般为1年以上，如股票、企业债券、国库券等。

(2) 按发行机构划分。按发行机构划分，有直接融资工具和间接融资工具。前者如政府、企业发行或签署的国库券、企业债券、商业票据、公司股票等；后者如银行或其他金融机构发行或签发的金融债券、银行票据、可转让大额定期存单、人寿保险单和支票等。

(3) 按投资人是否掌握所投资产品的所有权划分。按投资人是否掌握所投资产品的所有权划分，可分为债权凭证与股权凭证。

(4) 按金融工具的职能划分。按金融工具的职能划分，有股票、债券等投资筹资工具和期货合约、期权合约等保值投资工具等。

2. 金融工具的基本特征

(1) 流动性。流动性是指金融资产在转换成货币时，其价值不会蒙受损失的能力。除货币以外，各种金融资产都存在着不同程度的不完全流动性。其他的金融资产在没有到期之前要想转换成货币的话，或者打一定的折扣，或者花一定的交易费用，一般来说，金融工具如果具备下述两个特点，就可能具有较高的流动性：第一，发行金融资产的债务人信誉高，在已往的债务偿还中能及时、全部履行其义务。第二，债务的期限短。这样它受市场利率的影响很小，转现时所遭受亏损的可能性就很少。

(2) 风险性。风险性是指投资于金融工具的本金是否会遭受损失的风险。风险可分为两类：一类风险是债务人不履行债务的风险。这种风险的大小主要取决于债务人的信誉以及债务人的社会地位。另一类风险是市场的风险，这是金融资产的市场价格随市场利率的上升而跌落的风险。当利率上升时，金融证券的市场价格就下跌；当利率下跌时，金融证券的市场价格就上涨。证券的偿还期越长，则其价格受利率变动的影响越大。一般来说，本金安全性与偿还期成反比，即偿还期越长，其风险越大，安全性越小。

(3) 收益性。收益性是指金融工具能定期或不定期给持有人带来收益的特性。金融工具收益性的大小，是通过收益率来衡量的，其具体指标有名义收益率、实际收益率、平均收益率等。

一般情况下，流动性与风险性、收益性呈反方向变动；风险性与收益性呈同方向变动。

（三）金融市场

金融市场按组织方式的不同可划分为两部分：一是有组织的、集中交易的场内交易市场，即证券交易所，它是证券市场的主题和核心；二是非组织化的、分散的场外交易市场，它是证券交易所的必要补充。下面主要对第一部分市场的分类作介绍。

1. 按期限划分为短期金融市场和长期金融市场

短期金融市场又称货币市场，是指以期限1年以内的金融工具为媒介，进行短期资金融通的市场。其主要特点有：① 交易期限短。② 交易目的是满足短期资金周转的需要。③ 所交易的金融工具有较强的货币性。

长期金融市场又称资本市场，是指以期限1年以上的金融工具为媒介，进行长期性资金交易活动的市场，其主要特点有：① 交易的主要目的是满足长期投资性资金的供求需要。② 收益较高、流动性较差。③ 资金借贷量大。④ 价格变动幅度大。

2. 按证券交易的方式和次数分为初级市场和次级市场

初级市场又称一级市场或发行市场，是指新发行证券的市场，这类市场使预先存在的资产交易成为可能。

次级市场又称二级市场或流通市场，是指现有金融资产的交易场所。初级市场我们可以理解为“新货市场”，次级市场我们可以理解为“旧货市场”。

3. 按金融工具的属性划分为基础性金融市场和金融衍生品市场

基础性金融市场是指以基础性金融产品为交易对象的金融市场，如商业票据、企业债券、企业股票的交易市场。

金融衍生品市场是指以金融衍生产品为交易对象的金融市场。所谓金融衍生品，是一种金融合约，其价值取决于一种或多种基础资产或指数，合约的基本种类包括远期、期货、掉期（互换）、期权以及具有远期、期货、掉期（互换）、期权中一种或多种特征的结构化金融工具。

除上述分类外，金融市场还可以按交割方式划分为现货市场、期货市场和期权市场；按交易对象划分为票据市场、证券市场、衍生工具市场、外汇市场、黄金市场等；按交易双方在地理上的距离划分为地方性的、全国性的、区域性的金融市场和国际金融市场。

（四）利率

利率是利息占本金的百分比指标。从资金的借贷关系看，利率是一定时期运用资金来源的交易价格。资金作为一种特殊商品，以利率为价格标准的融通，实质上是资源通过利率实行的再分配，同时利率又是金融市场上调解资本供求，引导资本合理流动的主要杠杆。这是因为，在金融市场上利率是资本商品的“价格”。利率的高低取决于社会平均利润率和资本供求关系，但是利率又会对资本供求和资本流向起着重要的调节作用。当资本供不应求时，利率上升，既加大了资本供应又减少了资本需求；当资金供过于求时，利率下降，既减少了资本供应又扩大了资本需求。因此，利率在资金分配及企业财务决策中起着重要的作用。

1. 利率的类型

利率可按照不同的标准进行分类：

(1) 按利率与市场资金供求情况的关系，分为固定利率和浮动利率。固定利率是指在借贷期内固定不变的利率。受通货膨胀的影响，实行固定利率会使债权人利益受到损害。浮动利率是指在借贷期内可以调整的利率。在通货膨胀条件下采用浮动利率，可使债权人减少损失。

(2) 按利率形成机制不同，分为市场利率和官方利率。市场利率是指根据资金市场上的供求关系，随着市场而自由变动的利率。官方利率是指由政府金融管理部门或者中央银行确定的利率。

(3) 按利率水平是否剔除通货膨胀因素划分为实际利率和名义利率。实际利率是指剔除通货膨胀因素的利率，即物价不变，从而货币购买力不变条件下的利息率。名义利率是指没有剔除通货膨胀因素的利率，即包括补偿通货膨胀风险的利率。例如，假定某年度物价没有变化，某甲从某乙处取得1年期的1万元贷款，年利息额500元，实际利率就是5%。但物价不变这种情况在当今世界的现实经济生活中是少见的，而物价不断上涨则是一种普遍趋势。如果某1年的通货膨胀率为3%，某乙年末收回的1万元本金实际上仅相当于年初的9 700元，本金损失率近3%。为了避免通货膨胀给本金带来的损失，假设仍然要取得5%的利息，那么粗略地计算，某乙必须把贷款利率提高到8%。这样，才能保证收回的本金和利息之和与物价不变以前的相当。这个8%的利率就是名义利率。

(4) 按利率之间的变动关系，分为基准利率和套算利率。基准利率又称基本利率，是指在多种利率并存的条件下起决定作用的利率。所谓起决定作用，是指这种利率变动，其他利率也相应变动。因此，了解基准利率水平的变化趋势，就可以了解全部利率的变化趋势。基准利率在西方通常是中央银行的再贴现率，在我国是中国人民银行对商业银行贷款的利率。

套算利率是指在基准利率确定后，各金融机构根据基准利率和借贷款项的特点而换算出的利率。例如，某金融机构规定，贷款AAA级、AA级、A级企业的利率，应分别在基准利率基础上加0.5%、1%、1.5%，加总计算所得的利率便是套算利率。

2. 利率的一般计算公式

正如任何商品的价格均由供应和需求两方面来决定一样，资金这种特殊商品的价格——利率，也主要是由供给与需求来决定的。但除这两个因素外，经济周期、通货膨胀、国家货币政策和财政政策、国际经济政治关系、国家利率管制程度等，对利率的变动均有不同程度的影响。因此，资金的利率通常由纯利率、通货膨胀补偿率（或称通货膨胀贴水）和风险报酬率组成。利率的一般计算公式可表示如下：

$$利率 = 纯利率 + 通货膨胀补偿率 + 风险报酬率$$

纯利率是指没有风险和通货膨胀情况下的社会平均资金利润率；通货膨胀补偿率是指由于持续的通货膨胀会不断降低货币的实际购买力，为补偿其购买力损失而要求提高的利率；风险报酬率包括违约风险报酬率、流动性风险报酬率和期限风险报酬率。其中：违约风险报酬率是指为了弥补因债务人无法按时还本付息而带来的风险，由债权人要求提高的利率；流动性风险报酬率是指为了弥补因债务人资产流动性不好而带来的风险，由债权人要求提高的利率；期限风险报酬率是指为了弥补因偿债期长而带来的风险，由债权人要求提高的利率。

四、法律环境

市场经济的重要特征就在于它是以法律规范和市场规则为特征的经济制度。法律既为企业经营活动规定了活动空间，也为企业在相应空间内自由经营提供了法律保护。在我国，影响财务管理的主要法律环境因素有企业组织形式法律法规和税收法律法规等。

（一）企业组织形式法律法规

企业是市场经济的主体，不同类型的企业在所适用的法律方面有所不同。按照国际惯例把企业划分为独资企业、合伙企业和公司制企业。了解企业的组织形式，有助于企业财务管理活动的开展。

1. 独资企业

独资企业是指由一个自然人投资，财产为投资人个人所有，投资人以其个人财产对企业债务承担无限责任的经营实体。独资企业具有结构简单、容易开办、利润独享、限制较少等优点。但也存在着无法克服的缺点：一是出资者负有无限偿债责任；二是筹资困难，个人财力有限，借款时往往会因信用不足而遭到拒绝。

我国的国有独资公司不属于本类企业,而属于有限责任公司。

2. 合伙企业

合伙企业是指由各合伙人订立合伙协议,共同出资、合伙经营、共享收益、共担风险,并对本企业债务承担无限连带责任的营利性组织。

合伙企业的法律特征是:① 有两个以上合伙人,并且都是具有完全民事行为能力,依法承担无限责任的人。② 有书面合伙协议,合伙人依照合伙协议享有权利,承担责任。③ 有各合伙人实际缴付的出资,合伙人可以用货币、实物、土地使用权、知识产权或者其他属于合伙人的合法财产及财产权利出资,经全体合伙人协商一致,合伙人也可以用劳务出资,其评估作价由全体合伙人协商确定。④ 有关合伙企业改变名称、向企业登记机关申请办理变更登记手续、处分不动产或财产权利、为他人提供担保、聘任企业经营管理人员等重要事务,均须经全体合伙人一致同意。⑤ 合伙企业的利润和亏损,由合伙人依照合伙协议约定的比例分配和分担。合伙协议未约定利润分配和亏损分担比例的,由各合伙人平均分配和分担。⑥各合伙人对合伙企业债务承担无限连带责任。

合伙企业具有开办容易、信用较佳的优点,但也存在责任无限、权力不易集中、有时决策过程过于冗长等缺点。

3. 公司制企业

公司是指依照《公司法》登记设立,以其全部法人财产,依法自主经营、自负盈亏的企业法人。公司享有由股东投资形成的全部法人财产权,依法享有民事权利,承担民事责任。公司股东作为出资者按投入公司的资本额享有所有者的资产受益、重大决策和选择管理者等权利,并以其出资额或所持股份为限对公司承担有限责任。我国《公司法》所称公司是指有限责任公司和股份有限公司。

(1) 有限责任公司。有限责任公司是指由 1 人或 50 人以下股东共同出资,每个股东以其所认缴的出资额为限对公司承担有限责任,公司以其全部资产对其债务承担责任的企业法人。其特征有:① 公司的资本总额不分为等额的股份。② 公司向股东签发出资证明书,不发行股票。③ 公司股份的转让有较严格的限制。④ 限制股东人数,不得超过一定限额。⑤ 股东以其出资比例享受权利、承担义务。⑥ 股东以其出资额为限对公司承担有限责任。

(2)股份有限公司。股份有限公司是指其全部资本分为等额股份,股东以其所持股份为限对公司承担责任,公司以其全部资产对公司的债务承担责任的企业法人。设立股份有限公司,应当有 2 人以上 200 人以下为发起人。其特征有:① 公司的资本划分为股份,每一股份的金额相等。② 公司的股份采取股票的形式,股票是公司签发的证明股东所持股份的凭证。③ 同股同权,同股同利,股东出席股东大会,所持每一股份都有一表决权。④ 股东可以依法转让持有的股份。⑤ 股东不得少于规定的数目,但没有上限限制。⑥ 股东以其所持股份为限对公司债务承担有限责任。

公司的最大优点是公司的所有者——股东,只承担有限责任,股东对公司债务的责任以其投资额为限。公司的另一个优点是比较容易筹集资金,通过发行股票、债券等可以迅速筹集到大量资金,这使公司比独资企业和合伙企业有更大的发展可能性。公司这一组织形式,已经成为西方大企业所采用的普遍形式,也是我国建立现代企业制度过程中选择的企业组织形式之一。本教材所讲的财务管理,主要是指公司的财务管理。

(二) 税收法律法规

税法是税收法规的总称,是调整税收征纳关系的法律规范。首先,国家财政收入的主要来源是企业所缴纳的税金,而国家财政状况和财政政策,对于企业资金供应和税收负担又有着重要的影响;其次,国家各种税种的设置、税率的调整,还具有调节生产经营的作用。企业的财务决策应当适应税收政策的导向,合理安排资金投放,以追求最佳的经济效益。

国家税收制度,特别是工商税收制度,是企业财务管理的重要外部条件。我国从 1994 年 1 月开始实行了一系列新的税收法律法规,现就我国税制作简要介绍如下。

1. 所得税类

(1) 企业所得税。企业所得税是对我国境内企业和经营单位的生产经营所得和其他所得征收的一种税。企业所得税纳税人即所有实行独立经济核算的中华人民共和国境内的企业或其他组织,包括以下六类:① 国有企业。② 集体企业。③ 私营企业。④ 联营企业。⑤ 股份制企业。⑥ 有生产经营所得和其他所得的其他组织。

企业所得税的征税对象是纳税人取得的所得,包括销售货物所得、提供劳务所得、转让财产所得、股息红利所得、利息所得、租金所得、特许权使用费所得、接受捐赠所得和其他所得。居民企业应当就其来源于中国境内、境外的所得缴纳企业所得税;非居民企业在中国境内设立机构、场所的,应当就其所设机构、场所取得的来源于中国境内的所得,以及发生在中国境外但与其所设机构、场所有实际联系的所得,缴纳企业所得税;对非居民企业在中国境内未设立机构、场所的,或者虽设立机构、场所但取得的所得与其所设机构、场所没有实际联系的,应当就其来源于中国境内的所得缴纳企业所得税。

企业所得税的税率即据以计算企业所得税应纳税额的法定比率。根据《中华人民共和国企业所得税暂行条例》的规定,2008 年新的《中华人民共和国所得税法》规定，一般企业所得税的税率为25%。非居民企业在中国境内设立机构、场所的，应当就其所设机构、场所取得的来源于中国境内的所得，以及发生在中国境外但与其所设机构、场所有实际联系的所得，缴纳企业所得税。非居民企业在中国境内未设立机构、场所的，或者虽设立机构、场所，但取得的所得与其所设机构、场所没有实际联系的，应当就其来源于中国境内的所得缴纳企业所得税，适用税率为20%，现在减按10%的税率征收。

(2) 个人所得税。个人所得税采取比例税率和累进税率两种税率政策，对工资薪金所得实行3%～45%的七级超额累进税率(2011年9月1日起实施)；对个体工商户生产经营所得、企事业单位的生产承包经营所得、承租经营所得实行5%～35%的五级超额累进税率；其他各项所得实行比例税率，基本税率为20%。

2. 流转税类

流转税类是对企业的流转额即销售额所征收的税金，从企业角度看就是销售税金，包括以下四种：① 增值税。即对商品生产、流通和加工、修理、修配各环节的增值额课税的一种流转税。税率分为多档：基本税率为17%，或11%、6%，小规模纳税人为3%，出口税率为零。增值税属于价外税。② 消费税。即对少数特定的消费品需要调节其消费行为而征收的一种税。征收消费税，有利于正确引导消费，调整消费结构，也有助于调节个人收入水平，缓解分配不公的矛盾。③ 营业税。即对提供应税劳务及应税服务行为的单位和个人征收的一种税，如金融保险、生活类服务业、建筑业、不动产。需要说明的是，随着国家营改增，到2015年年底营业税将全部改为增值税。④ 城市维护建设税。即专为筹集城市维护建设资金而征收的一种税。

3. 资源税类

资源税类目前主要是对矿产资源和土地资源征收的税种，其目的既有对资源受益的征收，又有对资源级差收入的调节。资源税类主要有三种：① 资源税。即对在我国开采矿产和盐资源的单位和个人取得的级差收入征收的一种税。② 城镇土地使用税。即对在城市和县城占用国家和集体土地的单位和个人，按使用土地面积定额征收的一种税。③ 土地增值税。即为了调节土地增值收益而征收的一种税。

4. 财产税类

财产税类是对纳税人所有的财产课征的税。财产税类主要有房产税，是对城镇、工矿区的房产，向产权所有人和承租人征收的一种税。

5. 行为税类

行为税类是以纳税人的某种特定行为为征税对象的税种。行为税类主要有两类：① 印花税。即对书立、领受应税凭证的行为而征收的一种税。② 车船税。即对于行驶于我国境内的车船，按其种类定额征收的一种税。

财务人员在了解国家税收法规的基础上，将其应用于我们的具体实践中，不仅要了解各种税种的计征范围、计征依据和税率，而且要了解差别税率的制定精神，减税、免税的原则规定，自觉按照税收政策导向进行经营活动和财务活动。

关键术语

财务管理目标　财务管理职能　财务关系　财务活动　金融市场　利率

思考题

1. 什么是财务活动？它包括哪些内容？
2. 简述财务关系的含义及其内容。
3. 企业有哪几种组织形式？简述各组织形式的含义。
4. 简述财务管理环境的概念及其内容。
5. 财务管理目标有哪些？
6. 财务管理的职能是什么？

第二章 财务报表分析

重点提示

学习本章，要求重点掌握财务报表分析的方法、偿债能力比率、运营能力比率、盈利能力比率、发展能力比率以及杜邦分析法；熟知财务报表分析的意义、内容以及沃尔比重评分法；了解财务报表分析的局限性。

第一节 财务报表分析概述

一、财务报表分析的意义

财务报表分析是指以财务报表和其他资料为依据和起点，采用专门方法，系统分析和评价企业的过去和现在的经营成果、财务状况及其变动，目的是评价过去的经营业绩、衡量现在的财务状况、预测未来的发展趋势和财务前景，帮助信息使用者作出决策。

财务报表分析是个过程，通常只能发现问题而不能提供解决问题的现成答案，只能作出评价而不能改善整个企业的状况。

财务报表分析是判断企业的财务实力、评价和考核企业的经营业绩的重要依据；是挖掘潜力、改进工作、实现财务目标的重要手段；是合理实施企业生产经营决策、投资者的投资决策、债权人的信贷决策的重要步骤。

需要说明的是，目前财务报表分析体系一般由战略分析、会计信息质量分析、财务报表分析和前景分析等四个部分组成。合理的财务报表分析必须以战略分析为逻辑出发点。通过战略分析可以对企业的经营环境进行定性的了解，为后续的会计信息质量分析和财务报表分析确立牢固基础；通过战略分析，还可以评价企业的优势和劣势、机会和威胁，辨认影响企业盈利状况的主要因素和主要风险，从而评估企业当前业绩的可持续性并对未来业绩作出合理预测。通过会计信息质量分析，可以评价企业会计反映基本经营现实的程度，包括评估企业会计的灵活性和会计政策及估计的恰当性，以及会计数据的修正等内容。通过财务报表分析，可以评价企业当前和过去的业绩并评估其可持续性。通过前景分析可以预测企业的未来，包括财务报表预测和企业估价等内容。

本章主要讨论财务报表分析的有关内容。与其他分析相比，财务报表分析既是过去财务活动的总结，又是未来财务预测的前提，在财务管理循环中起着承上启下的重要作用。

二、财务报表分析的内容

企业财务报表的使用者主要包括股权投资人、债权人、经理人员、供应商、注册会计师和政府等。不同使用者出于不同的利益考虑，对财务报表分析信息有着各自不同的要求。

股权投资人，为考察经营者业绩，需要分析资产盈利水平、破产风险和竞争能力；为决定是否投资，需要分析企业未来盈利能力和经营风险；为决定是否转让股份，需要分析盈利状况、股份变动和发展前景；为决定股利分配政策，需要分析筹资状况。

债权人，为了解债务人短期偿债能力，需要分析其流动状况；为了解债务人长期偿债能力，需要分析其盈利状况和资本结构。

经理人员，必须对企业经营理财的各个方面，包括营运能力、偿债能力、盈利能力、发展能力以及综合分析的全部信息予以详尽了解和掌握，并关注企业财务风险和经营风险。

供应商，为决定信用政策，需要分析企业短期偿债能力；为决定是否建立长期合作关系，需要分析企业持续盈利能力和偿债能力。

政府，为履行政府职能，需要了解企业纳税情况、遵守政府法规和市场秩序情况以及职工收入和就业状况。

注册会计师，为减少审计风险，需要评估企业的盈利性和破产风险；为确定审计重点，需要分析财务数据的异常变动。

尽管不同企业的经营状况、经营规模、经营特点不同，作为运用价值形式进行的财务报表分析，归纳起来其分析的内容不外乎偿债能力分析、营运能力分析、盈利能力分析、发展能力分析和综合能力分析等五个方面。

三、财务报表分析的方法

财务报表分析的方法有比较分析法和因素分析法两种。

（一）比较分析法

比较分析法是通过对比两个或几个有关的可比数据，揭示其增减变动的方向、数额（差额）和幅度的一种分析方法。

采用比较分析法时，必须明确比较对象（和谁比）。如果与企业历史比较，即不同时期指标相比，称为趋势分析；如果与行业平均数或竞争对手比较，称为横向比较；如果实际执行数据与计划预算数据比较，称为预算差异分析。

采用比较分析法时，还必须明确比较内容（比什么）。一般来说，可以比较财务报表项目的总金额或差额，也可以把资产负债表、利润表、现金流量表转换成结构百分比报表，比较结构百分比，还可以比较财务比率。

不同时期财务指标的比较，主要有以下两种方法：

(1) 定基动态比率。即以某一时期的数额为固定的基期数额而计算出来的动态比率。其计算公式为：

$$\text{定基动态比率}=\frac{\text{分析期数额}}{\text{固定基期数额}}\times 100\%$$

(2) 环比动态比率。即以每一分析期的数据与上期数据相比较计算出来的动态比率。其计算公式为：

$$\text{环比动态比率}=\frac{\text{分析期数额}}{\text{前期数额}}\times 100\%$$

（二）因素分析法

因素分析法是依据分析指标与其影响因素的关系，从数量上确定各因素对分析指标影响方向和影响程度的一种方法。

因素分析法具体有两种：连环替代法和差额分析法。

1. 连环替代法

连环替代法是将分析指标分解为各个可以计量的因素，并根据各个因素之间的依存关系，顺次用各因素的比较值（通常为实际值）替代基准值（通常为标准值或计划值），据以测定各因素对分析指标的影响。具体计算过程如下：

设某一经济指标由相互联系的 A、B、C 三个因素构成，计划（标准）指标和实际指标的公式为：

计划（标准）指标　$N=A+B(A-C)$

实际指标　$N'=A'+B'(A'-C')$

该指标实际脱离计划（标准）的差异 $\Delta N=N'-N$，可能同时是上述三因素变动的影响。在测定各个因素的变动对这一经济指标的影响程度时，若按 A、C、B 的替换顺序，则计算为：

计划(标准)指标：　$N = A + B(A - C)$

第一次替代：　$N_1 = A' + B(A' - C)$

A 因素变动的影响 $N_A = N_1 - N$

第二次替代：　$N_2 = A' + B(A' - C')$

C 因素变动的影响 $N_C = N_2 - N_1$

第三次替代：　$N_3 = A' + B'(A' - C') = N'$

B 因素变动的影响 $N_B = N_3 - N_2$

把各因素变动的影响程度综合起来，则：

$$N_A + N_C + N_B = (N_1 - N) + (N_2 - N_1) + (N_3 - N_2) = N_3 - N = N' - N = \Delta N$$

【例 2-1】 某企业 2011 年 10 月某种原材料费用的实际数是 124 740 元，而其计划数是 108 000 元。实际比计划增加 16 740 元。由于原材料费用是由产品产量、单位产品材料消耗量和材料单价三个因素的乘积组成，因此，就可以把材料费用这一总指标分解为三个因素，然后逐个来分析它们对材料费用总额的影响程度。现假设这三个因素的数值如表 2-1 所示。

表 2-1　材料费用构成表

项　　目	单　　位	计 划 数	实 际 数
产品产量	件	300	330
单位产品材料消耗量	千克	24	21
材料单价	元	15	18
材料费用总额	元	108 000	124 740

根据表 2-1 中资料，材料费用总额实际数较计划数增加 16 740 元。运用连环替代法，可以计算各因素变动对材料费用总额的影响。

计划指标：$300 \times 24 \times 15 = 108\,000$ (元)　①

第一次替代：$330 \times 24 \times 15 = 118\,800$ (元)　②

第二次替代：$330 \times 21 \times 15 = 103\,950$ (元)　③

第三次替代：$330 \times 21 \times 18 = 124\,740$ (元)　④

影响程度：

② 式 − ① 式 $= 118\,800 - 108\,000 = 10\,800$ (元)　产量增加的影响

③式－②式＝103 950－118 800＝－14 850（元）　单耗节约的影响
④式－③式＝124 740－103 950＝20 790（元）　价格提高的影响
10 800－14 850＋20 790＝16 740（元）　全部因素的影响

2. *差额分析法*

差额分析法是连环替代法的一种简化形式，是利用各个因素的比较值与基准值之间的差额，来计算各因素对分析指标的影响的方法。具体计算过程如下：

设某一经济指标由相互联系的 a、b、c 三个因素构成，计划（标准）指标和实际指标的公式为：

计划指标：$N = abc$

实际指标：$N' = a'b'c'$

在测定各个因素变动对该指标的影响程度时，按 a、b、c 的替换顺序计算如下：

第一次替代：$N_1 = a'bc$

第二次替代：$N_2 = a'b'c$

$$N_a = N_1 - N = (a' - a)bc$$

$$N_b = N_2 - N_1 = a'(b' - b)c$$

$$N_c = N' - N_2 = a'b'(c' - c)$$

差额 $= N' - N = N_a + N_b + N_c$

由此可见，差额分析法适用于因素之间具有乘积关系，是连环替代法的一种简化形式。

【例 2-2】 仍用表 2-1 中的资料。可采用差额分析法计算确定各因素变动对材料费用的影响。

（1）产量增加对材料费用的影响＝（330－300）×24×15＝10 800（元）

（2）单耗节约对材料费用的影响＝330×（21－24）×15＝－14 850（元）

（3）价格提高对材料费用的影响＝330×21×（18－15）＝20 790（元）

采用因素分析法时，必须注意以下问题：① 因素分解的关联性。构成经济指标的因素，必须是客观上存在着因果关系，要能够反映形成该项指标差异的内在构成原因，否则就失去了应用价值。② 因素替代的顺序性。确定替代因素时，必须根据各因素的依存关系，遵循一定的顺序并依次替代，不可随意加以颠倒，否则就会得出不同的计算结果。③ 顺序替代的连环性。因素分析法在计算每一因素变动的影响时，都是在前一次计算的基础上进行，并采用连环比较的方法确定因素变化影响结果。④ 计算结果的假定性。由于因素分析法计算的各因素变动的影响数，会因替代顺序不同而有差别，因而计算结果不免带有假定性，即它不可能使每个因素计算的结果，都达到绝对的准确。为此，分析时应力求使这种假定合乎逻辑，具有实际经济意义。这样计算结果的假定性，才不至于妨碍分析的有效性。

财务报表分析是个研究过程,分析得越具体、越深入,则水平越高。财务报表分析的核心问题是不断追溯产生差异的原因。因素分析法提供了定量解释差异成因的工具。

四、财务报表分析的局限性

财务报表分析对于了解企业的财务状况和经营成绩,评价企业的偿债能力和经营能力,帮助制定经济决策,有着显著的作用。但由于种种因素的影响,财务报表分析也存在着一定的局限性。在分析中,应注意这些局限性的影响,以保证分析结果的正确性。

(一) 报表数据的完整性问题

财务报告没有披露企业的全部信息,管理层拥有更多的信息,披露的只有其中一部分。对报表使用者来说,有些需用的信息,在报表或附注中却根本找不到。

(二) 报表数据的真实性问题

由于现行财务报表采用的是权责发生制基础,因此在编制财务报表的过程中不可避免地需要大量的职业判断。加之我国会计准则赋予管理层一定的会计政策选择权,从而使已经披露的财务信息存在会计估计误差,不一定是真实情况的准确计量,从而导致财务报表扭曲企业的实际情况。其结果极有可能使信息使用者所看到的报表信息与企业实际状况相去甚远,从而误导信息使用者的决策。

(三) 报表数据的可靠性问题

只有根据符合规范的、可靠的财务报表,才能得出正确的分析结论。因此,分析人员必须自己关注财务报表的可靠性,对于可能存在的问题保持足够的警惕。

常见的危险信号包括:

(1) 未加解释的会计政策和估计变动,经营恶化时出现此类变动尤其应当注意。

(2) 未加解释的旨在提升利润的异常交易,如在期末发生了大额非经营性交易,或者在期末与新客户发生的大量购销业务。

(3) 应收账款的非正常增长,如其幅度远大于销售收入的增幅。

(4) 在销售规模大幅增加的同时,期末存货锐减。

(5) 净利润与经营活动产生的现金流量持续背离,尤其是企业连续盈利,但经营活动产生的现金流量连续多年入不敷出。

(6) 销售收入与经营活动产生的现金流量相互背离。

(7) 报告利润与应税所得额之间的差距日益扩大,且缺乏正当的理由。

(8) 出人意料的大额资产冲销,尤其是当年计提的减值准备远超过前几年利润之和,可能表明以前年度存在着严重的虚盈实亏现象。

(9) 过分热衷于融资机制,如与关联方合作从事研究开发活动,带有追索权的应收账款转让。

(10) 第四季度和第一季度对销售收入和成本费用进行大额调整。

(11) 被出具"不干净意见"的审计报告,或频繁更换注册会计师。

(12) 频繁的关联交易、资产重组、股权转让、资产评估。

(13) 盈利质量和资产质量相互背离,如在报告大幅度增长利润的同时,不良资产大量增加。

(14) 将会计估计变更混淆为会计政策变更。

(15) 将会计舞弊解释为会计差错。

(16) 不合乎逻辑的资产置换。

(17) 已发货未开票的销售和已开票未发货的销售。

(18) 前期销售在本期大量退货。

(19) 企业合并前后被合并企业的毛利率差异悬殊(这可能意味着被合并企业应合并方的要求推迟确认销售收入,提前确认损失;以稳健为借口,滥提资产减值准备;以业务和人员整合为理由,计提过多的重组负债和预计负债)。

(20) 与客户频繁发生套换交易。

第二节 财务比率分析

财务报表中有大量数据,可以组成涉及企业经营管理各个方面的许多财务比率。为便于说明财务比率的计算和分析方法,现将后面举例时需要用到的甲股份有限企业(以下简称"甲企业")的资产负债表(表 2-2)和利润表(表 2-3)列示如下。

表 2-2 资产负债表

编制单位:甲企业　　2011 年 12 月 31 日　　单位:万元

资　　产	年末余额	年初余额	负债和股东权益	年末余额	年初余额
流动资产:			流动负债:		
货币资金	100	50	短期借款	120	90
交易性金融资产	12	24	交易性金融负债	0	0
应收票据	16	22	应付票据	10	8

（续表）

资 产	年末余额	年初余额	负债和股东权益	年末余额	年初余额
应收账款	796	398	预收款项	20	8
预付款项	44	8	应付职工薪酬	4	2
应收股利	0	0	应交税费	10	8
应收利息	0	0	应付利息	24	32
其他应收款	24	44	应付股利	56	20
存货	238	652	其他应付款	46	36
一年内到期的非流动资产	154	22	预计负债	4	8
其他流动资产	16	0	一年内到期的非流动负债	100	0
流动资产合计	1 400	1 220	其他流动负债	6	10
			流动负债合计	600	440
非流动资产：			非流动负债：		
可供出售金融资产	0	90	长期借款	900	490
持有至到期投资	0	0	应付债券	480	520
长期股权投资	60	0	长期应付款	100	120
长期应收款	0	0	专项应付款	0	0
固定资产	2 476	1 910	递延所得税负债	0	0
在建工程	36	70	其他非流动负债	0	30
固定资产清理		24	非流动负债合计	1 480	1 160
无形资产	12	16	负债合计	2 080	1 600
开发支出	0	0	股东权益：		
商誉	0	0	股本	200	200
长期待摊费用	10	30	资本公积	20	20
递延所得税资产	0	0	减：库存股	0	0
其他非流动资产	6	0	盈余公积	200	80
非流动资产合计	2 600	2 140	未分配利润	1 500	1 460
			股东权益合计	1 920	1 760
资产总计	4 000	3 360	负债和股东权益总计	4 000	3 360

表 2-3 利润表

编制单位：甲企业　　2011 年度　　单位：万元

项　　目	本年金额	上年金额
一、营业收入	6 000	5 700
减：营业成本	5 288	5 006
营业税金及附加	56	56
销售费用	44	40
管理费用	92	80
财务费用	220	192
资产减值损失	0	0
加：公允价值变动收益(减：损失)	0	0
投资收益(减：投资损失)	12	0
二、营业利润	312	326
加：营业外收入	90	144
减：营业外支出	2	0
三、利润总额	400	470
减：所得税费用	128	150
四、净利润	272	320

一、偿债能力比率

偿债能力是指企业偿还到期债务(包括本息)的能力。偿债能力比率包括短期偿债能力比率和长期偿债能力比率。

(一) 短期偿债能力比率

短期偿债能力是指企业流动资产对流动负债及时、足额偿还的保证程度，是衡量企业当前流动资产变现能力的重要标志。

企业短期偿债能力比率主要有流动比率、速动比率和现金流动负债比率三项。

1. 流动比率

流动比率是全部流动资产与流动负债的比值，其计算公式如下：

$$\text{流动比率} = \frac{\text{流动资产}}{\text{流动负债}}$$

根据甲企业的财务报表数据：

$$\text{本年流动比率} = \frac{1\,400}{600} = 2.33$$

$$上年流动比率 = \frac{1\,220}{440} = 2.77$$

流动比率假设全部流动资产都可用于偿还流动负债，表明每1元流动负债有多少流动资产作为偿债保障。甲企业的流动比率降低了0.44(2.77－2.33)，即为每1元流动负债提供的流动资产保障减少了0.44元。

一般情况下，流动比率越高，说明企业短期偿债能力越强，债权人的权益越有保证。流动比率是相对数，排除了企业规模不同的影响，更适合同业比较以及本企业不同历史时期的比较。流动比率计算简单，被广泛应用。

运用流动比率时，必须注意以下几个问题：

(1) 虽然流动比率越高，企业偿还短期债务的流动资产保证程度越强，但这并不等于说企业已有足够的货币资金用来偿债。流动比率高也可能是存货积压、应收账款增多且收账期延长，以及其他流动资产增加所致，而真正可用来偿债的货币资金却严重短缺。所以，企业应在分析流动比率的基础上，进一步对存货周转率、应收账款周转率、速动比率、现金流动负债比率进行分析。流动比率是对短期偿债能力的粗略估计。

(2) 从债权人的角度看，流动比率越高越好。但从营运资本管理角度看，过高的流动比率通常意味着企业闲置货币资金的持有量过多，或宽松信用政策导致的应收账款持有量过多，这必然造成企业机会成本的增加和盈利能力的降低。因此，企业应尽可能将流动比率维持在不使货币资金闲置的水平。

(3) 不存在统一的、标准的流动比率数值。不同行业的流动比率，通常有明显差别。因此，不应用统一的标准来评价各企业流动比率合理与否。过去很长时期内，人们认为生产型企业合理的最低流动比率是2。这是因为流动资产中变现能力最差的存货金额约占流动资产总额的一半，剩下的流动性较好的流动资产至少要等于流动负债，才能保证企业最低的短期偿债能力。这种认识一直未能从理论上得到证明。最近几十年，企业的经营方式和金融环境发生了很大变化，流动比率有下降的趋势，许多成功企业的流动比率都低于2。

2. 速动比率

速动比率是企业速动资产与流动负债的比值。所谓速动资产，是指流动资产减去变现能力较差且不稳定的存货、1年内到期的非流动资产和其他流动资产等之后的余额。由于剔除了存货等变现能力较弱且不稳定的资产，因此，速动比率较之流动比率能够更加准确、可靠地评价企业资产的流动性及其偿还短期债务的能力。其计算公式为：

$$速动比率 = \frac{速动资产}{流动负债}$$

根据甲企业的财务报表数据：

$$本年速动比率=\frac{100+12+16+796+44+24}{600}$$

$$=\frac{1\,400-238-154-16}{600}=1.65$$

$$上年速动比率=\frac{50+24+22+398+8+44}{440}$$

$$=\frac{1\,220-652-22}{440}=1.24$$

速动比率假设速动资产是可偿债资产，表明每1元流动负债有多少速动资产作为偿债保障。甲企业的速动比率比上年提高了0.41，说明为每1元流动负债提供的速动资产保障增加了0.41元。

在使用速动比率时，必须注意：不同行业的速动比率差别很大。因此，不能说高于1的速动比率，企业一定有偿还到期债务的能力；也不能说低于1的速动比率，企业没有偿还到期债务的能力。如果速动比率大于1，也会因企业货币资金及应收账款资金占用过多而大大增加企业的机会成本。

3. 现金流动负债比率

现金流动负债比率是指企业一定时期的经营现金净流量同流动负债的比率。其计算公式为：

$$现金流动负债比率=\frac{经营现金净流量}{流动负债}$$

公式中的“经营现金净流量”，通常使用现金流量表中的“经营活动产生的现金流量净额”。它代表了企业产生现金的能力，已经扣除了经营活动自身所需的现金流出，是可以用来偿债的现金流量。

公式中的“流动负债”，通常使用资产负债表中的“流动负债”的年末数①。

根据甲企业的财务报表数据(假定上年经营现金净流量为418万元，本年经营现金净流量为646万元)：

---

① 有些财务比率的分子来源于利润表或现金流量表的流量数据，而分母来源于资产负债表的存量数据，则资产负债表的数据的使用有三种选择：一是直接使用期末数，好处是简单，缺点是一个时点数据缺乏代表性；二是使用年末和年初的平均数，两个时点数据平均后代表性增强，但也增加了工作量；三是使用各月的平均数，好处是代表性明显增强，缺点是工作量更大并且外部分析人不一定能得到各月的数据。为了简便，本章后面遇到类似情况，举例时将使用资产负债表的期末数，但它不如平均数合理。

$$本年现金流动负债比率 = \frac{646}{600} = 1.08$$

$$上年现金流动负债比率 = \frac{418}{440} = 0.95$$

现金流动负债比率表明每1元流动负债的经营现金流量保障程度。该比率越高,偿债越有保障,但也并不是越大越好。因为现金流动负债比率过高表明企业闲置的货币资金多,会造成企业机会成本的增加和盈利能力的降低。

上述短期偿债能力比率,都是根据财务报表中资料计算的。还有一些表外因素也会影响企业的短期偿债能力,甚至影响相当大。财务报表的使用人应尽可能了解这方面的信息,有利于作出正确的判断。

一般来说,增强短期偿债能力的表外因素主要有:① 可动用的银行贷款指标。② 准备很快变现的非流动资产。③ 如果企业的信用很好,在短期偿债方面出现暂时困难比较容易筹集到短缺的现金。降低短期偿债能力的表外因素有:① 与担保有关的或有负债,如果它的数额较大并且可能发生,就应在评价偿债能力时给予关注。② 经营租赁合同中承诺的付款,很可能是需要偿付的义务。③ 建造合同、长期资产购置合同中的分阶段付款,也是一种承诺,应视同需要偿还的债务。

(二) 长期偿债能力比率

长期偿债能力是指企业偿还长期负债的能力。企业长期偿债能力比率主要有资产负债率、产权比率、权益乘数、长期资本负债率以及利息保障倍数等五项。

1. 资产负债率

资产负债率是总负债占总资产的百分比。其计算公式为:

$$资产负债率 = \frac{总负债}{总资产} \times 100\%$$

根据甲企业的财务报表数据:

$$本年资产负债率 = \frac{2\,080}{4\,000} \times 100\% = 52\%$$

$$上年资产负债率 = \frac{1\,600}{3\,360} \times 100\% = 48\%$$

资产负债率反映总资产中有多大比例是通过负债取得的。它可以衡量企业清算时资产对债权人利益的保障程度。资产负债率越低,企业偿债越有保证,贷款越安全。资产负债率还代表企业的举债能力。一个企业的资产负债率越低,举债越容易。如果资产负债率高到一定程度,没有人愿意提供贷款了,则表明企业的举债能力已经用尽。

在使用资产负债率时，必须注意不同的信息使用者对其要求不同：对债权人来说，该指标越小越好，这样企业偿债越有保证；对企业股权投资人来说，当总资产报酬率（息税前利润/平均总资产）高于平均债务利息率时，则希望资产负债率越高越好，从而最大限度地利用债务资本获取杠杆利益。对经理人员来说，应当将偿债能力指标与盈利能力指标结合起来分析，予以平衡考虑。

2. 产权比率和权益乘数

产权比率和权益乘数是资产负债率的另外两种表现形式，它和资产负债率的性质一样，其计算公式为：

$$产权比率 = \frac{负债总额}{股东权益}$$

$$权益乘数 = \frac{总资产}{股东权益} = 1 + 产权比率 = \frac{1}{1-资产负债率}$$

产权比率表明每1元股东权益借入的债务数额，可以反映企业股东权益对债权人权益的保障程度。权益乘数表明每1元股东权益拥有的总资产。它们是两种常用的财务杠杆比率，也是评价财务结构稳健与否的重要标志。

3. 长期资本负债率

长期资本负债率是指非流动负债占长期资本的百分比，其计算公式为：

$$长期资本负债率 = \frac{非流动负债}{非流动负债 + 股东权益} \times 100\%$$

根据甲企业的财务报表数据：

$$本年长期资本负债率 = \frac{1\,480}{1\,480 + 1\,920} \times 100\% = 44\%$$

$$上年长期资本负债率 = \frac{1\,160}{1\,160 + 1\,760} \times 100\% = 40\%$$

长期资本负债率反映企业长期资本的结构。由于流动负债的数额经常变化，资本结构管理大多使用长期资本结构。

4. 利息保障倍数

利息保障倍数是指息税前利润对利息费用的倍数，也称已获利息倍数。其计算公式为：

$$利息保障倍数 = \frac{息税前利润}{利息费用} = \frac{净利润 + 利息费用 + 所得税费用}{利息费用}$$

根据甲企业的财务报表数据：

$$本年利息保障倍数 = \frac{272 + 220 + 128}{220} = 2.82$$

$$上年利息保障倍数 = \frac{320 + 192 + 150}{192} = 3.45$$

通常，可以用财务费用的数额作为利息费用，也可以根据报表附注资料确定更准确的利息费用数额。

长期债务不需要每年还本，却需要每年付息。利息保障倍数表明每1元债务利息有多少倍的息税前收益作保障，它可以反映债务政策的风险大小。利息保障倍数越大，利息支付越有保障。如果利息支付尚且缺乏保障，归还本金就很难指望。因此，利息保障倍数可以反映长期偿债能力。

如果利息保障倍数小于1，表明自身产生的经营收益不能支持现有的债务规模。利息保障倍数等于1也是很危险的，因为息税前利润受经营风险的影响，是不稳定的，而利息的支付却是固定数额。利息保障倍数越大，企业拥有的偿还利息的缓冲资金越多。

上述衡量长期偿债能力的财务比率是根据财务报表数据计算的，还有一些表外因素影响企业的长期偿债能力，必须引起足够的重视。一般来说，影响长期偿债能力的表外因素有：① 如果企业经常发生经营租赁业务，应考虑租赁费用对偿债能力的影响。② 应根据有关资料判断担保责任带来的潜在长期负债问题。③ 未决诉讼一旦判决败诉，便会影响企业的偿债能力等。

二、运营能力比率

资产运营能力的强弱取决于资产的周转速度、资产运行状况和资产管理水平等多种因素。运营能力比率是衡量企业资产管理效率的财务比率，常用的有应收账款周转率、存货周转率、流动资产周转率、非流动资产周转率和总资产周转率等。

(一) 应收账款周转率

应收账款周转率是指企业一定时期内销售收入（或营业收入，本章下同）与应收账款的比率，是反映应收账款周转速度的指标。其计算公式为：

$$应收账款周转率（周转次数） = \frac{销售收入}{应收账款}$$

$$应收账款周转期（周转天数） = \frac{360}{\frac{销售收入}{应收账款}}$$

应收账款周转次数，表明应收账款1年中周转的次数，或者说明1元应收账款投资支持的销售收入。应收账款周转天数，也称为应收账款的收现期，表明从销售开始到回收现金平均需要的天数。

一般情况下，应收账款周转率高，表明收账迅速，账龄较短；资产流动性强，短期偿债能力强；可以减少收账费用和坏账损失，从而相对增加企业流动资产的投资收益。同时，可以将应收账款周转期与企业信用期限进行比较，还可以评价购货商的信用程度，以及企业原订的信用条件是否适当。

在计算和使用应收账款周转率时，需要注意以下问题：

(1) 从理论上说，应收账款是赊销引起的，计算时应使用赊销额取代销售收入。但是，外部分析人无法取得赊销的数据，只好直接使用销售收入计算。

(2) 公式中的应收账款包括会计核算中"应收账款"和"应收票据"等全部赊销账款在内。如果减值准备的数额较大，就应进行调整，使用未提取坏账准备的应收账款来计算。因为提取的减值准备越多，应收账款周转天数越少。这种周转天数的减少不是好的业绩，反而说明应收账款管理欠佳。

(3) 如果应收账款余额的波动性较大，在应收账款周转率用于业绩评价时，最好使用多个时点的平均数，以减少这些因素的影响。

(4) 不能说应收账款周转率越高越好。应收账款是赊销引起的，如果赊销有可能比现金销售更有利，周转率就不会越高越好。

根据甲企业的财务报表数据：

$$\text{本年应收账款周转次数}=\frac{6\,000}{796+16}=\frac{6\,000}{812}=7.39(\text{次}/\text{年})$$

$$\text{本年应收账款周转天数}=\frac{360}{\frac{6\,000}{812}}=48.72(\text{天})$$

$$\text{上年应收账款周转次数}=\frac{5\,700}{398+22}=\frac{5\,700}{420}=13.57(\text{次}/\text{年})$$

$$\text{上年应收账款周转天数}=\frac{360}{\frac{5\,700}{420}}=26.53(\text{天})$$

甲企业的应收账款周转次数由 13.57 次减少到 7.39 次、应收账款周转天数由 26.53 天延长到 48.72 天，表明应收账款的周转速度在减慢，占用资金在增加，管理效率在降低。

(二) 存货周转率

存货周转率是指企业在一定时期内销售成本(或营业成本，本章下同)与存货的比率，是反映企业流动资产流动性的一个指标，也是衡量企业生产经营各环节中存货效率的一个综合性指标。其计算公式为：

$$存货周转次数 = \frac{销售成本}{存货}$$

$$存货周转天数 = \frac{360}{\frac{销售成本}{存货}}$$

一般情况下，存货周转率越高，表明存货转换为现金或应收账款的速度越快，存货占用水平低。因此，通过周转率分析，有利于找出存货管理中存在的问题，尽可能降低资金占用水平。

在计算和使用存货周转率时，应注意以下问题：

(1) 计算存货周转率时，使用“销售收入”还是“销售成本”作为周转额，要看分析的目的。在短期偿债能力分析中，为了评估资产的流动性需要计量存货转换为现金的数量和时间，应采用“销售收入”。在分解总资产周转率时，为系统分析各项资产的周转情况并识别主要的影响因素，应统一使用“销售收入”计算周转率。如果是为了评估存货管理的业绩，应当使用“销售成本”计算存货周转率，使其分子和分母保持口径一致。实际上，两种周转率的差额是毛利引起的，用哪一个计算都能达到分析目的。

依甲企业的数据，两种计算方法可以转换为：

$$本年存货(成本)周转次数 = \frac{销售成本}{存货} = \frac{5\,288}{238} = 22.22(次)$$

$$本年存货(收入)周转次数 \times 成本率 = 25.21 \times 88.13\% = 22.22(次)$$

(2) 不能说存货周转率越高越好。存货过多会占用资金，存货过少不能满足流转需要，在特定的生产经营条件下应当保持一个最佳的存货水平，所以存货不是越少越好。

(3) 在对存货周转率分析时，应进一步关注构成存货的产成品、自制半成品、原材料、在产品和低值易耗品之间的比例关系，对其进行内部分析。

根据甲企业的财务报表数据：

$$本年存货周转次数 = \frac{5\,288}{238} = 22.22(次/年)$$

$$本年存货周转天数 = \frac{360}{\frac{5\,288}{238}} = 16.2(天)$$

$$上年存货周转次数 = \frac{5\,006}{652} = 7.67(次/年)$$

$$上年存货周转天数 = \frac{360}{\frac{5\ 006}{652}} = 46.89(天)$$

甲企业的存货周转次数由7.67次提高到22.22次、存货周转天数由46.89天缩短到16.2天，表明存货的周转速度在加快，占用资金在减少，管理效率在提高。

（三）流动资产周转率

流动资产周转率是指企业在一定时期内销售收入与流动资产的比率，是反映企业流动资产周转速度的指标。其计算公式为：

$$流动资产周转次数 = \frac{销售收入}{流动资产}$$

$$流动资产周转天数 = \frac{360}{\frac{销售收入}{流动资产}} = \frac{360}{流动资产周转次数}$$

一般情况下，流动资产周转率越高，表明以相同的流动资产完成的周转额越多，流动资产利用效果越好。

通常，流动资产中应收账款和存货占绝大部分，因此，它们的周转状况对流动资产周转具有决定性影响。

根据甲企业的财务报表数据：

$$本年流动资产周转次数 = \frac{6\ 000}{1\ 400} = 4.29(次/年)$$

$$本年应收账款周转天数 = \frac{360}{\frac{6\ 000}{1\ 400}} = 84(天)$$

$$上年流动资产周转次数 = \frac{5\ 700}{1\ 220} = 4.67(次/年)$$

$$上年应收账款周转天数 = \frac{360}{\frac{5\ 700}{1\ 220}} = 77.05(天)$$

甲企业的流动资产周转次数由4.67次减少到4.29次，流动资产周转天数由77.05天延长到84天，表明流动资产的周转速度在减慢。原因主要是应收账款的周转速度有较大幅度的降低。

（四）固定资产周转率

固定资产周转率是指企业在一定时期内销售收入与固定资产净值的比率，是反映固定资产利用效率的指标。其计算公式为：

$$固定资产周转次数 = \frac{销售收入}{固定资产净值}$$

$$固定资产周转天数 = \frac{360}{\frac{销售收入}{固定资产净值}} = \frac{360}{固定资产周转次数}$$

一般情况下，固定资产周转率越高，表明企业固定资产利用越充分，同时也表明固定资产投资得当，固定资产结构合理，能够充分发挥效率；反之，如果固定资产周转率不高，表明固定资产使用效率不高，企业的运营能力不强。

根据甲企业的财务报表数据：

$$本年固定资产周转次数 = \frac{6\,000}{2\,476} = 2.42(次/年)$$

$$本年固定资产周转天数 = \frac{360}{\frac{6\,000}{2\,476}} = 148.56(天/次)$$

$$上年固定资产周转次数 = \frac{5\,700}{1\,910} = 2.98(次/年)$$

$$上年固定资产周转天数 = \frac{360}{\frac{5\,700}{1\,910}} = 120.63(天/次)$$

甲企业的固定资产周转次数由 2.98 次降低到 2.42 次、固定资产周转天数由 120.63 天延长到 148.56 天，表明固定资产的周转速度在减慢，占用资金在增加，管理效率在降低。

（五）总资产周转率

总资产周转率是指企业在一定时期内销售收入与总资产之间的比率，是反映企业全部资产利用效率的指标。其计算公式为：

$$总资产周转次数 = \frac{销售收入}{总资产}$$

$$总资产周转天数 = \frac{360}{\frac{销售收入}{总资产}} = \frac{360}{总资产周转次数}$$

总资产周转率越高，表明企业全部资产的使用效率越高；反之，如果该指标较低，则说明企业利用全部资产进行经营的效率较差。在销售净利润率不变的条件下，总资产周转的次数越多，形成的利润越多，所以它还可以反映企业盈利能力。

根据甲企业的财务报表数据：

$$本年总资产周转次数 = \frac{6\ 000}{4\ 000} = 1.5(次/年)$$

$$本年总资产周转天数 = \frac{360}{\frac{6\ 000}{4\ 000}} = 240(天/次)$$

$$上年总资产周转次数 = \frac{5\ 700}{3\ 360} = 1.7(次/年)$$

$$上年总资产周转天数 = \frac{360}{\frac{5\ 700}{3\ 360}} = 212.21(天/次)$$

以上计算表明，甲企业 2011 年的总资产周转次数比 2010 年略有降低（由 1.7 次降低到 1.5 次）、总资产周转天数略有延长（由 212.21 天延长到 240 天）。这是因为甲企业存货周转速度虽然在加快，但应收账款以及固定资产的周转速度在减慢，致使总资产的周转速度在减慢，占用资金在增加，管理效率在降低。

三、盈利能力比率

盈利能力是企业获取利润的水平和能力。盈利能力比率常用的有销售净利率、盈余现金保障倍数、总资产净利率、净资产收益率、每股收益、市盈率、市净率等。

（一）销售净利率

销售净利率是指净利润与销售收入的比率，通常用百分数表示。其计算公式为：

$$销售净利率 = \frac{净利润}{销售收入} \times 100\%$$

销售净利率高，表明企业市场竞争力越强，发展潜力越大，从而盈利能力越强。

需要说明的是，在对销售净利率分析时，除了分析销售毛利率和销售期间费用率外，还可以利用结构百分比来确定分析影响较大的有利因素以及不利因素。

根据甲企业的财务报表数据：

$$本年销售净利率 = \frac{272}{6\ 000} \times 100\% = 4.53\%$$

$$上年销售净利率 = \frac{320}{5\ 700} \times 100\% = 5.61\%$$

$$变动 = 4.53\% - 5.61\% = -1.08\%$$

本年与上年相比，销售净利率降低，表明甲企业经营业务的获利能力有所降低。原因分析如下：

$$本年销售毛利率 = \frac{6\,000 - 5\,288}{6\,000} \times 100\% = 11.87\%$$

$$上年销售毛利率 = \frac{5\,700 - 5\,006}{5\,700} \times 100\% = 12.18\%$$

$$本年销售期间费用率 = \frac{44 + 92 + 220}{6\,000} \times 100\% = 5.93\%$$

$$上年销售期间费用率 = \frac{40 + 80 + 192}{5\,700} \times 100\% = 5.47\%$$

从以上计算可以看出，本年与上年相比，销售毛利率在降低，销售期间费用率在提高，表明甲企业的销售成本以及期间费用都有所增加，从而降低了企业经营业务的获利能力。

（二）盈余现金保障倍数

盈余现金保障倍数是企业一定时期经营现金净流量与净利润的比率，反映了企业当期净利润中现金收益的保障程度，真实反映了企业盈余的质量，是评价企业盈利状况的辅助指标。其计算公式为：

$$盈余现金保障倍数 = \frac{经营现金净流量}{净利润}$$

盈余现金保障倍数是从现金流入与流出的动态角度，对企业收益的质量进行评价，在收付实现制的基础上，充分反映出企业当期净利润中有多少是有现金保障的。一般情况下，企业当期净利润大于0，盈余现金保障倍数应当大于1。该指标越大，表明企业经营活动产生的净利润对现金的贡献越大。

根据甲企业的财务报表数据（假定上年经营现金净流量为418万元，本年经营现金净流量为646万元）：

$$本年盈余现金保障倍数 = \frac{646}{272} = 2.38$$

$$上年盈余现金保障倍数 = \frac{418}{320} = 1.31$$

甲企业的盈余现金保障倍数由1.31倍提高到2.38倍，表明企业经营活动产生的净利润对现金的贡献在增加，企业盈余质量在提高。

（三）总资产净利率

总资产净利率是指净利润与总资产的比率，它反映企业从1元受托资产（不管

资金来源)中得到的净利润,可以衡量企业利用资产获取收益的能力。其计算公式为:

$$总资产净利率 = \frac{净利润}{总资产} \times 100\%$$

总资产净利率全面反映了企业全部资产的获利水平。一般情况下,该指标越高,表明企业的资产利用效益越好,整个企业盈利能力越强,经营水平越高。因此,总资产净利率是企业盈利能力的关键。

影响总资产净利率的驱动因素是销售净利率和总资产周转率。

$$\begin{aligned}总资产净利率 &= \frac{净利润}{总资产} = \frac{净利润}{销售收入} \times \frac{销售收入}{总资产} \\ &= 销售净利率 \times 总资产周转次数\end{aligned}$$

根据甲企业的财务报表数据:

$$本年总资产净利率 = \frac{272}{4\ 000} \times 100\% = 6.80\%$$

$$上年总资产净利率 = \frac{320}{3\ 360} \times 100\% = 9.52\%$$

$$变动 = 6.8\% - 9.52\% = -2.72\%$$

甲企业的总资产净利率比上年降低 2.72%,表明企业利用资产获取收益的能力在降低。其原因是销售净利率和总资产周转次数都降低了。具体哪一个原因更重要呢,可以使用因素分析法进行定量分析。

	总资产净利率	=	销售净利率	×	总资产周转次数
上年	9.524%	=	5.614 0%	×	1.696 4
本年	6.8%	=	4.533 3%	×	1.5

$$\begin{aligned}销售净利率变动影响 &= (4.533\ 3\% - 5.6140\%) \times 1.696\ 4 \\ &= -1.080\ 7\% \times 1.696\ 4 \\ &= -1.833\ 3\%\end{aligned}$$

$$\begin{aligned}总资产周转次数变动影响 &= 4.533\ 3\% \times (1.50 - 1.696\ 4) \\ &= 4.533\ 3\% \times (-0.196\ 4) \\ &= -0.890\ 3\%\end{aligned}$$

$$合计 = -1.833\ 3\% - 0.890\ 3\% = -2.72\%$$

由于销售净利率降低,使总资产净利率下降 1.833 3%;由于总资产周转次数下降,使总资产净利率下降 0.890 3%。两者共同作用使总资产净利率下降

2.72%,其中销售净利率下降是主要影响因素。

(四)净资产收益率

净资产收益率是指净利润与股东权益的比率,它反映1元股东资本赚取的净收益,可以衡量企业的总体盈利能力以及企业自有资本获取收益的能力。其计算公式为:

$$净资产收益率=\frac{净利润}{股东权益}\times 100\%$$

该指标通用性强,适用范围广,不受行业局限,在国际上的企业综合财务评价体系中使用率非常高。对该指标的综合对比分析,可以看出企业总体盈利能力以及企业自有资本获取收益的能力在同行业中所处的地位,以及与同类企业的差异水平。一般认为,净资产收益率越高,企业的总体盈利能力以及企业自有资本获取收益的能力越强,运营效益越好,对企业投资人和债权人权益的保障程度越高。

根据甲企业财务报表的数据:

$$本年净资产收益率=\frac{272}{1\,920}\times 100\%=14.17\%$$

$$上年净资产收益率=\frac{320}{1\,760}\times 100\%=18.18\%$$

甲企业的净资产收益率比上年降低了,表明企业的总体盈利能力以及企业自有资本获取收益的能力在降低。原因分析可参考本章节杜邦分析相关知识。

(五)每股收益

每股收益,反映企业普通股股东持有每一股份所能享有的企业利润和承担的企业亏损,是衡量上市公司盈利能力时最常用的财务指标。

每股收益的计算包括基本每股收益和稀释每股收益,下面仅介绍基本每股收益的计算。

基本每股收益的计算公式为:

$$基本每股收益=\frac{归属于公司普通股股东的净利润}{发行在外的普通股加权平均数}$$

$$\begin{aligned}\begin{matrix}发行在外的普通\\股加权平均数\end{matrix} = & \begin{matrix}期初发行在外\\普通股股数\end{matrix}+\begin{matrix}当期新发行\\普通股股数\end{matrix}\times 已发行时间\\ & \div 报告期时间-当期回购普通股股数\times 已回购时间\\ & \div 报告期时间\end{aligned}$$

(注:已发行时间、报告期时间和已回购时间一般按照天数计算,在不影响计算结果合理性的前提下,也可以采用简化的计算方法,如按月计算)

【例 2-3】 某上市公司 20×3 年归属于普通股股东的净利润为 12 500 万元，20×2年年末的股本为 4 000 万股，20×3 年 2 月 8 日经公司 20×2 年股东大会决议，以截至 20×2 年年末公司中股本为基础向全体股东以每 10 股送红股 10 股，工商注册登记变更完成后公司总股本变为 8 000 万股。20×3 年 12 月 1 日发行新股 3 000 万股。假定该公司按月数计算每股收益的时间权重。计算 20×3 年度基本每股收益。

$$基本每股收益=\frac{12\,500}{4\,000+4\,000+3\,000\times\frac{1}{12}}=1.52(元/股)$$

（注：发放股票股利新增的股数不需要按照实际增加的月份加权计算，可以直接计入分母）

每股收益这一财务指标在不同行业、不同规模的上市公司之间具有相当大的可比性，因而在各上市公司之间的业绩比较中被广泛地加以引用。此指标越大，盈利能力越好，股利分配来源越充足，资产增值能力越强。

对投资者来说，每股收益是一个综合性的盈利概念，能比较恰当地说明收益的增长或减少。人们一般将每股收益视为企业能否成功地达到其利润目标的计量标志，也可以将其看成一家企业管理效率、盈利能力和股利来源的标志。

（六）市盈率

市盈率是上市公司普通股每股市价相当于每股收益的倍数，反映普通股股东愿意为每 1 元净利润支付的价格，可以用来估计股票的投资收益率和风险。其计算公式为：

$$市盈率=\frac{每股市价}{每股收益}$$

市盈率是反映上市公司盈利能力的一个重要财务比率，投资者对这个比率十分重视。一般情况下，市盈率越高，意味着企业未来成长的潜力越大，投资者愿意出较高的价格购买该公司股票，也即投资者对该股票的评价越高；反之，投资者对该股票评价越低。但是，也应注意，如果某一种股票的市盈率过高或过低，则意味着这种股票具有较高的投资风险。

影响企业股票市盈率的因素有：第一，上市公司盈利能力的成长性。如果上市公司预期盈利能力不断提高，说明企业具有较好的成长性，虽然目前市盈率较高，也值得投资者进行投资。第二，投资者所获收益率的稳定性。如果上市公司经营效益良好且相对稳定，则投资者获取的收益也较高且稳定，投资者就愿意持有该企业的股票，则该企业的股票市盈率会由于众多投资者的普遍看好而相应提高。第三，市盈率也受到利率水平变动的影响。当市场利率水平变化时，市盈率也应作相应的调整。所以，上市公司的市盈率一直是广大股票投资者进行中长期投资的重要决策指标。

在使用市盈率时应注意：每股市价实际上反映了投资者对未来收益的预期。然而，市盈率是基于过去年度的收益。因此，如果投资者预期收益从当前水平大幅增长，市盈率将会相当高，也许是20倍、30倍或更多。但是，如果投资者预期收益由当前水平下降，市盈率将会相当低，如10倍或更少。成熟市场上的成熟企业有非常稳定的收益，通常其每股市价为每股收益的10～12倍。因此，市盈率反映了投资者对企业未来前景的预期。

（七）市净率

市净率是上市公司普通股每股市价相当于每股净资产的倍数，它反映普通股股东愿意为每1元净资产支付的价格，其中，每股净资产（也称为每股账面价值）是指普通股股东权益与流通在外普通股加权平均股数的比率，它反映每只普通股享有的净资产。其计算公式为：

$$\text{市净率} = \frac{\text{每股市价}}{\text{每股净资产}}$$

$$\text{每股净资产} = \frac{\text{普通股股东权益}}{\text{流通在外普通股股数}}$$

净资产代表的是全体股东共同享有的权益，是股东拥有公司财产和公司投资价值最基本的体现，它可以用来反映企业的内在价值。一般来说，市净率较低的股票，投资价值较高；反之，则投资价值较低。但有时较低市净率反映的可能是投资者对公司前景的不良预期，而较高市净率则相反。因此，在判断某股票的投资价值时，还要综合考虑当时的市场环境以及公司经营情况，资产质量和盈利能力等因素。

市净率对已经存在一定年限的旧经济股票企业是有用的。但是，对于新经济企业，该比率不是非常有用。而且，该比率仅可用于整个企业的评估，不能用于企业某一部分（如一个部门，一个产品或一个品牌）的评估。

四、发展能力比率

发展能力是企业通过自身的生产经营活动，不断扩大规模、壮大实力的潜在能力。发展能力比率常用的有：销售增长率、总资产增长率、资本积累率、技术投入比率、销售收入3年平均增长率以及资本3年平均增长率等。

（一）销售增长率

销售增长率是企业本年销售收入增长额与上年销售收入总额的比率，它反映企业销售收入的增减变动情况，是评价企业成长情况和发展能力的重要资本。其计算公式为：

$$销售增长率=\frac{本年销售收入增长额}{上年销售收入总额}\times 100\%$$

其中：

$$本年销售收入增长额=本年销售收入总额-上年销售收入总额$$

销售增长率是衡量企业经营状况和市场占有能力、预测企业经营业务拓展趋势的重要标志。该指标若大于0，表明企业本年销售收入有所增长，指标值越高，表明企业销售收入的增长速度越快，企业市场前景越好；若该指标小于0，则说明产品或服务不适销对路、质次价高，或是在售后服务等方面存在问题，市场份额萎缩。

（二）总资产增长率

总资产增长率是企业本年总资产增长额同年初资产总额的比率，它反映企业本期资产规模的增长情况。其计算公式为：

$$总资产增长率=\frac{本年总资产增长额}{年初资产总额}\times 100\%$$

其中：

$$本年总资产增长额=资产总额年末数-资产总额年初数$$

总资产增长率是从企业资产总量扩张方面衡量企业的发展能力，表明企业规模增长水平对企业后劲的影响。该指标越高，表明企业一定时期内资产经营规模扩张的速度越快。但在分析时，需要注意考虑资产规模扩张的质和量的关系，以及企业的后续发展能力，避免盲目扩张。

（三）资本积累率

资本积累率是企业本年股东权益增长额与年初股东权益的比率，反映企业当年资本的积累能力。其计算公式为：

$$资本积累率=\frac{本年股东权益增长额}{年初股东权益}\times 100\%$$

其中：

$$本年股东权益增长额=股东权益年末数-股东权益年初数$$

资本积累率是企业当年股东权益总的增长率，反映了企业股东权益在当年的变动水平，体现了企业资本的积累情况，既是企业发展强盛的标志，也是企业扩大再生产的源泉，展示了企业的发展潜力。资本积累率还反映了投资者投入企业资本的保全性和增长性。该指标若大于0，则指标值越高，表明企业的资本积累越多,应对风险、持续发展的能力越强,企业的资本保全状况越好;该指标若小于0,则表明企业资本受到侵蚀,股东权益受到损害。

(四)技术投入比率

技术投入比率是企业本年科技支出(包括用于研究开发、技术改造、科技创新等方面的支出)与本年销售收入的比率,反映企业在科技进步方面的投入,在一定程度上可以体现企业的发展潜力。其计算公式为:

$$\text{技术投入比率}=\frac{\text{本年科技支出合计}}{\text{本年销售收入}}\times 100\%$$

技术投入比率集中体现了企业对技术创新的重视程度,是评价企业持续发展能力的重要指标。该指标越高,表明企业对新技术的投入越多,企业对市场的适应能力越强,未来竞争优势越明显,生存发展的空间越大,发展前景越好。

(五)销售收入3年平均增长率

销售收入3年平均增长率表明企业销售收入连续3年的增长情况,体现企业的持续发展态势和市场扩张能力。其计算公式为:

$$\text{销售收入3年平均增长率}=\left(\sqrt[3]{\frac{\text{本年销售收入总额}}{\text{3年前销售收入总额}}}-1\right)\times 100\%$$

其中,3年前销售收入总额指企业3年前的销售收入总额,比如在评价20×7年的绩效状况时,则3年前销售收入总额是指20×4年的销售收入总额。

销售收入3年平均增长率反映了企业的经营业务增长趋势和稳定程度,体现了企业的连续发展状况和发展能力,可以避免因少数年份业务波动而对企业发展潜力的错误判断。一般认为,该指标越高,表明企业积累的基础越牢,市场扩张能力和可持续发展能力越强,发展的潜力越大。

(六)资本3年平均增长率

资本3年平均增长率表示企业连续3年的积累情况,在一定程度上体现了企业的持续发展水平和发展趋势。其计算公式为:

$$\text{资本3年平均增长率}=\left(\sqrt[3]{\frac{\text{年末股东权益总额}}{\text{3年前年末股东权益总额}}}-1\right)\times 100\%$$

其中,3年前年末股东权益总额指企业3年前的股东权益年末数,比如在评价20×7年企业绩效状况时,3年前年末股东权益总额是指20×4年年末数。

资本3年平均增长率反映了企业资本积累或资本扩张的历史发展状况,以及企业稳步发展的趋势。一般认为,该指标越高,表明企业股东权益得到保障程度越大,企业可以长期使用的资本越充足,抗风险和持续发展的能力越强。

五、企业综合指标分析

财务报表分析的最终目的在于全方位地了解企业财务状况和经营情况，并借以对企业经济效益的优劣作出系统、合理的评价。显然，要达到这样一个分析目的，单独分析任何一项财务指标都难以做到。因此，只有将企业偿债能力、营运能力、盈利能力、发展能力等分析指标有机地联系起来，作为一套完整的体系，相互配合使用，作出系统的综合评价，才能从总体意义上把握企业财务状况和经营情况的优劣。

综合指标分析的意义在于能够全面、正确地评价企业的财务状况和经营成果，因为局部不能代替整体，某项指标的好坏不能说明整个企业经济效益的高低。除此之外，综合指标分析的结果在进行企业不同时期比较分析和不同企业之间比较分析时消除了时间上和空间上的差异，使之更具有可比性，有利于总结经验、吸取教训、发现差距、赶超先进。进而，从整体上、本质上反映和把握企业生产经营的财务状况和经营成果。

企业综合指标分析方法有很多，传统方法主要有杜邦分析法和沃尔比重评分法等。

（一）杜邦分析法

杜邦分析法又称杜邦财务报表分析体系，简称杜邦体系，是利用各主要财务比率指标间的内在联系，对企业财务状况及经济效益进行综合系统分析评价的方法。该体系是以净资产收益率为龙头，以总资产净利率和权益乘数为分支，重点揭示企业盈利能力及杠杆水平对净资产收益率的影响，以及各相关指标间的相互影响作用关系。因其最初由美国杜邦公司成功应用，因此得名。

杜邦体系的基本框架可用图 2-1 表示。其分析关系式为：

净资产收益率＝总资产净利率×权益乘数

＝销售净利率×总资产周转次数×权益乘数

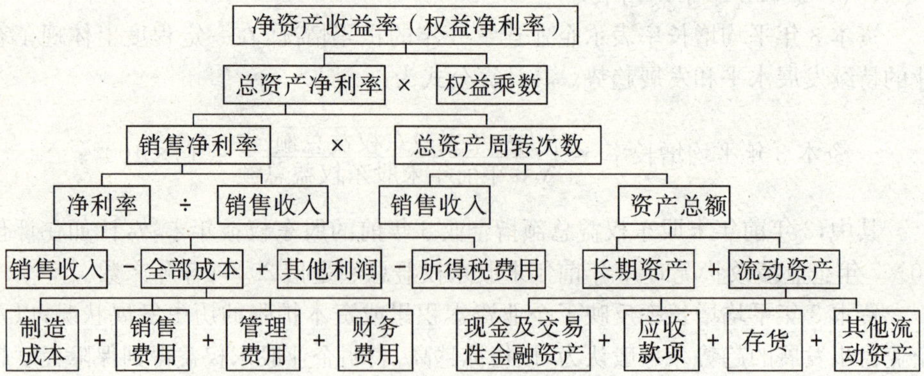

图 2-1 杜邦体系图

【例 2-4】　根据甲企业的财务报表数据，运用因素分析法计算销售净利率、总资产周转次数、权益乘数变动对净资产收益率的影响。

根据甲企业财务报表的数据：

$$本年净资产收益率 = \frac{272}{1\,920} \times 100\% = 14.17\%$$

$$上年净资产收益率 = \frac{320}{1\,760} \times 100\% = 18.18\%$$

$$变动 = 14.17\% - 18.18\% = -4.01\%$$

甲企业的净资产收益率比上年降低 4.01%，表明企业的总体盈利能力以及企业自有资本获取收益的能力在降低。原因是虽然权益乘数有所提高，但销售净利率和总资产周转次数降低了。具体哪一个原因更重要呢，可以使用因素分析法进行定量分析。

净资产收益率＝销售净利率×总资产周转次数×权益乘数

上年　18.18%　＝5.614 0%　×　1.696 4　×1.909 1

本年　14.17%　＝4.533 3%　×　1.5　×2.083 3

销售净利率变动影响＝(4.5333%－5.614 0%)×1.696 4×1.909 1
＝－1.080 7%×1.696 4×1.909 1
＝－3.5%

总资产周转次数变动影响＝4.533 3%×(1.5－1.696 4)×1.909 1
＝4.533 3%×(－0.196 4)×1.909 1
＝－1.699 7%

权益乘数变动影响＝4.533 3%×1.5×(2.083 3－1.909 1)
＝4.533 3%×1.5×0.174 2
＝1.184 6%

合计＝－3.5%－1.699 7%＋1.184 6%＝－4.01%

由于销售净利率降低，使净资产收益率下降 3.5%；由于总资产周转次数下降，使净资产收益率下降 1.699 7%；由于权益乘数提高，使净资产收益率提高 1.184 6%，三者共同作用使净资产收益率下降 4.01%，其中销售净利率下降是主要影响因素。

运用杜邦分析法需要抓住以下几点：

(1) 净资产收益率是一个综合性很强的财务报表分析指标，不仅是杜邦分析体系的龙头，也是杜邦分析体系的起点。财务管理的目标之一是使股东财富最大化，净资产收益率反映了企业股东投入资本的获利能力，说明了企业筹资、投资、资金营运等各项财务及其管理活动的效率，持续提高净资产收益率是实现财务管理目标的基本保证。所以，这一财务报表分析指标是企业股东、经营者都十分关心的。而净资产收益率高低的决定因素主要有三个，即销售净利率、总资产周转次数和权益乘数。这样，在进行分解之后，就可以将净资产收益率这一综合性指标发生升降变化的原因具体化，从而它比只用一项财务指标更能说明问题。

需要说明的是，虽然净资产收益率由总资产净利率和权益乘数（财务杠杆）共同决定，但提高财务杠杆会同时增加企业风险，往往并不增加股东财富。此外，财务杠杆的提高有诸多限制，企业经常处于财务杠杆不可能再提高的临界状态。因此，驱动净资产收益率的基本动力是总资产净利率。

(2) 销售净利率反映了企业净利润与销售收入的关系，它的高低取决于销售收入与成本总额的高低。扩大销售收入既有利于提高销售净利率，又可提高总资产周转次数。降低成本费用是提高销售净利率的一个重要因素，从杜邦分析图可以看出成本费用的基本结构是否合理，从而找出降低成本费用的途径和加强成本费用的控制办法。为了详细地了解企业成本费用的发生情况，在具体列示成本总额时，还可根据重要性原则，将那些影响较大的费用单独列示，以便为寻求降低成本的途径提供依据。因此，要想提高销售净利率有三方面：一是要扩大销售收入，二是要降低成本费用，三是要提高其他利润。

(3) 总资产周转次数揭示企业资产总额实现销售收入的综合能力。影响总资产周转次数的一个重要因素是资产总额，资产总额由流动资产与非流动资产组成，它们的结构合理与否将直接影响资产的周转速度。一般来说，流动资产直接体现企业的偿债能力和变现能力，而非流动资产则体现了企业的经营规模、发展潜力，两者之间应该有一个合理的比例关系。因此，还应进一步对资产内部结构以及影响总资产周转次数的各项具体因素进行分析。

(4) 权益乘数反映企业股东权益与总资产的关系。权益乘数越高，说明负债比率越大，企业的负债程度比较高，能给企业带来较多的杠杆利益，但同时也带来较大的偿债风险。因此，企业既要合理使用全部资产，又要妥善安排资本结构。

杜邦分析方法的指标设计也具有一定的局限性，它更偏重于企业股东的利益。从杜邦分析体系来看，在其他因素不变的情况下，资产负债率越高，净资产收益率就越高。这是因为利用较多负债，从而利用较高财务杠杆作用的结果，但是没有考虑财务风险的因素，负债越多，财务风险越大，偿债压力越大。因此，还应结合其他指标进行综合分析。

(二) 沃尔比重评分法

企业财务综合分析的先驱者之一亚历山大·沃尔在20世纪初出版的《信用晴雨表研究》和《财务报表比率分析》中提出了信用能力指数的概念，他把若干个财务比率用线性关系结合起来，以此来评价企业的信用水平，被称为沃尔评分法。他选择了流动比率、产权比率、固定资产比率、存货周转率、应收账款周转率、固定资产周转率、自有资金周转率等七种财务比率，分别给定了其在总评价中所占的比重，总和为100分。然后，确定标准比率，并与实际比率相比较，评出每项指标的得分，求出总评分。

【例2-5】 根据甲企业的财务报表数据，2011年的财务状况评分的结果如表2-4所示。

表2-4　沃尔综合评分表

财务比率	比重	标准比率	实际比率	相对比率	综合指数
	1	2	3	4=3÷2	5=1×4
流动比率	25	2.00	2.33	1.17	29.25
净资产/负债	25	1.50	0.92	0.61	15.25
资产/固定资产	15	2.00	1.62	0.81	12.15
销售成本/存货	10	15	22.22	1.48	14.80
销售额/应收账款	10	10	7.39	0.74	7.40
销售额/固定资产	10	5	2.42	0.48	4.80
销售额/净资产	5	3	3.13	1.04	5.20
合　计	100				88.85

从表2-4可知，该企业的综合指数为88.85，总体财务状况是欠佳，综合评分没有达到标准的要求。

沃尔比重评分法从理论上讲，有一个弱点，就是未能证明为什么要选择这7个指标，而不是更多些或更少些，或者选择别的财务比率，以及未能证明每个指标所占比重的合理性。沃尔的分析法从技术上讲有一个问题，就是当某一个指标严重异常时，会对综合指数产生不合逻辑的重大影响。这个缺陷是由相对比率与比重相"乘"而引起的。财务比率提高1倍，其综合指数增加100%；而财务比率缩小1倍，其综合指数只减少50%。尽管沃尔评分法在理论上还有待证明，在技术上也不完善，但它还是在实践中被广泛地应用。

现代社会与沃尔的时代相比，已有很大变化。一般认为企业财务评价的内容首先是盈利能力，其次是偿债能力，再次是成长能力，它们之间大致可按5∶3∶2的比重来分配。盈利能力的主要指标是总资产报酬率(息税前利润/平均总资产)、销售净利率和净资产收益率，这三个指标可按2∶2∶1的比重来安排。偿债能力有四个常用指标，成长能力有三个常用指标(都是本年增量与上年实际量的比值)。如果仍以 100 分为总评分，甲企业的相关数据如下。

【例 2-6】 仍以甲企业 2011 年的财务状况为例，以同行业的标准值为评价基础，则其综合评分标准如表 2-5 所示。

表 2-5 综合评分标准

指 标	评分值	标准比率%	行业最高比率%	最高评分	最低评分	每分比率的差
盈利能力：						
总资产报酬率	20	6	22.8	30	10	1.68
销售净利率	20	8	35.2	30	10	2.72
净资产收益率	10	7	22.7	15	5	3.14
偿债能力：						
自有资本比率	8	50	65.8	12	4	3.95
流动比率	8	200	313.6	12	4	28.4
应收账款周转率	8	1 000	3 500	12	4	625
存货周转率	8	1 500	3 800	12	4	575
成长能力：						
销售增长率	6	2.6	38	9	3	11.8
净利增长率	6	10	61	9	3	17
总资产增长率	6	7.5	42	9	3	11.5
合 计	100			150	50	

标准比率以本行业平均数为基础，在给每个指标评分时，应规定其上限和下限，以减少个别指标异常对总分造成不合理的影响。上限可定为正常平均分值的 1.5 倍，下限可定为正常评分值的 0.5 倍。此外，给分不是采用“乘”的关系，而采用“加”或“减”的关系来处理，以克服沃尔比重评分法的缺点。例如，总资产报酬率每分比率的差为 1.68%{(22.8%－6%)÷[30－(30＋10)÷2]}。总资产报酬率每提高 1.68%，多给 1 分，但该项得分不得超过 30 分。

根据这种方法，对甲企业的财务状况重新进行综合评价，得 107.9 分(见表 2-6)，是一个中等略偏上水平的企业。

表 2-6　甲企业财务情况评分

指标	实际比率(%)	标准比率	差异	每分比率	调整分	标准评分值	得分
	1	2	3=1-2	4	5=3÷4	6	7=5+6
盈利能力							
总资产报酬率	15.5	6	9.5	1.68	5.65	20	25.65
销售净利率	4.53	8	-3.47	2.72	-1.28	20	18.72
净资产收益率	14.17	7	7.17	3.14	2.28	10	12.28
偿债能力							
自有资本比率	48	50	-2	3.95	-0.51	8	7.49
流动比率	233	200	33	28.4	1.16	8	9.16
应收账款周转率	739	1000	-261	625	-0.42	8	7.58
存货周转率	2222	1500	722	575	1.26	8	9.26
成长能力							
销售增长率	5.26	2.6	2.66	11.8	0.23	6	6.23
净利增长率	-15	10	-25	17	-1.47	6	4.53
总资产增长率	19.05	7.5	11.55	11.5	1	6	7
合　　计						100	107.9

关键术语

财务报表分析　因素分析法　偿债能力　运营能力　盈利能力　发展能力
杜邦分析法　沃尔比重评分法

思考题

1. 财务报表分析的意义表现在哪几个方面?
2. 采用因素分析法时,必须注意哪几个方面的问题?
3. 财务报表分析的局限性表现在哪几个方面?
4. 影响企业的短期偿债能力的表外因素有哪些?

5. 影响企业的长期偿债能力的表外因素有哪些？

6. 杜邦分析法的意义是什么？

练习题

1. 甲企业是一个有较多未分配利润的工业企业。下面是上年度发生的几笔经济业务，在这些业务发生前后，速动资产都超过了流动负债。请回答下列问题（从每小题的备选答案中选择一个正确答案，将该答案的英文字母编号填入题内的括号）。

(1) 长期债券投资提前变卖为现金，将会（　　）。

A. 对流动比率的影响大于对速动比率的影响

B. 对速动比率的影响大于对流动比率的影响

C. 影响速动比率但不影响流动比率

D. 影响流动比率但不影响速动比率

(2) 将积压的存货若干转为损失，将会（　　）。

A. 降低速动比率　　B. 增加营运资本

C. 降低流动比率　　D. 降低流动比率，也降低速动比率

(3) 收回当期应收账款若干，将会（　　）。

A. 增加流动比率　　B. 降低流动比率

C. 不改变流动比率　　D. 降低速动比率

(4) 赊购原材料若干，将会（　　）。

A. 增大流动比率　　B. 降低流动比率

C. 降低营运资本　　D. 增大营运资本

(5) 偿还应付账款若干，将会（　　）。

A. 增大流动比率，不影响速动比率　　B. 增大速动比率，不影响流动比率

C. 增大流动比率，也增大速动比率　　D. 降低流动比率，也降低速动比率

2. 某商业企业20×7年销售收入为2 000万元，销售成本为1 600万元；年初、年末应收账款余额分别为200万元和400万元；年初、年末存货余额分别为200万元和600万元；年末速动比率为1.2，年末现金比率（现金÷流动负债）为0.7。假定该企业流动资产由速动资产和存货组成，速动资产由应收账款和现金资产组成，1年按360天计算。

【要求】

(1) 计算20×7年应收账款周转天数。

(2) 计算 20×7 年存货周转天数。

(3) 计算 20×7 年年末流动负债余额和速动资产余额。

(4) 计算 20×7 年年末流动比率。

3. 某公司流动资产由速动资产和存货构成，年初存货为 145 万元，年初应收账款为 125 万元，年末流动比率为 3，年末速动比率为 1.5，存货周转率为 4 次，年末流动资产余额为 270 万元。1 年按 360 天计算。

【要求】

(1) 计算该公司流动负债年末余额。

(2) 计算该公司存货年末余额和年平均余额。

(3) 计算该公司本年销售成本。

(4) 假定本年销售收入为 960 万元，应收账款以外的其他速动资产忽略不计，计算该公司应收账款周转期。

4. 某公司 20×5 年度简化的资产负债表如表 2-7 所示。

表 2-7　资产负债表

××公司　　20×5 年 12 月 31 日　　单位：万元

资　产		负债和所有者权益	
货币资金	50	应付账款	100
应收账款		长期负债	
存货		实收资本	100
固定资产		留存收益	100
资产合计		负债和所有者权益合计	

其他有关财务指标如下：

(1) 产权比率为 0.6。

(2) 销售毛利率为 10%。

(3) 存货周转率（存货按年末数计算）为 9 次。

(4) 平均收现期（应收账款按年末数计算，1 年按 360 天计算）为 18 天。

(5) 总资产周转次数（总资产按年末数计算）为 2.5 次。

【要求】

利用上述资料，计算该公司资产负债表的空白部分，并列示所填数据的计算过程。

5. ABC 公司 20×6 年的销售额 62 500 万元，比上年提高 28%，相关的财务比率如表2-8所示。

表2-8 相关财务比率表

财务比率	20×5年同业平均	20×5年本公司	20×6年本公司
应收账款回收期(天)	35	36	36
存货周转率	2.5	2.59	2.11
销售毛利率(%)	38	40	40
销售营业利润率(息税前)(%)	10	9.6	10.63
销售利息率(%)	3.73	2.4	3.82
销售净利率(%)	6.27	7.2	6.81
总资产周转次数(次)	1.14	1.11	1.07
固定资产周转次数(次)	1.4	2.02	1.82
资产负债率(%)	58	50	61.3
已获利息倍数	2.68	4	2.78

备注:该公司正处于免税期。

【要求】

(1) 运用杜邦财务分析原理,比较20×5年公司与同业平均的净资产收益率,定性分析其差异的原因。

(2) 运用杜邦财务分析原理,比较20×6年与20×5年的净资产收益率,定性分析其变化的原因。

6. 已知A公司有关资料如表2-9所示。

表2-9 A公司资产负债表

20×5年12月31日　　　　单位:万元

资产	年初	年末	负债和所有者权益	年初	年末
流动资产			流动负债合计	175	150
货币资金	50	45	长期负债合计	245	200
应收账款	60	90	负债合计	420	350
存货	92	144			
其他流动资产	23	36			
流动资产合计	225	315	所有者权益合计	280	350
固定资产净值	475	385			
总计	700	700	总计	700	700

同时,该公司20×4年度销售净利率为16%,总资产周转次数为0.5次(年末

总资产)，权益乘数为 2.5(年末数)，净资产收益率为 20%(年末净资产)，20×5 年度销售收入为 420 万元，净利润为 63 万元。

【要求】

根据上述资料：

(1) 计算 20×5 年年末的流动比率、速动比率、资产负债率、权益乘数。

(2) 计算 20×5 年总资产周转率、销售净利率和净资产收益率(资产、净资产均按期末数计算)。

(3) 通过差额分析法，结合已知资料和(1)、(2)分析销售净利率、总资产周转次数和权益乘数变动对净资产收益率的影响(假设按此顺序分析)。

7. ABC 公司近 3 年的主要财务数据和财务比率如表 2-10 所示。

表 2-10 ABC 公司近 3 年的主要财务数据和财务比率

项目 \ 年份	20×3 年	20×4 年	20×5 年
销售额(万元)	4 000	4 300	3 800
总资产(万元)	1 430	1 560	1 695
普通股(万元)	100	100	100
留存收益(万元)	500	550	550
所有者权益合计	600	650	650
流动比率	1.19	1.25	1.20
平均收现期(天)	18	22	27
存货周转率	8.0	7.5	5.5
产权比率	1.38	1.40	1.61
长期债务/所有者权益	0.5	0.46	0.46
销售毛利率(%)	20.0	16.3	13.2
销售净利率(%)	7.5	4.7	2.6
总资产周转次数(次)	2.80	2.76	2.24
总资产净利率(%)	21	13	6

假设该公司没有营业外收支和投资收益；所得税税率不变。

【要求】

(1) 分析说明该公司运用资产获利能力的变化及其原因。

(2) 分析说明该公司资产、负债和所有者权益的变化及其原因。

(3) 该公司在 20×6 年，应从哪些方面改善公司的财务状况和经营业绩？

第三章　资金时间价值与风险分析

重点提示

学习本章，要求掌握一次性收付款项复利终值和现值的计算、名义利率与有效年利率的换算、系列收付款项终值和现值的计算、年金终值和现值的计算、单项资产的风险和收益、系统风险的度量、资本资产定价模型；熟悉资金时间价值的概念、一次性收付款项单利终值和现值的计算、风险的概念及类别、投资组合的预期收益率和风险；了解风险控制对策。

第一节　资金的时间价值

资金的时间价值是现代财务管理的基础观念之一，因其非常重要并且涉及所有理财活动，因此学习财务管理，必须掌握时间价值原理和计算方法。

一、资金的时间价值的概念

资金的时间价值是指一定量资金在不同时点上的价值量差额，也称为货币的时间价值。一般情况下，资金必须同时满足以下两个条件才具有时间价值：一是要经历一段时间，二是要将资金用来投资或再投资。所以有时也将资金的时间价值定义为资金经历一定时间的投资或再投资所增加的价值。

例如，将 100 元闲置资金进行投资，有三种方式：一是将 100 元钱存入银行，1 年后可得到 105 元（假设存款年利率为 5%），增加的价值为 5 元；二是将 100 元钱购买国库券，1 年后可得到 106 元（假设国库券年利率为 6%），增加的价值为 6 元；三是将 100 元钱购买某企业债券，1 年后可得到 107 元（假设债券年利率为 7%），增加的价值为 7 元。请问这增加的 5 元、6 元、7 元中哪个是资金的时间价值呢？

理论上认为,资金的时间价值就是相当于没有风险也没有通货膨胀情况下的社会平均资金利润率。如果不存在通货膨胀,上述增加的价值6元应为资金的时间价值。

在实务中,人们习惯使用相对数字表示资金的时间价值,即用增加价值占投入资金的百分数来表示。例如,前述资金的时间价值为6%。

由于资金随时间的延续而增值,现在的1元钱与将来的1元多钱甚至是几元钱在经济上是等效的。换一种说法,就是现在的1元钱和将来的1元钱经济价值不相等。由于不同时间单位货币的价值不相等,所以,不同时间的货币收入不宜直接进行比较。需要把它们换算到相同的时间基础上,然后才能进行大小的比较和比率的计算。因此,要将一定量资金换算到某一时点上,必须掌握终值、现值的计算或换算。

二、一次性收付款项单利终值和现值

终值又称将来值,是现在一定量资金计算到未来某一时点所对应的金额,俗称"本利和",通常记作 F。现值是指未来某一时点上的一定量资金折算到现在所对应的金额,俗称"本金",通常记作 P。

终值和现值是一定量资金在前后两个不同时点上对应的价值,其差额即为资金的时间价值。一般情况下,终值和现值的计算应分为单利、复利终值和现值的计算,以及一次性收付款项、系列收付款项终值和现值的计算。

单利是指只对本金计算利息,而不将以前计息期产生的利息累加到本金中去计算利息的一种计息方法,即利息不再生息。复利是指每经过一个计息期,都要将所生利息加入本金再计算利息,逐期滚算,俗称"利滚利"。这里所说的计息期,是指相邻两次计息的时间间隔,如年、月、日等。除非特别指明,计息期为1年。

一次性收付款的终值是指现在某一笔资金在未来某一时点所对应的金额。一次性收付款的现值是指未来某一时点上的某一笔资金折算到现在所对应的金额。

系列收付款的终值是指现在不同时点上的若干笔资金在未来某一时点所对应的金额。系列收付款的现值是指未来时点上的若干笔资金折算到现在所对应的金额。

为计算方便,本章假定有关字母的含义如下:I 为利息;F 为终值;P 为现值;i 为利率(折现率);n 为计算利息的期数。

(一)一次性收付款的单利终值

$$F = P \cdot (1 + n \cdot i)$$

【例3-1】 某人将1 000元存入银行,若年利率为5%,单利计息,求5年后的终值。

解答:$F = P \cdot (1 + n \cdot i) = 1\,000 \times (1 + 5 \times 5\%) = 1\,250$(元)

（二）一次性收付款的单利现值

$$P=\frac{F}{1+n\cdot i}$$

【例 3-2】 某人为了 5 年后能从银行取出 5 000 元，在年利率为 5%、单利计息的情况下，目前应存入银行的金额是多少？

$$P=\frac{F}{1+n\cdot i}=\frac{5\,000}{1+5\times 5\%}=4\,000(\text{元})$$

结论：一次性收付款的单利终值和现值，计算互为逆运算。

三、一次性收付款的复利终值和现值

一次性收付款的复利终值和现值，可以简称为普通复利终值和现值。

（一）普通复利终值和现值的计算

1. 普通复利终值的计算

普通复利终值是指现在某一笔资金按复利计算的将来一定时间的价值。其计算公式为：

$$F=P\cdot(1+i)^n$$

公式推导如下：

第一年：$F_1=P+P\cdot i=P\cdot(1+i)^1$

第二年：$F_2=P\cdot(1+i)^1+P\cdot(1+i)^1 i=P\cdot(1+i)^1\cdot(1+i)=P\cdot(1+i)^2$

第三年：$F_3=P\cdot(1+i)^2+P\cdot(1+i)^2 i=P\cdot(1+i)^2\cdot(1+i)=P\cdot(1+i)^3$

……

第 n 年：$F_n=P\cdot(1+i)^{n-1}+P\cdot(1+i)^{n-1}i=P\cdot(1+i)^{n-1}(1+i)=P\cdot(1+i)^n$

在上述公式中，$(1+i)^n$被称为复利终值系数或 1 元的复利终值，用符号$(F/P,i,n)$表示。例如，$(F/P,5\%,6)$表示利率为 5%的 6 期复利终值的系数。为了便于计算，可编制“复利终值系数表”（见本书附表一）备用。该表的第一行是利率 i，第一列是计息期数 n，相应的$(1+i)^n$值在其纵横相交处。通过该表可查出$(F/P,5\%,6)=1.340\,1$。在时间价值为 5%的情况下，现在的 1 元和 6 年后的 1.340 1 元在经济上是等效的，根据这个系数可以把现值换算成终值。

【例 3-3】 某人将 1 000 元存入银行，若年利率为 5%，每年复利一次，求 5 年后的终值。

$$F=P\cdot(1+i)^n=P\cdot(F/P,i,n)=1\,000\times(F/P,5\%,5)$$
$$=1\,000\times1.276\,3=1\,276.3(\text{元})$$

2. 普通复利现值的计算

普通复利现值是普通复利终值的对应概念，是指未来一定时间的某一笔资金按复利计算的现在价值。

复利现值计算，是指已知 F、i、n 时，求 P 。

通过复利终值计算已知：

$$F = P \cdot (1+i)^n$$

所以：

$$P = \frac{F}{(1+i)^n} = F \cdot (1+i)^{-n}$$

上式中的 $(1+i)^{-n}$ 是把终值折算为现值的系数，称为复利现值系数，或称作 1 元的复利现值，用符号 $(P/F, i, n)$ 来表示。例如，$(P/F, 10\%, 5)$ 表示利率为 10% 时 5 期的复利现值系数。为了便于计算，可编制"复利现值系数表"(见本书附表二)。该表的使用方法与"复利终值系数表"相同。

【例 3-4】 某人为了 5 年后能从银行取出 5 000 元，在年复利率为 5%的情况下，目前应存入银行的金额是多少？

$$\begin{aligned} P &= F \cdot (P/F, i, n) \\ &= 5\,000 \times (P/F, 5\%, 5) \\ &= 5\,000 \times 0.7835 \\ &= 3\,917.5(\text{元}) \end{aligned}$$

结论：① 普通复利终值和普通复利现值，计算互为逆运算。② 复利终值系数和复利现值系数互为倒数。

(二) 利率与计息期的计算

"复利终值系数表"和"复利现值系数表"的作用不仅在于已知 i 和 n 时查找 1 元的复利终值或现值，而且可在已知 1 元复利终值(现值)和 n 时查找 i，或已知 1 元复利终值(现值)和 i 时查找 n。

【例 3-5】 现有 10 000 元，欲在 5 年后这笔款项连本带息达到 13 382 元，选择投资机会时最低可接受的报酬率为多少？

$$13\,382 = 10\,000 \times (1+i)^5$$

方法一：$i = \sqrt[5]{\dfrac{13\,382}{10\,000}} - 1 = 6\%$

方法二：$(1+i)^5 = 1.338\,2$，即

$$(F/P, i, 5) = 1.338\,2$$

查“复利终值系数表”，在 $n=5$ 的行中寻找 1.338 2，对应的 i 值为 6%，即

$$(F/P,6\%,5)=1.3382$$

所以当 $i=6\%$，即投资机会的最低报酬率为 6%时，才可使现有货币在 5 年后达到 13 382 元。

【例 3-6】 现有 10 000 元，欲在 5 年后这笔款项连本带息达到 15 000 元，选择投资机会时最低可接受的报酬率为多少？

$$15000=10000\times(1+i)^5$$

方法一：$i=\sqrt[5]{\frac{15000}{10000}}-1=8.447\%$

所以当 $i=8.447\%$，即投资机会的最低报酬率为 8.447%时，才可使现有货币在 5 年后达到 15 000 元。

方法二：$(1+i)^5=1.5$，即$(F/P,i,5)=1.5$

查“复利终值系数表”，可知：

$$(F/P,8\%,5)=1.4693<1.5$$
$$(F/P,9\%,5)=1.5386>1.5$$

因此，$8\%<i<9\%$，运用内插法：

$$\frac{i-8\%}{9\%-8\%}=\frac{1.5-1.4693}{1.5386-1.4693}$$

所以 $i=8.443\%$，即投资机会的最低报酬率为 8.443%，才可使现有货币在 5 年后达到 15 000 元。

需要说明的是，内插法是近似计算，所计算的结果与方法一的结果相比有误差。

【例 3-7】 某人有 10 000 元，拟投入报酬率为 9% 的投资机会，经过多少年才可使现有货币增加 1 倍？

$$F=10000\times2=20000$$
$$10000=20000\times(1+9\%)^{-n}$$
$$(1+9\%)^{-n}=0.5，即(P/F,9\%,n)=0.5$$

查“复利现值系数表”，可知：

$$(P/F,9\%,8)=0.5019>0.5$$
$$(P/F,9\%,9)=0.4604<0.5$$

因此，$8<n<9$，运用内插法：

$$\frac{n-8}{9-8}=\frac{0.5-0.5019}{0.4604-0.5019}$$

所以，$n=8.05$，即8.05年后可使现有货币增加1倍。

（三）名义利率与有效年利率

上面讨论的有关计算均假定利率为年利率，每年复利一次，但实际上，复利的计算期间不一定是1年，有可能是季度、月或日。在复利计算中，如按年复利计息，1年就是1个计息期；如按季复利计息，1个季度就是1个计息期，1年有4个计息期。计息期越短，1年中按复利计息的次数就越多，利息额就会越大。这需要明确有三个概念：名义利率、期间利率和有效年利率。

1. 名义利率

名义利率是指银行等金融机构提供的利率，也叫报价利率。在提供报价利率时，还必须同时提供每年的复利次数（或计息期的天数），否则意义是不完整的。

2. 期间利率

期间利率是指借款人每期支付的利息，它可以是年利率，也可以是6个月、每季度、每月或每日等。

$$\text{期间利率}=\frac{\text{名义利率}}{\text{每年复利次数}}$$

【例3-8】 本金10 000元投资5年，年利率8%，试比较每季度复利一次与每年复利一次的利息多少。

$$\begin{aligned}&\text{每季度利率}=8\%\div 4=2\%\\&\text{复利次数}=5\times 4=20\\&F=10\,000\times(1+2\%)^{20}\\&\quad=10\,000\times 1.4859\\&\quad=14\,859(\text{元})\\&\text{实际利息 } I=14\,859-10\,000=4\,859(\text{元})\end{aligned}$$

而本金10 000元投资5年、年利率8%、每年复利一次，则利息：

$$10\,000\times(1+8\%)^5-10\,000=4\,693(\text{元})$$

可见，当1年内复利几次时，实际得到的利息要比按名义利率计算的利息高。[例3-8]的利息4 859元，比按名义利率计算的利息要多166元（4 859－4 693）。

3. 有效年利率

有效年利率是指按给定的期间利率每年复利 m 次时，能够产生相同结果的年利率，也称等价年利率。

$$\text{有效年利率} = \left(1+\frac{\text{名义利率}}{m}\right)^m - 1$$

[例 3-8]的有效年利率高于 8%，可用下述方法计算：

$$F = P \cdot (1+i)^n$$
$$14\,859 = 10\,000 \times (1+i)^5$$
$$(1+i)^5 = 1.485\,9$$
$$(F/P,i,5) = 1.485\,9$$

查表得：

$$(F/P,8\%,5) = 1.469\,3$$
$$(F/P,9\%,5) = 1.538\,6$$

因此，$8\% < i < 9\%$，运用内插法：

$$\frac{i-8\%}{9\%-8\%} = \frac{1.485\,9-1.469\,3}{1.538\,6-1.469\,3}$$

所以 $i = 8.24\%$，即有效年利率为 8.24%。

也可以用换算公式直接将名义利率换算为有效年利率。

将[例 3-8] 数据带入：

$$\text{有效年利率}=\left(1+\frac{\text{名义利率}}{m}\right)^m-1=\left(1+\frac{8\%}{4}\right)^4-1=1.082\,4-1=8.24\%$$

$$F = 10\,000 \times (1+8.24\%)^5 = 10\,000 \times 1.485\,7 = 14\,857(\text{元})$$

四、系列收付款的终值和现值

掌握系列收付款的终值和现值，是理解年金的终值与现值的基础。

（一）一般系列收付款的终值和现值

1. 系列收付款的终值的计算

这个问题实际上就是将不同时点的资金逐一换算为未来某一时点的终值再求其合计的过程。如在 n 年内，已知每年年末存款 $R_t(t=1,2,\cdots,n)$，求第 n 年年末一次取出的本利和是多少，这类问题就属于求系列收付款终值的问题。它是由一次性存款现值求终值的发展，即分别将不同时点存款的现值（当时值）按一定的利率（单利率或复利率）和该存款实际存放年限逐一换算为第 n 年年末的终值，再将它们加起来，便得到系列存款的终值。也就是说，系列收付款的终值就是每笔收付款的单利(复利)终值之和。

【例 3-9】 某人计划第 1 年年初存款 8 000 元,第 1 年年末存款 10 000 元,第 3 年年初存款 20 000 元,第 4 年年末存款 25 000 元。假定年利率为 10%。

(1) 若单利计息,则第 5 年年末系列存款的本利和为:

$$F=8\,000\times(1+5\times10\%)+10\,000\times(1+4\times10\%)+20\,000\times(1+3\times10\%)+25\,000\times(1+1\times10\%)=79\,500(\text{元})$$

(2) 若按年复利计息,则第 5 年年末系列存款的本利和为:

$$\begin{aligned}F&=8\,000\times(1+10\%)^5+10\,000\times(1+10\%)^4+20\,000\times(1+10\%)^3+25\,000\times(1+10\%)\\&=8\,000\times1.610\,5+10\,000\times1.464\,1+20\,000\times1.331\,0+25\,000\times1.1\\&=81\,645(\text{元})\end{aligned}$$

2. 系列收付款的现值的计算

这个问题实质上是将不同时点的资金逐一换算为事前某一时点的现值再求其合计的过程。如在 n 年内每年年末取款(本利和) R_t $(t=1,2,\cdots,n)$,第 n 年取完,问事先应一次性存入银行多少钱才行(一次存入,分次取出)?这实际上是由一次性取款终值换算为现值问题的发展,只需将各期取款额(当期终值)分别折算为期初(第 0 年)的现值,那么这些现值的合计数就是所求的系列收付款项的现值。也就是说,系列收付款的现值就是每笔收付款的单利(复利)现值之和。

【例 3-10】 某人计划第 1 年年初取款 8 000 元,第 1 年年末取款 10 000 元,第 3 年年初取款 20 000 元,第 4 年年末取款 25 000 元。假定年利率为 10%。

(1) 若单利计息,则第 1 年年初系列取款的现值为:

$$F=8\,000+\frac{10\,000}{1+1\times10\%}+\frac{20\,000}{1+2\times10\%}+\frac{25\,000}{1+4\times10\%}=51\,614.72(\text{元})$$

(2) 若按年复利计息,则第 5 年年初系列取款的现值为:

$$\begin{aligned}F&=8\,000+10\,000\times(1+10\%)^{-1}+20\,000\times(1+10\%)^{-2}+25\,000\times(1+10\%)^{-4}\\&=8\,000+10\,000\times(P/F,10\%,1)+20\,000\times(P/F,10\%,2)+25\,000\times(P/F,10\%,4)\\&=8\,000+10\,000\times0.909\,1+20\,000\times0.826\,4+25\,000\times0.683\,0\\&=50\,694(\text{元})\end{aligned}$$

（二）特殊系列收付款的复利终值和现值——年金终值和现值

年金是指等额、定期的系列收付款项。例如，分期付款赊购、分期偿还贷款、发放养老金、分期支付工程款、每年相同的销售收入等，都属于年金收付形式。按照收付时点和方式的不同可以将年金分为普通年金、预付年金、递延年金和永续年金四种。

1. 普通年金终值和现值

普通年金又称后付年金，是指各期期末收付的年金。普通年金的收付形式如图3-1所示。横线代表时间的延续，用数字标出各期的顺序号；竖线的位置表示收付的时刻，竖线上端数字表示收付的金额。

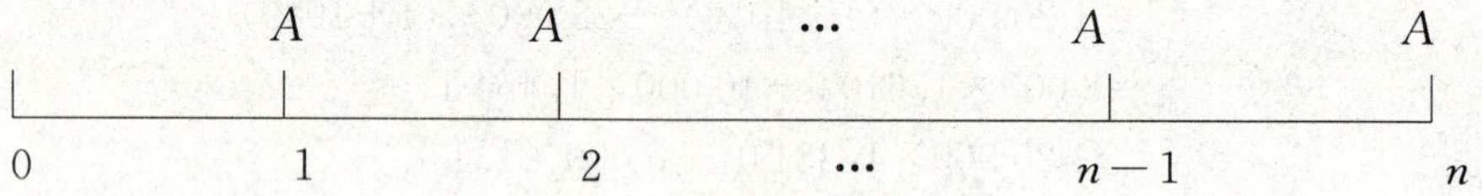

图3-1 普通年金的收付形式

(1) 普通年金终值的计算。普通年金终值是指其最后一次收付时的本利和，它是每次收付的复利终值之和。例如，1～3年每年年末支付10 000元，则第3年年末的普通年金终值计算的表达式为：

$$F = 10\,000 \times (1+i)^2 + 10\,000 \times (1+i) + 10\,000$$

如果年金的个数很多，用上述方法计算终值显然相当繁琐。由于每期收付额相等，折算终值的系数又是有规律的，所以，可找出简便的计算方法。

设每期期末的收付金额为 A，利率为 i，期数（或年金个数）为 n，则按复利计算的普通年金终值 F 为：

$$\begin{aligned} F &= A + A\cdot(1+i) + A\cdot(1+i)^2 + \cdots + A\cdot(1+i)^{n-1} \\ &= A\cdot[1+(1+i)+(1+i)^2+\cdots+(1+i)^{n-1}] \\ &= A\cdot\frac{(1+i)^n-1}{(1+i)-1} = A\cdot\frac{(1+i)^n-1}{i} \end{aligned}$$

式中的 $\frac{(1+i)^n-1}{i}$ 是普通年金为1元、利率为 i、经过 n 期的年金终值，记作 $(F/A,i,n)$。可据此编制“年金终值系数表”（见本书附表三），以供查阅。

(2) 偿债基金的计算。偿债基金是指为使年金终值达到既定金额每期期末应支付的年金数额。其实际上就是已知普通年金终值 F，求年金 A。

根据普通年金终值计算公式：

$$F = A\cdot\frac{(1+i)^n-1}{i}$$

可知：$A=F\cdot\dfrac{i}{(1+i)^n-1}$

式中的 $\dfrac{i}{(1+i)^n-1}$ 是普通年金终值系数的倒数，称偿债基金系数，记作$(A/F,i,n)$。它可以把普通年金终值折算为每期需要支付的金额。偿债基金系数可以制成表格备查，亦可根据普通年金终值系数求倒数确定。

【例 3-11】 拟在 5 年后还清 10 000 元债务，从现在起每年年末等额存入银行一笔款项。假设银行存款利率为 10%，每年需要存入多少元？

由于有利息因素，不必每年存入 2 000 元(10 000 ÷ 5)，只要存入较少的金额，5 年后本利和即可达到 10 000 元，可用于清偿债务。将有关数据代入以上公式：

$$A=10\,000\times(A/F,10\%,5)=10\,000\times\frac{1}{(F/A,10\%,5)}$$

$$=10\,000\times\frac{1}{6.105\,1}=1\,638(\text{元})$$

因此，在银行利率为 10% 时，每年存入 1 638 元，5 年后可得 10 000 元，用来还清债务。

结论：① 普通年金终值和偿债基金，计算互为逆运算。② 普通年金终值系数 $\dfrac{(1+i)^n-1}{i}$ 和偿债基金系数 $\dfrac{i}{(1+i)^n-1}$ 互为倒数。

(3) 普通年金现值的计算。普通年金现值是指为在每期期末取得相等金额的款项，现在需要投入的金额。它是每次取款的复利现值之和。例如，第 1～4 年每年年末有等额收付款 10 000 元，则第 1 年年初的普通年金现值计算的表达式为：

$$\begin{aligned}P=&10\,000\times(1+i)^{-1}+10\,000\times(1+i)^{-2}\\&+10\,000\times(1+i)^{-3}+10\,000\times(1+i)^{-4}\end{aligned}$$

如果年金的个数很多，用上述方法计算现值显然相当繁琐。由于每期取款额相等，折算现值的系数又是有规律的，所以，可找出简便的计算方法。

设每期期末的取款金额为 A，利率为 i，期数(或年金个数)为 n，则按复利计算的普通年金现值 P 为：

$$\begin{aligned}P&=A\cdot(1+i)^{-1}+A\cdot(1+i)^{-2}+\cdots+A\cdot(1+i)^{-n}\\&=A\cdot[(1+i)^{-1}+(1+i)^{-2}+\cdots+(1+i)^{-n}]\\&=A\cdot\frac{(1+i)^n-1}{i}\cdot(1+i)^{-n}\\&=A\cdot\frac{1-(1+i)^{-n}}{i}\end{aligned}$$

式中的 $\frac{1-(1+i)^{-n}}{i}$ 是普通年金为 1 元、利率为 i、经过 n 期的年金现值，记作 $(P/A,i,n)$。可据此编制“年金现值系数表”(见本书附表四)，以供查阅。

【例 3-12】 某人出国 3 年，请你代付房租，每年租金 10 000 元，设银行取款利率为 10%，他应当现在给你在银行存入多少钱？

$$\begin{aligned}P &= 10\,000\times(1+10\%)^{-1}+10\,000\times(1+10\%)^{-2}+10\,000\times(1+10\%)^{-3}\\&= 10\,000\times(P/A,10\%,3)\\&= 10\,000\times 2.486\,9\\&= 24\,869(\text{元})\end{aligned}$$

(3) 资本回收额的计算。资本回收额是指为使年金现值达到既定金额每期期末应取款的年金数额。其实际上就是已知普通年金现值 P，求年金 A。

根据普通年金现值计算公式：

$$P = A\cdot\frac{1-(1+i)^{-n}}{i}$$

可知：$A = P\cdot\frac{i}{1-(1+i)^{-n}}$

式中的 $\frac{i}{1-(1+i)^{-n}}$ 是普通年金现值系数的倒数，称资本回收系数，记作 $(A/P,i,n)$。它可以把普通年金现值折算为每期需要取款的金额。资本回收系数可以制成表格备查，亦可根据普通年金现值系数求倒数确定。

【例 3-13】 假设以 10% 的利率借款 20 000 元，投资于某个寿命为 10 年的项目，每年年末至少要收回多少现金才是有利的？

$$A = 20\,000\times\frac{1}{(P/A,10\%,10)} = 20\,000\times\frac{1}{6.144\,6} = 3\,254(\text{元})$$

因此，每年年末至少要收回 3 254 元，才能还清贷款本利。

结论：① 普通年金现值和资本回收额，计算互为逆运算。② 普通年金现值系数 $\frac{1-(1+i)^{-n}}{i}$ 和资本回收系数 $\frac{i}{1-(1+i)^{-n}}$ 互为倒数。

需要说明的是，若已知普通年金现值(或者普通年金终值)、年金 A 以及期数 n(或者利率 i)，应计算出对应的利率 i(或者期数 n)。

【例 3-14】 某人投资 100 000 元，按复利计算，在折现率为多少时，才能保证在以后 10 年中每年年末得到 14 000 元收益？

$$(P/A,i,10) = 100\,000\div 14\,000 = 7.142\,9$$

因为$(P/A,6\%,10)=7.3601>7.1429$

$(P/A,7\%,10)=7.0236<7.1429$

所以 $6\%<i<7\%$，运用内插法：

$$\frac{i-6\%}{7\%-6\%}=\frac{7.1429-7.3601}{7.0236-7.3601}$$

$$i=6.45\%$$

因此，在折现率为 6.45%时，才能保证在以后 10 年中每年年末得到 14 000 元收益。

【例 3-15】 某企业拟购置 1 台 A 设备，更新目前使用的 B 设备，每月可节约燃料费用 800 元，但 A 设备价格较 B 设备高出 14 500 元，问 A 设备应使用多少个月才合算（假设利率为 12%，每月复利 1 次）？

$$14\,500=800\times(P/A,1\%,n)$$

$$(P/A,1\%,n)=14\,500\div 800=18.125$$

查“年金现值系数表”可知：

$$(P/A,1\%,20)=18.0456<18.125$$

$$(P/A,1\%,21)=18.8570>18.125$$

所以 $20<n<21$，运用内插法：

$$\frac{n-20}{21-20}=\frac{18.125-18.0456}{18.8570-18.0456}$$

$$n=20.1$$

因此，A 设备的使用寿命至少应达到 20.1 个月，否则不如购置价格较低的 B 设备。

2. 预付年金终值和现值

预付年金是指在每期期初收付的年金，又称即付年金或先付年金。预付年金收付形式见图 3-2。

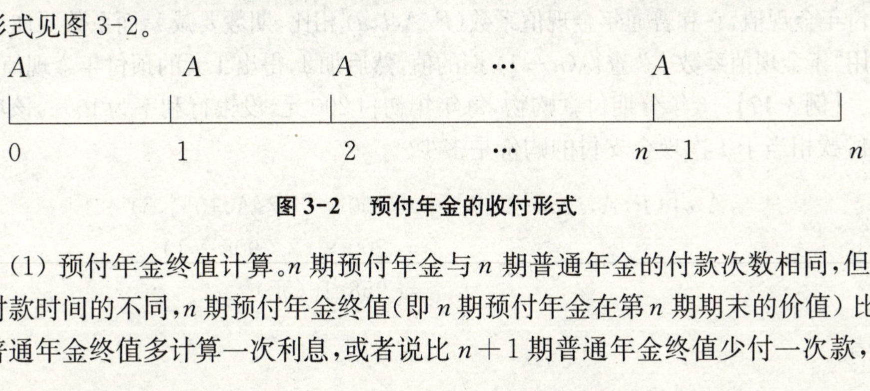

图 3-2　预付年金的收付形式

（1）预付年金终值计算。n 期预付年金与 n 期普通年金的付款次数相同，但由于付款时间的不同，n 期预付年金终值（即 n 期预付年金在第 n 期期末的价值）比 n 期普通年金终值多计算一次利息，或者说比 $n+1$ 期普通年金终值少付一次款，所以，可根据普通年金终值公式来计算预付年金终值。预付年金终值的计算如下。

$$\begin{aligned} F &= A \cdot (F/A,i,n) \cdot (1+i) \\ &= A \cdot (F/A,i,n+1) - A \\ &= A \cdot [(F/A,i,n+1) - 1] \end{aligned}$$

式中的$(F/A,i,n)\cdot(1+i)$、$(F/A,i,n+1)-1$是预付年金终值系数，或称1元的预付年金终值。它和普通年金终值系数相比，期数加1，而系数减1，并可利用"年金终值系数表"查得$(n+1)$期的值，减去1后得出1元预付年金终值。

【例3-16】 $A=200, i=8\%, n=6$的预付年金终值是多少？

$$\begin{aligned} F = A \cdot [(F/A,i,n+1)-1] &= 200 \times [(F/A,8\%,6+1)-1] \\ &= 200 \times [(F/A,8\%,7)-1] \\ &= 200 \times (8.9228-1) = 1\,584.56\text{(元)} \end{aligned}$$

或者：

$$\begin{aligned} F &= A(F/A,i,n) \cdot (1+i) = 200 \times (F/A,8\%,6) \times (1+8\%) \\ &= 200 \times 7.3359 \times 1.08 = 1\,584.55\text{(元)} \end{aligned}$$

(2) 预付年金现值计算。n期预付年金与n期普通年金的付款次数相同，但由于付款时间的不同，n期预付年金现值（即n期预付年金在0时点的价值）比n期普通年金现值多计算1次利息，或者说比$n-1$期普通年金多1期不用贴现的付款A，所以，可根据普通年金现值公式来计算预付年金现值。预付年金现值的计算公式为：

$$\begin{aligned} P &= A \cdot (P/A,i,n) \cdot (1+i) \\ &= A + A(P/A,i,n-1) \\ &= A \cdot [(P/A,i,n-1)+1] \end{aligned}$$

式中的$(P/A,i,n)\cdot(1+i)$、$(P/A,i,n-1)+1$是预付年金现值系数，或称1元的预付年金现值。它和普通年金现值系数$(P/A,i,n)$相比，期数要减1，而系数要加1，可利用"年金现值系数表"查得$(n-1)$期的值，然后加1，得出1元的预付年金现值。

【例3-17】 6年分期付款购物，每年年初付200元，设银行利率为10%，该项分期付款相当于1次现金支付的购价是多少？

$$\begin{aligned} P = A \cdot [(P/A,i,n-1)+1] &= 200 \times [(P/A,10\%,5)+1] \\ &= 200 \times (3.7908+1) \\ &= 958.16\text{(元)} \end{aligned}$$

或者：

$$P = A \cdot (P/A,i,n) \cdot (1+i) = 200 \times (P/A,10\%,6) \times (1+10\%)$$
$$= 200 \times 4.3553 \times 1.1 = 958.17(\text{元})$$

3. 递延年金

递延年金是指第一次收付发生在第二期或第二期以后的年金。递延年金的收付形式如图 3－3 所示。从图中可以看出，前 3 期没有发生支付。一般用 m 表示递延期数，本例的 $m=3$。第一次收付在第四期期末，连续收付 4 次，即 $n=4$。

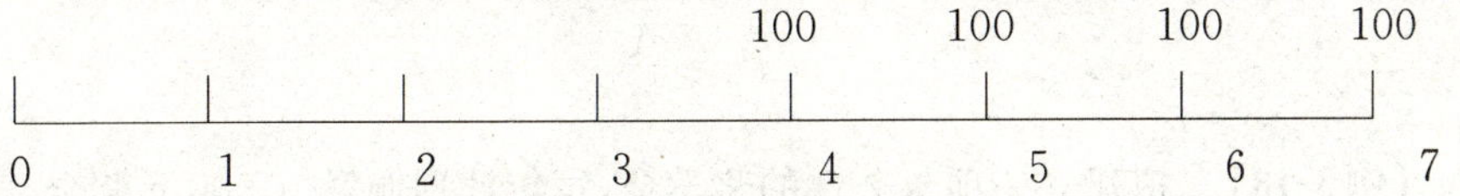

图 3－3　递延年金的收付形式

递延年金终值的计算方法和普通年金终值类似：

$$F = A \cdot (F/A,i,n) = 100 \times (F/A,10\%,4)$$
$$= 100 \times 4.6410 = 464.10(\text{元})$$

递延年金的现值计算方法有两种：

第一种方法，是把递延年金视为 n 期普通年金，求出递延期末的现值，然后再将此现值调整到第一期期初(即图 3－3 中 0 的位置)。

$$P_3 = A \cdot (P/A,i,n) = 100 \times (P/A,10\%,4)$$
$$= 100 \times 3.170$$
$$= 317(\text{元})$$
$$P_0 = P_3 \cdot (1+i)^{-m} = 317 \times (1+10\%)^{-3}$$
$$= 317 \times 0.7513$$
$$= 238.16(\text{元})$$

第二种方法，是假设递延期中也进行收付，先求出 $(m+n)$ 期的年金现值，然后扣除实际并未收付的递延期 (m) 的年金现值，即可得出最终结果。

$$P_0 = 100 \times (P/A,i,m+n) - 100 \times (P/A,i,m)$$
$$= 100 \times (P/A,10\%,3+4) - 100 \times (P/A,10\%,3)$$
$$= 100 \times 4.8684 - 100 \times 2.4869$$
$$= 486.84 - 248.69$$
$$= 238.15(\text{元})$$

4. 永续年金

无限期定额支付的年金，称为永续年金。现实中的存本取息，可视为永续年金的一个例子。

永续年金没有终止的时间，也就没有终值。永续年金的现值可以通过普通年金现值的计算公式导出：

$$P = A \cdot \frac{1-(1+i)^{-n}}{i}$$

当 $n \to \infty$ 时，$(1+i)^{-n}$ 的极限为 0，故上式可写成：

$$P = \frac{A}{i}$$

【例3-18】 拟建立一项永久性的奖学金，每年计划颁发10 000元奖金。若利率为10%，现在应存入多少钱？

$$P = 10\,000 \times \frac{1}{10\%} = 100\,000(\text{元})$$

第二节 风险和收益

本节主要讨论风险和收益的关系，目的是解决估价时如何确定折现率的问题。折现率应当根据投资者要求的必要收益率来确定。实证研究表明，必要收益率的高低取决于投资的风险，风险越大，要求的必要收益率越高。不同风险的投资，需要使用不同的折现率。那么，投资的风险如何计量？特定的风险需要多少收益来补偿？就成为选择折现率的关键问题。

一、风险的概念与类别

（一）风险的概念

风险是现代企业财务管理环境的一个重要特征，在企业财务管理的每一个环节都不可避免地要面对风险。

风险是预期结果的不确定性。风险不仅包括负面效应的不确定性，还包括正面效应的不确定性。风险的负面效应，可以称为“危险”，人们对于危险，需要识别、衡量、防范和控制，即对危险进行管理。风险的另一部分即正面效应，可以称为“机会”。人们对于机会，需要识别、衡量、选择和获取。理财活动不仅要管理危险，还要识别、衡量、选择和获取增加企业价值的机会。

在理解风险概念时，首先，应明确风险是事件本身的不确定性，具有客观性。特定投资的风险大小是客观的，是否去冒风险及冒多大风险，是可以选择的，是主观决定的。其次，风险可能给投资人带来超出预期的收益，也可能带来超出预期的损失。但从财务管理的角度看，风险主要指无法达到预期收益的可能性。最后，风险和不确定性是有区别的，风险是指事前可以知道所有可能的后果，以及每种后果的概率；不确定性是指事前无法知道所有可能的后果，更不清楚每种后果的概率。

（二）风险的类别

风险可按不同的分类标志进行分类。

1. 从个别理财主体的角度看，风险分为系统风险和非系统风险

系统风险是指那些影响所有公司的因素引起的风险。例如，战争、经济衰退、通货膨胀、高利率等。由于系统风险是影响整个资本市场的风险，所以也称“市场风险”。由于系统风险没有有效的方法消除，所以也称“不可分散风险”。

非系统风险是指发生于个别公司的特有事件造成的风险。例如，一家公司的工人罢工、新产品开发失败、失去重要的销售合同、诉讼失败，或者宣告发现新矿藏、取得一个重要合同等。这类事件是非预期的、随机发生的，它只影响一个或少数公司，不会对整个市场产生太大影响。这种风险可以通过多样化投资来分散，即发生于一家公司的不利事件可以被其他公司的有利事件所抵销。由于非系统风险是个别公司或个别资产所特有的，因此也称“特殊风险”或“特有风险”。由于非系统风险可以通过投资多样化分散掉，因此也称“可分散风险”。

2. 从企业的角度看，风险分为经营风险和财务风险

经营风险是指因生产经营方面的原因给企业盈利带来的不确定性。企业生产经营的许多方面都会受到来源于企业外部和内部的诸多因素的影响，具有很大的不确定性。比如，由于原材料供应地的政治经济情况变动，运输路线改变，原材料价格变动，新材料、新设备的出现等因素带来的供应方面的风险；由于产品生产方向不对头，产品更新时期掌握不好，生产质量不合格，新产品、新技术开发试验不成功，生产组织不合理等因素带来的生产方面的风险；由于出现新的竞争对手，消费者爱好发生变化，销售决策失误，产品广告推销不力以及货款回收不及时等因素带来的销售方面的风险。所有这些生产经营方面的不确定性，都会引起企业的利润或利润率的高低变化。

财务风险是指由于举债而给企业盈利带来不利影响的可能性。对财务风险的管理，关键是要保证有一个合理的资本结构，维持适当的负债水平，既要充分利用举债经营这一手段获取财务杠杆收益，提高自有资金盈利能力，同时要注意防止过度举债而引起的财务风险的加大，避免陷入财务困境。

二、单项资产的风险和收益

风险的衡量需要使用概率和统计方法。

（一）概率

在经济活动中，某一事件在相同的条件下可能发生也可能不发生，这类事件称为随机事件。概率就是用来表示随机事件发生可能性大小的数值。通常，把必然发生的事件的概率定为1，把不可能发生的事件的概率定为0，而一般随机事件的概率是介于0与1之间的一个数。概率越大就表示该事件发生的可能性越大。

【例3-19】 某公司有两个投资机会，A投资机会是一个高科技项目，该领域竞争很激烈，如果经济发展迅速并且该项目搞得好，取得较大市场占有率，利润会很大。否则，利润很小甚至亏本。B项目是一个老产品并且是必需品，销售前景可以准确预测出来。假设未来的经济情况只有三种：繁荣、正常、衰退，有关的概率分布和预期收益率如表3-1所示。

表3-1 公司未来经济情况表

经济情况	发生概率	A项目预期收益率	B项目预期收益率
繁荣	0.3	90%	20%
正常	0.4	15%	15%
衰退	0.3	－60%	10%
合计	1.0		

在这里，概率表示每一种经济情况出现的可能性同时也就是各种不同预期收益率出现的可能性。例如，未来经济情况出现繁荣的可能性有0.3。假如这种情况真的出现，A项目可获得高达90%的收益率。也就是说，采纳A项目获利90%的可能性是0.3。当然，收益率作为一种随机变量，受多种因素的影响。我们这里为了简化，假设其他因素都相同，只有经济情况一个因素影响收益率。

（二）离散型分布和连续型分布

如果随机变量（如收益率）只取有限个值，并且对应于这些值有确定的概率，则称随机变量是离散型分布。

[例3-19]就属于离散型分布，它有三个值，如图3-4所示。

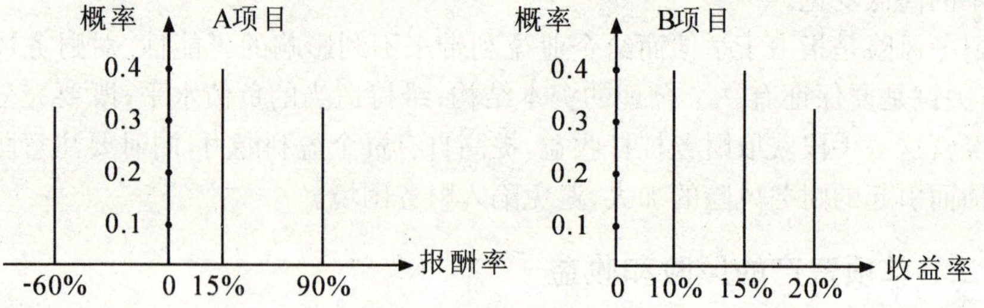

图3-4 离散型分布

实际上，出现的经济情况远不止三种，有无数可能的情况会出现。如果对每种情况都赋予一个概率，并分别测定其收益率，则可用连续型分布描述，如图 3-5 所示。

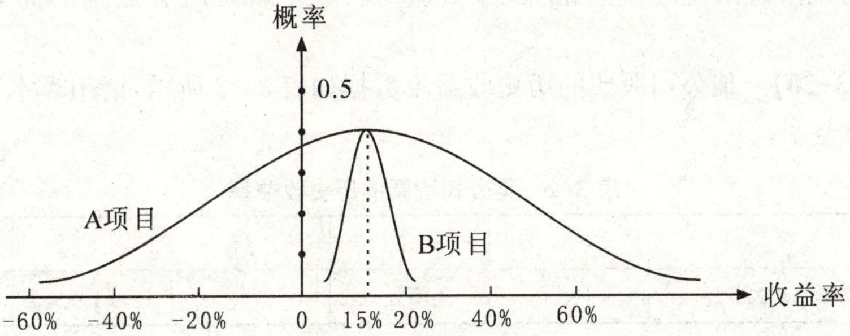

图 3-5　连续型分布

从图 3-5 可以知道，我们给出例子的收益率呈正态分布，其主要特征是曲线为对称的钟形。实际上并非所有问题都按正态分布。但是，按照统计学的理论，不论总体分布是正态还是非正态，当样本很大时，其样本平均数都呈正态分布。一般说来，如果被研究的量受彼此独立的大量偶然因素的影响，并且每个因素在总的影响中只占很小部分，那么，这个总影响所引起的数量上的变化，就近似服从于正态分布。所以，正态分布在统计上被广泛使用。

（三）预期值

随机变量的各个取值，以相应的概率为权数的加权平均数，叫做随机变量的预期值（数学期望或均值），它反映随机变量取值的平均化。

$$预期值(\overline{K})=\sum_{i=1}^{N}(P_i\cdot K_i)$$

式中　P_i——第 i 种结果出现的概率；

K_i——第 i 种结果出现后的预期收益率；

N——所有可能结果的数目。

根据[例 3-19]的资料，据此计算：

预期收益率(A)＝0.3×90%＋0.4×15%＋0.3×(－60%)＝15%

预期收益率(B)＝0.3×20%＋0.4×15%＋0.3×10%＝15%

两者的预期收益率相同，但其概率分布不同（见图 3-4）。A 项目的收益率的分散程度大，变动范围在－60%～90%之间；B 项目的收益率的分散程度小，变动范围在 10%～20%之间。这说明两个项目的收益率相同，但风险不同。为了定量地衡量风险大小，还要使用统计学中衡量概率分布离散程度的指标。

需要说明的是，现实中要找到随机变量的概率是相当困难的，因此还可以采用如下方法计算预期值。

首先，收集能够代表预测期收益率分布的历史收益率的样本，假定所有历史收益率的观察值出现的概率相等，那么预期收益率就是所有数据的简单算术平均值。

【例 3-20】 某公司股票的历史收益率数据如表 3-2 所示，请用算术平均值估计预期收益率。

表 3-2 某公司股票的历史收益率

年度	1	2	3	4	5	6
收益率	26%	11%	15%	27%	21%	32%

$$\text{预期收益率}=\frac{26\%+11\%+15\%+27\%+21\%+32\%}{6}=22\%$$

（四）离散程度

离散程度是用于衡量风险大小的统计指标。一般来说，离散程度越大，风险越大；离散程度越小，风险越小。

反映随机变量离散程度的指标包括平均差、方差、标准差、标准离差率和全距等。本书主要介绍标准差和标准离差率两项指标。

1. 标准差

标准差是用来表示随机变量与期望值之间离散程度的一个数值。在已经知道每个变量值出现概率的情况下，标准差可以按下式计算：

$$\text{标准差}(\sigma)=\sqrt{\sum_{i=1}^{N}\left[(K_i-\overline{K})^2\cdot P_i\right]}$$

在已知历史收益率（样本）的情况下，样本标准差可以按下式计算：

$$\text{样本标准差}=\sqrt{\frac{\sum_{i=1}^{N}(K_i-\overline{K})^2}{N-1}}$$

标准差是一个绝对数，在预期收益率相同的情况下，标准差越大，风险越大；标准差越小，风险越小。它用于预期收益率相同的各项投资的风险程度的比较。

根据[例 3-19]的有关数据，据此计算：

A 项目的标准差

$$\sigma_A=\sqrt{(90\%-15\%)^2\times0.30+(15\%-15\%)^2\times0.40+(-60\%-15\%)^2\times0.30}$$
$$=58.09\%$$

B项目的标准差

$$\sigma_B = \sqrt{(20\% - 15\%)^2 \times 0.30 + (15\% - 15\%)^2 \times 0.40 + (10\% - 15\%)^2 \times 0.30}$$
$$= 3.87\%$$

由于它们的预期收益率相同，因此可以认为A项目的风险比B项目大。

2. 标准离差率

标准离差率是标准差同预期值之比，也称变化系数。其计算公式为：

$$\text{标准离差率}(V) = \frac{\text{标准差}}{\text{预期值}}$$

标准离差率是一个相对指标，无论预期值是否相同，标准离差率越大，风险越大；反之，标准离差率越小，风险越小。

【例3-21】 A证券的预期收益率为10%，标准差是12%；B证券的预期收益率为18%，标准差是20%。

$$\text{标准离差率(A)} = 12\% \div 10\% = 1.20$$
$$\text{标准离差率(B)} = 20\% \div 18\% = 1.11$$

直接从标准差看，B证券的离散程度较大，能否说B证券的风险比A证券大呢？不能轻易下这个结论，因为B证券的平均收益率较大。如果以各自的平均收益率为基础观察，A证券的标准差是其均值的1.20倍，而B证券的标准差只是其均值的1.11倍，B证券的相对风险较小。这就是说，A证券的绝对风险较小，但相对风险较大，B证券与此正相反。

（五）风险控制对策

1. 规避风险

当资产风险所造成的损失不能由该资产可能获得的收益予以抵销时，应当放弃该资产，以规避风险。例如，拒绝与不守信用的厂商业务往来；放弃可能明显导致亏损的投资项目。

2. 减少风险

减少风险主要有两方面意思：一是控制风险因素，减少风险的发生；二是控制风险发生的频率和降低风险损害程度。减少风险的常用方法有：进行准确的预测；对决策进行多方案优选和替代；及时与政府部门沟通获取政策信息；在发展新产品前，充分进行市场调研；采用多领域、多地域、多项目、多品种的经营或投资以分散风险。

3. 转移风险

对可能给企业带来灾难性损失的资产，企业应以一定的代价，采取某种方式转移风险。例如,向保险公司投保;采取合资、联营、联合开发等措施实现风险共担;通过技术转让、租赁经营和业务外包等实现风险转移。

4. 接受风险

接受风险包括风险自担和风险自保。风险自担是指风险损失发生时,直接将损失摊入成本或费用,或冲减利润;风险自保是指企业预留一笔风险金或随着生产经营的进行,有计划地计提资产减值准备等。

三、投资组合的风险和收益

投资组合理论认为,若干种证券组成的投资组合,其收益是这些证券收益的加权平均数,但是其风险不是这些证券风险的加权平均风险,投资组合能降低风险。

这里的"证券"是"资产"的代名词,它可以是任何产生现金流的东西,如一项生产性实物资产、一条生产线或者是一个企业。

(一) 投资组合的预期收益率

两种或两种以上证券的组合,其预期收益率可以直接表示为:

$$K_p = \sum_{i=1}^{n}(K_i W_i)$$

式中 K_i——第 i 种证券的预期收益率;

W_i——第 i 种证券在全部投资额中的比重;

n——组合中的证券种类总数。

(二) 投资组合预期收益率的标准差

投资组合预期收益率的标准差,并不是单个证券标准差的简单加权平均。投资组合的风险不仅取决于组合内的各证券的风险,还取决于各个证券之间的关系。

投资组合收益率概率分布的标准差为:

$$\sigma_p = \sqrt{\sum_{j}^{n}\sum_{k}^{n}(W_j W_k \sigma_{jk})}$$

式中 n——组合内证券种类总数;

W_j——第 j 种证券在投资总额中的比例;

W_k——第 k 种证券在投资总额中的比例;

σ_{jk}——第 j 种证券与第 k 种证券收益率的协方差。

协方差的计算为:

$$\sigma_{jk} = r_{jk}\sigma_j\sigma_k$$

式中 r_{jk}——证券 j 和证券 k 收益率之间的预期相关系数；

σ_j——第 j 种证券的标准差；

σ_k——第 k 种证券的标准差。

证券 j 和证券 k 收益率概率分布的标准差的计算方法，前面讲述单项证券标准差时已经介绍过。

1. 两种证券组合的风险

两种证券组合的收益率的方差：

$$\sigma_P^2 = W_1^2\sigma_1^2 + W_2^2\sigma_2^2 + 2W_1W_2r_{12}\sigma_1\sigma_2$$

其中：r_{12}——相关系数，反映两种证券收益率的相关程度，即两种证券收益率之间相对运动的状态，理论上，相关系数介于区间[－1，1]内。

当 $r_{12}=1$ 时，表明两种证券的收益率具有完全正相关的关系，即它们的收益率变化方向和变化程度完全相同。这时，$\sigma_p^2 = W_1^2\sigma_1^2 + W_2^2\sigma_2^2 + 2W_1W_2\sigma_1\sigma_2$，标准差 $\sigma_p = W_1\sigma_1 + W_2\sigma_2$，即 σ_p^2 或 σ_p 达到最大。由此表明，组合的风险等于组合中各项证券风险的加权平均值。换句话说，当两种证券的收益率完全正相关时，两种证券的风险完全不能互相抵销，所以这样的证券组合不能降低任何风险。

当 $r_{12}=-1$ 时，表明两种证券的收益率具有完全负相关的关系，即它们的收益率变化方向和变化程度完全相反。此时，$\sigma_p^2 = (W_1\sigma_1 - W_2\sigma_2)^2$，$\sigma_p = |W_1\sigma_1 - W_2\sigma_2|$，即 σ_p^2 或 σ_p 达到最小，甚至可能是 0，因此，当两种证券的收益率具有完全负相关关系时，两者之间的风险可以充分地相互抵销，甚至完全消除。因而，由这样的证券组成的组合就可以最大限度地抵销非系统风险。

当 $r_{12}=0$ 时，每种证券的收益率相对于另外证券的收益率独立变动。此时，$\sigma_p^2 = {W_1}^2{\sigma_1}^2 + {W_2}^2{\sigma_2}^2$，比完全正相关时的小，比完全负相关时的大，这样的证券组成的组合有风险分散化效应。

在实际中，两项证券的收益率具有完全正相关和完全负相关的情况几乎是不可能的。绝大多数证券两两之间都具有不完全的相关关系，即 $-1<r_{12}<1$。因此，证券投资组合可以降低风险，但不能完全消除风险，组合中的证券种类越多，风险越小，若投资组合中包括全部证券，证券组合就不承担非系统风险，只承担系统风险。因此，只要两种证券之间的相关系数小于 1，证券组合收益率的标准差就小于各证券收益率标准差的加权平均数。

【例 3-22】 假设投资 100 万元，A 和 B 各占 50%。如果 A 和 B 完全负相关，即一个变量的增加值永远等于另一个变量的减少值。组合的风险被全部抵销，如表 3-3 所示。如果 A 和 B 完全正相关，即一个变量的增加值永远等于另一个变量的增加值。组合的风险不减少也不扩大，如表 3-4 所示。

表 3-3 完全负相关的证券组合数据

方案	A		B		组合	
年度	收益	收益率(%)	收益	收益率(%)	收益	收益率(%)
20×1	20	40	−5	−10	15	15
20×2	−5	−10	20	40	15	15
20×3	17.5	35	−2.5	−5	15	15
20×4	−2.5	−5	17.5	35	15	15
20×5	7.5	15	7.5	15	15	15
平均数	7.5	15	7.5	15	15	15
标准差		22.6		22.6		0

表 3-4 完全正相关的证券组合数据

方案	A		B		组合	
年度	收益	收益率(%)	收益	收益率(%)	收益	收益率(%)
20×1	20	40	20	40	40	40
20×2	−5	−10	−5	−10	−10	−10
20×3	17.5	35	17.5	35	35	35
20×4	−2.5	−5	−2.5	−5	−5	−5
20×5	7.5	15	7.5	15	15	15
平均数	7.5	15	7.5	15	15	15
标准差		22.6		22.6		22.6

【例 3-23】 假设A证券的预期收益率为10%，标准差是12%。B证券的预期收益率是18%，标准差是20%。假设等比例投资于两种证券，即各占50%。

该组合的预期收益率为：

$$K_p = 10\% \times 0.50 + 18\% \times 0.50 = 14\%$$

如果两种证券的相关系数等于1，没有任何抵销作用，在等比例投资的情况下该组合的标准差等于两种证券各自标准差的简单算术平均数，即16%。

如果两种证券之间的预期相关系数是0.2，组合的标准差会小于加权平均的标准差，其标准差为：

$$\sigma_p = \sqrt{0.5 \times 0.5 \times 0.12^2 + 2 \times 0.5 \times 0.5 \times 0.20 \times 0.12 \times 0.2 + 0.5 \times 0.5 \times 0.2^2}$$

$$= \sqrt{0.0036 + 0.0024 + 0.01} = 12.65\%$$

从这个计算过程可以看出：只要两种证券之间的相关系数小于 1，证券组合收益率的标准差就小于各证券收益率标准差的加权平均数。

2. 多种证券组合的风险

一般来讲，随着证券组合中证券个数的增加，证券组合的风险会逐渐降低，当证券的个数增加到一定程度时，证券组合的风险程度将趋于平稳，这时组合风险的降低将非常缓慢直到不再降低，如图 3－6 所示。

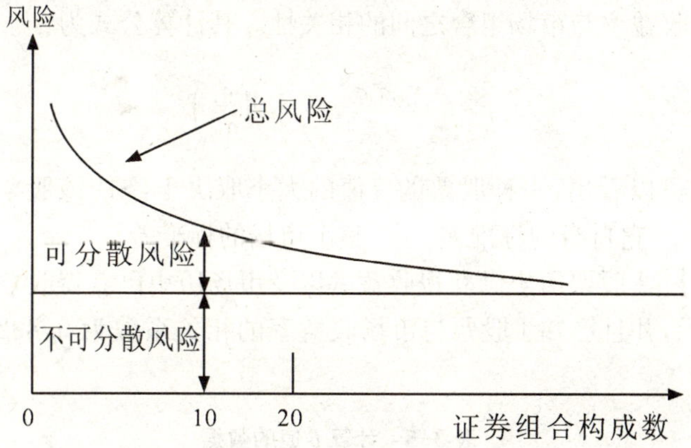

图 3-6　投资组合的风险

值得注意的是，在风险分散的过程中，不应当过分夸大证券多样性和证券个数的作用。实际上，在证券组合中证券数目较少时，增加证券的个数，分散风险的效应会比较明显，但证券数目增加到一定程度时，风险分散的效应就会逐渐减弱。经验数据表明，组合中不同行业的证券个数达到 20 个时绝大多数非系统风险均已被消除掉。此时，如果继续增加证券数目，对分散风险已经没有多大的实际意义，只能增加管理成本。另外，不要指望通过证券多样化达到完全消除风险的目的，因为系统风险是不能够通过风险的分散来消除的。

四、资本资产定价模型(CAPM 模型)

1964 年，威廉·夏普(William Sharp)根据投资组合理论提出了资本资产定价模型(CAPM)。资本资产定价模型是财务学形成和发展中最重要的里程碑。它第一次使人们可以量化市场的风险程度，并且能够对风险进行具体定价。

资本资产定价模型的研究对象，是充分组合情况下风险与要求的收益率之间的均衡关系。资本资产定价模型可用于回答如下不容回避的问题：为了补偿某一特定程度的风险，投资者应该获得多大的收益率？在前面的讨论中，我们将风险定义为预期收益率的不确定性；然后根据投资理论将风险区分为系统风险和非系统风险，知道了在高度分散化的资本市场里只有系统风险，并且会得到相应的回报。现在将讨论如何衡量系统风险以及如何给风险定价。

（一）系统风险的度量

既然一项资产的期望收益率取决于它的系统风险，那么度量系统风险就成了一个关键问题。

度量一项资产系统风险的指标是贝他系数，用希腊字母β表示。β系数被定义为某个证券的收益率与市场组合之间的相关性。其计算公式为：

$$\beta_j = \frac{r_{jm}\sigma_j\sigma_m}{\sigma_m^2} = r_{jm}\left(\frac{\sigma_j}{\sigma_m}\right)$$

根据上式可以看出，一种股票的β值的大小取决于：① 该股票与整个股票市场的相关性。② 它自身的标准差。③ 整个市场的标准差。

【例 3-24】 J股票历史已获得收益率以及市场历史已获得收益率的有关资料如表 3-5 所示，并且已知J股票与市场收益率的相关系数为 0.892 7，要求计算J股票的β值。

表 3-5 计算β值的数据

年度	J 股票收益率(Y_i)	市场收益率(X_i)
1	1.8	1.5
2	−0.5	1
3	2	0
4	−2	−2
5	5	4
6	5	3

计算J股票β值的数据准备过程如表 3-6 所示。

表 3-6 计算β值的数据准备

年度	J股票收益率(Y_i)	市场收益率(X_i)	$(X_i-\overline{X})$	$(Y_i-\overline{Y})$	$(X_i-\overline{X})^2$	$(Y_i-\overline{Y})^2$
1	1.8	1.5	0.25	−0.08	0.062 5	0.006 4
2	−0.5	1	−0.25	−2.38	0.625	5.664 4
3	2	0	1.25	0.12	1.562 5	0.144
4	−2	−2	−3.25	−3.88	10.562 5	15.054 4

（续表）

年度	J股票收益率(Y_i)	市场收益率(X_i)	$(X_i-\overline{X})$	$(Y_i-\overline{Y})$	$(X_i-\overline{X})^2$	$(Y_i-\overline{Y})^2$
5	5	4	2.75	3.12	7.562 5	9.734 4
6	5	3	1.75	3.12	3.062 5	9.734 4
合计	11.3	7.5			22.875	40.208 4
平均数	1.88	1.25				
标准差	2.835 8	2.138 9				

标准差的计算：

$$\sigma_m=\sqrt{\frac{22.875}{6-1}}=2.138\,9$$

$$\sigma_j=\sqrt{\frac{40.208\,4}{6-1}}=2.835\,8$$

β系数的计算：

$$\beta_j=r_{jm}\left(\frac{\sigma_j}{\sigma_m}\right)=0.892\,7\times\frac{2.835\,8}{2.138\,9}=1.18$$

β系数的经济意义在于，它告诉我们相对于市场组合而言特定资产的系统风险是多少。例如，市场组合相对于它自己的β系数是1；如果某股票的$\beta=0.5$，表明它的系统风险是市场组合系统风险的0.5，其收益率的变动性只及一般市场变动性的一半；如果某股票的$\beta=2.0$，说明这种股票的变动幅度为一般市场变动的2倍。总之，某一股票的β值的大小反映了这种股票收益的变动与整个股票市场收益变动之间的相关性及其程度。

（二）投资组合的β系数

投资组合的β_p等于被组合各证券β值的加权平均数：

$$\beta_p=\sum_{i=1}^{n}X_i\beta_i$$

如果一个高β值股票($\beta>1$)被加入一个平均风险组合(β_p)中，则组合风险将会提高；反之，如果一个低β值股票($\beta<1$)加入一个平均风险组合中，则组合风险将会降低。所以，一种股票的β值可以度量该股票对整个组合风险的贡献，β值可以作为这一股票风险程度的一个大致度量。

【例3-25】 某证券组合中有3只股票，有关的信息如表3-7所示，计算证券组合的β系数。

表 3-7 某证券组合的相关信息

股票	β系数	股票的每股市价(元)	股票的数量(股)
A	0.7	4	200
B	1.1	2	100
C	1.7	10	100

首先计算A、B、C三种股票所占的价值比例：

$$\text{A股票的价值比例}=\frac{4\times200}{4\times200+2\times100+10\times100}\times100\%=40\%$$

$$\text{B股票的价值比例}=\frac{2\times100}{4\times200+2\times100+10\times100}\times100\%=10\%$$

$$\text{C股票的价值比例}=\frac{10\times100}{4\times200+2\times100+10\times100}\times100\%=50\%$$

然后，计算加权平均β系数，即为所求：

$$\beta_p=40\%\times0.7+10\%\times1.1+50\%\times1.7=1.24$$

(三) 资本资产定价模型(*CAPM*模型)

1. 资本资产定价模型的基本原理

根据风险与收益的一般关系，某资产的必要收益率是由无风险收益率和该资产的风险收益率决定的，即：

$$\text{必要收益率}=\text{无风险收益率}+\text{风险收益率}$$

资本资产定价模型的一个主要贡献就是解释风险收益率的决定因素和度量方法，并且给出了下面的一个简单易用的表达形式：

$$R=R_f+\beta\cdot(R_m-R_f)$$

式中 R—— 某资产(或某证券组合，下同)的必要收益率；

R_f—— 无风险收益率，通常以国库券的收益率作为无风险收益率；

R_m—— 平均股票的要求收益率(指$\beta=1$的股票要求的收益率，也是指包括所有股票的组合即市场组合要求的收益率)；

(R_m-R_f)—— 投资者为补偿承担超过无风险收益率的平均风险而要求的额外收益率，即市场风险溢酬。

这是资本资产定价模型的核心关系式。

不难看出，某项资产的风险收益率是该资产系统风险系数与市场风险溢酬的乘积，即：

$$风险收益率 = \beta \cdot (R_m - R_f)$$

2. 证券市场线

资本资产定价模型的关系式在数学上就是一个直线方程，称为证券市场线，简称 *SML*。*SML* 线如图 3－7 所示。

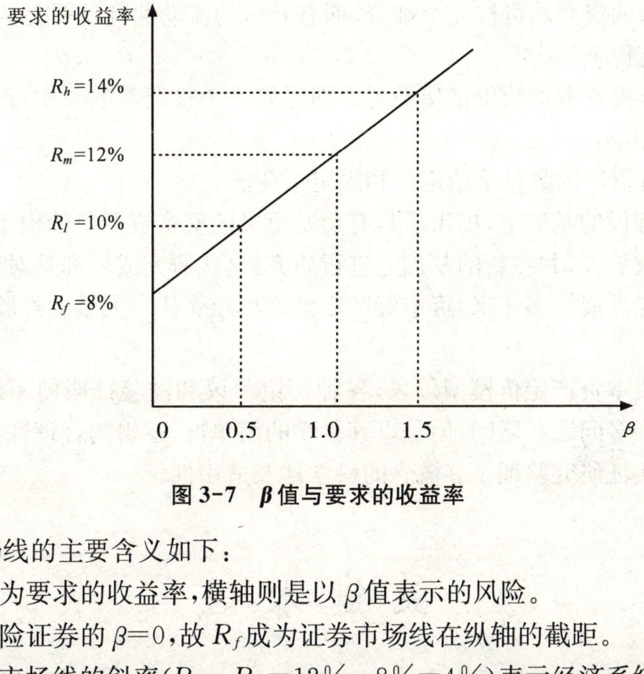

图 3-7　β值与要求的收益率

证券市场线的主要含义如下：

（1）纵轴为要求的收益率，横轴则是以 β 值表示的风险。

（2）无风险证券的 $\beta=0$，故 R_f 成为证券市场线在纵轴的截距。

（3）证券市场线的斜率（$R_m - R_f = 12\% - 8\% = 4\%$）表示经济系统中风险厌恶感的程度。一般来说，投资者对风险的厌恶感越强，证券市场线的斜率越大，对风险资产所要求的风险补偿越大，对风险资产的要求收益率越高。

（4）在 β 值分别为 0.5、1 和 1.5 的情况下，必要收益率由最低 $R_1 = 10\%$，到市场平均的 $R_m = 12\%$，再到最高的 $R_h = 14\%$。β 值越大，要求的收益率越高。

从证券市场线可以看出，投资者要求的收益率不仅仅取决于市场风险，而且还取决于无风险利率（证券市场线的截距）和市场风险补偿程度（证券市场线的斜率）。由于这些因素始终处于变动之中，所以证券市场线也不会一成不变。预计通货膨胀提高时，无风险利率会随之提高，进而导致证券市场线的向上平移。风险厌恶感的加强，会提高证券市场线的斜率。

（四）资本资产定价模型的假设

资本资产定价模型建立在如下基本假设的基础上：

(1) 所有投资者均追求单期财富的期望效用最大化，并以各备选组合的期望收益和标准差为基础进行组合选择。

(2) 所有投资者均可以无风险利率无限制地借入或贷出资金。

(3) 所有投资者拥有同样预期，即对所有资产收益的均值、方差和协方差等，投资者均有完全相同的主观估计。

(4) 所有的资产均可被完全细分，拥有充分的流动性且没有交易成本。

(5) 没有税金。

(6) 所有投资者均为价格接受者。即任何一个投资者的买卖行为都不会对股票价格产生影响。

(7) 所有资产的数量是给定的和固定不变的。

在以上假设的基础上，提出了具有奠基意义的资本资产定价模型。随后，每一个假设逐步被放开，并在新的基础上进行研究，这些研究成果都是对资本资产定价模型的突破与发展。多年来，资本资产定价模型经受住了大量的经验上的证明，尤其是β概念。

自提出资本资产定价模型以来，各种理论争议和经验证明便不断涌现。尽管该模型存在许多问题和疑问，但是以其科学的简单性、逻辑的合理性赢得了人们的支持。各种实证研究验证了β概念的科学性及适用性。

关键术语

资金的时间价值　普通年金　预付年金　递延年金　永续年金　风险　系统风险　非系统风险　经营风险　财务风险　预期值　离散程度　β系数　资本资产定价模型

思考题

1. 什么是资金的时间价值？它是否就是政府债券的利率？

2. 什么是系统风险和非系统风险？

3. 什么是经营风险和财务风险？

4. 风险控制对策有哪些?

5. 简述资本资产定价模型的假设。

练　习　题

1. 甲公司 2008 年年初对 A 设备投资 1 000 000 元,该项目 2010 年年初完工投产,2010 年、2011 年、2012 年年末预期收益分别为200 000元、300 000元、500 000元,银行存款利率为 12%。

【要求】

(1) 按单利计算,2010 年年初投资额的终值。

(2) 按复利计算,并按年计息,2010 年年初投资额的终值。

(3) 按复利计算,并按季计息,2010 年年初投资额的终值。

(4) 按单利计算,2010 年年初各年预期收益的现值之和。

(5) 按复利计算,并按年计息,2010 年年初各年预期收益的现值之和。

(6) 按复利计算,并按季计息,2010 年年初各年预期收益的现值之和。

2. 某公司有一项付款业务,有甲、乙、丙三种付款方式可供选择。

甲方案: 1～5 年每半年年末付款 2 万元,共 20 万元;

乙方案: 1～5 年每年年初付款 3.8 万元,共 19 万元;

丙方案: 3 年后每年年初付款 7.5 万元,连续支付 3 次,共 22.5 万元。

假定该公司股票的 β 系数为 0.75,平均股票要求的收益率为 12.5%,无风险收益率为 2.5%。

【要求】 请代公司作出付款方式的决策。

3. 已知:A、B 两种证券构成证券投资组合。A 证券的预期收益率为 10%,方差是 0.014 4,投资比重为 80%;B 证券的预期收益率为 18%,方差是 0.04,投资比重为 20%;A 证券收益率与 B 证券收益率的协方差是 0.004 8。

【要求】

(1) 计算下列指标: ① 该证券投资组合的预期收益率。② A 证券的标准差。③ B 证券的标准差。④ A 证券与 B 证券的相关系数。⑤ 该证券投资组合的标准差。

(2) 当 A 证券与 B 证券的相关系数为 0.5 时,投资组合的标准差为 12.11%,结合(1)的计算结果回答以下问题: ① 相关系数的大小对投资组合收益率有没有影响? ② 相关系数的大小对投资组合风险有什么样的影响?

4. A 股票和 B 股票的部分年度资料如表 3－8 所示。

表 3-8 A股票和B股票的收益率

年度	A股票收益率(%)	B股票收益率(%)
1	26	13
2	11	21
3	15	27
4	27	41
5	21	22
6	32	32

【要求】

(1) 分别计算投资于A股票和B股票的预期收益率和标准差。

(2) 如果投资组合中,A股票占40%,B股票占60%,A股票和B股票收益率的相关系数为0.35,该组合的预期收益率和标准差是多少?

(3) 如果A股票和B股票收益率的相关系数为1,证券组合中A股票占40%,B股票占60%,该组合的预期收益率和标准差是多少?

(4) 根据上述(2)、(3)的计算结果,说明相关系数的大小对证券组合的收益率和风险的影响。

(5) 如果资本市场有效,假设证券市场平均收益率为25%,无风险收益率为10%,根据A、B股票的β系数,分别评价这两种股票相对于市场投资组合而言的投资风险大小。

(6) 如果资本市场有效,证券市场平均收益率为15%,无风险收益率为5%,市场组合的标准差为6%,计算(2)中证券组合的β系数及其与市场组合的相关系数。

第四章 股票和债券估价

重点提示

学习本章，要求掌握股票估价模型、债券估价模型；理解收益率和时间对股票估价、债券估价的影响；了解股票和债券的相关概念和基本内容。

第一节 股票估价

股票本身并没有价值，仅仅是能够给持有者带来未来现金流量的凭证。股票估价是对股票的价值进行合理的评定，是货币时间价值、风险与收益观念的重要应用领域之一。

一、股票的有关概念

（一）股票的概念

股票是一种有价证券，它是股份有限公司发行的用于证明投资者的股东身份和权益的、并据以获取股息和红利的凭证。股票实质上代表了股东对股份公司财产的一种所有权，是一种所有权凭证。

股票应载明的事项包括公司名称、公司登记成立日期、股票种类、票面金额及代表的股份数、股票编号。

根据不同的方法和标准，股票有以下五种分类方式。

1. 按股东所享有的权利和义务，分为普通股股票和优先股股票

普通股股票是最基本、最常见的一种股票，其持有者享有股东的基本权利和义务。普通股股票的权利完全随公司盈利的高低而变化。在公司盈利较多时，普通股股东可获得较高的股利收益，但在公司盈利和剩余财产的分配顺序上列在债权

人和优先股股东之后，故其承担的风险也比较高。

优先股股票是一种特殊股票，在其股东权利和义务中附加了某些特别条件。优先股股票的股息率是固定的，其持有者的股东权利受到一定限制，但在公司盈利和剩余财产的分配上比普通股股东享有优先权。

2. 按票面是否标明持有者姓名，分为记名股票和不记名股票

记名股票是指在股票票面和股份公司的股东名册上记载股东姓名的股票。股份有限公司向发起人、法人发行的股票，应当为记名股票。记名股票的特点包括：

(1) 股东权利归属于记名股东。

(2) 可以一次或分次缴纳出资。我国《公司法》规定，设立股份有限公司的条件之一是发起人认购和募集的股本达到法定资本最低限额。采取发起设立方式设立股份有限公司的，注册资本为在公司登记机关登记的全体发起人认购的股本总额。一次缴纳的，应当缴纳全部出资；分期缴纳的，应当缴纳首期出资。全体发起人首次出资额不得低于注册资本的20%，其余部分由发起人自公司成立之日起2年内缴足。以募集方式设立股份有限公司的，发起人认购的股份不得少于公司股份总数的35%。

(3) 转让相对复杂或受限制。

(4) 便于挂失，相对安全。

不记名股票是指在股票票面和股份公司股东名册上均不记载股东姓名的股票。发行不记名股票的，公司应当记载其股票数量、编号及发行日期。不记名股票有如下特点：

(1) 股东权利归属股票的持有人。

(2) 认购股票时要求一次缴纳出资。

(3) 转让相对简便。

(4) 安全性较差。

3. 按股票票面是否记明入股金额，分为无面额股票和有面额股票

无面额股票也称为无面值股票、比例股票、分权股票或份额股票，是指股票票面上不记载金额的股票。这种股票并非没有价值，而是不在票面上标明固定的金额，只记载其为几股或股本总额的若干分之几。无面额股票没有票面价值，但有账面价值，无面额股票的价值可以随股份公司财产的增减而增减。由于无面额股票不受面额限制的约束，所以有很强的流通性。

所谓有面额股票，是相对于无面额股票而言的，是指在股票票面上记载一定金额的股票。这一记载的金额也称为股票票面金额、股票票面价值或股票面值。我国《公司法》规定，股票发行价格可以和票面金额相等，也可以超过票面金额，但不得低于票面金额。这样，有面额股票的票面金额就成为发行价格的最低界限。

4. 按股票发行公司能否赎回自己的股票，分为可赎回股票和不可赎回股票

所谓可赎回股票，又称为可收回股票，是指在发行后一定时期可按特定的赎买价格由发行公司收回的股票。一般的股票从某种意义上说是永久的，因为它的有效期限是与股份公司相联系的；而可赎回股票却不具有这种性质，它可以依照该股票发行时所附的赎回条款，由公司出价赎回。股份公司一旦赎回自己的股票，必须在短期内予以注销。

不可赎回股票是指发行后根据规定不能赎回的股票。这种股票一经投资者认购，在任何条件下都不能由股份公司赎回。这种股票的发行保证了公司资本的长期稳定。

我国目前各公司发行的都是不可赎回的、记名的、有面值的普通股票，只有少量公司过去按当时的规定发行过优先股票。

5. 按发行对象和上市地点，分为A股、B股、H股、N股和S股等

A股即人民币普通股票，由我国境内公司发行，境内上市交易，以人民币标明面值，以人民币认购和交易。B股即人民币特种股票，由我国境内公司发行，境内上市交易，以人民币标明面值，以外币认购和交易。H股是注册地在内地、在中国香港上市的股票，以此类推，在纽约和新加坡上市的股票，就分别称为N股和S股。

(二) 股票价格

股票本身并没有价值，仅仅是能够给持有者带来未来现金流量的凭证。股票价格有市场价格和理论价格之分。

股票的理论价格是指以一定的必要收益率计算出来的未来收入的价值。

股票的市场价格是指股票在流通市场上买卖交易的价格，又可称为股票行市。股票市价表现为开盘价、收盘价、最高价、最低价等形式，投资人在进行股票估价时主要使用收盘价。股票的市场价格由股票的价值决定，但同时受到多种因素的影响，其中供求关系或买卖双方力量强弱的转换是最直接的影响因素，其他因素都是通过作用于供求关系而影响股票价格的。

(三) 股利

股票的股利是股份公司将其税后利润的一部分分给股东的投资收益，是股东所有权在分配上的体现。普通股股票通常没有约定的股利率，随着公司的盈利情况及股利政策等而变动，而优先股股票一般在发行时就有约定的股利率，而且多数是固定的股利率。

二、股票的价值和股票的收益率

(一) 股票的价值

股票不像普通商品一样包含有使用价值，它仅仅是一种凭证，其作用是用来证

明持有人的财产权利，所以股票自身并没有价值，也不可能有价格。但当持有股票后，股东不但可参加股东大会，对股份公司的经营决策施加影响，而且还能享受分红和派息的权利，获得相应的经济利益。所以，股票又是一种虚拟资本，它可以作为一种特殊的商品进入市场流通转让。而股票的价值，就是用货币的形式来衡量股票作为获利手段的价值。所谓获利手段，即凭借着股票，持有人可取得的经济利益。利益越大，股票的价值就越高。

在股票的价值中，有票面价值、账面价值、清算价值、市场价值和内在价值等五种。

1. 股票的票面价值

股票的票面价值又称股票的面值，即股份公司在所发行的股票上标明的票面金额。它以元每股为单位，其作用是用来表明每一张股票所包含的资本数额。股票的面值一般都印在股票的正面且基本都是整数，如百元、拾元、壹元等。在我国上海和深圳证券交易所流通的股票的面值都统一定为壹元，即每股1元。

2. 政策股票的账面价值

股票的账面价值又称股票净值或每股净资产，是指用会计的方法计算出来的每股股票所包含的资产净值。股票的账面价值是股份公司剔除了一切债务后的实际资产，是股份公司的净资产，在没有优先股的条件下，每股账面价值等于公司净资产除以发行在外的普通股的股数，用公式表示为：

$$普通股每股账面价值=\frac{总资产-总负债}{普通股总股数}$$

股票的账面价值越高，表示单位股票所代表的实际资产越多。但是通常情况下，股票净值并不等于股票价格。其主要原因有两点：一是会计价值通常反映的是历史成本或者按某种规则计算的公允价值，并不等于公司资产的实际价格；二是账面价值并不反映公司的未来发展前景。

3. 股票的清算价值

股票的清算价值是指股份公司破产或倒闭后进行清算之日每股普通股所代表的实际价值。从理论上讲，股票的每股清算价值应当与股票的账面价值相一致，但企业在破产清算时，其财产价值是以实际的销售价格来计算的，而在进行财产处置时，其售价都低于实际价值。所以股票的清算价值就与股票的净值不相一致，一般都要小于净值。

4. 股票的市场价值

股票的市场价值又称股票的市值，是指股票在二级流通市场上交易过程中交易双方达成的成交价。股票的市值直接反映着股票市场行情，是股民买卖股票的依据。由于受众多因素的影响，股票的市场价值处于经常性的变化之中。股票的市场价值是与股票价格紧密相连的，股票价格是股票市场价值的集中表现，前者随后者的变化发生相应的波动。在股票市场中，股民是根据股票的市场价值的高低变化来分析判断和确定股票价格的，所以通常所说的股票价格也就是股票的市场价值。

5. 股票的内在价值

股票的内在价值又称股票的理论价值，是指将股票所带来的未来现金流入量按照一定的折现率折现之后计算出的现值之和，其中的折现率一般是投资者所要求的投资收益率，具体计算见股票估价模型。由于上市公司的寿命期、每股税后利润及社会平均投资收益率等都是未知数，所以股票的内在价值较难计算，在实际应用中，一般都是取预测值。

（二）股票的收益率

股票收益率是指投资股票所获得的收益总额与原始投资额的比率。其中股票的收益是指投资者从购入股票开始到出售股票为止整个持有期间的收益，这种收益由股息和资本利得两方面组成。股票收益主要取决于股份公司的经营业绩和股票市场的价格变化及公司的股利政策，但与投资者的经验与技巧也有一定关系。股票之所以得到投资者的青睐，正是因为购买股票所带来的收益。衡量股票投资收益水平的指标主要有本期收益率和持有期收益率等。

1. 本期收益率

本期收益率又称获利率，是指股份公司以现金形式派发的股息或红利与股票市场价格的比率。用公式表示为：

$$本期收益率=\frac{年现金股利}{本期股票价格}\times 100\%$$

公式中，本期股票价格是指证券市场上的该股票当日收盘价；年现金股利是指上一年每一股股票获得的股利，本期股利收益率表明以现行价格购买股票的预期收益。

2. 持有期收益率

持有期收益率是指投资者买入股票持有一定时期后又将其卖出，在投资者持有该股票期间的收益率。

如投资者持有股票时间不超过 1 年，不用考虑货币时间价值，其持有期收益率可按如下公式计算：

$$持有期收益率=\frac{(股票售出价-买入价)+持有期间分得的现金股利}{股票买入价}\times 100\%$$

$$持有期年均收益率 = \frac{持有期收益率}{持有年限}$$

$$持有年限 = \frac{实际持有天数}{360}$$

$$持有期年均收益率 = \frac{股票持有期间股利收入 + (卖出价 - 买入价)}{买入价} \times \frac{360}{股票实际持有天数} \times 100\%$$

如投资者持有股票时间超过 1 年,需要考虑货币时间价值,其持有期收益率可按如下公式计算:

$$P = \sum_{t=1}^{n} \frac{D_t}{(1+i)^t} + \frac{F}{(1+i)^n}$$

式中 P——股票的购买价格;

F——股票的出售价格;

D_t——股票投资报酬(各年获得的股利);

n——投资期限;

i——股票持有期收益率。

【例 4-1】 恒通公司在 20×0 年 4 月 1 日投资 510 万元购买某种股票 100 万股,在 20×1 年、20×2 年和 20×3 年的 3 月 31 日每股各分得现金股利 0.5 元、0.6 元和 0.8 元,并与 20×3 年的 3 月 31 日以每股 6 元的价格将股票全部出售,试计算该项投资的投资收益率。

应采用逐次测试法来进行计算,详细情况如表 4-1 所示。

表 4-1 插值法数据资料

单位:万元

时间	股利及出售股票的现金流量	测试 20%		测试 18%		测试 16%	
		系数	现值	系数	现值	系数	现值
1	50	0.833 3	41.67	0.847 5	42.38	0.8621	43.11
2	60	0.694 4	41.66	0.718 2	43.09	0.743 2	44.59
3	680	0.578 7	393.52	0.608 6	413.85	0.640 7	435.68
合计	—	—	476.85	—	499.32	—	523.38

在表 4-1 中,先按 20%的收益率进行测算,得到的现值为 476.85 万元,比原来的投资额 510 万元小,说明实际收益率要低于 20%;于是把收益率调到 18%,进行

第二次测算，得到的现值为499.32万元，还比510万元小，说明实际收益率比18%还要低；于是再把收益率调到16%进行第三次测算，得到的现值为523.38万元，比510万元要大，说明实际收益率比16%高。即我们要求的收益率 i 在16%和18%之间，采用内插法计算：

$$\frac{i-16\%}{18\%-16\%}=\frac{510-523.38}{499.32-523.38}$$

$$\therefore \text{该项投资收益率 } i=17.11\%$$

三、股票估价模型

（一）股票估价的基本模型

普通股的未来现金流入量包括两部分：一是每年的股利；二是公司破产或清算时分得的现金。从理论上讲，股票的内在价值是未来股利和公司破产或清算时分得的现金按照投资者要求的收益率折算的现值。在持续经营的假设下，公司破产或清算时分得的现金的现值几乎为0，投资者投资股票的目的是为了获得对未来股利的索取权，因此，实际上对投资者来说，未来现金流就是自己未来获得的股利，股票的内在价值应该是未来股利按照投资者要求的收益率折算的现值。其一般估价公式为：

$$\begin{aligned} V &= \frac{D_1}{(1+R_s)^1}+\frac{D_2}{(1+R_s)^2}+\cdots+\frac{D_\infty}{(1+R_s)^\infty}+\frac{FV_s}{(1+R_s)^\infty} \\ &= \sum_{t=1}^{\infty}\frac{D_t}{(1+R_s)^t}+\frac{FV_s}{(1+R_s)^\infty} \end{aligned}$$

式中　V ——普通股的内在价值；

D_t ——第 t 年的预计股利；

R_s ——折现率，即投资者要求的必要收益率；

FV_s ——破产或清算时普通股分得的现金；

t ——折现期数。

由于普通股是无限的，没有特定的到期日，所以 $\frac{FV_s}{(1+R_s)^\infty}\rightarrow 0$，由此得出普通股估价的基本模型为：

$$V=\frac{D_1}{(1+R_s)^1}+\frac{D_2}{(1+R_s)^2}+\cdots+\frac{D_\infty}{(1+R_s)^\infty}=\sum_{t=1}^{\infty}\frac{D_t}{(1+R_s)^t}$$

股票估价的基本模型在实际应用时，面临的主要问题是如何预计未来每年的股利，以及如何确定折现率。

股利的多少取决于每股收益和股利支付率两个因素。对其估计的方法是历史资料的统计分析，如回归分析、时间序列的趋势分析等。折现率的主要作用是把所有未来不同时间的现金流量折算为现在的价值。折算现值的比率应当是投资者所要求的收益率。

（二）零增长股票估价模型

零增长股票是指发行公司每年支付的每股股利额相等，也就是假设每年每股股利增长率为零，即股利保持某一水平固定不变的股票，故也称为固定股利的股票，每股股利额表现为永续年金形式。零增长股票估价模型可以表示为：

$$V=\frac{D}{R_s}$$

式中　D——每年获得的固定股利。

【例 4-2】 投资者收到大自然自来水股份公司支付的每股 0.4 元的上年度股利，并预期以后公司每年都将支付同等水平的股利。已知大自然自来水股份公司股票当前的市价为 4.2 元/股，投资者要求的收益率为 8%，则该公司股票每股内在价值为：

$$V=\frac{0.4}{8\%}=5(\text{元}/\text{股})$$

由于股票当前的市场价格为 4.2 元/股，大自然自来水股份公司股票市场价格被低估了，投资者可以购买。

（三）固定增长股票估价模型

普通股股利不一定是固定的，一般会随着公司盈利的增长而增长。固定增长股票是指公司的股利每年以一个固定不变的比例增长的股票。

假设股利年增长率为 g，则各期股利的关系是：

$$D_1=D_0\cdot(1+g)$$

$$D_2=D_1\cdot(1+g)=D_0\cdot(1+g)^2$$

$$D_3=D_2\cdot(1+g)=D_0\cdot(1+g)^3$$

以此类推：

$$D_\infty=D_0\cdot(1+g)^\infty$$

因此，固定增长股票估价模型可以表示为：

$$V=\sum_{t=1}^{N}\frac{D_0\cdot(1+g)^t}{(1+R_s)^t}=\frac{D_0\cdot(1+g)}{R_s-g}=\frac{D_1}{R_s-g}$$

式中　D_0——上年的股利；

D_1——第 1 年的股利。

【例 4-3】　李先生持有某房地产公司的普通股 1 万股，他刚收到该公司支付的上年度股利 0.25 元/股，并预期在可预见的未来，该公司的股利增长率能持续保持为 9%，投资者要求的回报率为 10.6%。则该房地产公司当前每股普通股的内在价值为：

$$V=\frac{0.25\times(1+9\%)}{10.6\%-9\%}=17.03(\text{元}/\text{股})$$

（四）非固定增长股票估价模型

非固定增长的股票是指公司的股利每年增长比例变动的股票。一个公司不可能一开始就处于稳定增长或永远处于匀速增长状态。公司的发展过程是不规则的，有较好的投资机会时，公司会快速增长，一旦步入成熟期，其发展才会比较稳定。公司在其生命周期的不同时期，股利政策也经常发生变化，因此，在这种情况下，普通股估价需要分段计算，故也称为分段模型。

【例 4-4】　ABC 公司普通股的有关资料如下：上年每股股利 D_0 为 3 元，此后的 3 年股利以每年 30%的速度增长，再以后公司步入正常的增长，增长率为 12%。投资者所要求的最低回报率为 15%，要求计算该公司股票的内在价值。

首先，计算快速增长期的股利现值如表 4-2 所示。

表 4-2　前 3 年快速增长期的股利现值计算

单位：元

年份	股利(D_t)	复利现值系数(15%)	现值(P_t)
1	3×1.3=3.9	0.869 6	3.391 4
2	3.9×1.3=5.07	0.756 1	3.833 4
3	5.07×1.3=6.591	0.657 5	4.333 6
	合计(3 年股利的现值)		11.558 4

其次，计算第 3 年年底的普通股内在价值：

$$P_3=\frac{D_4}{R_s-g}=\frac{D_3\times(1+g)}{R_s-g}=\frac{6.591\times1.12}{0.15-0.12}=246.064(\text{元}/\text{股})$$

计算第 3 年年底的普通股内在价值的现值：

$$PVP_3=246.064\times(P/F,15\%,3)=246.064\times0.657\,5=161.787\,1(\text{元/股})$$

最后，计算股票目前的内在价值：

$$V = 11.5584 + 161.7871 = 173.3455 \approx 173.35(\text{元/股})$$

或者：该公司股票的价值 $P = 3.9 \times (P/F, 15\%, 1) + 5.07 \times (P/F, 15\%, 2)$

$$+ \frac{6.591}{15\% - 12\%} \times (P/F, 15\%, 2)$$

$$= 3.9 \times 0.8696 + 5.07 \times 0.7561$$

$$+ 219.7 \times 0.7561$$

$$= 173.34(\text{元/股})$$

第二节 债券估价

债券是重要的金融工具之一，债券投资是企业对外进行间接投资的主要方式之一。企业要正确地作出债券投资的决策，规避投资风险，必须了解债券投资的特点，对债券的投资回报率和风险作出客观的评价。

一、债券的有关概念

(一) 债券的概念

债券是政府、金融机构或工商企业等组织直接向社会借债筹措资金时，向投资者发行，并且承诺按一定利率支付利息并按约定条件偿还本金的债权债务凭证。债券购买者与发行者之间是一种债权债务关系，债券发行者即债务人，投资者(债券持有人)即债权人。

(二) 债券的基本要素

债券作为证明债权债务关系的凭证，一般用具有一定格式的票面形式来表现。通常，债券票面上基本标明的要素有以下几点。

1. 债券的面值

债券的面值，是指债券的票面价值，是债券发行方对债券持有者在债券到期或发行期间分期偿还的本金数额，也是向债券持有者按期支付利息的计算依据。债券的面值包括债券的币种和票面金额。债券面值的币种可用本国货币，也可用外币，这主要取决于发行者的需要和债券的种类。

2. 债券的票面利率

票面利率也称为名义利率，是指债券年利息与债券面值的比率，债券发行方每年向债券持有者应付的利息等于面值与票面利率的乘积。债券票面利率一般是固定不变的，利息可以是分期支付，也可以是到期一次支付。除此之外，也有浮动利率债券和零息债券。

3. 债券还本期限

债券还本期限是指从发行债券之日起到偿还债券本息日止的时间。债券通常都有一个特定的还本期限，当然，随着时间的推移，发行后债券的有效期限逐年递减。

4. 债券的债务人和债权人

债券票面上要指明债券的债务人和债权人。债务人按法定程序发行债券，取得一定时期资金的使用权及由此而带来的利益，同时又承担着举债的风险和义务，按期还本付息。债权人有依法或按合同规定取得利息和到期收回本金的权利。

(三) 债券的内在价值

债券的内在价值又称为债券的理论价值，是指债券未来现金流入量的现值。这里的现金流入量包括利息流、债券到期偿还的本金流以及中途出售债券的出售价收入。如果知道债券的面值、票面利率、还本付息方式及投资者所要求的最低回报率就可以确定债券的内在价值。

如果债券的内在价值大于当前债券的价格(或购买价格)，应投资购买该债券；反之，如果债券的内在价值小于当前债券的价格，不应投资购买该债券。

债券的内在价值的计算取决于下面介绍的债券估价模型。

(四) 债券的收益率

债券投资的目的是到期收回本金的同时得到固定的利息。债券的投资收益包含两方面内容：一是债券的年利息收入，这是债券发行时就决定的。一般情况下，债券利息收入不会改变，投资者在购买前就可得知；二是资本损益，指债券买入价与卖出价或偿还额之间的差额，当债券卖出价大于买入价时，为资本收益，当卖出价小于买入价时，为资本损失。由于债券买卖价格受市场利率和供求关系等因素的影响，资本损益很难在投资前作准确预测。

衡量债券收益水平的尺度为债券收益率，债券的收益率主要有票面收益率、本期收益率和持有期收益率等多种，这些收益率分别反映投资者在不同买卖价格和持有年限下的不同收益水平。

1. 票面收益率

票面收益率又称名义收益率或息票率，是印制在债券票面上的固定利率，即年利息收入与债券面额之比率。投资者如果将按照面额发行的债券持有至期满，则所获得的投资收益率与票面收益率是一致的。其计算公式可表示为：

$$票面收益率=\frac{债券年利息收入}{债券面值}\times 100\%$$

票面收益率只适用于投资者按票面金额买入债券直至期满并按票面面额收回本金的情况，它没有反映债券发行价格与票面金额不一致的可能，也没有考虑投资者有中途卖出债券的可能。

2. 本期收益率

本期收益率又称直接收益率、当前收益率，是指债券的年实际利息收入与买入债券的实际价格之比。债券的买入价可以是发行价格，也可以是流通市场的交易价格，它可能等于债券面额，也可能高于或低于债券面额。其计算公式可表示为：

$$本期收益率=\frac{债券年利息收入}{债券买入价}\times 100\%$$

直接收益率反映了投资者的投资成本带来的收益。它对那些每年从债券投资中获得一定利息现金收入的投资者来说很有意义。但它和票面收益率一样，不能全面地反映投资者的实际收益，因为它忽略了资本损益，既没有计算投资者买入价格与持有债券到期满按面额偿还本金之间的差额，也没有反映买入价格与到期前出售或赎回价格之间的差额。

3. 持有期收益率

债券的持有期收益率是指买入债券后持有一段时间，又在债券到期前或到期日将其出售而得到的收益率。

如投资者持有债券时间不超过 1 年，不用考虑货币时间价值，其持有期收益率可按如下公式计算：

$$持有期收益率=\frac{债券持有期间的利息收入+(卖出价-买入价)}{债券买入价}\times 100\%$$

$$持有期年均收益率=\frac{持有期收益率}{持有年限}$$

$$持有年限=\frac{实际持有天数}{360}$$

$$或：持有期年均收益率=\frac{债券持有期间的利息收入+(卖出价-买入价)}{买入价}\times\frac{360}{实际持有天数}\times 100\%$$

如投资者持有债券时间超过 1 年，需要考虑货币时间价值。此时，持有期收益率是指能使未来现金流入量的现值等于购买价格时的折现率。只有债券收益率超过投资者要求的必要收益率时，才值得购买。

同样，债券收益率的计算取决于下面介绍的债券估价模型。

二、债券估价模型

（一）分期支付利息、到期还本的债券模型

分期付息、到期还本债券是指票面利率固定、每期期末计算并支付利息、到期偿还本金的债券。这种债券价值（即债券的内在价值，下同）的计算公式为：

$$V=\frac{I_1}{(1+R_b)^1}+\frac{I_2}{(1+R_b)^2}+\cdots+\frac{I_n}{(1+R_b)^n}+\frac{M}{(1+R_b)^n}$$
$$=\sum_{t=1}^{n}\frac{I_t}{(1+R_b)^t}+\frac{M}{(1+R_b)^t}$$

式中　V——债券的价值；

M——面值（到期偿还的本金）；

$I_1=I_2=\cdots=I_n$——每期的利息；

R_b——折现率，即投资者要求的收益率；

t——付息期数。

从以上公式可知，折现率越高，债券的价值就越低；反之，折现率越低，债券的价值就越高。

【例 4－5】　某公司于 20×2 年 1 月 1 日发行面值为 1 000 元、票面利率为 12%、5 年期、每年 12 月 31 日计算并支付一次利息的债券。假设市场上同等风险投资的必要收益率为 10%，则：

20×2 年 1 月 1 日，该债券的价值为：

$$V=\frac{1\,000\times12\%}{(1+10\%)^1}+\frac{1\,000\times12\%}{(1+10\%)^2}+\frac{1\,000\times12\%}{(1+10\%)^3}$$
$$+\frac{1\,000\times12\%}{(1+10\%)^4}+\frac{1\,000\times12\%}{(1+10\%)^5}+\frac{1\,000}{(1+10\%)^5}$$
$$=1\,000\times12\%\times(P/A,10\%,5)+1\,000\times(P/F,10\%,5)$$
$$=120\times3.790\,8+1\,000\times0.620\,9$$
$$=1\,075.80（元）$$

20×4 年 1 月 1 日，该债券的价值为：

$$V=1\,000\times12\%\times(P/A,10\%,3)+1\,000\times(P/F,10\%,3)$$
$$=120\times2.486\,9+1\,000\times0.751\,3$$
$$=1\,049.73（元）$$

即这种债券的价格必须低于 1 049.73 元时，20×4 年 1 月 1 日购买该债券才能获得10%的收益率。

【例4-6】 某公司于20×2年5月1日用平价购买一张面额为1 000元的债券，其票面利率为8%，每年5月1日计算并支付一次利息，并于5年后的4月30日到期。该公司持有该债券至到期日，计算其到期收益率。

$$1\,000 = 80 \times (P/A, \overline{R_b}, 5) + 1\,000 \times (P/F, \overline{R_b}, 5)$$

解该方程要用“逐次测试法”：

(1) 用 $\overline{R_b} = 8\%$ 试算：

$$\begin{aligned} & 80 \times (P/A, 8\%, 5) + 1\,000 \times (P/F, 8\%, 5) \\ & = 80 \times 3.992\,7 + 1\,000 \times 0.680\,6 \\ & = 1\,000(\text{元}) \end{aligned}$$

可见，平价购买的每年付息一次的债券的到期收益率等于票面利率。

如果债券的价格高于面值，则情况将发生变化。例如，买价是1 105元，则：

$$1\,105 = 80 \times (P/A, \overline{R_b}, 5) + 1\,000 \times (P/F, \overline{R_b}, 5)$$

通过前面试算已知，$\overline{R_b}$ =8%时等式右方为1 000元，小于1 105，可判断收益率低于8%，降低折现率进一步试算。

(2) 用$\overline{R_b}$=6%试算：

$$\begin{aligned} & 80 \times (P/A, 6\%, 5) + 1\,000 \times (P/F, 6\%, 5) \\ & = 80 \times 4.212 + 1\,000 \times 0.747 \\ & = 336.96 + 747 \\ & = 1\,083.96(\text{元}) \end{aligned}$$

由于折现结果仍小于1 105元，还应进一步降低折现率。

(3)用$\overline{R_b}$=4%试算：

$$\begin{aligned} & 80 \times (P/A, 4\%, 5) + 1\,000 \times (P/F, 4\%, 5) \\ & = 80 \times 4.452 + 1\,000 \times 0.822 \\ & = 356.16 + 822 \\ & = 1\,178.16(\text{元}) \end{aligned}$$

折现结果高于1 105元，可以判断，收益率高于4%。用内插法计算近似值：

$$\overline{R_b} = 4\% + \frac{1\,105 - 1\,178.16}{1\,083.96 - 1\,178.16} \times (6\% - 4\%) = 5.55\%$$

（二）到期一次还本付息、单利计息的债券模型

到期一次还本付息债券是指在存续期间不支付利息，利息和本金都是债券到期时才支付的债券，这种债券未来现金流量的时点只有1个，就是第n期期末，但到期支付的利息因计息方法的不同，其现金流量的数额也不同。

单利计息形式的债券是我国国库券常用的方式，其到期支付的利息＝面值×票面利率×债券期限。这种债券价值的计算公式为：

$$V=\frac{M\cdot(1+i\cdot t)}{(1+R_b)^n}=M\cdot(1+i\cdot t)\cdot(P/F,R_b,n)$$

式中　i——票面利率；

R_b——折现率，即投资者要求的收益率；

t——债券期限；

n——债券持有期限。

在此模型下，债券的到期收益率$=\sqrt[n]{\frac{M(1+i\cdot t)}{\text{买价}}}-1$

【例4-7】　假设20×2年2月1日发行的国库券面值为1 000元、票面利率为4%、期限为3年，利息以单利计算。投资者要求的收益率为4%，则国库券20×2年2月1日的价值为：

$$V=\frac{1\,000\times(1+4\%\times3)}{(1+4\%)^3}\approx995.68(\text{元})$$

（三）折价发行、到期还本的债券模型

折价发行、到期还本债券是指按照低于债券面值的价格发行，没有票面利率，到期按面值偿还的债券。这种债券价值的计算公式为：

$$V=F\times(P/F,R_b,n)$$

式中　R_b——折现率，即投资者要求的收益率；

F——面值（到期偿还的本金）。

在此模型下，到期收益率$=\sqrt[n]{\frac{F}{\text{买价}}}-1$

式中　n——债券持有至到期期限。

【例4-8】　某债券面值为1 000，期限为5年，以折价方式发行，期内不计利息，到期按面值偿还，当时市场利率为8%，其价格为多少时，企业才能购买？

$$V=1\,000\times(P/F,8\%,5)=1\,000\times0.681=681(\text{元})$$

即债券价格必须低于681元时，企业才能购买。

关键术语

股票　普通股股票　股利　股票价值　股票估价　债券　债券价值　债券估价　票面利率　债券期限　折价发行

思考题

1. 股票的概念是什么?
2. 根据不同的方法和标准,股票可分为哪几类?
3. 什么是股票的价格?
4. 股票的价值有哪几种?
5. 什么是零增长股票股价模型?
6. 债券的概念是什么?
7. 债券的基本要素有哪些?
8. 什么是债券的价值?如何进行债券的估价?

练习题

1. 某公司于20×2年1月1日发行面值为1 000元,票面利率为10%的5年期债券。假设:

(1) 20×2年1月1日,投资者准备购买,市场利率12%,价格为1 180元,一次还本付息,单利计息。

(2) 其他条件同上,分期付息,每年年末付一次利息。

【要求】 针对以上(1)、(2)两种付息方式,分别计算20×2年1月1日该债券的价值。

2. 甲企业计划利用一笔长期资金投资购买股票。现有M公司股票、N公司股票、L公司股票可供选择,甲企业只准备投资一家公司股票。已知M公司股票现行市价为每股3.5元,上年每股股利为0.15元,预计以后每年以6%的增长率增长。N公司股票现行市价为每股7元,上年每股股利为0.6元,股利分配政策将一贯坚持固定股利政策。L公司股票现行市价为4元,上年每股支付股利0.2元。

预计该公司未来3年股利第1年增长14%,第2年增长14%,第3年增长5%,第4年及以后将保持每年2%的固定增长率水平。甲企业对各股票所要求的投资必要报酬率均为10%。

【要求】

(1) 利用股票估价模型,分别计算M、N、L公司股票价值。

(2) 代甲企业作出股票投资决策。

3. 甲企业于20×2年1月1日以1 100元的价格购入A公司新发行的面值为1 000元、票面年利率为10%、每年1月1日支付一次利息的5年期债券。部分货币时间价值系数如表4-3所示。

表4-3　部分货币时间价值系数

i	$(P/F,i,5)$	$(P/A,i,5)$
7%	0.7130	4.1002
8%	0.6806	3.9927

【要求】

(1) 计算该项债券投资的直接收益率。

(2) 计算该项债券投资的到期收益率。

(3) 假定市场利率为8%,根据债券投资的到期收益率,判断甲企业是否应当继续持有A公司债券,并说明原因。

(4) 如果甲企业于20×3年1月1日以1 150元的价格卖出A公司债券,计算该项投资的持有期收益率。

4. A公司准备长期投资B公司的股票,B公司股票上年每股现金股利2元,预计以后以每年5%的增长率增长,A公司认为必须得到12%的收益率才能购买B公司的股票。

【要求】

(1) 计算A公司可接受的股票价格为多少?

(2) 如果A公司由于资金原因,准备在第2年年末卖出B公司股票,预计出售时股票价格为45元,则A公司可接受的目前股票价格为多少?

5. 已知:A公司拟购买某公司债券作为长期投资(打算持有至到期日),要求的必要收益率为6%。现有三家公司同时发行5年期,面值均为1 000元的债券。其中:甲公司债券的票面利率为8%,每年付息一次,到期还本,债券发行价格为1 041元;乙公司债券的票面利率为8%,单利计息,到期一次还本付息,债券发行价格为1 050元;丙公司债券的票面利率为零,债券发行价格为750元,到期按面值还本。部分资金时间价值系数如表 4-4 所示。

表 4-4 部分货币时间价值系数

5 年	5%	6%	7%	8%
$(P/F,i,5)$	0.783 5	0.747 3	0.713 0	0.680 6
$(P/A,i,5)$	4.329 5	4.212 4	4.100 0	3.992 7

【要求】

(1) 计算 A 公司购入甲公司债券的价值和收益率。

(2) 计算 A 公司购入乙公司债券的价值和收益率。

(3) 计算 A 公司购入丙公司债券的价值。

(4) 根据上述计算结果,评价甲、乙、丙三公司债券是否具有投资价值,并为 A 公司作出购买何种债券的决策。

(5) 若 A 公司购买并持有甲公司债券,1 年后将其以 1 050 元的价格出售,计算该项投资收益率。

第五章　长期筹资管理

重点提示

学习本章，要求掌握资金需要量预测方法、债券发行价格的确定、融资租赁租金的计算、公司资本成本和项目资本成本的计算；掌握经营杠杆、财务杠杆、总杠杆效应的衡量及其与经营风险、财务风险、总风险的关系以及最优资本结构的优化方法；理解吸收直接投资、普通股筹资、利用留存收益筹资、长期借款、长期债券、融资租赁、认股权证筹资、可转换债券筹资等几种主要筹资方式的概念、程序和优缺点；了解筹资管理的意义、分类和原则。

第一节　筹资管理概述

资金是企业的血液，是企业设立、生存和发展的物质基础，是企业开展生产经营业务活动的基本前提。任何一个企业，为了形成生产经营能力、保证生产经营正常运行，必须持有一定数量的资金。企业筹资是指企业作为筹资主体，根据其生产经营、对外投资和调整资本结构等需要，通过筹资渠道运用筹资方式，经济有效地筹措资金的活动。

筹资活动是企业一项基本的财务活动，是企业创建和生存发展的一个必要条件。如果说企业的财务活动是以现金收支为主的资金流转活动，那么筹资活动则是资金运转的起点。筹资管理是企业财务管理的一项基本内容，筹资管理要求解决为什么要筹资、需要筹集多少资金、以什么方式筹资以及如何根据财务风险和资本成本合理安排资本结构等问题。

一、筹资管理的意义

1. 筹资管理可以满足经营运转的资金需要

筹集资金作为企业资金周转运动的起点,决定着企业资金运动的规模和生产经营发展的程度。企业新建时,要按照企业战略所确定的生产经营规模核定长期资本需要量和流动资金需要量。在企业日常生产经营活动运行期间,需要维持一定数额的资金,以满足营业活动的正常需求。企业筹资管理,能够为企业生产经营活动的正常开展提供财务保障。

2. 筹资管理可以满足投资发展的资金需要

企业在成长时期,往往因扩大生产经营规模或对外投资需要大量资金。企业生产经营规模的扩大有两种形式:一种是新建厂房、增加设备,这是外延式的扩大再生产;另一种是引进技术改进设备,提高固定资产的生产能力,培训工人提高劳动生产率,这是内涵式的扩大再生产。不管是外延式的扩大再生产还是内涵式的扩大再生产,都会产生扩张性的筹资动机。同时,企业由于战略发展和资本经营的需要,还会积极开拓有发展前途的投资领域,以联营投资、股权投资和债权投资等形式对外投资。经营规模扩张和对外产权投资,往往会产生大额的资金需求。企业筹资管理能够为企业投资活动的正常开展提供财务保障。

3. 筹资管理可以合理安排筹资渠道和选择筹资方式

企业筹资首先要解决的问题是资金从哪里来、以什么方式取得,这就是筹资渠道的安排和筹资方式的选择问题。

筹资渠道是指企业筹集资金的来源方向与通道。一般来说,企业最基本的筹资渠道就是间接筹资和直接筹资。间接筹资是企业通过银行等金融机构以信贷关系间接从社会取得资金,直接筹资是企业与投资者协议或通过发行股票、债券等方式直接从社会取得资金。目前我国企业筹资渠道主要有银行信贷资金、其他金融机构资金、其他企业资金、居民个人资金、国家资金和企业自留资金等。对于各种不同渠道的资金,企业可以通过不同的方式来取得。

筹资方式是企业筹集资金所采取的具体方式,不同筹资方式所筹集到的资金的属性和期限是不同的。企业筹资的总体方式分为内部筹资和外部筹资,内部筹资主要依靠企业的利润留存积累,外部筹资一般来说有两种方式,并形成两种性质的资金来源,即股权资金和债务资金。股权资金是企业通过吸收直接投资、发行股票等方式从投资者那里取得的;债务资金是企业通过向银行借款、发行债券、利用商业信用、融资租赁等方式从债权人那里取得的。

企业的筹资渠道与筹资方式有着密切的联系。同一筹资渠道的资金往往可以采取不同的筹资方式取得,而同一筹资方式又往往可以适用于不同的筹资渠道。

因此，企业在筹资时，应当实现两者的合理配合。

安排筹资渠道和选择筹资方式是一项重要的财务工作，直接关系到企业所能筹措资金的数量、成本和风险，因此需要深刻认识各种筹资渠道和筹资方式的特征、性质以及与企业筹资要求的适应性。通过筹资管理，可以在权衡不同性质资金的数量、成本和风险的基础上，合理安排筹资渠道和筹资方式，以有效地筹集资金。

4. 筹资管理可以降低资本成本

按不同筹资方式取得的资金，其资本成本是不同的。一般来说，债务资金比股权资金的资本成本要低，而且其资本成本在签订债务合同时就已确定，与企业的经营业绩和盈亏状况无关。即使同是债务资金，由于借款、债券和租赁的性质不同，其资本成本也有差异。因此，企业在筹资管理中，要权衡财务风险的大小，合理利用资本成本较低的筹资方式，降低企业的资本成本。

5. 筹资管理可以合理控制财务风险

财务风险是企业无法如期足额地偿付到期债务的本金和利息的风险，主要表现为偿债风险。由于无力清偿债权人的要求，将会导致企业破产。尽管债务资金的资本成本较低，但由于债务资金有固定的还款期限，到期必须偿还，因此，企业承担的财务风险比股权资金要大一些。企业在降低资本成本的同时，还要充分考虑不同资金的财务风险，防范企业破产的财务危机。筹资管理中的财务风险控制，从另一个角度来说也受到了企业资产流动性的限制。如果企业经营风险较高，资产流动性不强，将制约企业不能使用太多债务资金。

二、筹资的分类

企业筹资可以按照不同的标准进行分类。

（一）股权筹资、债务筹资及衍生工具筹资

按企业所取得资金的权益特性不同，企业筹资分为股权筹资、债务筹资和衍生工具筹资。这种分类也是企业筹资方式的基本分类。

股权筹资形成股权资本，是企业依法长期拥有、能够自主调配运用的资本。股权资本在企业持续经营期间内，投资者不得抽回投资，因而也称为企业的自有资本、主权资本或股东权益资本。股权资本是企业从事生产经营活动和偿还债务的本钱，是代表企业基本资信状况的一个主要指标。企业的股权资本通过吸收直接投资、发行股票、内部积累等方式取得。股权资本由于一般不用还本，形成了企业的永久性资本，因而财务风险小，但付出的资本成本相对较高。

股权筹资项目包括实收资本（股本）、资本公积金、盈余公积金和未分配利润等。其中，实收资本（股本）和实收资本溢价部分形成的资本公积金是投资者原始投入的；盈余公积金、未分配利润和部分资本公积金是原始投入资本在企业持续经营中形成的经营积累。通常，盈余公积金、未分配利润共称为留存收益。股权资本在经济意义上形成了企业的所有者权益。所有者权益是指投资者在企业资产中享有的经济利益，其金额等于企业资产总额减去负债总额后的余额。

债务筹资是企业按合同取得的在规定期限内需要清偿的债务。取得方式主要有银行借款、发行债券、融资租赁、商业信用等。由于债务筹资到期要归还本金和支付利息，对企业的经营状况不承担责任，因而具有较大的财务风险，但付出的筹资成本相对较低。从经济意义上来说，债务筹资也是债权人对企业的一种投资，也要依法享有企业使用债务筹资所取得的经济利益，因而也可以称为债权人权益。

衍生工具筹资是以股权或债权为基础产生的新的融资方式，如我国上市公司目前最常见的可转换债券筹资、认股权证筹资。

（二）直接筹资与间接筹资

按是否以银行金融机构为媒介，企业筹资分为直接筹资和间接筹资两种类型。

直接筹资是企业直接与资金供应者协商筹集资金。直接筹资不需要通过金融机构等中介来筹措资金，是企业直接从社会取得资金的方式。直接筹资手续比较复杂，筹资费用较高；但筹资领域广阔，能够直接利用社会资金，有利于提高企业的知名度和资信度。

间接筹资是企业通过银行和非银行金融机构而筹集资金。在间接筹资方式下，企业通过银行等金融机构以信贷关系间接从社会取得了资金，银行等金融机构发挥中介作用，预先集聚资金，然后提供给企业。间接筹资方式主要有银行借款、融资租赁等，形成的主要是债务资金，用于满足企业资金周转的需要。间接筹资手续比较简便，筹资效率高，筹资费用较低，但容易受金融政策的制约和影响。目前，我国大多数企业的筹资多采用间接筹资这种传统的筹资类型。

（三）内部筹资与外部筹资

按资金的来源范围不同，企业筹资分为内部筹资和外部筹资两种类型。

内部筹资是指企业通过利润留存而形成的筹资来源，内部筹资数额大小主要取决于企业可分配利润的多少和利润分配政策（股利政策），一般无需花费筹资费用，可以降低资本成本。

外部筹资是指企业向外部筹措资金而形成的筹资来源。处于初创期的企业，内部筹资的可能性是有限的；处于成长期的企业，内部筹资往往难以满足需要。这就需要企业广泛地开展外部筹资，如发行股票、债券、取得商业信用、银行借款等。企业向外部筹资大多需要花费一定的筹资费用，具有大额性、集中性等特点。

因此，企业筹资时应首先考虑内部筹资，再考虑外部筹资。

(四) 长期筹资与短期筹资

按所筹集资金的使用期限不同,企业筹资分为长期筹资和短期筹资两种类型。

长期筹资是指企业使用期限在1年以上的资金筹集活动。长期筹资的目的主要在于形成和更新企业的生产和经营能力、扩大企业生产经营规模或为对外投资筹集资金。长期筹资通常采取吸收直接投资、发行股票、发行债券、长期借款、融资租赁等方式,所形成的长期资金主要用于购建固定资产、形成无形资产、进行对外长期投资、垫支流动资金、产品和技术研发等。从资金权益性质来看,长期资金可以是股权资金,也可以是债务资金。

短期筹资是指企业筹集使用期限在1年以内的资金筹集活动。短期资金主要用于企业的流动资产和资金日常周转,一般在短期内需要偿还。短期筹资经常利用商业信用、短期借款、保理业务等方式来筹集。

三、筹资管理的原则

企业筹集管理的基本要求,是要在严格遵守国家法律法规的基础上,分析影响筹资的各种因素,权衡资金的性质、数量、成本和风险,合理选择筹资方式,提高筹集效果。

(一) 筹措合法原则

不论是直接筹资还是间接筹资,企业最终都通过筹资行为向社会获取资金。企业的筹资活动不仅为自身的生产经营提供资金来源,而且也会影响投资者的经济利益,影响着社会经济秩序。企业的筹资行为和筹资活动必须遵循国家的相关法律法规,依法履行法律法规和投资合同约定的责任,合法合规筹资,依法披露信息,维护各方的合法权益。

(二) 来源经济原则

企业所筹集的资金都要付出资本成本的代价,进而给企业的资金使用提出了最低报酬要求。不同筹资渠道和筹资方式所取得的资金,其资本成本各有差异。企业应当在考虑筹资难易程度的基础上,针对不同来源资金的成本,认真选择筹资渠道,并选择经济、可行的筹资方式,力求降低筹资成本。

(三) 规模适当原则

企业筹集资金,首先要合理预测确定资金的需要量。筹资规模与资金需要量应当匹配一致,既可避免因筹资不足而影响生产经营的正常进行,又可防止筹资过多而造成资金闲置。

(四) 结构合理原则

资本成本的降低,往往伴随着较大的财务风险。企业筹资要综合考虑股权资金与债务资金的关系、长期资金与短期资金的关系、内部筹资与外部筹资的关系,合理安排资本结构，保持适当偿债能力，防范企业财务危机。

（五）筹措及时原则

企业在筹集资金时，应根据资金需要量的具体情况，合理安排资金的筹集时间，适时获得适量资金。

第二节 资金需要量预测

企业的资金需要量是筹资的数量依据，必须科学、合理地进行预测。开展企业资金需要量预测的基本目的，是为了保证企业生产经营业务的顺利进行，使筹集来的资金既能保证满足生产经营的需要，又不会有太多的闲置，从而促进企业财务管理目标的实现。

一、销售百分比法

销售百分比法是假设资产、负债与销售收入存在稳定的百分比关系，根据预计销售收入和相应的百分比预计资产、自发性负债的增加，然后确定外部融资需求量的一种资金预测方法。企业的销售规模扩大时，要相应增加流动资产；如果销售规模增加很多，还必须增加长期资产。为取得扩大销售所需增加的资产，企业需要筹措资金。这些资金，一部分来自留存收益，另一部分通过外部筹资取得。通常，销售增长率较高时，仅靠留存收益不能满足资金需要，即使获利良好的企业也需外部筹资。因此，企业需要预先知道自己的筹资需求，提前安排筹资计划，否则就可能发生资金短缺问题。

（一）基本假设

任何方法都是建立在一定的假设前提基础上的，销售百分比法也不例外。归纳起来，销售百分比法的假设条件有以下几方面。

1. 资产负债表的资产、负债项目可以划分为敏感项目与非敏感项目

凡是随销售变动而变动并呈现一定比例关系的项目，称为敏感项目；凡不随销售变动而变动的项目，称为非敏感项目。把资产负债表的资产、负债项目划分为敏感项目与非敏感项目，其隐含的前提是：现有的资产负债水平对现在的销售是最优的。这个条件直接影响敏感项目的确定。例如，只有当固定资产利用率已经达到最优状态，产销量的增加将导致机器设备、厂房等固定资产的增加，此时固定资产净值才应列为敏感资产；如果目前固定资产的利用率并不完全，则在一定范围内的产量增加就不需要增加固定资产的投入，此时固定资产净值不应列为敏感项目。

2. 敏感项目与销售额之间成正比例关系

这一假设又包含两方面意义：一是线性假设，即敏感项目与销售额之间为正相关；二是直线过原点，即销售额为零时，项目的初始值也为零。这一假设与现实的经济生活不相符，比如现金的持有动机除了与销售有关的交易动机外，还包括投机动机和预防动机，所以即使销售额为零也应持有一部分现金。又如存货应留有一定数量的安全库存以应付意外情况，这也导致存货与销售额并不总呈现正比例关系。

3. 基期与预测期的情况基本不变

这一假设包含三重含义：一是基期与预测期的敏感项目和非敏感项目的划分不变；二是敏感项目与销售额之间成固定比例，或称比例不变；三是销售结构和价格水平与基期相比基本不变。由于实际经济情况总是处于不断变动之中，基期与预测期的情况不可能一成不变。一般来说，各个项目的利用不可能同时达到最优，所以基期与预测期的敏感项目与非敏感项目的划分会发生一定的变化，同样，敏感项目与销售额的比例也可能发生变化。

4. 企业的内部资金来源仅来自留存收益

这个假设相当于假设企业当期计提的折旧在当期全部用来更新固定资产。但是，企业固定资产的更新是有一定周期的，各期计提的折旧在未使用以前可以作为内部资金来源使用，与之类似的还有无形资产的摊销费用。

5. 销售的预测比较准确

销售预测是销售百分比法应用的重要前提之一，只有销售预测准确，才能比较准确地预测资金需要量。但是，产品的销售受市场供求、同业竞争以及国家宏观经济政策等的影响，销售预测不可能是一个准确的数值。

（二）基本步骤

销售百分比法的基本步骤如下所述。

1. 销售预测

销售预测对外部融资需求量的预测有重大影响。如果销售的实际状况超出预测很多，企业没有准备足够的资金添置设备或储备存货，则无法满足顾客需要，不仅会失去盈利机会，并且会丧失原有的市场份额。相反，销售预测过高，筹集大量资金购买设备并储备存货，则会造成设备闲置和存货积压，使资产周转率下降，有可能导致权益净利率降低，股价下跌。

2. 确定随销售额变动而变动的敏感资产和敏感负债项目

资产是资金使用的结果，随着销售额的变化，资产项目将占用更多的资金。同时，随着资产的增加，相应的短期债务也会增加，如存货增加会导致应付账款增加，此类债务称为“自发性债务”，可以为企业提供暂时性资金。一般情况下，随销售额变动而变动的敏感资产项目包括现金、应收账款、存货等项目；而敏感负债项目包括应付票据、应付账款等项目，不包括短期借款、短期融资券、长期负债等筹资性负债。

3. 确定敏感资产、敏感负债与销售额的稳定比例关系

如果企业资金周转的营运效率保持不变，某些资产与负债项目将会随销售额的变动而呈正比例变动，保持稳定的百分比关系。企业应当根据历史资料和同业情况，剔除不合理的资金占用，寻找与销售额的稳定百分比关系。

4. 确定需要增加的筹资数量

预计由于销售增长而需要增加的资金需求，扣除留存利润后，即为所需要的外部融资需求量，计算公式为：

$$外部融资需求量=\frac{A}{S_1}\times\Delta S-\frac{B}{S_1}\times\Delta S-P\times E\times S_2$$

式中 A——随销售而变化的敏感性资产；

B——随销售而变化的敏感性负债；

S_1——基期销售额；

S_2——预测期销售额；

ΔS——销售变动额；

P——预测期销售净利率；

E——预测期利润存留率；

A/S_1——敏感资产与销售额的关系百分比；

B/S_1——敏感负债与销售额的关系百分比。

【例5-1】 某公司2010年12月31日的简要资产负债表如表5-1所示。假定某公司2010年销售额10 000万元，销售净利率为10%，利润留存率40%。2011年销售额预计增长30%，销售净利率、利润留存率与上年保持一致，并且公司有足够的生产能力，无需追加固定资产投资。

表5-1 资产负债表

2010年12月31日　　单位：万元

资产	金额	与销售额的关系(%)	负债与权益	金额	与销售额的关系(%)
现　金	500	5	短期借款	2 500	N
应收账款	2 000	20	应付账款	1 500	15
存　货	2 500	25	公司债券	1 000	N
固定资产	3 000	N	实收资本	2 000	N
			留存收益	1 000	N
合计	8 000	50	合计	8 000	15

首先，确定有关项目与销售额的关系百分比。在表 5-1 中，N 为不变动，是指该项目不随销售额的变动而变动。

其次，确定需要增加的资金量。从表 5-1 可以看出，销售收入每增加 100 元，必须增加 50 元的资金占用，同时自动增加 15 元的资金来源，两者差额还有 35%的资金需求。因此，每增加 100 元的销售收入，公司必须取得 35 元的资金来源，销售额从 10 000 万元增加到 13 000 万元，增加了 3 000 万元，按照 35%的比率可预测将增加 1 050 万元的资金需求。

最后，确定外部融资需求的数量。2011 年的净利润为 1 300 万元(13 000×10%)，利润留存率 40%，则将有 520 万元利润被留存下来，还有 530 万元的资金必须从外部筹集。

利用上述公式，可求得对外融资的需求量为：

$$外部融资需求量=50\%\times3\,000-15\%\times3\,000-10\%\times40\%\times13\,000=530(万元)$$

销售百分比法的优点是能为筹资管理提供短期预计的财务报表，以适应外部筹资的需要，且易于使用。但在有关因素发生变动的情况下，必须相应地调整原有的销售百分比。

二、资金习性预测法

资金习性预测法是指根据资金习性预测未来资金需要量的一种方法。所谓资金习性，是指资金的变动同产销量变动之间的依存关系。按照资金同产销量(可以是销售量，也可以是销售额，下同)之间的依存关系，可以把资金区分为不变资金、变动资金和半变动资金。

不变资金是指在一定的产销量范围内，不受产销量变动的影响而保持固定不变的那部分资金。也就是说，产销量在一定范围内变动，这部分资金保持不变。这部分资金包括：为维持营业而占用的最低数额的现金，原材料的保险储备占用的资金，必要的成品储备占用的资金，厂房、机器设备等固定资产占用的资金等。

变动资金是指随产销量的变动而同比例变动的那部分资金。它一般包括直接构成产品实体的原材料、外购件等占用的资金。另外，在最低储备以外的现金、存货、应收账款等也具有变动资金的性质。

半变动资金是指虽然受产销量变化的影响，但不成同比例变动的资金，如一些辅助材料上占用的资金。半变动资金可采用一定的方法划分为不变资金和变动资金两部分。

因此，资金习性预测法就是通过建立资金预测模型来预测资金需要量。设产销量为自变量 X，资金需要量(或：占用量)为因变量 Y，它们之间的关系可用下式表示：

$$Y = a + bX$$

式中　a——不变资金；

b——单位产销量所需变动资金 。

a 值和 b 值可以用高低点法或回归直线法求得。

（一）高低点法

高低点法是根据企业一定期间资金占用的历史资料，选用最高产销量对应的资金占用量和最低产销量对应的资金占用量之差，同最高产销量和最低产销量之差进行对比，先求 b 的值，然后再求 a 的值，从而建立资金预测模型。计算公式为：

$$b = \frac{\text{最高产销量对应的资金占用量} - \text{最低产销量对应的资金占用量}}{\text{最高产销量} - \text{最低产销量}}$$

$$a = \text{最高产销量对应的资金占用量} - b \times \text{最高产销量}$$

或者：$a = \text{最低产销量对应的资金占用量} - b \times \text{最低产销量}$

【例 5-2】 某公司历年现金占用与销售额之间的关系如表 5-2 所示。

表 5-2　现金与销售额变化情况表

单位：万元

年　度	销售额 X	现金占用 Y
2006	1 000	55
2007	1 200	65
2008	1 300	70
2009	1 400	75
2010	1 500	80

根据以上资料，采用高低点法来求 a 和 b 的值。

$$b = \frac{80 - 55}{1\,500 - 1\,000} = 0.05$$

将 $b = 0.05$ 的数据代入 2010 年 $y = a + bx$，得：

$$a = 80 - 0.05 \times 1\,500 = 5(\text{万元})$$

因此，现金占用模型为：$y=5+0.05x$

存货、应收账款、流动负债、固定资产等也可根据历史资料做这样的划分，然后汇总列于表 5-3 中。

表 5-3　资金需要量预测表

单位：万元

	年度不变资金(a)	每一元销售额所需变动资金(b)
流动资产		
现金	5	0.05
应收账款	60	0.14
存货	100	0.22
小　计	165	0.41
减：流动负债		
应付账款及应付费用	80	0.11
净资金占用	85	0.30
固定资产		
厂房、设备	510	0
所需资金合计	595	0.30

根据表 5-3 的资料得出总资金预测模型为：

$$Y = 595 + 0.30X$$

如果预计 2011 年的销售额为 3 500 万元，则

2011 年的资金需要量 ＝ 595 ＋ 0.30 × 3 500 ＝ 1 645(万元)

高低点法简便易行，在企业的资金变动趋势比较稳定的情况下较适宜。

(二) 回归直线法

回归直线法是根据若干期销售量和资金占用的历史资料，运用最小平方法原理计算不变资金和单位销售量的变动资金的一种资金习性分析方法。

$$b = \frac{n\sum XY - \sum X \cdot \sum Y}{n\sum X^2 - (\sum X)^2}$$

$$a = \frac{\sum Y - b\sum X}{n}$$

【例 5-3】 某公司历年销售量和资金变化情况如表 5-4 所示，根据表 5-4 整理出表 5-5。2011 年预计销售量为 150 万件，需要预计 2011 年资金需求量。

表 5-4 销售量与资金变化情况表

年度	销售量(X:万件)	资金占用(Y:万元)
2005	120	100
2006	110	95
2007	100	90
2008	120	100
2009	130	105
2010	140	110

表 5-5 资金需要量预测表

年度	销售量(X:万件)	资金占用(Y:万元)	XY	X^2
2005	120	100	12 000	14 400
2006	110	95	10 450	12 100
2007	100	90	9 000	10 000
2008	120	100	12 000	14 400
2009	130	105	13 650	16 900
2010	140	110	15 400	19 600
合计 n=6	$\sum X=720$	$\sum Y=600$	$\sum XY=72\,500$	$\sum X^2=87\,400$

$$b=\frac{n\sum XY-\sum X\cdot\sum Y}{n\sum X^2-\left(\sum X\right)^2}=0.5$$

$$a=\frac{\sum Y-b\sum X}{n}=\frac{600-0.5\times720}{6}=40$$

解得：$Y=40+0.5X$

把 2011 年预计销售量 150 万件代入上式，得出 2011 年资金需要量为：

$$40+0.5\times150=115(\text{万元})$$

从理论上来说，回归直线法是一种计算结果最为精确的方法。

运用回归直线法必须注意以下几个问题：① 资金需要量与销售量之间线性关系的假定应符合实际情况。② 确定 a、b 数值，应利用连续若干年的历史资料，一般要有 3 年以上的资料。③ 应考虑价格等因素的变动情况。

进行资金习性分析，把资金划分为变动资金和不变资金两部分，从数量上掌握了资金同销售量之间的规律性，对准确地预测资金需要量有很大帮助。

第三节　股权筹资

股权筹资形成企业的股权资金，也称为权益资本，是企业通过吸收直接投资、发行股票等方式筹集和取得的资金。吸收直接投资、发行股票和利用留存收益是股权筹资的三种基本形式。

一、吸收直接投资

吸收直接投资是指企业按照“共同投资、共同经营、共担风险、共享收益”的原则，直接吸收国家、法人、个人和外商投入资本的一种筹资方式。吸收直接投资是非股份制企业筹集权益资本的基本方式，采用吸收直接投资的企业，资本不分为等额股份、无需公开发行股票。吸收直接投资实际出资额，注册资本部分形成实收资本，超过注册资本的部分形成资本公积。

（一）吸收直接投资的种类

1. 吸收国家投资

国家投资是指有权代表国家投资的政府部门或机构，以国有资产投入公司，这种情况下形成的资本叫国有资本。根据《公司国有资本与公司财务暂行办法》的规定，在公司持续经营期间，公司以盈余公积、资本公积转增实收资本的，国有公司和国有独资公司由公司董事会或经理办公会决定，并报主管财政机关备案；股份有限公司和有限责任公司由董事会决定，并经股东大会审议通过。吸收国家投资一般具有以下特点：①产权归属国家。②资金的运用和处置受国家约束较大。③在国有公司中采用比较广泛。

2. 吸收法人投资

法人投资是指法人单位以其依法支配的资产投入公司，这种情况下形成的资本叫法人资本。吸收法人投资一般具有以下特点：① 发生在法人单位之间。② 以参与公司利润分配或控制为目的。③ 出资方式灵活多样。

3. 吸收外商直接投资

随着我国改革开放的不断进行，吸收外商投资已成为企业筹集资金的重要方式。外商投资是指外国投资者以及我国香港、澳门、台湾地区投资者投入的资本，由此形成外商资本金。吸收外商投资一般具有以下特点：① 一般只有中外合资、合作或外商独资经营企业才能采用。② 可以募集外汇资金。③ 出资方式比较灵活。

4. 吸收社会公众投资

社会公众投资是指社会个人或本公司职工以个人合法财产投入公司，这种情况下形成的资本称为个人资本。吸收社会公众投资一般具有以下特点：① 参加投资的人员较多。② 每人投资的数额相对较少。③ 以参与公司利润分配为目的。

（二）吸收直接投资的出资方式

1. 以货币资产出资

以货币资产出资是吸收直接投资中最重要的出资方式。企业有了货币资产，便可以获取其他物质资源，支付各种费用，满足企业创建开支和随后的日常周转需要。我国《公司法》规定，公司全体股东或者发起人的货币出资金额不得低于公司注册资本的30%。

2. 以实物资产出资

实物资产出资是指投资者以房屋、建筑物、设备等固定资产以及材料、燃料、商品产品等流动资产所进行的投资。实物投资应符合以下条件：① 适合企业生产、经营、研发等活动的需要。② 技术性能良好。③ 作价公平合理。

出资中实物的作价，可以由出资各方协商确定，也可以聘请专业资产评估机构评估确定。国有及国有控股企业接受其他企业的非货币资产出资，需要委托有资格的资产评估机构进行资产评估。

3. 以土地使用权出资

土地使用权是指土地经营者对依法取得的土地在一定期限内有进行建筑、生产经营或其他活动的权利。土地使用权具有相对的独立性，在土地使用权存续期间，包括土地所有者在内的其他任何人和单位，不能任意收回土地和非法干预使用权人的经营活动。企业吸收土地使用权投资应符合以下条件：① 适合企业科研、生产、经营、研发等活动的需要。② 地理、交通条件适宜。③ 作价公平合理。

4. 以工业产权出资

工业产权通常是指专有技术、商标权、专利权、非专利技术等无形资产。投资者以工业产权出资应符合以下条件：① 有助于企业研究、开发和生产出新的高科技产品。② 有助于企业提高生产效率，改进产品质量。③ 有助于企业降低生产消耗、能源消耗等各种消耗。④ 作价公平合理。

吸收工业产权等无形资产出资的风险较大。因为以工业产权投资，实际上是把技术转化为资本，使技术的价值固定化了。而技术具有强烈的时效性，会因其不断老化落后而导致实际价值不断减少甚至完全丧失。

此外，对无形资产出资方式的限制，《公司法》规定，股东或者发起人不得以劳务、信用、自然人姓名、商誉、特许经营权或者设定担保的财产等作价出资。对于非货币资产出资,需要满足三个条件:可以用货币估价、可以依法转让、法律不禁止。

《公司法》对无形资产出资的比例要求没有明确限制,但《外资企业法实施细则》另有规定,外资企业的工业产权、专有技术的作价应与国际上通常的作价原则相一致,且作价金额不得超过注册资本的20%。

(三) 吸收直接投资的程序

1. 确定筹资数量

企业在新建或扩大经营时,要先确定资金的需要量。资金的需要量根据企业的生产经营规模和供销条件等来核定,筹资数量与资金需要量相适应。

2. 寻找投资单位

企业既要广泛了解有关投资者的资信、财力和投资意向,又要通过信息交流和宣传,使出资方了解企业的经营能力、财务状况以及未来预期,以便于公司从中寻找最合适的合作伙伴。

3. 协商和签署投资协议

找到合适的投资伙伴后,双方进行具体协商,确定出资数额和出资方式和出资时间。企业应尽可能吸收货币投资,如果投资方确有先进而适合需要的固定资产和无形资产,方可采取非货币投资方式。对实物投资、工业产权投资、土地使用权投资等非货币资产,双方应按公平合理的原则协商定价,当出资数额、资产作价确定后,双方签署投资的协议或合同,以明确双方的权利和责任。

4. 取得所筹集的资金

签署投资协议后,企业应按规定或计划取得资金。如果采取现金投资方式,通常还要编制拨款计划,确定拨款期限、每期数额及划拨方式,有时投资者还要规定拨款的用途,如把拨款区分为固定资产投资拨款、流动资金拨款、专项拨款等。如为实物、工业产权、非专利技术、土地使用权投资,一个重要的问题就是核实财产。财产数量是否准确,特别是价格有无高估低估情况,关系到投资各方的经济利益,必须认真处理,必要时可聘请资产评估机构来评定。然后办理产权的转移手续取得资产。

(四) 吸收直接投资的优缺点

1. 吸收直接投资的优点

(1) 能够尽快形成生产能力。吸收直接投资不仅可以取得一部分货币资金,而且能够直接获得所需的先进设备和技术,尽快形成生产经营能力。

(2) 容易进行信息沟通。吸收直接投资的投资者比较单一,股权没有社会化、分散化,投资者甚至于直接担任公司管理层职务,公司与投资者易于沟通。

(3) 吸收投资的手续相对比较简便，筹资费用较低。

2. 吸收直接投资的缺点

(1) 资本成本较高。相对于股票筹资来说，吸收直接投资的资本成本较高。当企业经营较好，盈利较多时，投资者往往要求将大部分盈余作为红利分配，因为向投资者支付的报酬是按其出资份额和企业实现利润的比率来计算的。

(2) 公司控制权集中，不利于公司治理。采用吸收直接投资方式筹资，投资者一般都要求获得与投资数额相适应的经营管理权。如果某个投资者的投资额比例较大，则该投资者对企业的经营管理就会有相当大的控制权，容易损害其他投资者的利益。

(3) 不利于产权交易。吸收直接投资由于没有证券为媒介，不利于产权交易，难以进行产权转让。

二、普通股筹资

股票是股份有限公司为筹措股权资本而发行的有价证券，是公司签发的证明股东持有公司股份的凭证，它可以作为买卖对象和抵押品，是资本市场主要的长期融资工具之一。股票只能由股份有限公司发行。

(一) 股票的含义

1. 股票是有价证券

股票之所以有价值，并且可以在资本市场上转让、买卖流通、继承、赠送或是作为抵押品，是因为它代表着对一定经济利益的分配和支配权，其持有者作为公司的股东拥有法律和公司章程规定的权利和义务。股票的转让实质上是股东权利和义务的转让。

2. 股票是代表股东权益的证券

股东权益是指股东作为公司的投资者，根据其投入的资本数额享有的权利。股票所起到的这种权利，只起到证明的作用，而股东权利并不依赖于股票存在。

(二) 普通股的初次发行

股份有限公司在设立时要发行股票，即初次发行。股份的发行，实行公平、公正的原则，必须同股同权、同股同利。同次发行的股票，每股的发行条件和价格应当相同。任何单位或个人所认购的股份，每股应支付相同的价款。同时，发行股票还应接受国务院证券监督管理机构的管理和监督。股票发行具体应执行的管理规定主要包括股票发行条件、发行程序和方式、销售方式等。

1. 股票初次发行的规定与条件

按照我国《公司法》和《证券法》的有关规定，股份有限公司发行股票，应符合以下规定与条件：

(1) 每股金额相等。同次发行的股票，每股的发行条件和价格应当相同。

(2) 股票发行价格可以是票面金额，也可以超过票面金额，但不得低于票面金额。

(3) 股票应当载明公司名称、公司登记日期、股票种类、票面金额及代表的股份数、股票编号等主要事项。

(4) 向发起人、国家授权投资的机构、法人发行的股票，应当为记名股票；对社会公众发行的股票，可以为记名股票，也可以为无记名股票。

(5) 公司发行记名股票的，应当置备股东名册，记载股东的姓名或者名称、住所、各股东所持股份、各股东所持股票编号、各股东取得股份的日期；发行无记名股票的，公司应当记载其股票数量、编号及发行日期。

(6) 公司公开发行新股，必须具备下列条件：① 具备健全且运行良好的组织机构。② 具有持续盈利能力，财务状况良好。③ 最近3年财务会计文件无虚假记载，无其他重大违法行为。④ 证券监督管理机构规定的其他条件。

2. 股票初次发行的程序

(1) 提出募集股份申请。

(2) 公告招股说明书，制定认股书，签订承销协议及代收股款协议。

(3) 招认股份，缴纳股款。

(4) 召开创立大会，选举董事会、监事会。

(5) 办理公司设立登记，交割股票。

3. 股票发行方式和销售方式

公司发行股票筹资应当选择适宜的股票发行方式和销售方式，并恰当地制定发行价格，以便及时募足资本。

(1) 股票发行方式是指公司通过何种途径发行股票。总的来讲，股票的发行方式可分为两类。

第一，公开间接发行，是指通过中介机构，公开向社会公众发行股票。我国股份有限公司采用募集设立方式向社会公开发行新股时，须由证券经营机构承销的做法，就属于股票的公开间接发行。这种发行方式的发行范围广，发行对象多，易于足额募集资本；股票的变现性强，流通性好；股票的公开发行还有助于提高发行公司的知名度和扩大其影响力。但这种发行方式也有不足，主要是手续繁杂，发行成本高。

公开发行由于发行范围广、发行对象多，对社会影响大，需要对其进行限定。我国《证券法》规定有下列情形之一者属于公开发行：向不特定对象发行证券；向累计超过200人的特定对象发行证券；法律、行政法规规定的其他发行行为。

第二，不公开直接发行，是指不公开对外发行股票，只向少数特定的对象直接发行，因而不需经中介机构承销。我国股份有限公司采用发起设立方式和以不向社会公开募集的方式发行新股的做法，即属于股票的不公开直接发行。这种发行方式弹性较大，发行成本低，但发行范围小，股票变现性差。不公开发行证券，不得采用广告、公开劝诱和变相公开方式。

(2) 股票销售方式有两类：自行销售和委托销售。

股票发行的自行销售方式，是指发行公司自己直接将股票销售给认购者。这种销售方式可由发行公司直接控制发行过程，实现发行意图，并可以节省发行费用；缺点是筹资时间长，发行公司要承担全部发行风险，并需要发行公司有较高的知名度、信誉度和实力。

股票发行的委托销售方式，是指发行公司将股票销售业务委托给证券经营管理机构代理。这种销售方式是发行股票所普遍采用的。我国《公司法》规定，股份有限公司向社会公开发行股票，必须与依法设立的证券经营机构签订承销协议，由证券经营机构承销。委托销售又分为包销和代销两种具体办法。所谓包销，是根据承销协议商定的价格，证券经营机构一次性全部购进发行公司公开募集的全部股份，然后以较高的价格出售给社会上的认购者。对发行公司而言，包销的办法可及时募足资本，免于承担风险(股款未募足的风险由承销商承担)，但股票以较低的价格出售给承销商会损失部分溢价。所谓代销，是证券经营机构代替发行公司代售股票，并由此获取一定的佣金，但不承担股款未募足的风险。

(三) 普通股发行定价

1. 发行价格的种类

股票的发行价格通常有等价、时价和中间价三种。等价是指以股票面额为发行价格，即股票的发行价格与其面额等价，也称为平价发行。一般在股票初次发行或在股东内部分摊增资的情况下采用。时价是以本公司股票在流通市场上买卖的实际价格为基准确定的股票发行价格，也称时价发行。中间价是以时价和等价的中间值确定的股票发行价格。中间价可能是溢价发行，也可能是折价发行。

要注意的是，按照公司法的规定，股票发行价格不得低于票面金额，即不得折价发行。也就是说，等价发行不会存在不合法的问题。但按照时价或者中间价发行，有可能出现折价发行的情况。折价是法律所不允许的。

2. 发行价格的确定方法

根据我国《证券法》的规定，股票发行采用溢价发行的，其发行价格由发行人与承销的证券公司协商确定。发行人通常会参考公司经营业绩、净资产、发展潜力、发行数量、行业特点、股市状态等确定发行价格。在实际工作中，股票发行价格的确定方法主要有以下三种。

1）市盈率法

市盈率又称本益比(P/E)，是指公司股票市场价格与公司盈利的比率。计算公式为：

$$市盈率=\frac{每股市价}{每股收益}$$

市盈率法是以公司股票的市盈率为依据确定发行价格的一种方法。采用市盈率法确定股票发行价格的步骤如下：

(1) 根据注册会计师审核后的盈利预测计算出发行公司的每股收益。

$$每股收益=\frac{净利润}{发行前总股数}$$

确定每股收益的方法有两种：一是完全摊薄法。用发行当年预测全部净利润除以总股数，直接得出每股收益。二是加权平均法。采用加权平均法确定每股收益较为合理。因股票发行的时间不同，资金实际到位的先后对企业效益影响较大，同时投资者在购股后才应享受应有的收益。加权平均法的计算公式为：

$$每股收益=\frac{发行当年预测净利润}{发行前总股数+本次公开发行股数\times\frac{12-发行月份}{12}}$$

(2) 根据二级市场的平均市盈率、发行公司所处行业的情况、发行公司的经营状况及其成长性等拟定市盈率。

(3) 依发行市盈率与每股收益之乘积决定发行价格为：

$$发行价格=每股收益\times发行市盈率$$

2）净资产倍率法

净资产倍率法又称资产净值法，是指通过资产评估和相关会计手段确定发行公司拟募股资产的每股净资产值，然后根据证券市场的状况将每股净资产值乘以一定的倍率，以此确定股票发行价格的方法。净资产倍率法在国外常用于房地产公司或资产现值要重于商业利益的公司的股票发行，但在国内一直未采用。以此种方式确定每股发行价格不仅应考虑公平市值，还须考虑市场所能接受的溢价倍数。以净资产倍率法确定发行股票价格的计算公式为：

$$发行价格=每股净资产值\times溢价倍数$$

3）现金流量折现法

现金流量折现法是通过预测公司未来的盈利能力，据此计算出公司的净现值，并按一定的折现率折算，从而确定股票发行价格的方法。其基本要点是：首先，用市场接受的会计手段预测公司每个项目若干年内每年的净现金流量；然后，按照市场公允的折现率，分别计算出每个项目未来的净现金流量的净现值。公司的净现值除以公司股份数，即为每股净现值。采用此法应注意两点：第一，由于未来收益存在不确定性，发行价格通常要对上述每股净现值折让 20%～30%；第二，用现金流量折现法定价的公司，其市盈率往往远高于市场平均水平，但这类公司发行上市时套算出来的市盈率与一般公司发行股票的市盈率之间不具可比性。这一方法在国际主要股票市场上主要用于对新上市公路、港口、桥梁、电厂等基建公司的估值发行的定价。这类公司的特点是前期投资大，初期回报不高，上市时的利润一般偏低，如果采用市盈率法定价则会低估其真实价值，而对公司未来收益的分析和预测能比较准确地反映公司的整体和长远价值。

（四）股票上市

股票上市是指股份有限公司公开发行的股票经批准在证券交易所进行挂牌交易。经批准在交易所上市交易的股票则成为上市股票。按照国际通行的做法，非公开募集发行的股票或未向证券交易所申请上市的非上市证券，应在证券交易所外的店头市场上流通转让，只有公开募集发行并经批准上市的股票才能进入证券交易所流通转让。

1. 股票上市的意义及不利影响

(1) 便于筹措新资金。证券市场是一个资本商品的买卖市场，证券市场上有众多的资金供应者。同时，股票上市经过了政府机构的审查批准并接受严格的管理，执行股票上市和信息披露的规定，容易吸引社会资本投资者。同时，公司上市后，还可以通过增发、配股、发行可转换债券等方式进行再筹资。

(2) 促进股权流通和转让。股票上市后便于投资者购买，提高了股权的流动性和股票的变现力，便于投资者认购和交易。

(3) 促进股权分散化。上市公司拥有众多的股东，再加上上市股票的流通性强，能够避免公司的股权集中，分散公司的控制权，有利于公司治理结构的完善。

(4) 便于确定公司价值。股票上市后，公司股价有市价可循，便于确定公司的价值。对于上市公司来说，即时的股票交易行情，就是对公司价值的市场评价。同时，市场行情也能够为公司收购兼并等资本运转产权交易提供询价基础。

但股票上市也有对公司不利影响的一面，这主要有：上市成本较高，手续复杂严格；公司将负担较高的信息披露成本；信息公开的要求可能会暴露公司商业机密；股价有时会歪曲公司的实际情况，影响公司声誉；可能会分散公司的控制权，造成管理上的困难。

2. 股票上市的条件

公司公开发行的股票进入证券交易所交易，必须受严格的条件限制。我国《证券法》规定，股份有限公司申请股票上市，应当符合下列条件：① 股票经国务院证券监督管理机构核准已公开发行。② 公司股本总额不少于人民币 3 000 万元。③ 公开发行的股份达到公司股份总数的 25%以上；公司股本总额超过人民币 4 亿元的，公开发行股份的比例为 10%以上。④ 公司最近 3 年无重大违法行为，财务会计报告无虚假记载。

3. 股票上市决策

股份公司为实现其上市目标，需在申请上市前对公司状况进行分析，对上市公司的股利政策、上市方式和上市时机作出决策。

(1) 公司状况分析。申请股票上市的公司，需分析公司及其股东的状况，全面分析权衡股票上市的各种利弊及其影响，确定关键因素。例如，如果公司面临的主要问题是资本不足，现有股东风险过大，则可通过股票上市予以解决。倘若公司目前存在的关键问题是一旦控制权外流，就会导致公司的经营不稳定，从而影响公司长远的稳定发展，则可放弃上市计划。

(2) 上市公司的股利决策。股利决策包括股利政策和股利分派方式的抉择。股利政策既影响上市公司股票的吸引力，又影响公司的支付能力，因此，必须作出合理地选择。

(3) 股票上市方式的选择。股票上市的方式一般有公开发售、反向收购等，申请上市的公司需要根据股市行情、投资者和本公司的具体情况进行选择。其中公开发售是股票上市的最基本方式。

(4) 股票上市时机的选择。股票上市的最佳时机，是公司预计来年会取得良好业绩的时间。当然，还需考虑当时的股市行情是否适宜而定。

4. 股票上市的退市风险警示处理、暂停与终止

当上市公司出现经营情况恶化、存在重大违法违规行为或其他原因导致不符合上市条件时，就可能被退市风险警示处理、暂停或终止上市。

上市公司出现以下情形之一的，对其股票实施退市风险警示处理：①最近两个会计年度的审计结果显示的净利润为负值；②最近一个会计年度经审计的期末净资产为负值；③最近一个会计年度经审计的营业收入低于 1 000 万元；④注册会计师对最近一个会计年度的财产报告出具无法表示意见或否定意见的审计报告；⑤因财务会计报告存在重大会计差错或者虚假记载，被中国证监会责令改正但未在规定期限内改正，且公司股票已停牌两个月；⑥未在法定期限内披露年度报告或者中期报告，且公司股票已停牌两个月；⑦公司可能被解散；⑧法院依

法受理公司重整、和解或者破产清算申请；⑨因股权分布不具备上市条件，公司在规定的一个月内向本所提交解决股权分布问题的方案，并获得证券交易所同意。

上市公司出现以下情形之一的，由交易所暂停其上市：①公司股本总额、股权分布等发生变化不再具备上市条件；②公司不按规定公开其财务状况，或者对财务会计报告作虚假记载；③公司有重大违法行为；④公司最近三年连续亏损；⑤净资产连续两年为负；⑥营业收入连续两年低于1 000 万；⑦财务会计报告连续两年被会计师事务所出具否定意见或者无法表示意见等。

上市公司出现下列情形之一的，由交易所终止其股票上市：①未能在法定期限内披露其暂停上市后第一个半年度报告的；②在法定期限内披露了恢复上市后的第一个年度报告，但公司仍然出现亏损的；③未能在法定期限内披露恢复上市后的第一个年度报告的；④恢复上市申请未被受理的或者申请未被核准的；⑤净资产连续三年为负；⑥营业收入连续三年低于 1 000 万；⑦财务会计报告连续三年被会计师事务所出具否定意见或者无法表示意见；⑧因股票成交量、股票收盘价等不符合规定的标准等。

（五）股权再筹资

股权再筹资式包括向现有股东配股和增发新股筹资。配股是指向原普通股股东按其持股比例、以低于市价的某一特定价格配售一定数量新发行股票的筹资行为。增发新股指上市公司为了筹集权益资本再次发行股票的筹资行为，包括面向不特定对象的公开增发和面向特定对象的非公开增发，也称定向增发。其中，配股和公开增发属于公开发行，非公开增发属于非公开发行。

1. 股权再筹资的一般规定

（1）配股和公开增发股票。上市公司配股或公开增发股票除了要满足《公司法》和《证券法》规定的股份有限公司公开发行股票的基本条件外，还必须满足以下《上市公司证券发行管理办法》中的一般规定和其中一些具体条件：① 上市公司的组织机构健全、运行良好。② 上市公司的盈利具有持续盈利能力，如最近 3 年连续盈利。③ 财务状况良好，如最近 3 年及 1 期财务报表未被注册会计师出具保留意见、否定意见或无法发表意见的审计报告、最近 2 年以现金方式累计分配的利润不少于最近 3 年实现的年均可分配利润的 30%。④ 最近 36 个月财务会计文件无虚假记载、无其他重大违法行为。⑤ 募集资金的数额和使用符合证监会的相关规定。

（2）非公开增发。非公开发行股票的特定对象应当符合以下规定：① 特定对象符合股东大会决议规定的条件。② 发行对象不超过 10 名。

2. 配股

(1) 配股权。配股权是指当股份公司为增加公司资本而决定增加发行新的股票时,原普通股股东享有的按其持股比例、以低于市价的某一特定价格优先认购一定数量新发行股票的权利。配股权是普通股股东的优惠权,实际上是一种短期的看涨期权。配股权通常在某一股权登记日前颁发。在此之前购买的股东享有配股权,即此时股票的市场价格中含有配股权的价格。

(2) 配股价格。配股一般采用网上定价发行的方式。配股价格由主承销商和发行人协商确定。

(3) 配股条件。上市公司向原股东配股的,除了要符合公开发行股票的一般规定外,还应当符合下列规定:① 拟配售股份数量不超过本次配售股份前股本总额的 30%。② 控股股东应当在股东大会召开前公开承诺认股股份的数量。③ 采用证券法规定的代销方式发行。

(4) 除权价格。通常配股股权登记日后要对股票进行除权处理。除权后股票的理论除权基准价格为:

$$配股除权价格=\frac{配股前股票市值+配股价格\times配股数量}{配股前股数+配股数量}$$
$$=\frac{配股前每股价格+配股价格\times股份变动比例}{1+股份变动比例}$$

当所有股东都参与配股时,此时股份变动比例(即实际配售比例)等于拟配售比例。

3. 增发新股

公开增发与首次公开发行一样,没有特定的发行对象,股票市场上的投资者均可以认购。而非公开增发(也称定向增发)的对象主要针对机构投资者与大股东及关联方。

(1) 增发新股的特别规定。公开增发除满足上市公司公开发行的一般规定外,还应当符合以下规定:① 最近 3 个会计年度加权平均净资产收益率平均不低于 6%。② 除金融类企业外,最近一期期末不存在持有金额较大的交易性金融资产和可供出售的金融资产、借予他人款项、委托理则等财务性投资的情形。

相对于公开增发新股、配股而言,上市公司非公开增发新股的要求要低得多。非公开增发没有过多发行条件上的限制,一般只要发行对象符合要求,并且不存在一些严重损害投资者合法权益和社会公共利益的情形均可申请非公开发行股票。对于一些以往盈利记录未能满足公开融资条件,但又面临重大发展机遇的公司而言,非公开增发提供了一个关键性的筹资渠道。

(2) 增发新股的定价。上市公司公开增发新股的定价通常按照“发行价格应不低于公告招股意向书前20个交易日公司股票均价或前1个交易日的均价”的原则确定增发价格。相对于非公开增发，公开增发新股的发行价没有折价。

非公开发行股票的发行价格应不低于定价基准日前20个交易日公司股票均价的90%。定价基准日则可以是董事会决议公告，也可以是股东大会决议公告日或发行期的首日。对于以通过非公开发行进行重大资产重组或者引进长期战略投资为目的的，可以在董事会、股东大会阶段事先确定发行价格；对于以筹集现金为目的的发行，应当在取得发行核准批文后采取竞价方式定价。

(3)增发新股的程序。上市公司公开增发新股的程序包括：① 聘请保荐人(主承销商)。② 董事会就新股发行方案、募集资金使用的可行性报告、前次募集资金使用报告等事项作出决议，股东大会就发行证券事项作出决议。③ 编制和提交申请文件。④ 由保荐人进行内核、出具发行保荐书，对承销商备案材料进行合规性审核。⑤ 证监会受理申请文件、初审、发行审核委员会审核、核准发行。⑥ 发行股票。

非公开增发新股融资相对来说操作较简便，不需要履行刊登招股说明书、公开询价等程序。从而在操作时间上要比公开增发少得多，发生的筹资费用也较低。

(4) 增发新股的认购方式。公开增发新股的认购方式通常是现金认购。非公开增发新股的认购方式不限于现金，还包括权益、债权、无形资产、固定资产等非现金资产。

(六) 普通股筹资的优缺点

1. 普通股筹资的优点

(1) 没有固定的股息负担。公司有盈利，并认为适于分配股利才分派股利；公司盈利较少，或者虽有盈利但现金短缺或有更好的投资机会，也可以少支付或不支付股利。

(2) 没有固定到期日。利用普通股筹集的是永久性的资金，除非公司清算才需偿还。它对保证企业最低的资金需求有重要意义。

(3) 能增强公司的社会声誉。普通股筹资，股东的大众化，带来了公司广泛的社会影响。特别是上市公司，其股票的流通性强，有利于市场确认公司的价值。

(4) 促进股权流通和转让。普通股筹资以股票作为媒介，便于股权的流通和转让，便于吸收新的投资者。

(5) 筹资限制较少。利用优先股或债券筹资，通常有许多限制，这些限制往往会影响公司经营的灵活性，而利用普通股筹资则没有这种限制。

2. 普通股筹资的缺点

(1) 普通股的资本成本较高。首先，从投资者的角度讲，投资普通股风险较高，要求有较高的投资报酬率。其次，对于筹资公司来讲，普通股股利从净利润中支付，不像债券利息那样作为费用从税前支付，因而不具有抵税作用。此外，普通股发行费用一般也高于其他证券。

(2) 不易尽快形成生产能力。普通股筹资吸收的一般都是货币资金，还需要通过购置和建造形成生产经营能力。

(3) 公司控制权分散，公司容易被经理人控制。同时，流通性强的股票交易，也容易被恶意收购。

(4) 如果公司股票上市，需要履行严格的信息披露制度，接受公众股东的监督，会带来较大的信息披露成本，也增加了公司保守商业秘密的难度。

三、利用留存收益筹资

留存收益筹资是指企业将留存收益转化为投资的过程，将企业生产经营所实现的净收益留在企业，而不作为股利分配给股东，其实质为原股东对企业追加投资。

(一) 留存收益的筹资途径

(1) 提取盈余公积金。盈余公积金是指有指定用途的留存净利润。盈余公积金主要用于企业未来的经营发展，经投资者审议后也可以用于转增股本(实收资本)和弥补以前年度经营亏损。盈余公积金不得用于以后年度的对外利润分配。

(2) 未分配利润。未分配利润是指未限定用途的留存净利润。未分配利润有两层含义：第一，这部分净利润本年没有分配给公司的股东(投资者)；第二，这部分净利润未指定用途，可以用于企业未来经营发展、转增股本(实收资本)、弥补以前年度经营亏损、以后年度利润分配。

(二) 利用留存收益筹资的优缺点

1. 利用留存收益筹资的优点

(1) 不用发生筹资费用。与普通股筹资相比较，留存收益筹资不需要发生筹资费用，资本成本较低。

(2) 维持公司的控制权分布。利用留存收益筹资，不用对外发行新股或吸收新投资者，由此增加的权益资本不会改变公司的股权结构，不会稀释原有股东的控制权。

(3) 保持企业举债能力。留存收益实质上属于股东权益的一部分，可以作为企业对外举债的基础。先利用这部分资金筹资，减少了企业对外部资金的需求，当企业遇到收益率很高的项目时，再向外部筹资，而不会因企业的债务已达到较高的水平而难以筹到资金。

2. 利用留存收益筹资的缺点

(1) 筹资数额有限。留存收益筹资的最大数额是企业当期的净利润和以前年度未分配利润之和,不如外部筹资一次性可以筹集大量资金。如果企业发生亏损,当年没有利润留存。

(2) 与股利政策的权衡。如果留存收益过高,现金股利过少,则可能影响企业的形象,并给今后进一步的筹资增加困难。利用留存收益筹资须要考虑公司的股利政策,不能随意变动。

第四节 长期负债筹资

长期负债筹资形成企业的债务资金,是企业通过向银行借款、向社会发行公司债券、融资租赁等方式筹集和取得的资金。长期银行借款、发行债券和融资租赁是长期负债筹资的三种基本形式。

一、银行借款筹资

长期借款是指企业向银行或其他金融机构借入的期限在1年以上(不含1年)或超过1年的一个营业周期以上的各项借款。

(一) 银行借款的种类

1. 按提供贷款的机构,分为政策性银行贷款、商业银行贷款和其他金融机构贷款

政策性银行贷款是指执行国家政策性贷款业务的银行向企业发放的贷款,通常为长期贷款。如国家开发银行贷款,主要满足企业承建国家重点建设项目的资金需要;中国进出口信贷银行贷款,主要为大型设备的进出口提供的买方信贷或卖方信贷;中国农业发展银行贷款,主要用于确保国家对粮、棉、油等政策性收购资金的供应。

商业性银行贷款是指由各商业银行,如中国工商银行、中国建设银行、中国农业银行、中国银行等商业银行向工商企业提供的贷款,用于满足企业生产经营的资金需要,包括短期贷款和长期贷款。

其他金融机构贷款,如从信托投资公司取得实物或货币形式的信托投资贷款,从财务公司取得的各种中长期贷款,从保险公司取得的贷款等。其他金融机构的贷款一般较商业银行贷款的期限要长,要求的利率较高,对借款企业的信用要求和担保的选择比较严格。

2. 按机构对贷款有无担保要求,分为信用贷款和担保贷款

信用贷款是指以借款人的信誉或保证人的信用为依据而获得的贷款。企业取

得这种贷款，无需以财产作抵押。对于这种贷款，由于风险较高，银行通常要收取较高的利息，往往还附加一定的限制条件。

担保贷款是指由借款人或第三方依法提供担保而获得的贷款。担保包括保证责任、财产抵押、财产质押，担保贷款包括保证贷款、抵押贷款和质押贷款。

保证贷款是指按《担保法》规定的保证方式，以第三人作为保证人承诺在借款人不能偿还借款时，按约定承担一定保证责任或连带责任而取得的贷款。

抵押贷款是指按《担保法》规定的抵押方式，以借款人或第三人的财产作为抵押物而取得的贷款。抵押是指债务人或第三人不转移财产的占有，将该财产作为债权的担保，债务人不履行债务时，债权人有权将该财产折价或者以拍卖、变卖的价款优先受偿。作为贷款担保的抵押品，可以是不动产、机器设备、交通运输工具等实物资产，可以是依法有权处分的土地使用权，也可以是股票、债券等有价证券，它们必须是能够变现的资产。如果贷款到期，借款企业不能或不愿偿还贷款，银行可取消企业对抵押品的赎回权，并且抵押贷款有利于降低银行贷款的风险，提高贷款的安全性。

质押贷款是指按《担保法》规定的质押方式，以借款人或第三人的动产或财产权利作为质押物而取得的贷款。质押是指债务人或第三人将其动产或财产权利移交债权人占有，将该动产或财产权利作为债权的担保，债务人不履行债务时，债权人有权以该动产或者财产权利折价或者以拍卖、变卖的价款优先受偿。作为贷款担保的质押品，可以是汇票、支票、债券、存款单、提单等信用凭证，可以是依法转让的股份、股票等有价证券，也可以是依法转让的商标专用权、专利权、著作权中的财产权等。

3. 按企业取得贷款的用途，分为基本建设贷款、专项贷款和流动资金贷款

基本建设贷款是指企业因从事新建、改建、扩建等基本建设项目需要资金而向银行申请借入的款项。

专项贷款是指企业因为专门用途而向银行申请借入的款项，包括更新改造技改贷款、大修理贷款、研发和新产品研制贷款、小型技术措施贷款、出口专项贷款、引进技术转让费周转金贷款、进口设备外汇贷款，进口设备人民币贷款及国内配套设备贷款等。

流动资金贷款是指企业为满足流动资金的需求而向银行申请借入的款项，包括流动基金借款、生产周转借款、临时借款、结算借款和卖方信贷。

（二）长期借款的保护性条款

由于银行等金融机构提供的长期贷款金额高、期限长、风险大，因此，除借款合同的基本条款之外，债权人通常还在借款合同中附加各种保护性条款，以确保企业按要求使用借款和按时足额偿还借款。保护性条款一般有以下三类。

1. 例行性保护条款

这类条款作为例行常规，在大多数借款合同中都会出现，主要包括：① 要求定期向提供贷款的金融机构提交财务报表，以使债权人随时掌握公司的财务状况和经营成果。② 不准在正常情况下出售较多的非产成品存货，以保持企业正常生产经营能力。③ 如期清偿应缴纳税金和其他到期债务，以防被罚款而造成不必要的现金流失。④ 不准以资产作其他承诺的担保或抵押。⑤ 不准贴现应收票据或出售应收账款，以避免或有负债等。

2. 一般性保护条款

一般性保护条款是对企业资产的流动性及偿债能力等方面的要求条款，这类条款应用于大多数借款合同，主要包括：① 保持企业的资产流动性。要求企业需持有一定最低额度的货币资金及其他流动资产，以保持企业资产的流动性和偿债能力，一般规定了企业必须保持的最低营运资金数额和最低流动比率数值。② 限制企业非经营性支出。如限制支付现金股利、购入股票和职工加薪的数额规模，以减少企业资金的过度外流。③ 限制企业资本支出的规模。控制企业资产结构中的长期性资产的比例，以减少公司日后不得不变卖固定资产以偿还贷款的可能性。④ 限制公司再举债规模。目的是以防止其他债权人取得对公司资产的优先索偿权。⑤ 限制公司的长期投资。如规定公司不准投资于短期内不能收回资金的项目，不能未经银行等债权人同意而与其他公司合并等。

3. 特殊性保护条款

这类条款是针对某些特殊情况而出现在部分借款合同中的条款，只有在特殊情况下才能生效。主要包括：要求公司的主要领导人购买人身保险；借款的用途不得改变；违约惩罚条款等等。

上述各项条款结合使用，将有利于全面保护银行等债权人的权益。但借款合同是经双方充分协商后决定的，其最终结果取决于双方谈判能力的大小，而不是完全取决于银行等债权人的主观愿望。

（三）长期借款的利率

长期借款的利率通常会高于短期借款，但信誉好和抵押品流动性强的借款企业，仍然可以争取到较低的长期借款利率。长期借款利率有固定利率和浮动利率两种，浮动利率通常有最高和最低限，并在借款合同中明确。对于借款企业来讲，若预测市场利率将上升，应与银行签订固定利率合同；反之，则应签订浮动利率合同。

（四）长期借款的偿还方式

企业应按借款合同的规定按期付息还本。企业偿还长期借款的方式通常有三种。

(1) 到期日一次偿还。在这种方式下，还款集中，借款企业需于贷款到期日前做好准备，以保证全部清偿到期贷款。

(2) 定期偿还相等份额的本金。即在到期日之前定期(如每1年或2年)偿还相同的金额，至贷款到期日还清全部本金。

(3) 分批偿还，每批金额不等，便于企业灵活安排。

(五) 长期借款筹资的程序

(1) 提出申请。企业根据筹资需求向银行提出书面申请，按银行要求的条件和内容填报借款申请书。

(2) 银行审批。银行按照有关政策和贷款条件，对借款企业进行信用审查，依据审批权限，核准公司申请的借款金额和用款计划。银行审查的主要内容是公司的财务状况，具体包括：信用情况、盈利的稳定性、发展前景、借款投资项目的可行性、抵押品和担保情况。

(3) 签订合同。借款申请获批准后，银行与企业进一步协商贷款的具体条件，签订正式的借款合同，规定贷款的数额、利率、期限和一些约束性条款。

(4) 取得借款。借款合同签订后，企业在核定的贷款指标范围内，根据用款计划和实际需要，一次或分次将贷款转入公司的存款结算户，以便使用。

(六) 长期借款筹资的优缺点

1. 长期借款筹资的优点

(1) 筹资速度快。与发行债券、融资租赁等债务筹资方式相比，长期借款的程序相对简单，所花时间较短，公司可以迅速获得所需资金。

(2) 资本成本较低。利用长期借款筹资，比发行债券和融资租赁的利息负担要低。而且无需支付证券发行费用、租赁手续费用等筹资费用。

(3) 筹资弹性较大。在借款之前，公司根据当时的资本需求与银行等贷款机构直接商定贷款的时间、数量和条件。在借款期间，若公司的财务状况发生某些变化，也可与债权人再协商，变更借款数量、时间和条件，或提前偿还本息。长期借款到期后，如有正当理由还可延期归还。因此，长期借款筹资对公司具有较大的灵活性。

2. 长期借款筹资的缺点

(1) 限制条款多。与债券筹资相比较，银行借款合同对借款用途有明确规定，通过借款的保护性条款，对公司资本支出额度、再筹资、股利支付等行为有严格的约束，以后公司的生产经营活动和财务政策必将受到一定程度的影响。

(2) 财务风险较大。企业举借长期借款，必须定期还本付息。在经营不利的情况下，可能会产生不能偿付的风险，甚至会导致破产。

二、长期债券筹资

企业债券又称公司债券，是企业依照法定程序发行的、约定在一定期限内还本付息的有价证券。债券是持券人拥有公司债权的书面证书，它代表持券人同发债公司之间的债权债务关系。长期债券是指期限超过1年的公司债券，其发行目的通常是为建设大型项目筹集大笔长期资金。

（一）债券的特征

债券和股票都属于有价证券，对于发行公司来说都是一种筹资手段，而对于购买者来说都是投资手段。与股票相比，债券主要有以下特征：

(1) 债券是债务凭证，是对债权的证明；股票是所有权凭证，是对所有权的证明。债券持有人是债权人，股票持有人是所有者。债券持有者与发行公司只是一种借贷关系，而股票持有者则是公司经营的参与者。

(2) 债券的收入为利息，利息的多少一般与发行公司的经营状况无关，是固定的；股票的收入是股息，股息的多少是由公司的盈利水平决定的，一般是不固定的。如果公司经营不善，发生亏损或者破产，投资者就得不到任何股息，甚至连本金也保不住。

(3) 债券的投资风险较小，因为其利息收入基本是稳定的；股票的投资风险则较大。

(4) 债券是有期限的，到期必须还本付息；股票除非公司停业，一般不退还股本。

(5) 债券属于公司的债务，它在公司停业进行财产分配时受偿权优于股票。

（二）债券的分类

1. 按是否记名，分为记名债券和无记名债券

记名公司债券，应当在公司债券存根簿上载明债券持有人的姓名及住所、债券持有人取得债券的日期及债券的编号等债券持有人信息。记名公司债券，由债券持有人以背书方式或者法律、行政法规规定的其他方式转让；转让后由公司将受让人的姓名或者名称及住所记载于公司债券存根簿。

无记名公司债券，应当在公司债券存根簿上载明债券总额、利率、偿还期限和方式、发行日期及债券的编号。无记名公司债券的转让，由债券持有人将该债券交付给受让人后即发生转让的效力。

2. 按是否能够转换成公司股票，分为可转换债券与不可转换债券

可转换债券，债券持有者可以在规定的时间内按规定的价格转换为发债公司的股票。这种债券在发行时，对债券转换为股票的价格和比率等都作了详细规定。《公司法》规定，可转换债券的发行主体是股份有限公司中的上市公司。不可转换

债券是指不能转换为发债公司股票的债券，大多数公司债券属于这种类型。

3. 按有无特定财产担保，分为担保债券和信用债券

担保债券是指以抵押方式担保发行人按期还本付息的债券，主要是指抵押债券。抵押债券按其抵押品的不同，又分为不动产抵押债券、动产抵押债券和证券信托抵押债券。

信用债券是无担保债券，是仅凭公司自身的信用发行的、没有抵押品作抵押担保的债券。在公司清算时，信用债券的持有人因无特定的资产做担保品，只能作为一般债权人参与剩余财产的分配。

（三）债券的发行条件

在我国，根据《公司法》的规定，股份有限公司、国有独资公司和两个以上的国有公司或者两个以上的国有投资主体投资设立的有限责任公司，具有发行债券的资格。

根据《证券法》规定，公开发行公司债券，应当符合下列条件：① 股份有限公司的净资产不低于人民币 3 000 万元，有限责任公司的净资产不低于人民币 6 000 万元。② 累计债券余额不超过公司净资产的 40%。③ 最近 3 年平均可分配利润足以支付公司债券 1 年的利息。④ 筹集的资金投向符合国家产业政策。⑤ 债券的利率不超过国务院限定的利率水平。⑥ 国务院规定的其他条件。

公开发行公司债券筹集的资金，必须用于核准的用途，不得用于弥补亏损和非生产性支出。

根据《证券法》规定，公司申请公司债券上市交易，应当符合下列条件：① 公司债券的期限为 1 年以上。② 公司债券实际发行额不少于人民币 5 000 万元。③ 公司申请债券上市时仍符合法定的公司债券发行条件。

（四）债券的发行价格

债券的发行价格是债券发行时使用的价格，即投资者购买债券时所支付的价格。公司债券的发行价格通常有平价、溢价和折价三种。

平价是指以债券的票面金额为发行价格；溢价是指以高出债券票面金额的价格为发行价格；折价是指以低于债券票面金额的价格为发行价格。债券发行价格的形成受诸多因素的影响，其中主要是票面利率与市场利率的一致程度。债券的票面金额、票面利率在债券发行前即已按照市场利率和发行公司的具体情况确定下来，一并载明于债券之上。但在发行债券时已确定的票面利率不一定与当时的市场利率一致。为了协调债券购销双方在债券利息上的利益，就要调整发行价格：当票面利率高于市场利率时，以溢价发行债券；当票面利率低于市场利率时，以折价发行债券；当票面利率与市场利率一致时，以平价发行债券。

债券发行价格的计算公式为：

$$债券发行价格=\sum_{t=1}^{n}\frac{票面金额\times票面利率}{(1+市场利率)^t}+\frac{票面金额}{(1+市场利率)^n}$$

式中 n——债券期限；

t——付息期数。

债券发行价格的计算原理是将债券的全部现金流按照债券发行时的市场利率进行贴现并求和。债券的全部现金流包括债券持续期间各期的利息现金流与债券到期支付的面值现金流。

【例 5-4】 某公司发行面值为 100 元，票面年利率为 10%，期限为 10 年，每年年末付息的债券。在公司决定发行债券时，认为 10%的利率是合理的。如果到债券正式发行时，市场上的利率发生变化，那么就要调整债券的发行价格。现按三种情况分别讨论：

(1) 若市场利率为 10%，则可采用平价发行。

$$\begin{aligned}债券的发行价格 &= 100\times(P/F,10\%,10)+100\times10\%\times(P/A,10\%,10)\\&=100\times0.385\,5+10\times6.144\,6\approx100(元)\end{aligned}$$

(2) 若市场上的利率有较大幅度的上升，达到 12%，则应采用折价发行。

$$\begin{aligned}债券的发行价格 &= 100\times(P/F,12\%,10)+100\times10\%\times(P/A,12\%,10)\\&=100\times0.322+10\times5.650\,2\\&=88.70(元)\end{aligned}$$

也就是说，只有按 88.70 元的价格出售，投资者才会购买此债券，并获得 12%的报酬。

(3) 资金市场上的利率有较大幅度的下降，达到 8%，则应采用溢价发行。

$$\begin{aligned}债券的发行价格 &= 100\times(P/F,8\%,10)+100\times10\%\times(P/A,8\%,10)\\&=100\times0.463\,2+10\times6.710\,1\\&=113.42(元)\end{aligned}$$

也就是说，投资者按 113.42 元的价格购买该公司面值为 100 元的债券，便可获得 8%的报酬。

(五) 债券的偿还

债券偿还时间按其实际发生与规定的到期日之间的关系，分为提前偿还与到期偿还两类。

1. 提前偿还

提前偿还又称提前赎回或收回，是指在债券尚未到期之前就予以偿还。只有在公司发行债券的契约中明确规定了有关允许提前偿还的条款，公司才可以进行此项操作。提前偿还所支付的价格通常要高于债券的面值，并随到期日的临近而逐渐下降，具有提前偿还条款的债券可使公司筹资有较大的弹性。当公司资金有结余时，可提前赎回债券；当预测利率下降时，也可提前赎回债券，而后以较低的利率来发行新债券。

2. 到期偿还

到期偿还还包括分批偿还和一次偿还。

(1) 分批偿还。如果一个公司在发行同一种债券的当时就为不同编号或不同发行对象的债券规定了不同的到期日，这种债券就是分批偿还债券。因为各批债券的到期日不同，它们各自的发行价格和票面利率也可能不相同，从而导致发行费较高；但由于这种债券便于投资人挑选最合适的到期日，因而便于发行。

(2) 一次偿还。到期一次偿还的债券是最为常见的。

(六) 债券筹资的优缺点

1. 债券筹资的优点

(1) 一次筹资数额大。利用发行公司债券筹资，能够筹集大额资金，满足公司大规模筹资的需要。这是在银行借款、融资租赁等债务筹资方式中，企业选择发行公司债券筹资的主要原因，也能够适应大型公司经营规模的需要。

(2) 提高公司的社会声誉。公司债券的发行主体，有严格的资格限制。发行公司债券，往往是股份有限公司和有实力的有限责任公司所为。通过发行公司债券，一方面筹集了大量资金，另一方面也扩大了公司的社会影响。

(3) 具有长期性和稳定性的特点。债券的期限可以比较长，且投资者一般不能在债券到期之前向企业索取本金，因而债券筹资方式具有长期性和稳定性的特点。

(4) 有利于优化资源配置。由于债券是公开发行的，是否购买债券取决于市场上众多投资者自己的判断，并且投资者可以方便地交易并转让所持有的债券，有助于加速市场竞争，优化社会资金的资源配置效率。

2. 债券筹资的缺点

(1) 发行资格要求高，手续复杂。公司债券发行的对象是社会公众，因此国家为了保护投资者利益，维护社会经济秩序，对发债公司的资格有严格的限制。从申报、审批、承销，到取得资金，需要经过众多环节和较长时间。

(2) 资本成本较高。相对于长期借款筹资，发行债券的利息负担和筹资费用都比较高。而且债券不能像银行借款一样进行债务展期，加上大额的本金和较高的利息，在固定的到期日，将会对公司现金流量产生巨大的财务压力。

三、融资租赁

租赁是指通过签订资产出让合同的方式,使用资产的一方(承租方)通过支付租金,向出让资产的一方(出租方)取得资产使用权的一种交易行为。在这项交易中,承租方通过得到所需资产的使用权,完成了筹集资金的行为。

租赁分为融资租赁和经营租赁。经营租赁是由租赁公司向承租单位在短期内提供设备,并提供维修、保养、人员培训等的一种服务性业务,又称服务性租赁。融资租赁是由租赁公司按承租单位要求出资购买设备,在较长的合同期内提供给承租单位使用的融资信用业务,它是以融通资金为主要目的的租赁。这里主要介绍作为长期筹资方式之一的融资租赁。

(一)融资租赁的特点

融资租赁的主要特点是:① 出租的设备由承租企业提出要求购买或者由承租企业直接从制造商或销售商那里选定。② 租赁期较长,接近于资产的有效使用期,在租赁期间双方无权取消合同。③ 由承租企业负责设备的维修、保养。④ 租赁期满,按事先约定的方法处理设备,包括退还租赁公司、继续租赁,或企业留购。通常采用企业留购办法,即以很少的"名义价格"(相当于设备残值)买下设备。

(二)融资租赁的形式

1. 直接租赁

直接租赁是融资租赁的主要形式,承租方提出租赁申请时,出租方按照承租方的要求选购,然后再出租给承租方的融资租赁业务。

2. 售后回租

售后回租是指承租方由于急需资金等各种原因,将自己的资产售给出租方,然后以租赁的形式从出租方原封不动地租回资产的使用权的融资租赁业务。在这种租赁合同中,除资产所有者的名义改变外,其余情况均无变化。

3. 杠杆租赁

杠杆租赁是指涉及承租人、出租人和资金出借人三方的融资租赁业务。一般来说,当所涉及的资产价值昂贵时,出租方自己只投入部分资金,通常为资产价值的20%~40%,其余资金则通过将该资产抵押担保的方式向第三方(通常为银行)申请贷款解决。租赁公司然后将购进的设备出租给承租方,用收取的租金偿还贷款,该资产的所有权属于出租方。出租人既是债权人也是债务人,如果出租人到期不能按期偿还借款,资产所有权则转移给资金的出借者。

(三)融资租赁的程序

1. 选择租赁公司,提出委托申请

当企业决定采用融资租赁方式以获取某项设备时,需要了解各个租赁公司的资信情况、融资条件和租赁费率等，分析比较选定一家作为出租单位。然后，向租赁公司申请办理融资租赁。

2. 签订购货协议

由承租企业和租赁公司中的一方或双方，与选定的设备供应厂商进行购买设备的技术谈判和商务谈判，在此基础上与设备供应厂商签订购货协议。

3. 签订租赁合同

承租企业与租赁公司签订租赁设备的合同，如需要进口设备，还应办理设备进口手续。租赁合同是租赁业务的重要文件，具有法律效力。融资租赁合同的内容可分为一般条款和特殊条款两部分。

4. 交货验收

设备供应厂商将设备发运到指定地点，承租企业要办理验收手续。验收合格后签发交货及验收证书交给租赁公司，作为其支付货款的依据。

5. 定期交付租金

承租企业按租赁合同规定，分期缴纳租金，这也就是承租企业对所筹资金的分期还款。

6. 合同期满处理设备

融资租赁期满，承租企业根据合同约定，对设备续租、退租或留购。

（四）融资租赁租金的计算

1. 决定租金的因素

融资租赁每期租金的多少，取决于以下几项因素：① 设备价款及预计残值，包括设备买价、运输费、安装调试费、保险费等，以及指设备租赁期满后，出售可得的市价。② 利息是指租赁公司为承租企业购置设备垫付资金所支付的利息。③ 租赁手续费，是指租赁公司承办租赁设备所发生的业务费用和必要的利润。

2. 租金的支付方式

按支付间隔期长短，分为年付、半年付、季付和月付等方式。按在期初和期末支付，分为先付和后付。按每次支付额，分为等额支付和不等额支付。实务中，承租企业与租赁公司商定的租金支付方式，大多为等额年金。

3. 租金的计算

(1) 平均分摊法。平均分摊法没有考虑货币的时间价值，是先以商定的利息率和手续费率计算出租赁期间的利息和手续费，然后连同设备价款一起按支付次数平均。每次应支付租金的计算公式为：

$$A=\frac{(C-S)+I+F}{N}$$

式中 A—— 每次支付租金；

C—— 租赁设备价款；

S—— 租赁设备预计残值；

I—— 租赁期间利息；

F—— 租赁期间手续费；

N—— 租期。

【例 5-5】 某公司于 2010 年 1 月 1 日从租赁公司租入 1 套设备，价值 20 万元，租期 5 年，租赁期满时预计残值 2 万元，归租赁公司。年利率 8%，租赁手续费率每年 2%。租金每年年末支付一次，则：

$$A=\frac{(200\,000-20\,000)+[200\,000\times(1+8\%)^{5}-200\,000]+200\,000\times 2\%\times 5}{5}$$

$$=58\,772(\text{元})$$

(2) 等额年金法。等额年金法下，通常要根据利率和租赁手续费率确定一个租费率，作为折现率。按照年金支付的时间，我们可以分别计算后付租金和先付租金，计算公式为：

$$\text{后付租金}=\frac{\text{设备价款}-\text{预计残值}\times(P/F,i,n)}{(P/A,i,n)}$$

$$\text{先付租金}=\frac{\text{后付租金}}{i+1}$$

式中 n——支付租金期数；

i——租费率。

【例 5-6】 某公司于 2010 年 1 月 1 日从租赁公司租入一套设备，价值 50 万元，租期 5 年，租赁期满时预计残值 6 万元，归租赁公司。年利率 8%，租赁手续费率每年 2%。租金每年年末支付一次，则：

$$\text{后付租金}=\frac{500\,000-60\,000\times(P/F,10\%,5)}{(P/A,10\%,5)}=122\,063\,(\text{元})$$

(五) 融资租赁筹资的优缺点

1. 融资租赁筹资的优点

(1) 筹资速度快。融资租赁集“融资”与“融物”于一身，融资租赁使企业在资金短缺的情况下引进设备成为可能。特别是针对中小企业、新创企业而言，融资租赁是一条重要的融资途径。有时，大型企业对于大型设备、工具等固定资产，也需要融资租赁解决巨额资金的需要，如商业航空公司的飞机，大多是通过融资租赁取得的。

(2) 财务风险小。融资租赁与购买的一次性支出相比，能够避免一次性支付的负担，而且租金支出是未来的、分期的，企业无需一次筹集大量资金偿还。还款时，租金可以通过项目本身产生的收益来支付，是一种基于未来的“借鸡生蛋、卖蛋还钱”的筹资方式。

(3) 限制条件较少。企业运用股票、债券、长期借款等筹资方式，都受到相当多的资格条件的限制，如足够的抵押品、或银行贷款的信用标准、发行债券的政府管制等。相比之下，租赁筹资的限制条件很少。

(4) 能延长资金融通的期限。通常为设备而贷款的借款期限比该资产的物理寿命要短得多，而租赁的融资期限却可接近其全部使用寿命期限；并且其金额随设备价款金额而定，无融资额度的限制。

(5) 免遭设备陈旧过时的风险。随着科学技术的不断进步，设备陈旧过时的风险很高，而多数租赁协议规定此种风险由出租人承担，承租企业可免受这种风险。

2. 融资租赁筹资的缺点

(1) 资本成本高。其租金通常比举借银行借款或发行债券所负担的利息高得多，租金总额通常要高于设备价值的30%。尽管与借款方式比，融资租赁能够避免到期一次性集中偿还的财务压力，但高额的固定租金也给各期的经营带来了财务负担。

(2) 难于改良资产。承租企业未经出租人同意，不得擅自对租赁资产加以改良。

第五节　衍生工具筹资

一、认股权证筹资

(一) 认股权证的概念

认股权证全称为股票认购授权证，是一种由上市公司发行的证明文件，持有人有权在一定时间内以约定价格认购该公司发行的一定数量的股票。广义的认股权证，是一种持有人有权于某一特定期间或到期日，按约定的价格，认购或沽出一定数量的标的资产的期权。按买或卖的不同权利，权证可分为认购权证和认沽权证，又称为看涨权证和看跌权证。

(二) 认股权证的种类

1. 美式认股证与欧式认股证

美式认股证是指权证持有人在到期日期前，可以随时提出履约要求，买进约定数量的标的股票。欧式认股证是指权证持有人只能于到期日当天，才可以买进标的股票的履约要求。无论权证属于欧式或美式，投资者均可在到期日前在市场出售转让其持有的认股权，事实上，只有一部分权证持有人会选择行权，大部分投资者均会在到期前沽出权证。

权证本身是可以流通的。持有者是否转让沽出，与公司关系不大，应关注的是所有权证无论转手到谁手里，最终持有者是行权了还是放弃行权。

2. 长期认股权证与短期认股权证

短期认股权证的认股期限一般在 90 天以内。认股期限超过 90 天的，为长期认股权证。

（三）认股权证筹资的作用

1. 是一种筹资工具

认股权证能保证公司在规定的期限内完成股票发行计划，顺利实现筹资。

2. 有助于改善上市公司的治理结构

采用认股权证进行筹资，筹资是缓期分批实现的，上市公司及其大股东的利益和投资者是否在到期之前执行认股权证密切相关，因此，在认股权证有效期间，上市公司管理层及其大股东任何有损公司价值的行为，都可能降低上市公司的股价，从而降低投资者执行认股权证的可能性，这将损害上市公司管理层及其大股东的利益。因此，认股权证将优先约束上市公司的败德行为，并激励他们更加努力地提升上市公司的市场价值。

3. 有利于推进上市公司的股权激励机制

认股权证是常用的员工激励工具，通过给予管理者和重要员工一定的认股权证，可以把管理者和员工的利益与企业价值成长紧密联系在一起，建立一个管理者与员工通过提升企业价值来实现自身财富增值的利益驱动机制。

（四）认股权证筹资的优缺点

1. 认股权证筹资的优点

认股权证筹资的主要优点是可以降低相应债券的利率。认股权证的发行人主要是高速发展的小公司，这些公司有较高的风险，直接发行债券需要较高的票面利率。通过发行附有认股权证的债券，是以潜在的股权稀释为代价换取较低的利息。

2. 认股权证筹资的缺点

认股权证筹资的主要缺点是灵活性较小。附带认股权证的债券发行者，其主要目的是发行债券而不是股票，是为了发债而附带期权。认股权证的执行价格，一般比发行时的股价高出 20%～30%。如果将来公司发展良好，股票价格会大大超过执行价格，原有股东会蒙受较大损失。此外，附带认股权证债券的承销费用会高于债务筹资。

二、可转换债券筹资

（一）可转换债券的概念

可转换债券是一种混合型证券，是公司普通债券与证券期权的组合体。可转换债券的持有人在一定期限内，可以按照事先规定的价格或者转换比例，自由地选择是否转换为公司普通股。可转换债券的基本性质表现在以下几个方面。

1. 证券期权性

可转换债券给予了债券持有者未来的选择权，在事先约定的期限内，投资者可以选择将债券转换为普通股票，也可以放弃转换权利，持有至债券到期还本付息。由于可转换债券持有人具有在未来按一定的价格购买股票的权利，因此可转换债券实质上是一种未来的买入期权。

2. 资本转换性

可转换债券在正常持有期，属于债权性质；转换成股票后，属于股权性质。在债券的转换期间，持有人没有将其转换为股票，发行企业到期必须无条件地支付本金和利息。转换成股票后，债券持有人称为企业股权投资者。资本双重性的转换，取决于投资者是否行权。

3. 赎回与回售

可转换债券一般都会有赎回条款，发债公司在可转换债券转换前，可以按一定条件赎回债券。通常，当公司股票价格在一段时间内连续高于转股价格达到某一幅度，公司会按事先约定的价格买回未转换公司债券。同样，可转换债券一般也会有回售条款，当公司股票价格在一段时期内连续低于转股价格达到某一幅度，债券持有人可按事先约定的价格将所持债券回卖给发行公司。

（二）可转换债券的基本要素

可转换债券的基本要素是指构成可转换债券基本特征的必要因素，它们代表了可转换债券与一般债券的区别。

1. 标的股票

作为可转换债券转换期权的标的物，就是可转换成的公司股票。标的股票一般是发行公司自己的普通股票，也可以是其他公司的股票，如该公司的上市子公司的股票。

2. 票面利率

可转换债券的票面利率一般会低于普通债券的票面利率，有时甚至还低于同期银行存款利率。因为可转换债券的投资收益中除了债券的利息收益外，还附加了股票买入期权的收益部分。一个设计合理的可转换债券在大多数情况下，其股票买入期权的收益足以弥补债券利息收益的差额。我国《可转换公司债券管理办法暂行办法》规定，可转换公司债券的利率不超过银行同期存款利率水平，而普通公司债券利率一般都高于银行同期存款利率水平。

3. 转换价格

转换价格是指可转换债券在转换期间内据以转换为普通股的折算价格，即将可转换债券转换为普通股的每股普通股的价格，如每股25元，即是指可转换债券到期时，将债券金额按每股25元转换为相应股数的股票。由于可转换债券在未来可以行权转换成股票，在债券发售时，所确定的转换价格一般比发售日股票市场价格高出10%～30%。我国《可转换公司债券管理暂行办法》规定，上市公司发行可转换公司债券，以发行前1个月股票的平均价格为基准，上浮一定幅度作为转股价格。

4. 转换比率

转换比率是指每一份可转换债券在既定的转换价格下能转换为普通股股票的数量。在债券面值和转换价格确定的前提下，转换比率为债券面值与转换价格之商：

$$\text{转换比率} = \frac{\text{债券面值}}{\text{转换价格}}$$

5. 转换期

转换期是指可转换债券持有人能够行使转换权的有效期限。可转换债券的转换期可以与债券的期限相同，也可以短于债券的期限。转换期间的设定通常有4种情形：① 债券发行日至到期日。② 发行日至到期前。③ 发行后某日至到期日。④ 发行后某日至到期前。至于选择哪种，要看公司的资本使用状况、项目情况、投资者要求等。由于转换价格高于公司发债时股价，投资者一般不会在发行后立即行使转换权。

6. 赎回条款

赎回条款是指发债公司按事先约定的价格买回未转股债券的条件规定，赎回一般发生在公司股票价格在一段时期内连续高于转股价格达到某一幅度时。赎回条款通常包括：不可赎回期间与赎回期；赎回价格（一般高于可转换债券的面值）；赎回条件（分为无条件赎回和有条件赎回）等。

发债公司在赎回债券之前，要向债权持有人发出赎回通知，要求他们在将债券转股与卖回给发债公司之间作出选择。一般情况下，投资者大多会将债券转换为普通股。可见，设置赎回条款最主要的功能是强制债券持有者积极行使转股权，因此又被称为加速条款。同时也能使发债公司避免在市场利率下降后，继续向债券持有人支付较高的债券利率所蒙受的损失。

7. 回售条款

回售条款是指债券持有人有权按照事前约定的价格将债券卖回给发债公司的条件规定。回售一般发生在公司股票价格在一段时期内连续低于转股价格达到某一幅度时。回售对于投资者而言，实际上是一种卖权，有利于降低投资者的持券风险。与赎回一样，回售条款也有回售时间、回售价格和回售条件等规定。

8. 强制性转换调整条款

强制性转换调整条款是指在某些条件具备之后，债券持有人必须将可转换债券转换为股票，无权要求偿还债权本金的条件规定。可转换债券发行之后，其股票价格可能出现巨大波动。如果股价长期表现不佳，又未设计回售条款，投资者就不会转股。公司可设置强制性转换调整条款，保证可转换债券顺利地转换成股票，预防投资者到期集中挤兑引发公司破产的悲剧。强制性转换调整条款又称向下修正条款，即允许发行公司在约定时间内将转股价格向下修正为原转换价格的70%～80%。

（三）可转换债券筹资的优缺点

1. 可转换债券筹资的优点

(1) 筹资灵活。可转换债券是将传统的债务筹资功能和股票筹资功能结合起来，筹资性质和时间上具有灵活性。债券发行企业先以债务方式取得资金，到了债券转换期，如果股票市价较高，债券持有人将会按约定的价格转换为股票，避免了企业还本付息之负担。如果公司股票长期低迷，投资者不愿意将债券转换为股票，企业即时还本付息清偿债务，也能避免未来长期的股权资本成本负担。

(2) 资本成本较低。可转换债券的利率低于同一条件下普通债券的利率，降低了公司的筹资成本；此外，在可转换债券转换为普通股时，公司无需另外支付筹资费用，又节约了股票的筹资成本。

(3) 筹资效率高。可转换债券在发行时，规定的转换价格往往高于当时公司的股票价格。如果这些债券将来都转换成了股权，这相当于在债券发行之际，就以高于当时股票市价的价格新发行了股票，以较少的股份代价筹集了更多的股权资金。因此在公司发行新股时机不佳时，可以先发行可转换债券，以期将来变相发行普通股。

2. 可转换债券筹资的缺点

(1) 存在不转换的财务压力。如果在转换期内公司股价处于恶化性的低位，持券者到期不会转股，会造成公司的集中兑换债券本金的财务压力。

(2) 存在回售的财务压力。若可转换债券发行后，公司股价长期低迷，在设计有回售条款的情况下，投资者集中在一段时间内将债券回售给发行公司，加大了公司的财务支付压力。

(3) 股价大幅度上扬危险。如果债券转换时公司股票价格大幅度上扬,公司只能以较低的固定转换价格换出股票,便会降低公司的股权筹资额。

第六节　资本成本与资本结构

企业的筹资管理,不仅要合理选择筹资方式,而且还要科学安排资本结构。资本成本是资本结构优化的标准,不同性质的资本所具有的资本成本特性会带来不同的杠杆效应。企业的资本结构决策应当在杠杆利益与风险之间进行权衡。

一、资本成本

(一) 资本成本概述

1. 资本成本的含义

资本成本是指企业为筹集和使用资本而付出的代价,包括筹资费用和占用费用。资本成本是资本所有权与资本使用权分离的结果。对出资者而言,由于让渡了资本使用权,必须要求取得一定的补偿,资本成本表现为让渡资本使用权所带来的投资报酬。对筹资者而言,由于取得了资本使用权,必须支付一定代价,资本成本表现为取得资本使用权所付出的代价。

(1) 筹资费。筹资费是指企业在资本筹措过程中为获取资本而付出的代价,如向银行支付的借款手续费,因发行股票、公司债券而支付的发行费等。筹资费用通常在资本筹集时一次性发生,在资本使用过程中不再发生,因此,视为筹资总额的一项扣除。

(2) 占用费。占用费是指企业在资本使用过程中因占用资本而付出的代价,如向银行等债权人支付的利息,向股东支付的股利等。占用费用是因为占用了他人资金而必须支付的,是资本成本的主要内容。

资本成本可用绝对数表示,也可用相对数表示,但通常用相对数表示。因此,本书中的资本成本就是资本成本率。

2. 资本成本的作用

(1) 资本成本是比较筹资方式、选择筹资方案的依据。各种资本的资本成本,是比较、评价各种筹资方式的依据。在评价各种筹资方式时,一般会考虑的因素包括对企业控制权的影响、对投资者吸引力的大小、筹资的难易和风险、资本成本的高低等,而资本成本是其中的重要因素。在其他条件相同时,企业筹资应选择资本成本最低的方式。

(2) 平均资本成本是衡量资本结构是否合理的依据。企业财务管理目标是企业价值最大化,企业价值是企业资产带来的未来经济利益的现值。计算现值时采用的贴现率通常会选择企业的平均资本成本,当平均资本成本最低时,企业价值最大,此时的资本结构是企业理想的最佳资本结构。

(3) 资本成本是评价投资项目可行性的主要标准。资本成本是企业对投入资本所要求的报酬率,即最低必要报酬率。作为一个投资项目筹集资金,该项目必须取得超过资本成本的投资报酬率。任何投资项目,如果它预期的投资报酬率超过该项目使用资金的资本成本,则该项目在经济上就是可行的。因此,资本成本是企业用于确定项目要求达到的投资报酬率的最低标准。

(4) 资本成本是评价企业整体业绩的重要依据。一定时期内企业资本成本的高低,不仅反映企业筹资管理的水平,还可作为评价企业整体经营业绩的标准。企业的生产经营活动,实际上就是所筹集资本经过投放后形成的资产营运,企业的总资产报酬率应高于其平均资本成本,才能带来剩余收益。

3. 影响资本成本的因素

(1) 总体经济环境。总体经济环境和状态决定企业所处的国民经济发展状况和水平,以及预期的通货膨胀。总体经济环境变化的影响,反映在无风险报酬率上,如果国民经济保持健康、稳定、持续增长,整个社会经济的资金供给和需求相对均衡且通货膨胀水平低,资金所有者投资的风险小,预期报酬率低,筹资的资本成本相应就比较低。相反,如果国民经济不景气或者经济过热,通货膨胀持续居高不下,投资者投资风险大,预期报酬率高,筹资的企业资本成本就高。

(2) 资本市场条件。资本市场条件包括资本市场的效率和风险。如果资本市场缺乏效率,证券的市场流动性低,投资者投资风险大,要求的预期报酬率高,那么通过资本市场融通的资本,其资本成本就比较高。

(3) 企业经营状况和筹资状况。企业的经营风险和财务风险共同构成企业总体风险,如果企业经营风险高,财务风险大,则企业总体风险水平高,投资者要求的预期报酬率大,企业筹资的资本成本相应就大。

(4) 企业对筹资规模和时限的需求。在一定时期内,国民经济体系中资金供给总量是一定的,资金是一种稀缺资源。因此,企业一次性需要筹集的资金规模大、占用资金时限长,资本成本就高。当然,筹资规模、时限与资本成本的正向相关性并非线性关系,一般来说,筹资规模在一定限度内,并不引起资本成本的明显变化,当筹资规模突破一定限度时,才引起资本成本的明显变化。

4. 资本成本的分类

资本成本的概念包括两个方面:一方面,资本成本与公司的筹资活动有关,它是公司筹集和使用资金的成本,即筹资的成本;另一方面,资本成本与公司的投资活动有关，它是投资人要求的最低报酬率。这两个方面既有联系，又有区别，前者称为公司的资本成本，后者称为投资项目的资本成本。

（二）公司的资本成本

公司的资本成本是指组成公司资本结构的各种资金来源的成本的组合，也就是各种资本要素成本的加权平均数。

1. 个别资本成本

(1) 银行借款资本成本的计算。向银行借款付出的代价包括借款利息和借款手续费用，利息费用税前支付，可以起抵税作用。一般计算税后资本成本，以与权益资本成本具有可比性。银行借款的资本成本按一般模式（不考虑货币时间价值）计算为：

$$K_b = \frac{\text{年利率} \times (1 - \text{所得税率})}{1 - \text{手续费率}} \times 100\%$$

$$= \frac{i \cdot (1 - T)}{1 - f} \times 100\%$$

式中 K_b—— 银行借款资本成本；

i—— 银行借款年利率；

f—— 筹资费用率；

T—— 所得税率。

【例 5-7】 某公司取得 5 年期长期借款 150 万元，年利率 10%，每年付息一次，到期一次还本，借款费用率 0.2%，企业所得税税率 25%，该项借款的资本成本率为：

$$K_b = \frac{10\% \times (1 - 25\%)}{1 - 0.2\%} = 7.52\%$$

上述计算长期借款资本成本的方法比较简单，但缺点是没有考虑资金的时间价值，因而这种方法的计算结果不是十分精确。如果对资本成本计算结果的精确性要求较高，可以用贴现模式计算资本成本，公式为：

$$M \cdot (1 - f) = \sum_{t=1}^{n} \frac{I_t (1 - T)}{(1 + K_b)^t} + \frac{M}{(1 + K_b)^n}$$

式中 M—— 债务面值；

I_t—— 第 t 年的利息。

根据[例 5-7]资料，考虑时间价值，该项长期借款的资本成本计算过程如下：

$$150 \times (1 - 0.2\%) = 150 \times 10\% \times (1 - 25\%) \times (P/A, K_b, 5) + 150 \times (P/F, K_b, 5)$$

$$0.998 = 0.075 \times (P/A, K_b, 5) + (P/F, K_b, 5)$$

利用逐次测试法确定 K_b 的范围：

$$当\ K_b = 7\%\ 时,0.075 \times (P/A,K_b,5) + (P/F,K_b,5) = 1.021$$
$$当\ K_b = 8\%\ 时,0.075 \times (P/A,K_b,5) + (P/F,K_b,5) = 0.980$$

因此，K_b 在 7%和 8%之间，运用内插法：

$$\frac{K_b - 7\%}{8\% - 7\%} = \frac{0.998 - 1.021}{0.980 - 1.021}$$

$$得：K_b = 7.56\%$$

（2）公司债券资本成本的计算。发行公司债券付出的代价包括债券利息和债券发行费用。债券可以溢价发行，也可以折价发行，其资本成本计算一般模式为：

$$K_b = \frac{年利息 \times (1 - 所得税率)}{债券筹资总额 \times (1 - 手续费率)} \times 100\%$$
$$= \frac{I \cdot (1 - T)}{L \cdot (1 - f)} \times 100\%$$

式中 L—— 公司债券筹资总额；

I—— 公司债券年利息。

【例 5-8】 某公司以 110 元的价格，溢价发行面值为 100 元、期限 5 年、票面利率为 7%的公司债券一批。每年付息一次，到期一次还本，发行费用率 3%，所得税税率 25%，若按一般模式计算，该批债券的资本成本为：

$$K_b = \frac{100 \times 7\% \times (1 - 25\%)}{110 \times (1 - 3\%)} = 4.92\%$$

如果考虑时间价值，该批公司债券的资本成本计算为：

$$110 \times (1 - 3\%) = 100 \times 7\% \times (1 - 25\%) \times (P/A,K_b,5) + 100 \times (P/F,K_b,5)$$

利用逐次测试法和内插法计算，得：$K_b = 3.76\%$

（3）融资租赁资本成本的计算。融资租赁各期的租金中，包含有本金每期的偿还和各期手续费用（即租赁公司的各期利润），其资本成本只能按贴现模式计算。

【例 5-9】 某公司于 2010 年 1 月 1 日从租赁公司租入一套设备，价值 50 万元，租期 5 年，租赁期满时预计残值 6 万元，归租赁公司。每年年末支付租金 122 063元，则融资租赁资本成本为：

$$500\,000 - 60\,000 \times (P/F,K_b,5) = 122\,063 \times (P/A,K_b,5)$$

利用逐次测试法计算，得：$K_b = 10\%$

（4）普通股资本成本的计算。普通股筹资付出的代价主要是向股东支付的各期股利和股票发行费用。由于各期股利并不一定固定，随企业各期收益波动，因此普通股资本成本的计算有如下两种方法。

第一，股利折现模型。股利折现模型的基本形式为：

$$P_c = \sum_{t=1}^{\infty} \frac{D_t}{(1+K_c)^t}$$

式中 P_c—— 普通股融资净额，即发行价格扣除发行费用；

D_t—— 普通股第 t 年的股利；

K_c—— 普通股股权投资必要报酬率，即普通股资本成本。

运用上列模型测算普通股资本成本，因具体的股利政策而有所不同。

假定资本市场有效，股票市场价格与价值相等。如果公司采用固定股利政策，即每年分得现金股利 D 元，则资本成本可按下式测算：

$$K_c = \frac{D}{P_c}$$

【例 5-10】 某公司拟发行一批普通股，发行价格 13 元，每股发行费用 3 元，预订每年分派现金股利 1.3 元/股。其资本成本测算为：

$$K_c = \frac{1.3}{13-3} = 13\%$$

假定某股票本期支付的股利为 D_0，未来各期股利按 g 速度增长，则普通股资本成本为：

$$K_c = \frac{D_0 \times (1+g)}{P_c} + g = \frac{D_1}{P_c} + g$$

【例 5-11】 某公司普通股市价 30 元，筹资费用率 2%，本年发放现金股利每股 0.6 元，预期股利年增长率为 8%。则：

$$K_c = \frac{0.6 \times (1+8\%)}{30 \times (1-2\%)} + 8\% = 10.2\%$$

第二，资本资产定价模型法。假定资本市场有效，股票市场价格与价值相等。资本资产定价模型的含义可以简单地描述为：普通股投资的必要报酬率等于无风险报酬率加上风险报酬率。普通股资本成本计算公式为：

$$K_c = R_f + \beta \cdot (R_m - R_f)$$

式中 R_f—— 无风险报酬率；

R_m—— 市场平均报酬率；

β—— 某股票贝塔系数。

【例 5-12】 某公司普通股β系数为 1.5，此时 1 年期国债利率 6%，市场平均报酬率 16%，则该普通股资本成本为：

$$K_c = 6\% + 1.5 \times (16\% - 6\%) = 21\%$$

(5) 优先股资本成本的计算。优先股的股利通常是固定的，公司利用优先股筹资需花费发行费用，因此，优先股资本成本的计算类似于普通股，则：

$$K_p = \frac{D_p}{P_p}$$

式中　P_p—— 优先股融资净额，即发行价格扣除发行费用；

D_p—— 优先股每年股利；

K_p—— 优先股资本成本。

【例 5-13】 某公司准备发行一批优先股，每股发行价格为 5 元，发行费用为 0.2 元/股，预计年股利为 0.48 元/股。其资本成本为：

$$K_p = \frac{0.48}{5-0.2} = 10\ \%$$

(6) 留存收益资本成本的计算。企业利用留存收益筹资无需支付实际股利，无需发生实际筹资费用。如果企业将留存收益用于再投资，所获得的收益率低于股东自己进行一项风险相似的投资项目的收益率，企业就应该将其分配给股东。留存收益的资本成本，表现为股东追加投资要求的报酬率，其计算与普通股成本相同，也分为股利折现模型法和资本资产定价模型法，不同点在于不考虑筹资费用。

2. 公司资本成本(加权资本成本)的计算

公司资本成本是指多元化筹资方式下的加权资本成本，反映了企业资本成本整体水平的高低。其计算公式为：

$$K_w = \sum_{j=1}^{n} (K_j W_j)$$

式中　K_w—— 公司资本成本；

K_j—— 第 j 种个别资本成本；

W_j—— 第 j 个别资本在全部资本中的比重。

公司资本成本的计算，存在着权数价值的选择问题，即各项个别资本按什么权数来确定资本比重。通常，可供选择的价值形式有账面价值、市场价值、目标价值等。

(1) 账面价值权数。即以各项个别资本的会计报表账面价值为基础来计算资本权数，确定各类资本占总资本的比重。

【例 5-14】 某公司 20×6 年期末长期资本账面价值总额为 1 000 万元，其中：长期银行贷款 400 万元，占 40%；长期债券 150 万元，占 15%；普通股 450 万元(共 200 万股，每股面值 1 元)，占 45%。个别资本成本分别为：5%、6%、9%。则该公司资本成本为：

$$K_W = 5\% \times 40\% + 6\% \times 15\% + 9\% \times 45\% = 6.95\%$$

这种方法确定权数的优点是：资料容易取得，可以直接从资产负债表中得到，而且计算结果比较稳定。缺点是：当债券和股票的市价与账面价值差距较大时，导致按账面价值计算出来的资本成本，不能反映目前从资本市场上筹集资本的现时机会成本，不适用评价现时的资本结构。

(2) 市场价值权数。即以各项个别资本的现行市价为基础来计算资本权数，确定各类资本占总资本的比重。

【例 5-15】 沿用[例 5-14]，假设普通股每股市价 8 元，则该公司按市场价值权数计算的资本成本为：

$$K_W = \frac{5\% \times 400 + 6\% \times 150 + 9\% \times 1\,600}{400 + 150 + 1\,600} = \frac{173}{2\,150} = 8.05\%$$

这种方法确定权数的优点是：能够反映现时的资本成本水平，有利于进行资本结构决策。缺点是：现行市价处于经常变动之中，不容易取得；而且现行市价反映的只是现时的资本结构，不适用未来的筹资决策。

(3) 目标价值权数。即以各项个别资本预计的未来价值为基础来确定资本权数，确定各类资本占总资本的比重。目标价值是目标资本结构要求下的产物，是公司筹措和使用资金对资本结构的一种要求。对于公司筹措新资金，需要反映期望的资本结构来说，目标价值是有益的，适用于未来的筹资决策，但目标价值的确定难免具有主观性。

以目标价值为基础计算资本权重，能体现决策的相关性。目标价值权数的确定，可以选择未来的市场价值，也可以选择未来的账面价值。选择未来的市场价值，与资本市场现状联系比较紧密，能够与现时的资本市场环境状况结合起来，目标价值权数的确定，一般以现时市场价值为依据。但市场价值波动频繁，可行方案是选用市场价值的历史平均值，如 30 日、60 日、120 日均价等。总之，目标价值权数是主观愿望和预期的表现，依赖于财务经理的价值判断和职业经验。

3. 边际资本成本的计算

边际资本成本是公司追加筹资的成本。公司的个别资本成本和平均资本成本，是公司过去筹集的单项资本的成本或目前使用全部资本的成本。然而，公司在追加筹资时，不能仅仅考虑目前所使用资本的成本，还要考虑新筹集资金的成本，即边际资本成本，边际资本成本是企业进行追加筹资的决策依据。筹资方案组合时，边际资本成本的权数采用目标价值权数。

【例 5-16】 某公司设定的目标资本结构为：银行借款 20%、公司债券 15%、普通股 65%。现拟追加筹资 300 万元，按此资本结构来筹资。个别资本成本预计分别为：银行借款 7%，公司债券 12%，普通股权益 15%。追加筹资 300 万元的边际资本成本为：

$$K_W = 20\% \times 7\% + 15\% \times 12\% + 65\% \times 15\% = 12.95\%$$

（三）项目的资本成本

投资项目的资本成本是指项目本身所需投资资本的机会成本。

如果公司新的投资项目的风险与企业现有资产平均风险相同，则项目资本成本等于公司资本成本；如果新的投资项目的风险高于企业现有资产的平均风险，则项目资本成本高于公司资本成本；如果新的投资项目的风险低于企业现有资产的平均风险，则项目资本成本低于公司的资本成本。因此，每个项目都有自己的资本成本，它是项目风险的函数。

1. 使用公司资本成本为项目资本成本的条件

使用公司资本成本作为项目的资本成本，应具备两个条件：一是项目的风险与企业当前资产的平均风险相同；二是公司继续采用相同的资本结构为新项目筹资。

2. 项目资本成本的计算

如果新项目的风险与现有资产的平均风险显著不同，就不能使用公司当前的平均资本成本，而应当估计项目的系统风险，并计算项目的资本成本，即投资人对于项目要求的必要报酬率。

项目系统风险的估计，比企业系统风险的估计更为困难。股票市场提供了股价，为计算企业的 β 值提供了数据。项目没有充分的交易市场，没有可靠的市场数据时，解决问题的方法是使用可比公司法。

可比公司法是寻找一个经营业务与待评估项目类似的上市公司，以该上市公司的 β 值作为被评估项目的 β 值。

运用可比公司法，应该注意可比公司的资本结构已反映在其 β 值中。如果可比公司的资本结构与项目所在公司显著不同，那么在估计项目的 β 值时，应针对资本结构差异作出相应调整。

调整的基本步骤如下：

(1) 卸载可比公司财务杠杆。根据 B 公司股东收益波动性估计的 β 值，是含有财务杠杆的β值。B公司的资本结构与A公司不同，要将资本结构因素排除，确定B公司不含财务杠杆的β值。该过程通常称为"卸载财务杠杆"。卸载使用的公式为：

$$\beta_{资产}=\frac{\beta_{权益}}{1+(1-所得税税率)\times(负债\div权益)}$$

$\beta_{资产}$是假设全部用权益资本筹资的β值，此时没有财务风险。或者说，此时股东权益的风险与资产的风险相同，股东只承担经营风险即资产的风险。

(2) 加载目标企业财务杠杆。根据目标企业的资本结构调整β值，该过程称为"加载财务杠杆"。加载使用的公式为：

$$\beta_{权益}=\beta_{资产}\times[1+(1-所得税税率)\times(负债\div权益)]$$

(3) 根据得出的目标企业的$\beta_{权益}$计算股东要求的报酬率。此时的$\beta_{权益}$既包含了项目的经营风险，也包含了目标企业的财务风险，可据以计算权益成本：

$$股东要求的报酬率=权益成本=无风险利率+\beta_{权益}\times风险溢价$$

(4) 计算目标企业项目的平均资本成本，其计算公式为：

$$加权平均资本成本=负债税前成本\times(1-所得税税率)\times(负债\div资本)+权益资本\times(权益\div资本)$$

【例5-17】 A公司拟开始进入飞机制造业，A公司目前的资本结构(负债/权益)为2/3，进入飞机制造业后仍维持该目标结构。在该目标资本结构下，债务税前成本为6%。飞机制造业的代表企业是B公司，其资本结构(负债/权益)为7/10，权益的β值为1.2。已知无风险利率为5%，市场风险溢价为8%，两个公司的所得税税率均为25%。

第一步，将B公司的$\beta_{权益}$转化为无负债的$\beta_{资产}$。

$$\beta_{资产}=\frac{1.2}{1+(1-25\%)\times(7\div10)}=0.79$$

第二步，将无负债的β值转换为A公司含有负债的股东权益β值。

$$\beta_{权益}=0.79\times[1+(1-25\%)\times(2\div3)]=1.19$$

第三步，根据$\beta_{权益}$计算A公司的权益成本。

$$权益成本=5\%+1.19\times8\%=5\%+9.52\%=14.52\%$$

第四步，计算加权平均资本成本。

$$
\begin{aligned}
\text{加权平均资本成本} &= 6\% \times (1-25\%) \times (2 \div 5) + 14.52\% \times (3 \div 5) \\
&= 1.80\% + 8.71\% \\
&= 10.51\%
\end{aligned}
$$

二、杠杆原理

（一）经营杠杆与经营风险

1. 经营杠杆

经营杠杆是指由于固定性经营成本的存在，而使得企业的资产报酬（息税前利润）变动率大于业务量变动率的现象。经营杠杆反映了资产报酬的波动性，用于评价企业的经营风险。用息税前利润（*EBIT*）表示资产总报酬，则：

$$EBIT = S - V - F = (P - V_c) \cdot Q - F = M - F$$

式中　*EBIT*——息税前利润；

S——销售额；

V——变动性经营成本；

F——固定性经营成本；

Q——产销业务量；

P——销售单价；

V_c——单位变动成本；

M——边际贡献。

上式中，影响 *EBIT* 的因素包括产品售价、产品需求、产品成本等因素。当产品成本中存在固定成本时，如果其他条件不变，产销业务量的增加虽然不会改变固定成本总额，但会降低单位产品分摊的固定成本，从而提高单位产品利润，使息税前利润的增长率大于产销业务量的增长率，进而产生经营杠杆效应。当不存在固定性经营成本时，所有成本都是变动性经营成本，边际贡献等于息税前利润，此时息税前利润变动率与产销业务量的变动率完全一致。

2. 经营杠杆系数

只要企业存在固定性经营成本，就存在经营杠杆效应。在不同产销业务量基础上，其经营杠杆效应的大小程度是不一致的。测算经营杠杆效应程度，常用指标为经营杠杆系数。经营杠杆系数（*DOL*）是息税前利润变动率与产销业务量变动率的倍数。其计算公式为：

$$DOL = \frac{\text{息税前利润变动率}}{\text{产销量变动率}} = \frac{\dfrac{\Delta EBIT}{EBIT}}{\dfrac{\Delta Q}{Q}}$$

式中 DOL—— 经营杠杆系数；

$\Delta EBIT$—— 息税前利润变动额；

ΔQ—— 产销业务量变动值。

经营杠杆系数的计算也可以简化为：

$$DOL=\frac{\text{基期边际贡献}}{\text{基期息税前利润}}=\frac{M}{M-F}=\frac{EBIT+F}{EBIT}$$

【例 5-18】 某公司的变动成本率为 70%。年销售额 500 万元时，变动成本总额为 350 万元，固定成本总额为 50 万元，息前税前利润 100 万元；年销售额 700 万元时，变动成本总额为 490 万元，固定成本总额仍为 50 万元，息前税前利润为 160 万元。可以看出，该公司产销量增长为 40%，息前税前利润增长了 60%，产生了 1.5倍的经营杠杆效应。

$$DOL=\frac{\frac{\Delta EBIT}{EBIT}}{\frac{\Delta Q}{Q}}=\frac{\frac{60}{100}}{\frac{200}{500}}=1.5$$

$$DOL=\frac{M}{EBIT}=\frac{500-350}{100}=1.5$$

3. 经营杠杆与经营风险

经营风险是指企业生产经营上的原因而导致的资产报酬波动的风险。引起企业经营风险的主要原因是市场需求和生产成本等因素的不确定性，经营杠杆本身并不是资产报酬不确定的根源，而是资产报酬波动的表现。但是，经营杠杆放大了市场和生产等因素变化对利润波动的影响。经营杠杆系数越高，表明资产报酬波动程度越大，经营风险也就越大。根据经营杠杆系数的计算公式：

$$DOL=\frac{EBIT+F}{EBIT}=1+\frac{\text{固定成本}}{\text{息税前利润}}$$

上式表明，在企业不发生经营性亏损、息税前利润为正的前提下，经营杠杆系数最低为 1，不会为负数；只要有固定性经营成本存在，经营杠杆系数总是大于 1。

从上式可知，影响经营杠杆的因素包括企业成本结构中的固定成本比重和息税前利润水平。其中，息税前利润水平又受产品销售数量、销售价格、成本水平（单位变动成本和固定成本总额）高低的影响。固定成本比重越高，成本水平越高，产品销售数量和销售价格水平越低，经营杠杆效应越大；反之，亦然。

【例 5-19】 某公司的固定成本总额为 400 万元，变动成本率为 60%，当销售额分别为 4 000 万元、2 000 万元和 1 000 万元时，经营杠杆系数分别为：

$$DOL_{4\,000}=\frac{4\,000-4\,000\times60\%}{4\,000-4\,000\times60\%-400}=1.33$$

$$DOL_{2\,000}=\frac{2\,000-2\,000\times60\%}{2\,000-2\,000\times60\%-400}=2$$

$$DOL_{1\,000}=\frac{1\,000-1\,000\times60\%}{1\,000-1\,000\times60\%-400}\rightarrow\infty$$

上例计算结果表明：在其他因素不变的情况下，销售额越小，经营杠杆系数越大，经营风险也就越大；反之，亦然。如销售额为 4 000 万元，DOL 为 1.33，销售额为 2 000 万元，DOL 为 2，显然后者的不稳定性大于前者，经营风险也大于前者。在销售额处于盈亏临界点 1 000 万元时，经营杠杆系数趋于无穷大，此时企业销售额稍有减少便会导致更大的亏损。

（二）财务杠杆与财务风险

1. 财务杠杆

财务杠杆是指由于固定性资本成本的存在，而使得企业的普通股收益（或每股收益）变动率大于息税前利润变动率的现象。财务杠杆反映了股权资本报酬的波动性，用以评价企业的财务风险。假设不考虑优先股，用普通股盈余或每股盈余表示普通股权益资本报酬，则：

$$TE=(EBIT-I)\cdot(I-T)$$

$$EPS=\frac{(EBIT-I)\cdot(I-T)}{N}$$

式中　TE—— 普通股盈余；

EPS—— 每股盈余；

I—— 债务资本利息；

T—— 所得税率；

N—— 普通股股数。

上式中，影响普通股收益的因素包括资产报酬、资本成本、所得税率等因素。当有固定利息费用等资本成本存在时，如果其他条件不变，息税前利润的增加虽然不改变固定利息费用总额，但会降低每 1 元息税前利润分摊的利息费用，从而提高每股盈余，使得普通股盈余的增长率大于息税前利润的增长率，进而产生财务杠杆效应。当不存在固定利息等资本成本时，息税前利润就是利润总额，此时，利润总额变动率与息税前利润变动率完全一致。如果两期所得税税率和普通股股数保持不变，每股盈余的变动率与利润总额变动率也完全一致，进而与息税前利润变动率一致。

2. 财务杠杆系数

只要企业融资方式中存在固定性资本成本，就存在财务杠杆效应。例如，固定利息、固定融资租赁费、固定优先股股利等的存在，都会产生财务杠杆效应。在同一固定的资本成本支付上，不同的息税前利润水平，对固定的资本成本的承受负担是不一样的，其财务杠杆效应的大小程度是不一致的。测算财务杠杆效应程度，常用指标为财务杠杆系数(DFL)。财务杠杆系数是每股收益变动率与息税前利润变动率的倍数。其计算公式为：

$$DFL=\frac{\frac{\Delta EPS}{EPS}}{\frac{\Delta EBIT}{EBIT}}=\frac{\text{每股收益变动率}}{\text{息税前利润变动率}}$$

上式经整理，财务杠杆系数的计算也可以简化为：

$$DFL=\frac{\text{基期 }EBIT}{\text{基期利润总额}}=\frac{EBIT}{EBIT-I}$$

【例 5-20】 有 A、B、C 三个公司，资本总额均为 100 万元，所得税税率均为 25%，每股面值均为 1 元。A 公司资本全部由普通股组成；B 公司债务资本 30 万元(利率 10%)，普通股 70 万元；C 公司债务资本 50 万元(利率 10%)，普通股 50 万元。三个公司 2009 年 $EBIT$ 均为 20 万元，2010 年 $EBIT$ 均为 30 万元，$EBIT$ 增长了 50%。则有关财务指标如表 5-6 所示。

表 5-6 每股收益及财务杠杆的计算

单位：万元

项目		A 公司	B 公司	C 公司
普通股股数		100 万股	70 万股	50 万股
利润总额	2009 年	20	17	15
	2010 年	30	27	25
	增长率	50%	58.82%	66.67%
净利润	2009 年	15	12.75	11.25
	2010 年	22.5	20.25	18.75
	增长率	50%	58.82%	66.67%
每股收益	2009 年	0.15 元	0.182 元	0.225 元
	2010 年	0.225 元	0.289 元	0.375 元
	增长率	50%	58.82%	66.67%
财务杠杆系数		1.000	1.18	1.33

可见，债务资本所占比重越高，财务杠杆系数就越大。A 公司由于不存在固定资本成本，没有财务杠杆效应；B 公司存在债务资本，其普通股收益增长幅度是息税前利润增长幅度的 1.18 倍；C 公司存在债务资本，且比 B 公司的债务资本多，其

普通股收益增长幅度是息税前利润增长幅度的 1.33 倍。

3. 财务杠杆与财务风险

财务风险是指企业由于筹资原因产生的资本成本负担而导致的普通股收益波动的风险。引起企业财务风险的主要原因是资产报酬的不利变化和资本成本的固定负担。由于财务杠杆的作用，当企业的息税前利润下降时，企业仍然需要支付固定的资本成本，导致普通股收益以更快的速度下降。财务杠杆放大了资产报酬变化对普通股收益的影响，财务杠杆系数越高，表明普通股收益的波动程度越大，财务风险也就越大。根据财务杠杆系数的计算公式：

$$DFL=\frac{EBIT}{EBIT-I}=1+\frac{I}{EBIT-I}$$

上式表明，在企业有正的普通股收益的前提下，财务杠杆系数最低为 1，不会为负数；只要有固定性资本成本存在，财务杠杆系数总是大于 1。

从上式可知，影响财务杠杆的因素包括企业资本结构中债务资本比重和普通股收益水平。债务成本比重越高，固定的资本成本支付额越高，息税前利润水平越低，财务杠杆效应越大；反之，亦然。

【例 5-21】 在[例 5-20]中，三个公司 2010 年的财务杠杆系数分别为：A 公司 1；B 公司 1.18；C 公司 1.33。这意味着，如果 *EBIT* 下降时，A 公司的 *EPS* 与之同步下降，而 B 公司和 C 公司 *EPS* 会以更大的幅度下降。导致各公司 *EPS* 不为负数的 *EBIT* 最大降幅如表 5-7 所示。

表 5-7　导致各公司 *EPS* 不为负数 *EBIT* 最大降幅

公司	*DFL*	*EPS* 降低(%)	*EBIT* 降低(%)
A	1	100	100
B	1.18	100	84.75
C	1.33	100	75.19

上述结果意味着，2010 年在 2009 年的基础上，EBIT 降低 75.19%，C 公司普通股收益会导致亏损；*EBIT* 降低 84.75%，B 公司普通股收益会导致亏损；*EBIT* 降低 100%，A 公司普通股收益会导致亏损。显然，C 公司不能支付利息，不能满足普通股股利要求的财务风险远高于其他公司。

（三）总杠杆与总风险

1. 总杠杆

经营杠杆和财务杠杆可以独自发挥作用，也可以综合发挥作用，总杠杆是用来反映两者之间共同作用结果的，即普通股收益与产销业务量之间的变动关系。由于固定性经营成本的存在，产生经营杠杆效应，导致产销业务量变动对息税前利润变动有放大作用；同样，由于固定性资本成本的存在，产生财务杠杆效应，导致息税前利润变动对普通股每股收益有放大作用。两种杠杆共同作用，将导致产销业务量稍有变动引起普通股每股收益更大的变动。

总杠杆是指由于固定经营成本和固定资本成本的存在，导致普通股每股收益变动率大于产销业务量的变动率的现象。

2. 总杠杆系数

只要企业同时存在固定性经营成本和固定性资本成本，就存在总杠杆效应。产销量变动通过息税前利润的变动，传导至普通股收益，使得每股收益发生更大的变动。用总杠杆系数（DTL）表示总杠杆效应程度，可见，总杠杆系数是经营杠杆系数和财务杠杆系数的乘积，是普通股收益变动率与产销量变动率的倍数。其计算公式为：

$$DTL = \frac{\text{普通股收益变动率}}{\text{产销量变动率}} = \frac{\frac{\Delta EPS}{EPS}}{\frac{\Delta Q}{Q}}$$

总杠杆系数的计算也可以简化为：

$$DTL = DOL \times DFL = \frac{\text{基期}M}{\text{基期利润总额}}$$

$$= \frac{M}{EBIT - I} = \frac{EBIT + F}{EBIT - I}$$

【例 5-22】 某公司 2009 年产品销售量为 1 000 件，单位产品售价为 100 元，单位产品变动成本为 60 元，固定成本总额为 35 000 元，利息费用为 3 000 元。如果 2010 年销售量增加 1%，普通股每股收益将怎样变动？

$$DOL = \frac{M}{EBIT} = \frac{1\,000 \times (100 - 60)}{1\,000 \times (100 - 60) - 35\,000} = 8$$

$$DFL = \frac{EBIT}{EBIT - I} = \frac{1\,000 \times (100 - 60) - 35\,000}{1\,000 \times (100 - 60) - 35\,000 - 3\,000} = 2.5$$

$$DTL = DOL \times DFL = 8 \times 2.5 = 20$$

或 $$DTL = \frac{M}{EBIT - I} = \frac{1\,000 \times (100 - 60)}{1\,000 \times (100 - 60) - 35\,000 - 3\,000} = 20$$

每股收益变动率 $= 1\% \times 20 = 20\%$

3. 总杠杆与总风险

总风险包括企业的经营风险和财务风险，反映了企业的整体风险。总杠杆系数反映了经营杠杆和财务杠杆之间的关系，用于评价企业的整体风险水平。在总杠杆系数一定的情况下，经营杠杆系数与财务杠杆系数此消彼长。总杠杆效应的意义在于：第一，能够说明产销业务量变动对普通股收益的影响，据以预测未来的每股收益水平；第二，揭示了财务管理的风险管理策略，即要保持一定的风险状况水平，需要维持一定的总杠杆系数，经营杠杆和财务杠杆可以有不同的组合。

一般来说，固定资产比重较大的资本密集型企业，经营杠杆系数高，经营风险大，企业筹资主要依靠权益资本，以保持较小的财务杠杆系数和财务风险；变动成本比重较大的劳动密集型企业，经营杠杆系数低，经营风险小，企业筹资主要依靠债务资本，保持较大的财务杠杆系数和财务风险。

一般来说，在企业初创阶段，产品市场占有率低，产销业务量小，经营杠杆系数大，此时企业筹资主要依靠权益资本，在较低程度上使用财务杠杆；在企业扩张成熟期，产品市场占有率高，产销业务量大，经营杠杆系数小，此时，企业资本结构中可扩大债务资本，在较高程度上使用财务杠杆。

三、资本结构

（一）资本结构概述

1. 资本结构的概念

资本结构是指企业各种资本的价值构成及其比例关系。在企业筹资管理活动中，资本结构有广义和狭义之分。广义的资本结构是指企业全部资本价值的构成及其比例关系，它不仅包括长期资本，还包括短期资本。狭义的资本结构是指企业各种长期资本价值的构成及其比例关系，尤其是指长期的股权资本与债务资本的构成及其比例关系。在狭义资本结构下，短期债务资本作为营运资本来管理。

2. 资本结构中债务资本的意义

资本结构管理问题，也就是债务资本的比例确定问题。债务资本是企业外部债权人对企业的投资，举债经营能够降低平均资本成本，但会带来清偿的财务风险，企业需要在资本结构中合理利用债务资本。

（1）债务资本有利于降低企业资本成本。一方面，债权人能够定期收到利息并在确定的期限内收回资本，相对于股东而言，债权人投资的风险较小，要求的预期报酬率低，给企业带来的资本成本负担低。另一方面，债务资本成本在税前列支，使得债务资本的成本明显低于权益资本的成本。以上因素，使得债务的资本成本明显低于权益资本的成本。在一定的限度内增加债务，就可降低企业平均资本成本，而减少债务，则会使平均资本成本上升。

(2)债务资本可以获得财务杠杆效应。不论企业利润多少,债务的利息通常都是固定不变的。息税前利润增大时,每一元收益所负担的固定利息就会相应地减少,这能给每一股普通股带来更多的收益。因此,在企业息税前利润较多、增长幅度较大时,适当地利用债务资本,发挥财务杠杆效应,可增加每股收益,从而使企业股票价格上涨,提升企业价值。

(3)债务资本可以减少货币贬值的损失。在存在持续的通货膨胀时,利用债务资本进行扩大再生产,比利用权益资本更为有利,可以减少通货膨胀导致的货币购买力下降贬值的损失。

3. 最佳资本结构

不同的资本结构会给企业带来不同的后果。企业利用债务资本进行举债经营具有双重作用,既可以发挥财务杠杆效应,也可能带来财务风险。因此,企业必须权衡财务风险和资本成本的关系,确定最佳的资本结构。评价企业资本结构最佳状态的标准应该是能够提高普通股收益或降低资本成本,最终目的是提升企业价值。所谓最佳资本结构,是指在一定条件下使企业平均资本成本最低,企业价值最大的资本结构。资本结构优化的目标,是降低平均资本成本或提高普通股每股收益。

从理论上讲,最佳资本结构是存在的,但由于企业内部条件和外部环境的经常性变化,动态地保持最佳资本结构十分困难。因此在实践中,目标资本结构通常是企业结合自身实际进行适度负债经营所确立的资本结构,是根据满意化原则确定的资本结构。

(二)资本结构的影响因素

影响资本结构的因素较为复杂,大体可以分为企业的内部因素和外部因素。内部因素通常有营业收入、成长性、资产结构、盈利能力、管理层偏好、财务灵活性以及股权结构等;外部因素通常有税率、利率、资本市场、行业特征等。

一般而言,收益与现金流量波动较大的企业要比现金流量较稳定的类似企业的负债水平低;成长性好的企业因其快速发展,对外部资金需求比较大,要比成长性差的类似企业的负债水平高;盈利能力强的企业因其内源筹资的满足率高,要比盈利能力较弱的类似企业的负债水平低;一般性用途资产比例高的企业因其资产作为债务抵押的可能性较大,要比具有特殊用途资产比例高的类似企业的负债水平高;财务灵活性大的企业要比财务灵活性小的类似企业的负债能力强,这里财务灵活性是指企业利用闲置资金和剩余的负债能力以应付可能发生的偶然情况和把握未预见机会的能力;稳健的管理当局偏好于选择低负债比例的资本结构;产品市场稳定的成熟产业可提高债务资本比重,发挥财务杠杆作用;企业发展成熟阶段与企业初创阶段相比,可适度增加债务资本比重;当所得税税率较高时,债务资本的抵税作用大，企业充分利用这种作用以提高企业价值；当国家执行了紧缩的货币政策时，市场利率较高，企业债务资本成本增大，可适度降低债务资本比重。

（三）资本结构的优化方法

资本结构优化，要求企业权衡负债的低资本成本和高财务风险的关系，确定合理的资本结构。

1. *每股收益无差别点法*

每股收益无差别点法是通过每股收益的变化来分析资本结构是否合理的方法。一般认为，凡是能够提高每股收益的资本结构就是合理的；反之，则不够合理。每股收益无差别点法为企业管理层解决在某一特定预期盈利水平下是否应该选择债务筹资方式问题提供了一个简单的分析方法。

所谓每股收益无差别点，是指不同资本结构下每股收益相等时的息税前利润。根据每股收益无差别点，可以分析判断在什么样的息税前利润水平前提下，适于采用何种资本结构（或筹资方案），进而确定企业的资本结构安排。

在每股收益无差别点上，无论是采用债务或股权筹资方案，每股收益都是相等的。当预期息税前利润大于每股收益无差别点时，应当选择财务杠杆效应较大的筹资方案；反之，亦然。在每股收益无差别点时，不同筹资方案的 EPS 是相等的，在不考虑优先股的情况下每股收益无差别点的计算公式为：

$$\frac{(\overline{EBIT}-I_1)\cdot(1-T)}{N_1}=\frac{(\overline{EBIT}-I_2)\cdot(1-T)}{N_2}$$

即

$$\frac{\overline{EBIT}-I_1}{N_1}=\frac{\overline{EBIT}-I_2}{N_2}$$

式中　$\overline{EBIT}$——每股收益无差别点；

I_1,I_2——两种资本结构下的债务利息；

N_1,N_2——两种资本结构下普通股股数；

T——所得税税率。

【例 5-23】　某公司目前资本结构为：总资本 1 000 万元，其中债务资本 200 万元（年利息 20 万元）；普通股资本 800 万元（800 万股，面值 1 元，市价 5 元）。企业由于有一个较好的新投资项目，需要追加筹资 400 万元，有两种筹资方案：

甲方案：向银行取得长期借款 400 万元，利息率 10%。

乙方案：增发普通股 80 万股，每股发行价 5 元。

根据财务人员测算，追加筹资后 $EBIT$ 可望达到 360 万元，不考虑筹资费用因素。所得税税率为 25%，根据上述数据，代入无差别点计算公式：

$$\frac{\overline{EBIT}-20-40}{800}=\frac{\overline{EBIT}-20}{880}$$

得：$\overline{EBIT}=460$(万元)

这里,$EBIT$ 为 460 万元是两个筹资方案的每股收益无差别点。在此点上,两个方案的每股收益相等,均为 0.375 元。企业与其追加筹资后 $EBIT$ 可望达到 360 万元,低于无差别点 460 万元,应当采用财务风险较小的乙方案,即增发普通股方案。在 360 万元息税前利润水平上,甲方案的 EPS 为 0.28 元,乙方案的 EPS 为0.29元。

上述每股收益无差别点分析,如图 5-1 所示。

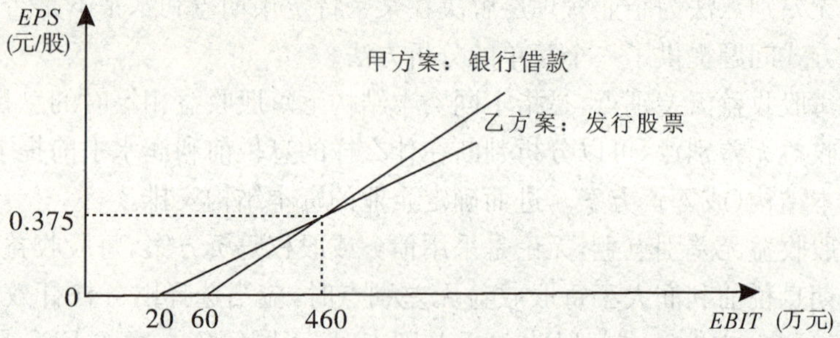

图 5-1 每股收益无差别点分析图

从图 5-1 可以看出,当企业预期 $EBIT$ 高于 460 万元时,由于采用银行借款筹资的 EPS 大于股票筹资的 EPS,所以应选择银行借款筹资。当预期 $EBIT$ 低于 460 万元时,由于股票筹资的 EPS 大于银行借款筹资的 EPS,这时应采用股票筹资。这样才能使企业在追加筹资后仍能保持合理的资本结构。

当企业需要的资本额较大时,可能会采用多种筹资方式组合筹资。这时,需要详细比较分析各种组合筹资方案下的每股收益,选择每股收益最高的筹资方案。

【例 5-24】 某公司目前资本结构为:总资本 1 000 万元,其中债务资本 400 万元(年利息 40 万元);普通股资本 600 万元(600 万股,面值 1 元,市价 5 元)。企业由于扩大经营规模,需要追加筹资 800 万元,所得税率 25%,不考虑筹资费用因素。有三种筹资方案:

甲方案:增发普通股 200 万股,每股发行价 3 元;同时向银行借款 200 万元,利率保持原来的 10%。

乙方案:增发普通股 100 万股,每股发行价 3 元;同时溢价发行 500 万元面值为 300 万元的公司债券,票面利率 15%。

丙方案：不增发普通股，溢价发行600万元面值为400万元的公司债券，票面利率15%；由于受债券发行数额的限制，需要补充向银行借款200万元，利率10%。

三种方案各有优劣：增发普通股能够减轻资本成本的固定性支出，但股数增加会摊薄每股收益；采用债务筹资方式能够提高每股收益，但增加了固定性资本成本负担，受到的限制较多。基于上述原因，筹资方案需要两两比较。

甲乙方案的比较：

$$\frac{(\overline{EBIT}-40-20)\times(1-25\%)}{600+200}=\frac{(\overline{EBIT}-40-45)\times(1-25\%)}{600+100}$$

$\overline{EBIT}=260$(万元)

乙丙方案的比较：

$$\frac{(\overline{EBIT}-40-45)\times(1-25\%)}{600+100}=\frac{(\overline{EBIT}-40-80)\times(1-25\%)}{600}$$

$\overline{EBIT}=330$(万元)

甲丙方案的比较：

$$\frac{(\overline{EBIT}-40-20)\times(1-25\%)}{600+200}=\frac{(\overline{EBIT}-40-80)\times(1-25\%)}{600}$$

$\overline{EBIT}=300$(万元)

筹资方案两两比较时，产生了三个筹资分界点，上述分析结果可用图5-2表示。从图5-2中可以看出：企业*EBIT*预期为260万元以下时，应当采用甲筹资方案；*EBIT*预期为260万～330万元之间，应当采用乙筹资方案；*EBIT*预期为330万元以上时，应当采用丙筹资方案。

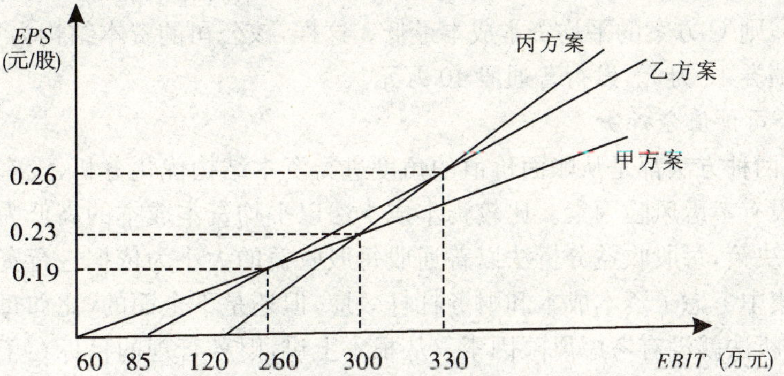

图5-2 每股收益无差别点分析图

2. 平均资本成本比较法

平均资本成本比较法是通过计算和比较各种可能的筹资组合方案的平均资本成本，选择平均资本成本率最低的方案。即能够降低平均资本成本的资本结构，则是合理的资本结构。这种方法侧重于从资本投入的角度对筹资方案和资本结构进行优化分析。

【例 5-25】 某公司需筹集 100 万元长期资本，可以通过贷款、发行债券、发行普通股三种方式筹集，其个别资本成本已分别测定，有关资料如表 5-8 所示。

表 5-8 某公司资本成本与资本结构数据表

筹资方式	资本结构			个别资本成本(%)
	A 方案(%)	B 方案(%)	C 方案(%)	
贷 款	20	30	40	6
债 券	20	15	10	8
普通股	60	55	50	9
合计	100	100	100	

首先，分别计算三个方案的平均资本成本 K。

$$\text{A 方案}：K = 20\% \times 6\% + 20\% \times 8\% + 60\% \times 9\% = 8.2\%$$

$$\text{B 方案}：K = 30\% \times 6\% + 15\% \times 8\% + 55\% \times 9\% = 7.95\%$$

$$\text{C 方案}：K = 40\% \times 6\% + 10\% \times 8\% + 50\% \times 9\% = 7.7\%$$

其次，根据企业筹资评价的其他标准，考虑企业的其他因素，对各个方案进行修正；之后，再选择其中成本最低的方案。本例中，我们假设其他因素对方案选择影响甚小，则 C 方案的平均资本成本最低。这样，该公司的资本结构为贷款 40 万元，发行债券 10 万元，发行普通股 40 万元。

3. 公司价值分析法

以上两种方法都是从账面价值的角度进行资本结构优化分析，没有考虑市场反应，即没有考虑风险因素。比较资本成本法以平均资本成本的高低为依据进行资本结构决策，每股收益分析法以普通股每股收益的大小为依据进行资本结构决策，虽然集中考虑了资本成本和财务杠杆效应，但还是不全面的，比如每股收益无差别点分析法就没有考虑风险因素。从根本上讲，财务管理的目标在于追求公司价值的最大化或股价的最大化。然而只有在风险不变的情况下，每股收益的增长才会直接导致股价的上升，实际上经常是随着每股收益的增长，风险也加大。如果每股收益的增长不足以补偿风险增加所需要的报酬，尽管每股收益增加，股价仍然会下降。所以，公司的最佳资本结构应当是使公司的总价值最高，而不一定是每股收益最人的资本结构。

公司价值分析法是在考虑市场风险基础上，以公司市场价值为标准，进行资本结构优化的方法。即能够提升公司价值的资本结构，则是合理的资本结构。这种方法主要用于对现有资本结构进行调整，适用于资本规模较大的上市公司资本结构优化分析。同时，在公司价值最大的资本结构下，公司的平均资本成本也是最低的。

公司价值应该等于资本的市场价值，即：

$$V = S + B$$

式中　V—— 公司价值；

B—— 债务资本价值；

S—— 权益资本价值。

为简化分析，假设债务资本的市场价值等于其面值，公司各期的 $EBIT$ 保持不变，权益资本的市场价值可通过下式计算：

$$S = \frac{(EBIT - I) \cdot (1 - T)}{K_c}$$

$$K_c = R_f + \beta \cdot (R_m - R_f)$$

$$K_w = K_b \cdot (1 - T) \cdot \frac{B}{V} + K_c \cdot \frac{S}{V}$$

【例 5-26】 某公司 EBIT 为 400 万元，资本总额账面价值 1 500 万元。假设无风险报酬率为 6%，证券市场平均报酬率为 10%，所得税税率为 25%。经测算，不同债务水平下的权益资本成本和债务资本成本如表 5-9 所示。

表 5-9　不同债务水平下的债务资本成本和权益资本成本

债务市场价值 B(万元)	税前债务利息率 K_b(%)	股票 β 系数	权益资本成本率 K_c(%)
0	—	1.50	12.0
200	8.0	1.55	12.2
400	8.5	1.65	12.6
600	9.0	1.80	13.2
800	10.0	2.00	14.0
1 000	12.0	2.30	15.2

根据表 5-9 资料，可计算出不同资本结构下的企业总价值和综合资本成本。如表 5-10 所示。

表 5-10 公司价值和平均资本成本率

债务市场价值（万元）	股票市场价值（万元）	公司总价值（万元）	债务税后资本成本(%)	普通股资本成本(%)	平均资本成本(%)
0	2 500	2 500	—	12.0	12.0
200	2 361	2 561	6	12.2	11.72
400	2 179	2 579	6.38	12.6	11.64
600	1 966	2 566	6.75	13.2	11.69
800	1 714	2 514	7.5	14.0	11.93
1 000	1 382	2 382	9	15.2	12.60

可以看出，在没有债务资本的情况下，公司的总价值等于股票的账面价值。当公司增加一部分债务时，财务杠杆开始发挥作用，股票市场价值大于其账面价值，公司总价值上升，平均资本成本下降。在债务达到 400 万元时，公司总价值最高，平均资本成本最低。债务超过 400 万元后，随着利息率的不断上升，财务杠杆作用逐步减弱甚至显现副作用，公司总价值下降，平均资本成本上升。因此，债务为 400 万元时的资本结构是该公司的最优资本结构。

关键术语

销售百分比法　资金习性预测法　股权筹资　债务筹资　混合筹资　资本成本
经营杠杆　财务杠杆　总杠杆　最优资本结构

思考题

1. 股票的发行价格如何确定？
2. 简述租赁筹资的种类和各自特点。
3. 可转换债券筹资的优缺点是什么？
4. 项目的资本成本如何确定？
5. 试分析财务杠杆、经营杠杆、总杠杆的计算和相互联系。

6. 试分析财务风险、经营风险、企业风险与各杠杆的关系。

7. 试比较每股收益分析法、比较资本成本法和比较公司价值法的原理。

练 习 题

1. 某公司2010年12月31日的资产负债表如表5-11所示。

表5-11 资产负债表

2010年12月31日　　单位:元

资　产	金　额	负债和所有者权益	金　额
现　金	2 000	短期借款	12 000
应收账款	28 000	应付账款	13 000
存　货	30 000	应付费用	5 000
固定资产	40 000	公司债券	20 000
		实收资本	40 000
		留存收益	10 000
合　计	100 000	合　计	100 000

该公司2010年的销售收入为100 000元,销售净利率为10%,现在还有剩余生产能力,即增加收入不需进行固定资产投资,此外流动资产和流动负债中的应付账款均随销售收入的增加而增加。

【要求】

(1) 如果2011年的预计销售收入为120 000元,公司的股利支付率为50%,其他条件不变,那么企业需要从外部筹集多少资金?

(2) 如果2011年要追加一项投资30 000元,2011年的预计销售收入为120 000元,公司的股利支付率为50%,其他条件不变,那么需要从企业外部筹集多少资金?

(3) 若结合(2),同时要求销售净利率提高到12%,其他条件不变,企业是否需要从外部筹集资金?

2. 某公司2006～2010年的销售量和资金需要量的历史资料如表5-12所示。

假定2011年的销售量预计为320件。

表5-12　2006～2010年的销售量和资金需要量

年度	销售量（件）	资金需要量(元)
2006	40	12 000
2007	160	24 000
2008	120	27 000
2009	80	22 000
2010	200	40 000

【要求】

(1) 采用高低点法预计2011年的资金需要量；

(2) 采用回归直线法预计2011年的资金需要量。

3. 某公司为扩大经营规模融资租入一台机床，该机床的市价为20万元，租期4年。为了保证租赁公司完全弥补融资成本、相关的手续费并有一定的盈利，双方商定采用10%的折现率。

【要求】

(1) 计算采取每年年末支付租金方式的应付租金；

(2) 计算采取每年年初支付租金方式的应付租金；

(3) 试分析两者的关系。

4. 已知某公司当前资本结构如表5-13所示。

表5-13　资本结构表

筹资方式	金额(万元)
长期债券(年利率8%)	1 000
普通股(4 500万股)	4 500
留存收益	2 000
合　　计	7 500

因生产发展需要，公司年初准备增加资金2 500万元，现有两个筹资方案可供选择：甲方案为增加发行1 000万股普通股，每股市价2.5元；乙方案为按面值发行每年年末付息、票面利率为10%的公司债券2 500万元。假定股票与债券的发行

费用均可忽略不计;适用的企业所得税税率为25%。

【要求】

(1) 计算两种筹资方案下每股利润无差别点的息税前利润。

(2) 计算处于每股利润无差别点时乙方案的财务杠杆系数。

(3) 如果公司预计息税前利润为1 200万元,指出该公司应采用的筹资方案。

(4) 如果公司预计息税前利润为1 600万元,指出该公司应采用的筹资方案。

(5) 若公司预计息税前利润在每股利润无差别点增长10%,计算采用乙方案时该公司每股利润的增长幅度。

5. 华亚公司2009年的销售收入为500万元,变动成本为300万元(变动成本率为60%)。已知公司以2009年为基期计算的经营杠杆系数为4。

【要求】

(1) 计算华亚公司2009年的固定成本和息税前利润。

(2) 如果华亚公司2010年的销售收入在固定成本不增加的前提下增加到600万元,计算其以2010年为基期的经营杠杆系数。

(3) 如果华亚公司每年需要支付固定利息20万元,所得税税率为25%,总股本数为100万股。试计算公司2010年的每股收益,以及以2010年为基期的*DOL*和*DFL*。

6. 某公司目前拥有资本1 000万元,债务资本占20%,负债平均利率为10%,普通股权益资本占80%(发行普通股100万股,每股面值8元),实现的销售收入为500万元,全部的固定成本和财务费用为220万元,变动成本率为40%。现准备投产一新产品,需要追加筹资400万元,有两种筹资方案可供选择:

甲方案:全部发行普通股,增发50万股,每股面值8元。

乙方案:全部筹借长期债务,利率为10%,利息为40万元。

企业追加筹资后,预计销售收入会提高50%,固定成本增加50万元,变动成本率不变。所得税税率为25%。

【要求】

(1) 计算追加筹资前的息税前利润、每股收益、经营杠杆系数、财务杠杆系数、总杠杆系数。

(2) 计算追加筹资后的息税前利润。

(3) 计算每股收益无差别点及无差别点的每股收益额,并据此进行筹资决策。

(4) 计算按乙方案追加筹资后的每股收益、经营杠杆系数、财务杠杆系数、总杠杆系数。

7. 某公司计划年初资本结构如表5-14所示。

表5-14 资本结构表

资金来源	金额(万元)
长期债券,年利率9%	600
长期借款,年利率7%	200
普通股40 000股	800
合　　计	1 600

普通股每股面额200元,今年期望股利为每股20元,预计以后每年增加5%,所得税税率为25%,假设发行各种证券的筹资费率均为零。该企业现拟增资400万元,有两个方案可供选择:

甲方案:发行长期债券400万元,年利率10%,普通股股利增加到25元,以后每年还可增加6%,由于风险加大,普通股市价将跌到每股160元;

乙方案:发行长期债券200万元,年利率10%,另发行普通股200万元,普通股股利增加到25元,以后每年增加5%,由于企业信誉提高,普通股市价将上升到每股250元。

【要求】 采用平均资本成本比较法对上述筹资方案作出选择。

第六章 项目投资管理

重点提示

学习本章，重点掌握项目投资的概念、项目投资现金流量的估计以及项目投资评价指标的计算及运用；熟知投资的概念和种类；了解投资的程序及投资项目的可行性研究。

第一节 投资管理概述

一、投资的概念和种类

投资是指特定经济主体(包括国家、企业和个人)为了在未来可预见的时期内获得收益或使资金增值，在一定时期向一定领域的标的物投放足够数额的资金或实物等货币等价物的经济行为。从特定企业角度看，投资就是企业为获取收益而向一定对象投放资金的经济行为。

投资可分为以下类型：

(1) 按照投资行为的介入程度，分为直接投资和间接投资。直接投资是指由投资人直接介入投资行为，即将货币资金直接投入投资项目，形成实物资产或者购买现有企业资产的一种投资，其特点是投资行为直接将投资者与投资对象联系在一起，形成可供投资者直接使用或支配的生产经营能力。间接投资是指投资者为获取以股利、利息或价差为主要表现形式的收益而以其资本购买股票、债券、基金等所发生的投资，其特点是投入的资本由受资者使用。

(2) 按照投入的领域不同，分为生产性投资和非生产性投资。生产性投资是指将资金投入生产、建设等物质生产领域中，并能够形成生产能力或可以产出生产资料的一种投资，又称为生产资料投资。这种投资的最终成果将形成各种生产性资产,包括形成固定资产的投资、形成无形资产的投资、形成其他资产的投资和流动资金投资。其中,前三项属于垫支资本投资,后一项属于周转资本投资。非生产性投资是指将资金投入非物质生产领域中,不能形成生产能力,但能形成社会消费或服务能力,满足人民的物质文化生活需要的一种投资。这种投资的最终成果是形成各种非生产性资产。

(3) 按照投资的方向不同,分为对内投资和对外投资。从企业的角度看,对内投资就是项目投资,是指企业将资金投放于为取得供本企业生产经营使用的固定资产、无形资产、其他资产和垫支流动资金而形成的一种投资。对外投资是指企业为购买国家及其他企业发行的有价证券或其他金融产品(包括期货与期权、信托、保险),或以货币资金、实物资产、无形资产向其他企业(如联营企业、子公司等)注入资金而发生的投资。

(4) 按照投资的内容不同,分为固定资产投资、无形资产投资、流动资金投资、房地产投资、有价证券投资、期货与期权投资、信托投资和保险投资等多种形式。

本章所讨论的投资,是指属于直接投资范畴的企业内部投资,即项目投资。

二、投资的程序

企业投资的程序主要包括:

(1) 提出投资领域和投资对象。这需要在把握良好投资机会的情况下,根据企业的长远发展战略、中长期投资计划和投资环境的变化来确定。

(2) 评价投资项目的可行性。对投资项目的环境、市场、技术和生产进行可行性分析的基础上,对财务可行性作出总体评价。

(3) 投资项目比较与选择。在财务可行性评价的基础上,对可供选择的多个投资项目进行比较和选择。

(4) 投资项目的执行。即投资行为的具体实施。

(5) 投资项目的再评价。在投资项目的执行过程中,应注意原来作出的投资决策是否合理、是否正确。一旦出现新的情况,就要随时根据变化的情况做出新的评价和调整。

三、投资项目的可行性研究

(一) 可行性研究的概念

可行性是指一项事物可以做到的、现实行得通的、有成功把握的可能性。就企业投资项目而言,其可行性是指对环境的不利影响最小,技术上具有先进性和适应性,产品在市场上能够被容纳或被接受,财务上具有合理性和较强的盈利能力,对国民经济有贡献,能够创造社会效益。

广义的可行性研究是指在现代环境中，组织一个长期投资项目之前，必须进行的有关该项目投资必要性的全面考察与系统分析，以及有关该项目未来在技术、财务乃至国际经济等诸方面能否实现其投资目标的综合论证与科学评价。它是有关决策人（包括宏观投资管理当局与投资当事人）作出正确可靠投资决策的前提与保证。

狭义的可行性研究专指在实施广义可行性研究过程中，与编制相关研究报告相联系的有关工作。

广义的可行性研究包括机会研究、初步可行性研究和最终可行性研究三个阶段，具体又包括环境与市场分析、技术与生产分析和财务可行性评价等主要分析内容。

（二）环境与市场分析

1. 建设项目的环境影响评价

在可行性研究中，必须开展建设项目的环境影响评价。所谓建设项目的环境，是指建设项目所在地的自然环境、社会环境和生态环境的统称。

建设项目的环境影响报告书应当包括下列内容：

（1）建设项目概况。

（2）建设项目周围环境现状。

（3）建设项目对环境可能造成影响的分析、预测和评估。

（4）建设项目环境保护措施及其技术、经济论证。

（5）建设项目对环境影响的经济损益分析。

（6）对建设项目实施环境监测的建议。

（7）环境影响评价的结论。

建设项目的环境影响评价属于否决性指标，凡未开展或没通过环境影响评价的建设项目，不论其经济可行性和财务可行性如何，一律不得上马。

2. 市场分析

市场分析又称市场研究，是指在市场调查的基础上，通过预测未来市场的变化趋势，了解拟建项目产品的未来销路而开展的工作。

进行投资项目可行性研究，必须要从市场分析入手。因为一个投资项目的设想，大多来自市场分析的结果或源于某一自然资源的发现和开发，以及某一新技术新设计的应用。即使是后两种情况，也必须把市场分析放在可行性研究的首要位置。如果市场对于项目的产品完全没有需求，项目仍不能成立。

市场分析要提供未来生产经营期不同阶段的产品年需求量和预测价格等预测数据，同时要综合考虑潜在或现实竞争产品的市场占有率和变动趋势，以及人们的购买力及消费心理的变化情况。这项工作通常由市场营销人员或委托的市场分析专家完成。

（三）生产与技术分析

1. 生产分析

生产分析是指在确保能够通过项目对环境影响评价的前提下，所进行的厂址选择分析、资源条件分析、建设实施条件分析、投产后生产条件分析等一系列分析论证工作的统称。厂址选择分析包括选点和定址两方面内容。前者主要指建设地区的选择，主要考虑生产力布局对项目的约束；后者则指项目具体地理位置的确定。在厂址选择时，应通盘考虑自然因素（包括自然资源和自然条件）、经济技术因素、社会政治因素和运输及地理位置因素。

生产分析涉及的因素多，问题复杂，需要组织各方面专家分工协作才能完成。

2. 技术分析

技术是指在生产过程中由系统的科学知识、成熟的时间经验和操作技艺综合而成的专门学问和手段。它经常与工艺统称为工艺技术，但工艺是指为生产某种产品所采用的工作流程和制造方法，不能将两者混为一谈。

广义的技术分析是指构成项目组成部分及发展阶段上凡与技术问题有关的分析论证与评价。它贯穿于可行性研究的项目确立、厂址选择、工程设计、设备选型和生产工艺确定等各项工作，成为与财务可行性评价相区别的技术可行性评价的主要内容。狭义的技术分析是指对项目本身所采用工艺技术、技术装备的构成以及产品内在的技术含量等方面内容进行的分析研究与评价。

技术可行性研究是一项十分复杂的工作，通常由专业工程师完成。

（四）财务可行性分析

财务可行性评价是指在已完成相关环境与市场分析、技术与生产分析的前提下，围绕已具备技术可行性的建设项目而开展的，有关该项目在财务方面是否具有投资可行性的一种专门分析评价。

第二节 项目投资的现金流量估计

一、项目投资的有关概念

（一）项目投资的概念及特点

1. 项目投资的概念

项目投资是一种以特定项目为对象，直接与新建项目或更新改造项目有关的长期投资行为。财务管理中所讨论的投资主要是指企业所进行的生产经营性资产的直接投资。在企业的整个投资中，项目投资具有十分重要的地位，对企业的稳定与发展、未来盈利能力、长期偿债能力都有着重要影响。

2. 项目投资的特点

与企业其他类型的投资相比，项目投资具有以下几个特点：

(1) 项目投资影响期间长。项目投资的建设周期及使用周期往往比较长，其决策一经做出，将会在相当长的时间内影响企业的经营成果和财务状况，甚至对企业的生存和发展产生重要的影响，往往需要几年、十几年甚至几十年才能收回投资。因此，项目投资决策的成败对企业未来的命运将产生决定性作用。

(2) 项目投资投资次数少、金额大。与流动资金投资相比，项目投资并不经常发生，特别是大规模的固定资产投资，一般要隔若干年甚至十几年才发生一次。虽然投资次数少，但每次投资金额却比较多，特别是战略性的扩大生产能力投资，其投资数额往往是企业或其投资人多年的资金积累，在企业总资产中占有相当大的比重。因此，项目投资对企业未来的现金流量和财务状况都将产生深远的影响。

(3) 项目投资实物形态与价值形态可以分离。项目投资中建设的项目投入使用后，所形成的固定资产随着磨损，其价值将逐渐地、部分地脱离其实物形态，转化为货币准备金，而其余部分仍存在于实物形态中。在使用年限内，保留在固定资产实物形态上的价值逐年减少，而脱离实物形态转化为货币准备金的价值却逐年增加。直到固定资产报废，其价值才得到全部补偿。但当用以往年度形成的货币准备金重新购置固定资产时，其实物也得到更新。这时，固定资产的价值与其实物形态又重新统一起来。这一特点说明，由于企业各种固定资产的新旧程度不同，实物更新时间不同，企业可以在某些固定资产需要更新之前，利用脱离实物形态的货币准备金去投资其他固定资产，然后再利用新固定资产所形成的货币准备金去更新旧的固定资产，从而充分发挥资金的使用效能。

(4) 项目投资变现能力较差。项目投资形成的主体通常是厂房和设备等固定资产，是企业从事生产经营活动所必需的劳动手段，但这些资产不能轻易改变其用途。因此，项目投资一旦完成，要想改变其用途或者出售是相当困难的，不是无法实现，就是代价太大。这种投资所具有的不可逆转性，要求企业注重投资有效性，绝不可盲目投资。

(5) 项目投资资金占用数量较稳定。项目投资完成后，一经形成生产能力，便在资金占用数量上保持相对稳定。因为如果营业量在一定范围内增加，往往并不需要立即增加固定资产投资，通过挖掘潜力、提高效率可以完成增加的业务量。如果业务量在一定范围内减少，为维持一定的生产能力，企业并不能出售固定资产以调节资金占用。

(二) 项目投资的类型

按照不同的分类标准，可以对项目投资进行一定的分类。

1. 按照投资对企业的影响，分为战略性投资和战术性投资

战略性投资是指对企业全局产生重大影响的投资，如控制企业的主要原材料供应商、扩大企业规模、开发新型产品等。战略性投资可能是为了实现多角化经营，也可能出于控制或影响被投资单位的目的。其特点在于所需资金量一般较大，收回时间较长，风险较大。

战术性投资是指只关系企业某一局部的具体业务投资，如设备的技术投资、原有产品新功能的开发、产品成本的降低等投资项目。战术性投资主要是为了维持原有产品的市场占有率，或者是利用闲置资金增加企业收益。其特点在于投资所需资金量较少，风险相对较小。

2. 按照项目投资的对象，分为固定资产投资、无形资产投资和其他资产投资

固定资产投资是指将资金投放于房屋和建筑物、机器设备、运输设备、工具器具等固定资产的投资。

无形资产投资是指将资金投放于专利权、非专利技术、商标权、著作权、土地使用权、商誉等无形资产的投资。

其他资产投资是指除以上资产投资之外的投资，如应在以后年度内分期摊销的各项费用，如开办费等。

3. 按照项目投资的顺序与性质，分为先决性投资和后续性投资

先决性投资是指必须对某项目进行投资，才能使其后或同时进行的项目实现收益的投资。例如，企业为扩大生产能力引进了新的生产线，为使生产线得以运转，必须有电力保证，这里的电力项目投资就是先决性投资。

后续性投资是指在原有基础上进行项目建设，建成后将发挥原项目同样作用或更有效地发挥同一作用和性能，能够完善或取代现有项目的投资。

4. 按照项目投资的时序和作用，分为新建企业投资、简单再生产投资和扩大再生产投资

新建企业投资是指为建立一个新企业，包括在生产、经营、生活条件等方面所进行的投资。投入的资金通过建设形成企业的原始资产。

简单再生产投资是指为更新生产经营中已提足折旧的生产经营性资产所进行的投资。其特点是把原来生产经营过程中收回的资金重新再投入生产过程中，维持原有的经营规模。

扩大再生产投资是指为扩大企业现有的经营规模所进行的投资。这是企业需要追加资金进行投资，从而扩大企业的资产规模。

5. 按照增加利润的途径，分为增加收入投资和降低成本投资

增加收入投资是指通过扩大企业生产经营规模或营销活动来增加收入，进而增加利润的投资。

降低成本投资是指企业维持现有的经营规模，通过投资来降低生产经营中的成本费用，间接增加企业利润的投资。

6. 按照项目投资之间的关系，分为相关性投资、独立性投资与互斥性投资

相关性投资是指当采纳或放弃某个投资项目时，会使另外一个投资项目的经济指标发生显著变动的投资，如对油田和输油管道的投资、对车间厂房与生产设备的投资等都属于相关性投资。

独立性投资是指当采纳或放弃某一投资项目时，并不影响另一项目经济指标的投资，如一个制造公司在专用机床上的投资和在办公设施上的投资，就是两个不相关的投资项目，属于独立性投资。

互斥性投资是指接受了某一项目，必须拒绝其他项目的投资。即便所有的互斥项目通过可行性研究，均可以接受，也只能选择其中的一个，如在一块土地上兴建一个儿童乐园或者建造一个运动场，就属于互斥性投资。

（三）项目计算期的构成与资金投入方式

项目计算期是指投资项目从投资建设开始到最终清理结束整个过程的全部时间，即该项目的有效持续期间。完整的项目计算期包括建设期和生产经营期。其中，建设期的第一年年初（记作第0年）称为建设起点，建设期的最后一年年末称为投产日或建设期末；从投产日到终结点之间的时间间隔称为生产经营期。

项目计算期、建设期和生产经营期之间有以下关系成立，即：

$$项目计算期(n)=建设期(s)+生产经营期(p)$$

项目计算期的构成如图6-1所示。

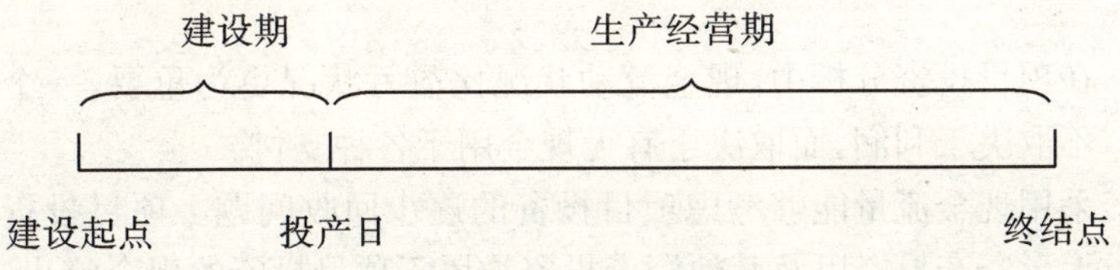

图6-1　项目计算期构成

财务管理讨论的项目投资，其投资主体是企业，而非个人、政府或专业投资机构。企业从金融市场上筹集资金，然后投资于固定资产和流动资产，期望能运用这些资产赚取报酬，增加企业价值。企业是资金市场上取得资金的一方，取得资金后所进行的投资，其报酬必须超过金融市场上提供资金者要求的报酬率，超过部分才可以增加企业价值。如果投资报酬率低于资金提供者要求的报酬率，将会减少企业价值。

从时间特征上看，企业将资金投入具体投资项目的方式有一次投入和分次投入两种。一次投入方式是指投资行为集中一次发生在项目计算期第一个年度的某一时间点；如果投资行为涉及两个或两个以上年度，或者虽只涉及一个年度，但同时在该年的不同时间点发生，则属于分次投入方式。

二、项目投资的现金流量估计

（一）现金流量的概念

项目投资中所说的现金流量，是指一个项目引起的企业现金支出和现金收入增加的数量。这里的“现金”是广义的现金，它不仅包括各种货币资金，也包括项目需要投入的企业现有非货币资源的变现价值。现金流量是项目投资决策的依据，是运用各种项目投资决策评价方法的基本前提。

财务会计是按权责发生制计算企业的收入、成本和利润的，并以此来评价企业的经济效益。但是，在项目投资管理中，则不能用通过这种方法计算的收入和支出来作为评价项目投资经济效益的基础，其主要原因如下：

第一，采用现金流量有利于科学地考虑时间价值因素。由于不同时点的资金具有不同的价值，因此，科学的投资决策必须考虑资金的时间价值，一定要弄清每笔预期现金收入和现金支出的具体时点，确定其价值。而利润的计算是不考虑资金的时间价值的。

第二，采用现金流量保证了评价的客观性。因为会计政策的可选择性使得利润的计算受到各种人为因素的影响，而现金流量的计算不受这些因素的影响。这些人为因素包括计提折旧方法、存货计价方法、间接费用分配方法和成本计算方法等。

第三，在项目投资分析中，现金流动状况比盈亏状况更为重要，一个项目能否维持下去，不取决于利润，而取决于有无现金用于各种支付。

第四，采用现金流量能够考虑项目投资的逐步回收问题。项目投资中的固定资产投资、无形资产投资以及其他资产投资均属于项目投资的现金流出，但是在项目投资完成后形成的固定资产、无形资产和其他资产都需要通过折旧或摊销的办法进入产品成本，从所取得的收入中得到补偿。这部分现金收入不需要马上进行后续性投资，可以参与企业的生产经营周转，并在此过程中得以进一步增值，从而产生新的现金流入，为企业带来未来经济利益。其未来经济利益的多少和期限也是企业项目投资决策必须考虑的重要因素。

（二）现金流入量的估计

现金流入量是指与投资方案相关的现金收入的增加额。一个项目投资的现金流入量的估计主要包括以下三个部分。

1. 营业收入的估计

营业收入是指项目投产后，因生产产品或提供劳务而使公司每年增加的现金流入。这是投资项目经营期最主要的现金流入量，它应按项目在经营期内有关产品的各年预计单价和预计销售量进行估算。营业收入本来属于时期指标，为简化计算，假定营业收入发生于生产经营期各年的年末。

一般说来，营业收入是指收到现金的营业收入，这里必须注意两个问题：一是存在折扣和折让的情况下，会计上对营业收入是采用总价法还是采用净价法进行核算。如采用总价法核算，则应按扣除折扣和折让后的营业收入净额计算经营现金流入量；如采用净价法核算，则应按营业收入总额计算经营现金流入量。二是不同期间的应收账款。一般情况下是假设正常经营年度内每期发生的应收账款与回收的应收账款大体相等，因而本期的营业收入均为收到现金的营业收入。

在项目只生产经营一种产品的条件下，营业收入的估算公式为：

$$年营业收入 = 该年产品不含税单价 \times 该年产品的产销量$$

【例 6-1】 某公司拟新建一条生产线，只生产一种产品，假定该产品的销售单价始终保持为 1 500 元/件的水平，预计投产后各年的产销量数据如下：第 1 年为 1 800件，第 2～5 年每年为 2 000 件，第 6～10 年每年为 3 000 件。据此资料可估算出该项目的以下指标：

投产后第 1 年营业收入＝1 500×1 800＝270(万元)

第 2～5 年每年营业收入＝1 500×2 000＝300(万元)

第 6～10 年每年营业收入＝1 500×3 000＝450(万元)

2. 回收固定资产残值的估计

回收固定资产残值是指投资项目的固定资产出售或报废时的变卖收入。一般假定主要固定资产的折旧年限等于生产经营期，则终结点回收的固定资产余值等于该主要固定资产的原值与其法定净残值率的乘积，或按事先确定的净残值估算。

3. 回收流动资金的估计

投资项目出售或报废时，原流动资金投资可用于其他目的，回收的流动资金也属于项目投资现金流入量的构成内容。为简化计算，假定生产经营期内不存在因加速周转而提前回收流动资金的情况，此时终结点一次回收的流动资金必然等于各年垫支的流动资金投资额的合计数。

回收固定资产残值和回收流动资金统称为回收额，在项目投资现金流量估算时假定新建项目的回收额发生在终结点。

【例 6-2】 假定某公司拟建生产线项目的固定资产预计净残值为 100 万元，垫支的流动资金为 50 万元，在终结点一次回收。据此资料可估算出回收额。

回收额＝回收的固定资产净残值＋回收的流动资金＝100＋50＝150(万元)

（三）现金流出量的估计

现金流出量是指与投资方案相关的企业现金支出的增加额，或者说是在实施一个投资方案的过程中所需投入的资金。一个项目投资的现金流出量的估计主要包括以下四个部分。

1. 建设投资的估计

建设投资是建设期发生的主要现金流出量，包括固定资产投资、无形资产投资和其他资产投资。

固定资产投资通常是指房屋、建筑物、生产设备等的购入或建造成本、运输成本和安装成本等，应按项目规模和投资计划所确定的各项建筑工程费用、设备购置费用、安装工程费用和其他费用来估算。无形资产投资主要包括土地使用权、专利权、商标权、特许权等方面的投资。其他资产投资是指与投资项目有关的咨询费、注册费、人员培训费等。无形资产投资和其他资产投资，应根据需要逐项按照有关资产的评估方法和计价标准进行估算。

【例 6-3】 某公司拟建一生产线项目，需要在建设期内发生如下费用：购入设备 400 万元，安装调试费 40 万元，支付 20 万元购买一项专利权，支付 5 万元购买一项非专利技术。据此资料可估算出该项目的以下指标：

该项目无形资产投资＝20＋5＝25(万元)

该项目固定资产投资＝400＋40＝440(万元)

该项目的建设投资＝440＋25＝465(万元)

2. 流动资金投资的估计

流动资金投资也称为营运资金投资，是项目投产后为保证其生产经营活动得以正常进行所必需的周转资金，应根据垫付材料、在产品、产成品和现金等流动资产的价值估算。具体估算公式为：

某年流动资金投资额＝本年流动资金需用额－截至上年的流动资金投资额
＝本年流动资金需用数－上年流动资金需用数

本年流动资金需用数＝该年流动资产需用额－该年流动负债需用额

【例 6-4】 某公司拟建一生产线项目，预计投产第 1 年的流动资产需用额为 40 万元，流动负债需用额为 15 万元，假定该项投资发生在建设期末；预计投产第 2 年流动资产需用额为 50 万元，流动负债需用额为 20 万元，假定该项投资发生在投产后第 1 年年末。据此资料可估算出该项目的以下指标：

投产第 1 年的流动资金需用额 = 40 − 15 = 25(万元)

第 1 次流动资金投资额 = 25 − 0 = 25(万元)

投产第 2 年的流动资金需用额 = 50 − 20 = 30(万元)

第 2 次流动资金投资额 = 30 − 25 = 5(万元)

流动资金投资合计 = 25 + 5 = 30(万元)

流动资金投资属于垫付周转金,其资金投入方式包括一次投入和分次投入两种形式。在理论上,投产第 1 年所需的流动资金应在项目投产前安排,即第 1 次投资应发生在建设期末,以后分次投资则陆续发生在生产经营期内前若干年的年末。为了简化计算,本章假定流动资金投资为一次投入,发生在建设期末。

3. 付现成本的估计

付现成本是指所有以现金支出的各种成本和费用,包括营业税金及附加等,不包括所得税支出。它是项目投产后最主要的现金流出,如材料费、人工费、设备维修费等。这里注意固定资产折旧、无形资产摊销等项目,在权责发生制的财务会计中是费用,但并不需要支付现金,因此不是付现成本。付现成本也属于时期指标,为简化计算,可假定其发生在生产经营期各年的年末。

付现成本有加法和减法两种估算方法,某一年度的付现成本数额等于该年外购原材料、燃料和动力费,该年职工薪酬,该年修理费,该年其他付现费用之和。也可以按照某一年度的不包括财务费用的总成本费用减去当年计提的固定资产折旧、无形资产摊销额、其他资产摊销额来计算。具体计算公式为:

$$\text{某年付现成本} = \text{该年外购原材料燃料和动力费} + \text{该年职工薪酬} + \text{该年修理费} + \text{其他费用}$$

$$= \text{该年不包括财务费用的总成本费用} - \text{该年折旧额} - \text{该年无形资产和其他资产的摊销额}$$

【例 6-5】 某公司拟投资 A 项目,经过调查研究并进行了可行性分析,估计该项目投产后第 1 年至第 4 年每年预计外购原材料、燃料和动力费为 100 万元,职工薪酬为 60 万元,其他费用为 20 万元,每年折旧费为 40 万元,无形资产摊销额为 10 万元;第 5 年至第 8 年每年不包括财务费用的总成本费用为 300 万元,其中每年预计外购原材料、燃料和动力费为 180 万元,每年折旧费为 40 万元,没有无形资产摊销额。

据此资料,估算该项目投产后各年的付现成本指标如下:

$$\text{投产后第 1 年至第 4 年的付现成本} = \text{外购原材料燃料和动力费} + \text{职工薪酬} + \text{修理费} + \text{其他费用}$$

$$= 100 + 60 + 0 + 20 = 180(\text{万元})$$

$$\begin{matrix}\text{投产后第 5 年至第 8} \\ \text{年的付现成本}\end{matrix} = \begin{matrix}\text{不包括财务费} \\ \text{用的总成本费用}\end{matrix} - \text{折旧额} - \begin{matrix}\text{无形资产和} \\ \text{其他资产的摊销额}\end{matrix}$$

$$= 300 - 40 - 0 = 260(\text{万元})$$

4. 所得税的估计

所得税是指项目投产后依法缴纳的所得税。所得税一般按照营业利润与企业适用的所得税税率相乘计算。计算公式为:

所得税＝营业利润×所得税税率

＝(营业收入－付现成本－折旧与摊销)×所得税税率

【例 6-6】 某公司拟购置 B 设备,该设备需要投资 1 600 万元,预计使用寿命为 5 年,预计净残值为 100 万元,当年购买当年投产,预计投产后每年可增加营业收入 2 000 万元,每年可增加付现成本 900 万元,该企业适用的所得税税率为 25%,计算该企业投产后每年的所得税。

$$\text{第 1 年至第 5 年每年折旧额} = \frac{1\,600 - 100}{5} = 300(\text{万元})$$

$$\text{第 1 年至第 5 年每年所得税} = (2\,000 - 900 - 300) \times 25\% = 200(\text{万元})$$

(四) 现金净流量的估计

由于项目投资的投入、回收以及收益的形成均以现金流量的形式来表现,所以,在项目计算期的各个阶段都有可能发生现金流量,必须逐年估算每一时点上的现金流入量和现金流出量,并进而计算该时点的现金净流量,从而正确进行项目投资管理。现金净流量是计算项目投资决策评价指标的基础数据。

项目投资的现金净流量(以 NCF 表示)是指投资项目在项目计算期内由每年现金流入量与每年现金流出量之间的差额所形成的序列指标。当现金流入量大于现金流出量时,现金净流量为正值;反之,现金净流量为负值。其理论计算公式为:

$$\text{某年现金净流量}(NCF_t) = \text{该年现金流入量} - \text{该年现金流出量}$$

$$= CI_t - CO_t(t = 0, 1, 2, \cdots, n)$$

现金净流量又包括所得税前现金净流量和所得税后现金净流量两种形式。前者不受筹资方案和所得税政策变化的影响,是全面反映投资项目方案本身财务获利能力的基础数据。计算时,现金流出量的内容中不考虑所得税因素;后者则将所得税视为现金流出,可用于评价在考虑所得税因素时项目投资对企业价值所作的贡献。计算时,可以在税前现金净流量的基础上,直接扣除所得税求得。

确定项目投资的现金净流量,可分别采用列表法和简化法两种方法。

1. 列表法

列表法是指通过编制现金流量表来确定项目净现金流量的方法,又称一般方法,这是无论在什么情况下都可以采用的方法。

在项目投资决策中使用的现金流量表,是用于全面反映某投资项目在其未来项目计算期内每年的现金流入量和现金流出量的具体构成内容,以及现金净流量水平的分析报表。它与财务会计使用的现金流量表无论在具体用途、反映对象、时间特征、表格结构和信息属性等方面都存在较大差异。

项目投资现金流量表要根据项目计算期内每年预计发生的具体现金流入量要素与同年现金流出量要素逐年编制。同时,还要具体详细列示所得税前现金净流量、累计所得税前现金净流量、所得税后现金净流量和累计所得税后现金净流量,并要求根据所得税前后的现金净流量分别计算两套内部收益率、净现值和投资回收期等可行性评价指标,关于评价指标的计算在本章第三节介绍。

【例 6-7】 某公司拟购建一项固定资产,需在建设起点一次投入全部资金1 100万元,建设期为1年,建设期末垫支流动资金50万元。该固定资产的预计使用寿命为5年,期末有100万元净残值,按直线法折旧。预计投产后每年营业收入可达1 200万元,每年需支付的直接材料、直接人工等付现成本为800万元。该企业适用的所得税税率为25%。据此资料编制该投资项目现金流量表如表6-1所示。

表 6-1　投资项目现金流量表

单位:万元

项目计算期	建设期		生产经营期					合计
	0	1	2	3	4	5	6	
1 现金流入量			1 200	1 200	1 200	1 200	1 350	6 150
1.1 营业收入			1 200	1 200	1 200	1 200	1 200	6 000
1.2 回收固定资产残值							100	100
1.3 回收流动资金							50	50
2 现金流出量	1 100	50	800	800	800	800	800	5 150
2.1 建设投资	1 100							1 100
2.2 流动资金投资		50						50
2.3 付现成本			800	800	800	800	800	4 000
3 所得税前净现金流量	−1 100	−50	400	400	400	400	550	1 000
4 累计所得税前净现金流量	−1 100	−1 150	−750	−350	50	450	1 000	—

（续表）

项目计算期	建设期		生产经营期					合计
	0	1	2	3	4	5	6	
5 所得税(25%)			50	50	50	50	50	250
6 所得税后净现金流量	−1 100	−50	350	350	350	350	500	750
7 累计所得税后净现金流量	−1 100	−1 150	−800	−450	−100	250	750	—

计算指标：

净现值(所得税前) = 464 万元(基准折现率为 10%)

净现值(所得税后) = 274.46 万元(基准折现率为 10%)

内部收益率(所得税前) = 24.39%

内部收益率(所得税后) = 18.68%

包括建设期的投资回收期(所得税前) = 3.88 年

不包括建设期的投资回收期(所得税前) = 2.88 年

包括建设期的投资回收期(所得税后) = 4.29 年

不包括建设期的投资回收期(所得税后) = 3.29 年

2. 简化法

简化法是指在特定条件下直接利用公式来确定项目净现金流量的方法，又称特殊方法或公式法。

现金净流量按照期间可分为建设期现金净流量和经营期现金净流量。

(1) 建设期现金净流量的估计。项目投资的建设期现金净流量可直接按以下简化公式计算为：

$$\begin{aligned}\text{建设期某年现金净流量}(NCF_t) &= -\text{该年原始投资额}\\ &= -I_t(t=0,1,\cdots,s,s\geqslant 0)\end{aligned}$$

由上式可见，当建设期 S 不为零时，建设期现金净流量的数量特征取决于其投资方案是分次投入还是一次投入。

(2) 经营期现金净流量的估计。在生产经营期不发生流动资金投资的情况下，经营期现金净流量的简化公式为：

$$\text{经营期某年现金净流量} = \text{该年营业现金净流量} + \text{该年回收额}$$

由于回收额只发生在终结点，当项目正式投产进入生产经营期后，现金净流量计算的关键则在于营业现金净流量的计算。其具体计算公式为：

$$\text{税前营业现金净流量} = \text{营业收入} - \text{付现成本}$$

$$
\begin{aligned}
&= \text{营业利润} + \text{折旧与摊销}\\
\text{税后营业现金净流量} &= \text{营业收入} - \text{付现成本} - \text{所得税}\\
&= \text{净利润} + \text{折旧与摊销}\\
&= (\text{营业收入} - \text{付现成本} - \text{折旧与摊销})\\
&\quad \times (1 - \text{所得税税率}) + \text{折旧与摊销}
\end{aligned}
$$

为了简化计算，一般都假定各年营业现金净流量发生在年末。

[例 6-8] 仍以[例 6-7]资料，要求按照简化法确定该投资项目的税后现金净流量。

$$\text{投产后第 }1\sim 5\text{ 每年的折旧额} = \frac{1\,100-100}{5} = 200(\text{万元})$$

建设期现金净流量为：

$$NCF_0 = -1\,100(\text{万元})$$

$$NCF_1 = -50(\text{万元})$$

经营期现金净流量为：

$$
\begin{aligned}
NCF_{2\sim5} &= \text{净利润} + \text{折旧与摊销}\\
&= (1\,200-800-200)\times(1-25\%)+200 = 350(\text{万元})
\end{aligned}
$$

$$
\begin{aligned}
NCF_6 &= \text{净利润} + \text{折旧与摊销} + \text{回收额}\\
&= (1\,200-800-200)\times(1-25\%)+200+(100+50) = 500(\text{万元})
\end{aligned}
$$

第三节　决策评价指标及其运用

一、项目投资决策评价指标及其类型

(一) 项目投资决策评价指标

项目投资决策评价指标是指用于衡量和比较投资项目可行性，据以进行方案决策的定量化标准与尺度，主要包括静态投资回收期、会计收益率、净现值、净现值率、获利指数、内含报酬率等。

(二)项目投资决策评价指标的类型

1. 按照是否考虑资金时间价值因素，分为静态评价指标和动态评价指标

静态评价指标是指在计算过程中不考虑资金时间价值因素的指标，主要包括

静态投资回收期、会计收益率。

动态评价指标是指在计算过程中充分考虑和利用资金时间价值的指标，主要包括净现值、净现值率、获利指数、内含报酬率。

2. 按照数量特征可分为绝对量指标和相对量指标

绝对量指标是指通过计算最终得到的指标是绝对数，包括静态投资回收期和净现值；相对量指标是指通过计算最终得到的指标是相对数，包括会计收益率、净现值率、获利指数、内含报酬率。

3. 按照指标性质不同可分为正指标和反指标

正指标是指在一定范围内，其数值越大越好的指标，即指标值的大小与投资项目的好坏成正相关关系，如会计收益率、净现值、净现值率、获利指数、内含报酬率均属于正指标。反指标是指在一定范围内其数值越小越好的指标，即指标值的大小与投资项目的好坏成负相关关系，如静态投资回收期就属于反指标。

4. 按指标在决策中的重要性，可分为主要指标、次要指标和辅助指标

净现值、内含报酬率等动态指标为主要指标；静态投资回收期为次要指标；会计收益率为辅助指标。

二、静态评价指标的概念、计算方法及特点

（一）静态投资回收期

1. 静态投资回收期的概念及计算

静态投资回收期（简称回收期），是指用投产后各年现金净流量抵偿原始总投资所需的全部时间。它有“包括建设期的静态投资回收期（记作 PP）”和“不包括建设期的静态投资回收期（记作 PP'）”两种形式。显然，在建设期为 s 时，$PP'+s=PP$，只要求出其中一种形式，就可很方便地推算出另一种形式。

静态投资回收期一般以“年”为单位，是一种使用很久很广的投资决策指标。在评价投资项目可行性时，包括建设期的静态投资回收期比不包括建设期的静态投资回收期用途更广泛。

静态投资回收期的具体计算方法有两种：一种是公式法，另一种是列表法。

(1) 公式法。公式法是指在按一定简化公式直接计算出不包括建设期的投资回收期的基础上，再推算出包括建设期的投资回收期的方法。

如果投资项目的投资均集中发生在建设期，投产后若干年内，每年的现金净流量相等，且合计大于或等于建设期发生的原始投资合计，则可按以下简化公式直接求出投资回收期：

$$不包括建设期的投资回收期(PP') = \frac{建设期发生的原始投资合计}{投资后若干年内相等的现金净流量}$$

$$包括建设期的投资回收期(PP) = PP' + s$$

公式法所要求的应用条件比较特殊，包括项目生产经营期内前若干年内每年的现金净流量必须相等，这些年内的现金净流量之和应大于或等于建设期发生的原始投资合计。如果不能满足上述条件，就无法采用这种方法，必须采用列表法。

【例 6-9】 沿用［例 6－7］资料，判断是否可利用公式法计算静态回收期（所得税后），如果可以，计算其结果。

依题意：

投产后第 1 年至第 4 年现金净流量相等。

生产经营期前 4 年每年现金净流量＝350（万元）

因为经营期前 4 年每年现金净流量 $NCF_{2\sim5}=350$（万元）

建设期发生的原始投资合计＝1 150（万元）

前 4 年现金净流量之和＝4×350＝1 400（万元）＞原始投资额＝1 150（万元）

因此可以使用简化公式计算静态回收期：

$$不包括建设期的投资回收期\ PP' = 1150 \div 350 = 3.29(年)$$

$$包括建设期的投资回收期\ PP = PP' + s = 3.29 + 1 = 4.29(年)$$

(2) 列表法。所谓列表法，是指通过列表计算"累计现金净流量"的方式，来确定包括建设期的静态投资回收期，进而推算出不包括建设期的静态投资回收期的方法。这是确定静态投资回收期的一般方法。

该方法的原理是：按照投资回收期的定义，包括建设期的投资回收期 PP 满足以下关系式，即：

$$\sum_{t=0}^{PP} NCF_t = 0$$

这表明在现金流量表的"累计现金净流量"栏中，包括建设期的投资回收期 PP 恰好是累计现金净流量为零的年限。在计算时有两种可能：

第一，在"累计现金净流量"栏中可以直接找到零，那么零所在列的 t 值即为所求的包括建设期的投资回收期 PP。

第二，无法在"累计现金净流量"栏中直接找到零，那么，计算投资回收期要根据每年年末尚未回收的投资额加以确定，可按下式进行计算：

包括建设期的投资回收期(PP)

$$=\text{最后一项为负值的累计现金净流量对应的年数}+\frac{\text{最后一项为负值的累计现金净流量绝对值}}{\text{下一年度现金净流量}}$$

【例 6-10】 沿用[例 6－7]资料,采用列表法计算静态投资回收期(所得税后)。按列表法编制的表格如表 6-2 所示。

表 6-2 某固定资产投资项目现金流量表(项目投资)

单位:万元

项目计算期(第 t 年)	建设期		经营期					合计
	0	1	2	3	4	5	6	
现金净流量	－1100	－50	350	350	350	350	500	750
累计现金净流量	－1100	－1150	－800	－450	－100	250	750	

因为第 4 年的累计现金净流量小于零,第 5 年的累计现金净流量大于零,因此:

包括建设期的投资回收期 $PP = 4 + |-100| \div 350 \approx 4.29$(年)

不包括建设期的投资回收期 $PP' = 4.29 - 1 = 3.29$(年)

本例表明,按列表法计算的结果与按公式法计算的结果相同。

2. 静态投资回收期的决策规则

运用投资回收期进行互斥项目决策时,应优先选择投资回收期短的项目;若进行独立投资项目决策时,则必须设置基准投资回收期,当投资回收期短于或等于基准投资回收期时,则项目可以考虑接受,否则应予拒绝。

3. 静态投资回收期的优缺点

静态投资回收期的优点包括:① 容易理解,计算也较简便。② 根据项目投资收回时间长短评价优劣,有利于加速资本回收,减少投资风险。缺点包括:① 没有考虑资金的时间价值。② 没有考虑回收期以后的现金流量状况,容易导致错误的抉择,投资回收期优先考虑急功近利的投资项目,可能导致放弃长期成功的投资项目。在实际工作中,项目投资往往看重的是项目中后期得到的较为丰厚的长久收益。对于这种类型的投资项目,用静态投资回收期指标来判断其优劣,就显得片面了,现举例说明如下。

【例 6-11】 A 公司有两个投资项目甲和乙,可供选择,其预计的现金净流量如表 6－3 所示,试计算投资回收期,并比较优劣。

表 6-3　投资项目现金流量表

单位：万元

项　　目	第0年	第1年	第2年	第3年	第4年	第5年
甲项目现金净流量	－2 000	1 200	800	700	600	600
乙项目现金净流量	－2 000	800	1 200	1 200	1 300	1 400

从表 6－3 可以看出，甲、乙两个项目的投资回收期相同，都是 2 年，如果用静态投资回收期进行评价，似乎两者不相上下，然而这两个项目的风险是否一样呢？通过比较，发现并非如此，对于甲和乙两个项目，其前 2 年总现金净流量为 2 000 万元，但甲是从 1 200 万元到 800 万元，而乙则相反。如果考虑货币时间价值，则乙的净现值要高于甲，而且，从第 3 年开始，乙项目的现金净流量高于甲项目。所以，投资回收期法忽略了回收期以后的现金流量。

（二）会计收益率

1. 会计收益率的概念及计算

会计收益率（*ARR*）是指项目达到设计生产能力后正常年份内的年均现金净流量与项目原始投资额的比率。其计算公式为：

$$会计收益率(ARR)=\frac{年平均现金净流量}{原始投资额}\times 100\%$$

【例 6-12】 天宇公司拟新购建一项固定资产，需在建设起点一次投入全部资金 1 100 万元，建设期为一年，垫支营运资金 50 万元。投产后第 1 到 9 年经营期现金净流量为 175 万元，第 10 年项目终结现金净流量为 325 万元。计算该项目会计收益率。

$$ARR=\frac{(175\times 9+325)\div 10}{1\,100+50}\times 100\%=16.52\%$$

2. 会计收益率的决策规则

运用会计收益率进行评价时，应首先确定企业要求达到的最低会计收益率。对于互斥项目的决策，在项目会计收益率高于可接受的最低会计收益率时，应优先选择会计收益率较高的项目；对于独立项目的决策，当投资项目的会计收益率高于可接受的最低会计收益率时，接受该投资项目。

3. 会计收益率的优缺点

会计收益率的优点包括：① 简单易懂，容易计算，并能说明各投资方案的收益水平。② 考虑了整个方案在其寿命周期内的全部现金流量。缺点包括：① 未考虑资金的时间价值，把第一年的现金流量看作与其他年份具有相同的价值，有时会作出错误的决策。② 在会计收益率相同的情况下无法作出决策。会计收益率通常不作为独立的投资决策评价指标,更多的只是在事后的考核评价中使用。

三、动态评价指标的概念、计算方法及特点

(一) 净现值

1. 净现值的概念及计算

所谓净现值(NPV),是指在项目计算期内,按设定折现率计算的各年现金净流量现值的代数和。一般情况下,净现值就是投产后的现金净流量,按照设定折现率折现后的现值,再减去初始投资现值合计的余额。净现值的基本公式为:

$$\text{净现值}(NPV) = \sum_{t=0}^{n} \frac{NCF_t}{(1+i)^t}$$

式中 n—— 项目计算期;

i—— 设定折现率;

t—— 年数($t = 0, 1, 2, \cdots, n$)。

计算净现值,可按照如下步骤进行:

第一步:计算每年的现金净流量。

第二步:确定或选择适当的折现率。折现率的选择有多种方法,比如可以选择公司的资本成本作为折现率,也可以选择项目的资本成本作为折现率。

第三步:计算项目计算期内各年现金净流量的现值之和,即净现值。如果每年的 NCF 相等,则按年金形式折成现值;如果每年的 NCF 不相等,则先对每年的 NCF 按复利形式进行折现,然后加以合计。

【例 6-13】 乙公司有 A、B 两个投资项目,其现金净流量分布如表 6-4 所示。

表 6-4 投资项目现金流量表

单位:万元

时间	0	1	2	3	4	5
A 项目现金净流量	−10 000	3 000	3 000	3 000	3 000	3 000
B 项目现金净流量	−14 000	3 200	4 200	5 200	5 200	5 200

假设投资项目要求的必要报酬率为 10%,根据上述数据,计算 A、B 两项目的净现值为:

$$\begin{aligned} NPV_A &= 3\,000 \times (P/A, 10\%, 5) - 10\,000 \\ &= 1\,372.4\ (\text{万元}) \end{aligned}$$

$$NPV_B = 3\,200 \times (P/F,10\%,1) + 4\,200 \times (P/F,10\%,2) + 5\,200 \times (P/F,10\%,3) + 5\,200 \times (P/F,10\%,4) + 5\,200 \times (P/F,10\%,5) - 14\,000 = 3\,067.04(\text{万元})$$

2. 净现值的内涵

净现值是一个非常重要的项目投资决策指标，理解它不仅对掌握净现值率、获利指数非常有用，而且也对年等额净回收额法的掌握至关重要。应注意以下几点：

(1) 净现值是指投产后各年现金净流量的现值合计与原始投资现值合计之间的差额，它以现金流量的形式反映投资所得与投资的关系：当净现值大于零时，意味着投资所得大于投资，该项目具有可取性；当净现值小于零时，意味着投资所得小于投资，该项目则不具有可取性。

(2) 净现值的计算过程实际就是现金流量的计算及时间价值的计算过程，它的计算实际上就是我们根据项目计算期内的现金流量的分布情况，或者按照复利现值进行计算，或者按照年金现值进行计算。

(3) 净现值的大小取决于折现率的大小，其含义也取决于折现率的规定：如果以投资项目的资本成本作为折现率，则净现值表示按现值计算的该项目的全部收益(或损失)；如果以投资项目的机会成本作为折现率，则净现值表示按现值计算的该项目比已放弃方案多(或少)获得的收益；如果以行业平均资金收益率作为折现率，则净现值表示按现值计算的该项目比行业平均收益水平多(或少)获得的收益。

(4) 实际工作中，可以根据不同阶段采用不同的折现率，比如对项目建设期间的现金流量按贷款利率作为折现率，而对经营期的现金流量则按社会平均资金收益率作为折现率。

(5) 净现值指标适用于投资额相同、项目计算期相等的多方案决策。

3. 净现值的决策规则

净现值指标所依据的原理是：假设预计的现金净流量在年末肯定可以实现，并把原始投资看成是按预定折现率借入的。当净现值为正数时，偿还本息后该项目仍有剩余的收益；当净现值为零时，偿还本息后一无所获；当净现值为负数时，该项目收益不足以偿还本息。

因此，运用净现值指标进行决策时，对于独立的投资项目，以净现值是否大于0作为判断标准。如果投资项目的净现值大于0，说明投资项目带来的现金流入在支付资本成本后仍有剩余，则投资项目可行。

从[例6-13]的计算可以看出，A项目的净现值1 372.4万元和B项目的净现值 3 067.04 万元都为正，说明 A 项目和 B 项目的报酬率均超过了预定的折现率，则 A 项目和 B 项目都是可行的；若两者是互斥项目，由于 A 项目和 B 项目的项目计算期相同，但原始投资不相同，一般应比较项目的净现值，选择净现值较大的 B 项目。

4. 净现值的优缺点

净现值的优点主要有：① 它充分考虑了货币时间价值，不仅估算现金流量的数额，而且还考虑了现金流量的时间。② 它能反映投资项目在其整个经济年限内的总效益。③ 它可以根据未来需要来改变折现率，因为项目的经济年限越长，折现率变动的可能性越大，在计算净现值时，只需改变公式中的分母就行了。

净现值的缺点主要有：① 不能揭示各投资项目本身可能达到的实际报酬率是多少，如不同投资项目间投资额大的同时净现值也大，此时仅用净现值来判断评价项目的优劣，就显得不恰当了。②现金净流量测算和折现率确定困难，而它们的正确性对计算净现值有着重要影响。

（二）净现值率

1. 净现值率的概念及计算

净现值率（记作 *NPVR*）是指投资项目的净现值占原始投资现值合计的比率，亦可将其理解为单位原始投资的现值所创造的净现值。

净现值率的计算公式为：

$$净现值率（NPVR）=\frac{项目的净现值}{原始投资的现值合计}\times 100\%$$

【例 6-14】 根据［例 6－13］资料（见表 6－4），乙公司 A、B 两个项目的净现值分别为 1 372.4 万元和 3 067.04 万元，原始投资现值合计分别为 10 000 万元和 14 000万元。据此计算该项目的净现值率为：

$$NPVR_{\mathrm{A}}=\frac{1\,372.4}{10\,000}\times 100\%=13.72\%$$

$$NPVR_{\mathrm{B}}=\frac{3\,067.04}{14\,000}\times 100\%=21.91\%$$

2. 净现值率的决策规则

净现值率是相对指标，反映了单位投资现值所能实现的净现值大小。利用净现值率进行决策时，对于独立的投资项目，只要项目的净现值率为正，表明该项目在财务上是可行的。

从［例 6－14］的计算可以看出，A 项目和 B 项目的净现值率都为正，则 A 项目和B项目都是可行的；同样，若两者是互斥项目，由于A项目和B项目的项目计算期相同，但原始投资不相同，一般应比较项目的净现值，选择净现值较大的B项目。

3. 净现值率的优缺点

净现值率的优点是：① 可以从动态的角度反映项目投资的资金投入与净产出之间的关系。② 计算过程比较简单。净现值率的缺点在于无法直接反映投资项目的实际报酬率。

（三）获利指数

1. 获利指数的概念及计算

获利指数（*PI*）又称现值指数，是投产后各年现金净流量的现值合计与原始投资现值合计之间的比值，其计算公式如下：

$$PI=\frac{\text{投产后各年现金净流量的现值合计}}{\text{原始投资现值合计}}$$

$$PI=\sum_{t=s+1}^{n}\frac{NCF_t}{(1+i)^t}\div A_0$$

获利指数和净现值的区别，在于它不是简单地计算投产后各年现金净流量的现值合计与原始投资现值合计的差额，而是计算两者的比值，它的经济意义是每元投资投产后可以获得的现金净流量的现值数。

【例 6-15】 根据[例 6－13]的资料（见表 6－4），计算乙公司A项目和B项目的获利指数为：

$$PI_{\mathrm{A}}=\frac{3\,000\times 3.790\,8}{10\,000}=1.14$$

$$PI_{\mathrm{B}}=\frac{14\,000+3\,067.04}{14\,000}=1.22$$

2. 获利指数与净现值

理解获利指数的内涵，关键要理解其与净现值之间的关系：

（1）获利指数是以相对数形式将投产后各年现金净流量的现值合计与原始投资现值合计进行比较，而净现值则是以绝对数形式将投产后各年现金净流量的现值合计与原始投资现值合计进行比较。前者是除的关系，后者是减的关系，计算区别仅在于此。

（2）获利指数往往作为净现值的辅助指标使用，一般并不单独使用。

（3）净现值和获利指数的计算都是在假定折现率的基础上进行的，但是如何确定折现率却有一定的难度。

3. 获利指数的决策规则

运用获利指数评价项目时，对于独立项目的决策，获利指数应大于或等于1，表明该项目的报酬率大于或等于预定的投资报酬率，项目可行；反之，则项目不可行。

从[例6-15]的计算可以看出，A项目和B项目的获利指数都大于1，说明A项目和B项目的报酬率均超过了预定的折现率，故两个项目都可进行投资。

4. 获利指数的优缺点

获利指数的优点在于：① 考虑了资金的时间价值，能够真实地反映投资方案的盈亏程度。② 与净现值相比，获利指数是一个相对数，能正确地反映各投资方案的经济效率。获利指数的缺点则是其概念比较抽象，不便于理解，并且仍然无法直接反映投资项目的实际报酬率。

(四) 内含报酬率

1. 内含报酬率的概念及计算

内含报酬率(*IRR*)又称内部报酬率或内部收益率，是能够使投资项目的净现值为零的折现率。

净现值、净现值率和获利指数虽然考虑了时间价值，可以说明投资项目高于或低于某一特定的投资报酬率，但没有揭示项目本身可以达到的具体的报酬率是多少。而内含报酬率是根据项目的现金流量计算的，是项目本身实际达到的投资报酬率。目前越来越多的企业使用该项指标对投资项目进行评价。

内含报酬率的计算比较复杂，通常根据未来现金流量的情况，可以采用以下两种方法：

(1) 如果没有建设期，投产后各年的现金净流量(*NCF*)相等，则按下列步骤计算：

第一步：计算年金现值系数：

$$年金现值系数=\frac{原始投资总额}{每年现金净流量(NCF)}$$

第二步：查年金现值系数表，在相同的期数内，找出与上述年金现值系数相等的系数，所对应的折现率恰好就是所求的内含报酬率；若在相同的期数内找不到上述年金现值系数，则采用内插法计算内含报酬率。

(2) 如果每年的现金净流量(*NCF*)不相等，则需要采用逐次测试法计算内含报酬率。

【例6-16】 根据[例6-13]的资料(如表6-4所示)，计算乙公司A、B两个项目的内含报酬率。

(1) A 项目的每年现金净流量(NCF)相等,内含报酬率的计算如下:

$$年金现值系数=\frac{原始投资总额}{每年的现金净流量(NCF)}$$

$$=\frac{10\,000}{3\,000}=3.333\,3$$

查年金现值系数表,第 5 期与 3.333 3 相邻近的年金现值系数分别为 3.352 2 和 3.274 3,它们所对应的折现率分别是 15%和 16%,由此可知所要求的内含报酬率在 15%~16%之间,然后用内插法计算,设内含报酬率为 X,则:

$$\frac{X-15\%}{16\%-15\%}=\frac{3.333\,3-3.352\,2}{3.274\,3-3.352\,2}$$

得:　　　　$X=15.24\%$

所以,A 项目的内含报酬率=15.24%

(2) B 项目的每年现金净流量(NCF)不相等,应采用逐次测试法。测算过程如表 6-5 所示。

表 6-5　B 项目内含报酬率逐次测试表

单位:万元

年度	NCF_t	测试 16%		测试 18%	
		复利现值系数	现值	复利现值系数	现值
0	−14 000	1.000 0	−14 000	1.000 0	−31 000
1	3 200	0.862 1	2 758.72	0.847 5	2 712.00
2	4 200	0.743 2	3 121.44	0.718 2	3 016.44
3	5 200	0.640 7	3 331.64	0.608 6	3 164.72
4	5 200	0.552 3	2 871.96	0.515 8	2 682.16
5	5 200	0.476 2	2 476.24	0.437 1	2 272.92
NPV	—	—	560.00	—	−151.76

在表 6-5 中,先按 16%的折现率进行测算,净现值为正数,再把折现率提高到 18%,进行第二次测算,净现值为负数。这说明该项目的内部报酬率一定在 16%~18%之间。然后用内插法计算,设内含报酬率为 X,则:

$$\frac{X-16\%}{18\%-16\%}=\frac{0-560}{-151.76-560}$$

得：

$$X = 17.57\%$$

所以，B项目的内含报酬率=17.57%

2. 内含报酬率的决策规则

运用内含报酬率指标评价项目时，对于独立项目的决策，如果计算出的内含报酬率大于或等于企业所要求的必要报酬率，则项目可行；反之，则项目不可行。

在【例6-16】中，如果设置的基准折现率为10%，从以上计算可以看出，两个方案均可行。

3. 内含报酬率的优缺点

内含报酬率有以下优点：① 它充分考虑了资金的时间价值，能反映投资项目本身的真实报酬率。② 不受基准折现率高低的影响，比较客观。

内含报酬率的缺点则在于：① 计算过程比较复杂，特别是每年 NCF 不相等的投资项目，一般需要两次或多次测算才能求得。② 内含报酬率隐含了再投资假设，即各年的现金净流量流入后是假定各个项目在其全过程内是按各自的内含报酬率进行再投资而形成增值，这一假定具有较大的主观性，缺乏客观的经济依据。

（五）动态指标之间的关系

净现值 NPV、净现值率 $NPVR$、获利指数 PI 和内含收益率 IRR 指标之间存在以下数量关系，即：

当 $NPV > 0$ 时，$NPVR > 0$，$PI > 1$，$IRR > i$；

当 $NPV = 0$ 时，$NPVR = 0$，$PI = 1$，$IRR = i$；

当 $NPV < 0$ 时，$NPVR < 0$，$PI < 1$，$IRR < i$。

此外，净现值率 $NPVR$ 的计算需要在已知净现值 NPV 的基础上进行，内含收益率 IRR 在计算时也需要利用净现值 NPV 的计算技巧。这些指标都会受到建设期的长短、投资方式，以及各年现金净流量的数量特征的影响。所不同的是 NPV 为绝对量指标，其余为相对数指标，计算净现值 NPV、净现值率 $NPVR$ 和获利指数 PI 所依据的折现率都是事先已知的 i，而内含收益率 IRR 的计算本身与折现率 i 的高低无关。

四、多个互斥方案的比较决策

所谓互斥方案，是指接受一个方案就必须放弃另一个方案的情况。投资决策中，如涉及多个相互排斥，不能同时存在的投资方案，则应在每一个入选方案已具备财务可行性的前提下，利用相应的评价指标比较各个方案的优劣，并从各个备选方案中选出一个最优方案。

项目投资互斥方案比较决策的方法主要包括净现值法、差额投资内含报酬率法、年等额净回收额法等具体方法。如果原始投资相同，项目计算期相等用净现值的大小评价方案优劣；如果原始投资不相同，项目计算期相等，用差额投资内含报酬率法；如果项目计算期不相等，用年等额净回收额法。下面分别介绍差额投资内含报酬率法、年等额净回收额法这两种方法。

（一）差额投资内含报酬率法

所谓差额投资内含报酬率法，是指在两个原始投资额不同方案的差量现金净流量（记作 ΔNCF）的基础上，计算出差额内含报酬率（记作 ΔIRR），并据以与基准折现率进行比较，进而判断方案孰优孰劣的方法。该法适用于两个原始投资不相同，但项目计算期相同的多方案比较决策。

当差额内含报酬率指标大于或等于基准收益率或设定折现率时，原始投资额大的方案较优；反之，则投资少的方案为优。

差额投资内含报酬率法的原理如下：

假定有 A 和 B 两个项目计算期相同的投资方案，A 方案的投资额大，B 方案的投资额小。我们可以把 A 方案看成两个方案之和。第一个方案是 B 方案，即把 A 方案的投资用于 B 方案；第二个方案是 C 方案。用于 C 方案投资的是 A 方案投资额与 B 方案投资额之差。因为把 A 方案的投资用于 B 方案会节约一定的投资，可以作为 C 方案的投资资金来源。

C 方案的现金净流量等于 A 方案的现金净流量减去 B 方案的现金净流量而形成的差量现金净流量 ΔNCF。根据 ΔNCF 计算出来的差额内含报酬率 ΔIRR，其实质就是 C 方案的内含报酬率。

在这种情况下，A 方案等于 B 方案与 C 方案之和；A 方案与 B 方案的比较，相当于 B 与 C 两方案之和与 B 方案的比较。如果差额内含报酬率 ΔIRR 大于或等于基准折现率，则 C 方案具有财务可行性，这就意味着 A 方案优于 B 方案；如果差额内含报酬率 ΔIRR 小于基准折现率，则 C 方案不具有财务可行性，这就意味着 B 方案优于 A 方案。

差额投资内含报酬率 ΔIRR 的计算过程和计算技巧同内含报酬率 IRR 完全一样，只是所依据的是差量现金净流量 ΔNCF。

【例 6-17】 某公司有两个项目可供选择，其中 A 项目原始投资的现值为 200 万元，第 1 年至第 5 年的现金净流量为 72.10 万元；B 项目的原始投资额为 100 万元，第 1 年至第 5 年的现金净流量为 40.80 万元。假定基准折现率为 10%。据此资料按差额投资内含报酬率法进行投资决策。

(1) 计算差量现金净流量：

$$\Delta NCF_0 = -200-(-100) = -100(\text{万元})$$

$$\Delta NCF_{1\sim5} = 72.10-40.80 = 31.30(\text{万元})$$

(2) 计算差额内含报酬率 ΔIRR。依题意，计算年金现值系数：

$$(P/A,\Delta IRR,5) = 100\div31.30 = 3.1949$$

查年金现值系数表得：

$$(P/A,18\%,5) = 3.1272 < 3.1949$$

$$(P/A,16\%,5) = 3.2743 > 3.1949$$

所以 $17\% < \Delta IRR < 18\%$，因而应用内插法：

$$\Delta IRR = 16\% + \frac{3.1949-3.2743}{3.1272-3.2743}\times(18\%-16\%)\approx17.08\%$$

由于A项目的差额内含报酬率指标为17.08%，高于基准折现率，因而应采用A项目。

（二）年等额净回收额法

所谓年等额净回收额法，是指通过比较所有投资方案的年等额净回收额指标的大小来选择最优方案的决策方法。该法适用于原始投资不相同、特别是项目计算期不同的多方案比较决策。在此方法下，年等额净回收额最大的方案为优。

某方案的年等额净回收额等于该方案净现值与相关的资本回收系数(即年金现值系数的倒数)的乘积。计算公式为：

$$\text{某方案年等额净回收额} = \text{该方案净现值}\times\text{资本回收系数}$$

或

$$= \text{该方案净现值}\times\frac{1}{\text{年金现值系数}}$$

【例6-8】 某公司拟投资建设一条新生产线。现有两个项目可供选择：A项目的原始投资为1 300万元，项目计算期为11年，净现值为950万元；B项目的原始投资为1 100万元，项目计算期为10年，净现值为910万元。行业基准折现率为10%，据此资料按年等额净回收额法作出投资决策。

依题意，计算A、B两个项目的年等额净回收额：

$$\text{A项目的年等额净回收额} = \text{A项目的净现值}\times\frac{1}{(P/A,10\%,11)}$$

$$= 950\times\frac{1}{6.4951}\approx146.26(\text{万元})$$

$$B项目的年等额净回收额 = B项目的净现值 \times \frac{1}{(P/A, 10\%, 10)}$$

$$= 910 \times \frac{1}{6.1446} \approx 148.10(万元)$$

由上述计算结果可知，尽管A项目的净现值大于B项目，但其年等额净回收额却小于B项目，因而应选择B项目。

五、独立投资项目的排序

所谓独立项目，是指在决策过程中，一组互相分离、互不排斥的项目或单一的项目。在独立项目中，选择某一项目并不排斥选择另一项目。就一组完全独立的项目而言，其存在的前提条件是：① 投资资金来源无限制。② 投资资金无优先使用的排列。③ 各投资项目所需的人力、物力均能得到满足。④ 不考虑地区、行业之间的相互关系及其影响。⑤ 每一投资项目是否可行，仅取决于本项目的经济效益，与其他项目无关。符合上述前提条件的项目即为独立项目。例如，某企业拟进行几项投资活动，这一组投资项目有：扩建某生产车间、购置一辆运输汽车、新建办公楼等。这一组投资方案中各个项目之间没有什么关联，互相独立，并不存在相互比较和选择的问题。企业既可以全部不接受，也可以接受其中一个，接受多个或全部接受。

对于每个单一的独立项目，对其作出的最终决策无非是两种选择，即接受或者拒绝。只有完全具备或基本具备财务可行性的项目，才可以被接受；完全不具备或基本不具备财务可行性的项目，只能选择拒绝，因此，对于独立项目而言，评价其财务可行性也就是对其作出最终决策的过程。

（一）判断项目完全具备财务可行性的条件

如果某一投资项目的所有评价指标均处于可行区间，即同时满足以下条件时，则可以断定该投资项目无论从哪个方面看都具备财务可行性，或完全具备可行性。这些条件是：

（1）净现值 $NPV \geqslant 0$。

（2）净现值率 $NPVR \geqslant 0$。

（3）获利指数 $PI \geqslant 1$。

（4）内含报酬率 $IRR \geqslant$ 基准折现率 i。

（5）包括建设期的静态投资回收期 $PP \leqslant \frac{n}{2}$（即项目计算期的一半）。

（6）不包括建设期的静态投资回收期 $PP' \leqslant \frac{p}{2}$（即生产经营期的一半）。

(7) 会计收益率 $ARR \geqslant$ 基准会计收益率 k(事先给定)。

(二) 判断项目是否完全不具备财务可行性的条件

如果某一投资项目的评价指标均处于不可行区间,即同时满足以下条件时,则可以断定该投资项目无论从哪个方面看都不具备财务可行性,或完全不具备可行性,应当彻底放弃该投资项目。这些条件是:

(1) 净现值 $NPV < 0$。

(2) 净现值率 $NPVR < 0$。

(3) 获利指数 $PI < 1$。

(4) 内含收益率 $IRR <$ 基准折现率 i。

(5) 包括建设期的静态投资回收期 $PP > \frac{n}{2}$。

(6) 不包括建设期的静态投资回收期 $PP' > \frac{p}{2}$。

(7) 会计收益率 $ARR <$ 基准会计收益率 k(事先给定)。

(三) 判断项目是否基本具备财务可行性的条件

如果在评价过程中发现某项目的主要指标处于可行区间(如 $NPV \geqslant 0$,$NPVR \geqslant 0$,$PI \geqslant 1$,$IRR \geqslant i$),但次要或辅助指标处于不可行区间(如 $PP > \frac{n}{2}$,$PP' > \frac{p}{2}$ 或 $ARR < k$),则可以断定该项目基本上具有财务可行性。

(四) 判断项目是否基本不具备财务可行性的条件

如果在评价过程中发现某项目出现 $NPV < 0$,$NPVR < 0$,$PI < 1$,$IRR < i$ 的情况,即使有 $PP \leqslant \frac{n}{2}$,$PP' \leqslant \frac{p}{2}$ 或 $ARR \geqslant k$ 发生,也可断定该项目基本上不具有财务可行性。

(五) 其他应当注意的问题

在对独立方案进行财务可行性评价的过程中,除了要熟练掌握和运用上述判定条件外,还必须明确以下两点。

1. 主要评价指标在评价财务可行性的过程中起主导作用

在对独立项目进行财务可行性评价和投资决策的过程中,当静态投资回收期(次要指标)或会计收益率(辅助指标)的评价结论与净现值等主要指标的评价结论发生矛盾时,应当以主要指标的结论为准。

2. 利用动态指标对同一个投资项目进行评价和决策,会得出完全相同的结论

在对同一个投资项目进行财务可行性评价时,净现值、净现值率、获利指数和内含报酬率指标的评价结论是一致的。

【例 6-19】 某公司拟投资一项目,经过初步调查分析,计算出来的财务可行

性评价指标如下：ARR 为 11%，PP 为 6 年，PP' 为 5 年，NPV 为 162.65 万元，$NPVR$ 为18.05%，PI 为 1.17，IRR 为 13.01%。项目计算期为 11 年(其中生产生产经营期为 10 年)，基准会计收益率为 10%，基准折现率为 10%。据此资料评价该项目财务可行性的程序如下：

$NPV=162.65$ 万元>0；

$NPVR=18.05\%>0$；

$PI=1.17>1$；

$IRR=13.01\%>i=10\%$；

$ARR=11\%>k=10\%$；

$PP'=5$ 年$=\frac{p}{2}$；

$PP=6$ 年$>\frac{n}{2}=5.5$ 年，超过基准回收期。

评价结论：因为该项目各项主要评价指标均达到或超过相应标准，所以基本上具有财务可行性，只是包括建设期的投资回收期较长，有一定风险。如果条件允许，可实施投资。

关键术语

项目投资　现金净流量　静态投资回收期　会计收益率　净现值　净现值率　获利指数　内含报酬率　互斥方案　独立项目

思考题

1. 什么是投资项目的可行性研究？它包括哪些内容？
2. 什么是项目投资？项目投资的特点有哪些？
3. 财务管理中的现金与财务会计中的现金有何异同点？
4. 为什么投资决策要用现金流量而不是利润进行计算？
5. 现金流量包括哪些内容？
6. 简述净现值与内含报酬率的联系与区别。
7. 简述净现值与获利指数的联系与区别。
8. 简述静态投资回收期法的优缺点。

9. 当投资额不同或项目计算期不等时，如何才能正确决策？

10. 对于独立方案如何进行评价？

练 习 题

1. 某公司来年拟投资A项目，经过可行性分析，有关资料如下：

(1) A项目共需固定资产投资4 500万元，其中第1年年初一次投入4 500万元，建设期为1年，第1年年末全部竣工交付使用。

(2) A项目投产时需垫支流动资金500万元，用于购买材料、支付工资等。

(3) A项目经营期预计为5年，固定资产按直线法计提折旧。A项目正常终结处理时残余价值为500万元。

(4) 根据市场预测，A项目投产后第1年营业收入为3 200万元，以后4年每年营业收入均为4 200万元。第1年的付现成本为1 500万元，以后4年每年的付现成本均为2 100万元。

(5) 假设该企业适用的所得税税率为25%。

【要求】 试计算A项目预计5年的现金流量。

2. 某公司有两个投资项目可供选择，其中：

(1) A项目的现金净流量如下：第0年现金净流量为－2 000万元，当年建设当年投产，投产后第1年至第5年现金净流量为625万元。

(2) B项目的现金净流量如下：第0年现金净流量为－3 100万元，当年建设当年投产，投产后第1年至第5年现金净流量分别为850万元、775万元、700万元、625万元、1 650万元。

【要求】

(1) 计算A项目和B项目的静态投资回收期。

(2) 计算A项目和B项目的会计收益率。

3. 神龙公司拟投资一项目，投资额为1 000万元，使用寿命期5年，5年中每年销售收入为800万元，付现成本为500万元，假定所得税税率为25%，固定资产残值不计，资本成本率为10%。

【要求】

(1) 计算该项目的年营业现金净流量。

(2) 计算投资回收期。

(3) 计算该项目的净现值。

(4) 当资本成本率为15%时，该项目投资是否可行？

4. 某公司现有资金 200 万元可用于以下投资方案 A 或 B:

A 方案:购入国库券(5 年期,年利率 14%,不计复利,到期一次支付本息)

B 方案:购买新设备,使用期 5 年,预计残值收入为设备总额的 10%,按直线法计提折旧;设备交付使用后每年可以实现 24 万元的税前利润。该企业的资本成本率为 10%,适用所得税税率为 25%。

【要求】

(1) 计算投资方案 A 的净现值。

(2) 计算投资方案 B 各年的现金净流量及净现值。

(3) 运用净现值法对上述投资方案进行选择。

5. 已知宏达公司拟于 2011 年年初用自有资金购置设备一台,需一次性投资 100 万元。经测算,该设备使用寿命为 5 年,税法亦允许按 5 年计提折旧;设备投入运营后每年可新增利润 20 万元(净利润)。假定该设备按直线法折旧,预计的净残值率为 5%;不考虑建设安装期和公司所得税。

【要求】

(1)计算使用期内各年现金净流量。

(2)计算该设备的静态投资回收期。

(3)如果以 10%作为折现率,计算其净现值。

6. 某公司准备买一设备,该设备买价为 320 万元,预计可用 5 年,其各年年末产生的现金净流量预测如下:第 1 年现金净流量为 80 万元,第 2 年现金净流量为 120 万元,第 3 年至第 5 年现金净流量均为 120 万元,假设该公司要求的必要报酬率为 10%。

【要求】 计算该项投资的净现值、净现值率和获利指数,并说明是否应投资该设备。

7. 某公司正在考虑一项初始投资为 5 420 万元的投资项目,该项目预计年限为 5 年,每年年末将产生 2 060 元的现金净流量,第 5 年年末设备残值收入 320 元。公司要求的收益率为 15%。

【要求】

(1) 计算该项目的净现值。

(2) 计算该项目的净现值率。

(3) 计算该项目的获利指数。

(4) 计算该项目的内含报酬率。

(5) 判断是否采纳这一项目。

8. 某公司有一更新改造项目,其更换新设备和改造旧设备方案的差量现金净流量如表 6-6 所示。

表 6-6 投资项目差量现金流量表

单位:万元

时间	0	1	2	3	4	5
ΔNCF	−10 000	3 030	3 030	3 030	3 030	3 030

【要求】 如果行业基准投资报酬率为10%,用差额投资内含报酬率法就是否更新改造作出决策。

第七章 营运资本管理

重点提示

学习本章，掌握现金持有动机、现金管理成本和最佳现金持有量的确定；掌握持有应收账款的动机、应收账款的成本及应收账款信用政策的确定；掌握持有存货的意义、存货管理的成本以及订货批量和订货时间的决策；掌握短期借款的种类、信用条件以及利息的支付方式；掌握商业信用的形式和成本；理解现金、应收账款和存货的日常管理，理解短期借款、商业信用的优缺点；理解短期融资券以及应收账款保理相关内容；了解营运资本的概念、特点以及营运资本管理的目的和内容。

第一节 营运资本管理概述

一、营运资本的概念和特点

（一）营运资本的概念

营运资本是指投入日常经营活动（营业活动）的资本，是指流动资产和流动负债的差额。

流动资产是指可以在1年以内或超过1年的一个营业周期内变现或运用的资产，企业拥有较多的流动资产可在一定程度上降低财务风险。流动资产按用途可分为临时性流动资产和永久性流动资产。临时性流动资产是指随生产的周期性或季节性需求而变化的流动资产；永久性流动资产是指满足企业一定时期生产经营最低需要的那部分流动资产。

流动负债是指需要在1年或者超过1年的一个营业周期内偿还的债务。流动负债按形成原因可分为自发性流动负债和临时性流动负债。自发性流动负债是指企业在生产经营过程中不需要正式安排，由于结算程序的原因而自然形成一部分货款的支付时间晚于形成时间的流动负债，如应付账款、应付票据等，它们是资金的一种长期来源；临时性流动负债是指为了满足临时性流动资金需要所发生的负债，如商业零售企业春节前为满足节日销售需要，超量购入货物而举借的债务，它是资金的一种短期来源。

当流动资产大于流动负债时，营运资本是正值，表示流动负债提供了部分流动资产的资金来源，另外的部分是由长期资金来源支持的，这部分金额就是营运资本。营运资本也可以理解为长期筹资用于流动资产的部分，即长期筹资净值。

由于

$$流动资产+长期资产=所有者权益+长期负债+流动负债$$

所以

$$流动资产-流动负债=(所有者权益+长期负债)-长期资产$$

$$营运资本=长期筹资-长期资产=长期筹资净值$$

$$流动资产=流动负债+长期筹资净值$$

这个公式说明，流动资产投资所需资金的一部分由流动负债支持，另一部分由长期筹资支持。尽管流动资产和流动负债都是短期项目，但是绝大多数健康运转企业的营运资本是正值。

（二）营运资本的特点

1. 流动资产的特点

(1) 流动资产的来源具有灵活多样性。与筹集长期资金的方式相比，企业筹集流动资产所需资金的方式较为灵活多样，通常有银行短期借款、短期融资券、商业信用、应交税费、应交利润、应付职工薪酬、应付费用、预收货款、票据贴现等多种内外部融资方式。

(2) 流动资产的数量具有波动性。流动资产的数量会随企业内外条件的变化而变化，时高时低，波动很大。季节性企业如此，非季节性企业也如此。随着流动资产数量的变动，流动负债的数量也会相应发生变动。

(3) 流动资产周转具有短期性。企业占用在流动资产上的资金，通常会在1年或一个营业周期内收回。根据这一特点，流动资产所需资金可以用商业信用、银行短期借款等短期筹资方式来加以解决。

(4) 流动资产的实物形态具有变动性和易变现性。企业流动资产的占用形态是经常变化的，一般按照现金、材料、在产品、产成品、应收账款、现金的顺序转化。

为此，在进行流动资产管理时，必须在各项流动资产上合理配置资金数额，做到结构合理，以促进资金周转顺利进行。此外，交易性金融资产、应收账款、存货等流动资产一般具有较强的变现能力，如果遇到意外情况，企业出现资金周转不灵、现金短缺时，便可迅速变卖这些资产，以获取现金。

2. 流动负债的特点

流动负债具有偿还期限短、成本低、财务风险高、筹资富有弹性等特点。

二、营运资本管理的目的

营业资本管理是企业财务管理的一个重要组成部分，所以营业资本管理的目的必须符合企业财务管理的目的。一般来说，营运资本管理的目的是通过管理活动的实施，保证企业具有适度的流动性，以便应付日常经营的需要和具有良好的偿付能力，努力提高企业的盈利能力。企业营运资本管理的基本目标就是最大限度地服务于企业的长远财务规划，围绕经营活动现金流量的创造，实现企业价值最大化。当然，流动资产自身没有创造现金流量的能力，对企业价值的形成没有直接的影响。但在资本投资性质及其效率既定的情况下，无能的、低效的营运资本管理却会在很大程度上抵减企业经营活动现金流量的创造力。因此，企业应合理确定现金持有量，保持良好的流动资产结构，加快应收账款的回收等，使企业营运资本按照营运资本管理既定的目标进行运营，促使企业实现价值最大化。

为达到这一目的，在营运资本管理中，要求做好以下几点：① 合理确定企业运营资本的占用数量。② 合理确定短期资本的来源结构。③ 加快资本周转，提高资本的利用效率。

三、营运资本管理的内容

在营运资本管理中，一个财务管理者必须做两个决策，即企业运营需要多少营运资金以及如何筹集企业运营所需的资金。在实践中，这些决策一般同时进行，而且它们相互影响。所以，营运资本管理包括营运资本投资管理和营运资本筹资管理。

(一) 营运资本投资管理

营运资本投资管理也就是流动资产投资管理，包括流动资产投资政策和流动资产投资日常管理两部分。

1. 流动资产投资政策

(1) 流动资产投资政策类型。流动资产投资政策是指如何确定流动资产投资的相对规模。流动资产的相对规模，通常用流动资产占销售收入的比率来衡量。

它是流动资产周转率的倒数，也称1元销售占用流动资产。

流动资产/销售收入比率=流动资产/销售收入=1元销售占用流动资产

常见的流动资产投资政策有以下三种类型。

第一，紧缩的流动资产投资政策。在紧缩的流动资产投资政策下，一个公司维持低水平的流动资产/销售收入比率。利用JIT存货技术，原材料投资将尽可能紧缩。另外，尚未结清的应收账款和现金余额将被保持在最低水平，这反映了受限的信用政策。

紧缩的流动资产投资政策可能伴随着更高风险；这些风险可能源于更紧的信用和存货管理，或源于缺乏现金用于偿还应付账款。此外，受限的信用政策可能减少销售收入。同时，紧缩的产品存货政策则不利于进行商品选择从而影响企业销售。

紧缩的流动资产投资政策能提高企业收益，只要不可预见的事件没有损坏公司的流动性而导致严重的问题发生。

第二，适中的流动资产投资政策。在销售不变情况下，企业安排较少的流动资产投资，可以缩短流动资产周转天数，节约投资成本。但是，投资不足可能会引发经营中断，增加短缺成本，给企业带来损失。企业为了减少经营中断的风险，在销售不变的情况下安排较多的营运资本投资，会延长流动资产周转天数。但是，投资过量会出现闲置的流动资产，白白浪费了投资，增加持有成本。因此，需要权衡得失，确定其最佳投资需要量，也就是短缺成本和持有成本之和最小化的投资额。

适中的营运资本投资政策，就是按照预期的流动资产周转天数、销售额及其增长，成本水平和通货膨胀等因素确定的最优投资规模，安排流动资产投资。这种流动资产投资政策下投资收益率和运营风险都适中。

第三，宽松的流动资产投资政策。在宽松的流动资产投资政策下，企业维持高水平的流动资产/销售收入比率。通常情况下，企业持有高水平的现金、高水平的应收账款(通常来自于宽松的信用政策)和高水平的存货(通常源于补给原材料或不愿意因为成品存货不足而失去销售)。这种流动资产投资政策需要较多的流动资产投资，承担较大的流动资产持有成本，可能导致较低的投资收益率，但由于较高的流动性，企业的运营风险较小。

(2) 如何选择流动资产投资政策。在进行流动资产投资政策的选择时，需要考虑以下因素：

第一，该公司对风险和收益的权衡特性。在进行流动资产投资政策的选择时，公司债权人的意见尤为关键。银行和其他借款人对企业流动性水平非常重视，因为流动性包含了这些债权人对信贷扩张和利率的决策。他们还考虑应收账款和存货的质量，尤其是当这些资产被用来当作一项贷款的抵押品。

第二,公司特性。许多公司,尤其是较小的公司,由于有限的短期借贷可获得性和有限的整体资本化,被迫采用紧缩的投资政策。

第三,产业因素。在销售的边际毛利较高的产业,一个宽松的信用政策可能提供相当可观的收益,尤其是如果潜在的额外利润大大超过潜在的成本。这种观点假设从额外销售中获得的利润超过额外应收账款所增加的成本,以及其他额外的坏账损失。

第四,决策者类型。财务管理者较之运营或销售经理,通常具有不同的流动资产管理观点。运营经理通常喜欢高水平的原材料存货或部分产成品,以便满足生产所需。相似的,销售经理也喜欢高水平的产成品存货以便满足顾客的需要,而且喜欢宽松的信用政策以便刺激销售。相反,财务管理者喜欢最小化存货和应收账款,以便最小化为这些流动资产进行筹资的成本。

2. 流动资产投资的日常管理

流动资产投资的日常管理,是流动资产投资政策的执行过程。流动资产投资的日常管理的主要内容包括现金管理、存货管理和应收账款管理。

流动资产的日常管理,是伴随各业务部门的日常生产经营活动进行的。财务部门管理现金流动、生产部门管理存货流动,销售部门管理应收账款流动。这些日常营业虽然都会影响公司的流动性,但是财务主管并不直接决策,而由相关营业人员分散决策。

日常营业活动是频繁发生、重复进行的,比如向顾客收款每天要发生许多次。经常重复的例行活动的决策过程可以程序化,即通过建立控制系统来完成。例如,企业需要建立现金控制系统、存货控制系统和应收账款控制系统等。财务主管的职责是根据既定流动资产投资政策制定控制标准和控制程序,并监控系统运行的有效性。

(二) 营运资本筹资管理

营运资本筹资管理是指在总体上如何为流动资产筹资,采用短期资金来源还是长期资金来源,或者兼而有之。进行营运资本筹资管理,就是确定流动资产所需资金中短期来源和长期来源的比例。营运资本的投资管理,确定了投资的总量,也就是需要筹资的总量。营运资本的筹资管理,主要是确定筹资的来源结构。

流动资产的资金来源,一部分是短期来源,另一部分是长期来源,后者是长期资金来源购买固定资产后的剩余部分。长期资金来源购买固定资产后的剩余部分多,资金来源的持续性强,偿债压力小,管理起来比较容易,称为保守的筹资政策。长期资金来源购买固定资产后的剩余部分是负数,资金来源的持续性弱,偿债压力大,称为激进的筹资政策,从最保守的筹资政策到最严格的筹资政策之间,分布着一系列宽严程度不同的筹资政策。它们大体上分为三类:配合型筹资政策、保守型筹资政策和激进型筹资政策。

1. 保守型筹资政策

保守型筹资政策的特点是:临时性流动负债只融通部分临时性流动资产的资金需要,另一部分临时性流动资产和长期性资产,则由长期资金来源支持。极端保守的筹资政策完全不使用短期借款,全部资金都来自长期资金,该筹资政策如图7-1所示。

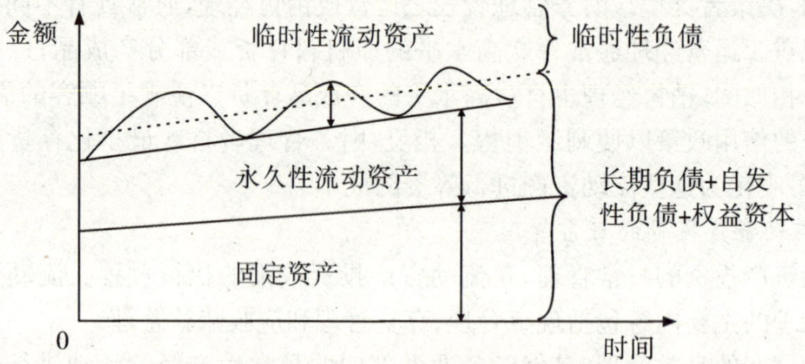

图 7-1 保守型筹资政策

从图 7-1 中可以看到,保守型筹资政策下临时性流动负债占企业全部资金来源的比例较小。

例如,某企业在生产经营过程中,需占用 600 万元的流动资产和 1 000 万元的固定资产,在生产经营的高峰期,会额外增加 500 万元的季节性存货需求。如果企业只是生产经营的旺季借入资金低于 500 万元,比如 300 万元的短期借款,而无论何时的长期负债、自发性负债和权益资本之和总是高于 1 600 万元,比如达到 1 800 万元,那么旺季季节性存货的资金需要只有一部分(300 万元)靠当时的短期借款解决,其余部分的季节性存货和全部长期性资金需要则由长期负债、自发性负债和权益资本提供。而在生产经营的淡季,企业则可将闲置的资金(200 万元)投资于短期有价证券。

这种做法下,由于短期金融负债所占比重较小,所以企业无法偿还到期债务的风险较低,同时蒙受短期利率变动损失的风险也较低。然而,另一方面,却会因长期负债资本成本高于临时性流动负债的资本成本,以及经营淡季时资金有剩余但仍需负担长期负债利息,从而降低企业的收益。所以,保守型筹资政策是一种风险和收益均较低的营运资本筹资政策。

2. 配合型筹资政策

配合型筹资政策的特点是:对于临时性流动资产,用临时性流动负债筹集资

金;对于永久性流动资产和长期资产,则由长期资金来源来支持,该政策可以用以下公式表示:

长期资产＋永久性流动资产＝权益＋长期负债＋自发性流动负债

临时性流动资产＝临时性流动负债

该筹资政策如图 7-2 所示。

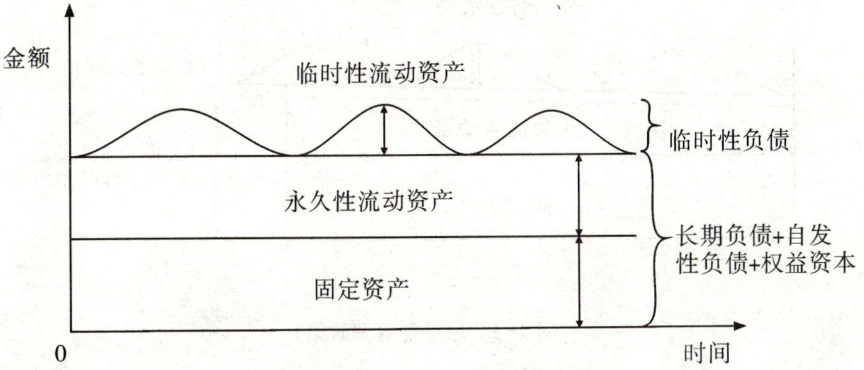

图 7-2　配合性筹资政策

配合型筹资政策要求企业的临时性流动负债筹资计划严密,实现现金流动与预期安排相一致。企业需要与临时性流动资产需求时间和数量相配合的临时性流动负债。

例如,某企业在生产经营的过程中,需占用 600 万元的流动资产和 1 000 万元的固定资产,在生产经营的高峰期,会额外增加 500 万元的季节性存货需求。按照配合型筹资政策,企业只在生产经营的高峰期才借入 500 万元的短期借款。1 600 万元永久性资产(即 600 万元永久性流动资产和 1 000 万元固定资产之和)均由长期负债、自发性流动负债和权益资本解决其资金需要,这样按照投资持续时间结构去安排筹资的时间结构,有利于降低利率风险和偿债风险。

资金来源的有效期和资产的有效期的匹配,是一种战略性的匹配,而不要求完全匹配,实际上,企业也做不到完全匹配。其原因是:① 企业不可能为每一项资产按其有效期配置单独的资金来源,只能分成短期来源和长期来源两大类来统筹安排筹资。② 企业必须有所有者权益筹资,它是无限期的资本来源,而资产总是有期限的,不可能完全匹配。③ 资产的实际有效期是不确定的,而还款期是确定的,必然会出现不匹配。例如,预计销售没有实现,无法按原计划及时归还短期借款,导致匹配失衡。

3. 激进型筹资政策

激进型筹资政策的特点是:临时性流动负债不但融通临时性流动资产的资金需要,还解决部分长期性资产的资金需要。极端激进的筹资政策是全部长期性流动资产都采用临时性流动负债筹资,甚至部分固定资产也采用临时性流动负债筹资,该筹资政策如图 7-3 所示。

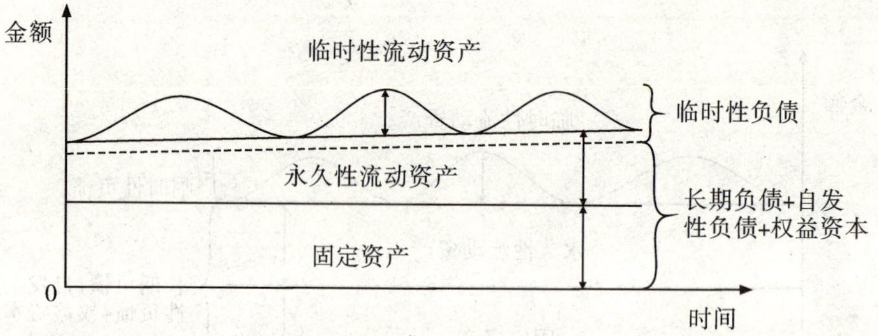

图 7-3 激进型筹资政策

从图 7-3 中可以看到,激进型筹资政策下临时性流动负债在企业全部资金来源中所占比重大于配合型筹资政策。

例如,某企业在生产经营的淡季,需占用 600 万元的流动资产和 1 000 万元的固定资产,在生产经营的高峰期,会额外增加 500 万元的季节性存货需求。如果企业的权益资本、长期负债和自发性负债的筹资额低于 1 600 万元(即低于正常经营期的流动资产占用与固定资产占用之和),比如只有 1 300 万元,那么就会有 300 万元的长期性资产和 500 万元的临时性流动资产(在经营高峰期内)由临时性流动负债筹资来解决。这种情况表明,企业实行的是激进型筹资政策。

由于临时性流动负债的资本成本一般低于长期负债和权益资本的资本成本,而激进型筹资政策下临时性流动负债所占比重较大,所以该政策下企业的资本成本较低。但是,为了满足长期性资产的长期资金需要,企业必然要在临时性流动负债到期后重新举债或申请债务展期,这样企业便会更为经常地举债和还债,从而加大筹资困难和风险;还可能面临由于临时性流动负债利率的变动而增加企业资本成本的风险,所以激进型筹资政策是一种收益性和风险性均较高的营运资本筹资政策。

四、营运资本管理的原则

企业的营运资本在全部资本中占有相当大的比重,而且周转期短,形态易变,所以是企业财务管理工作的一项重要内容。实证研究表明,财务经理的大量时间都用于营运资本的管理。企业进行营运资本管理,必须遵循以下原则。

(一)认真分析生产经营状况,合理确定营运资本的需要数量

企业营运资本的需要数量与企业生产经营活动有直接关系,当企业产销两旺时,流动资产不断增加,流动负债也会相应增加;而当企业产销量不断减少时,流动资产和流动负债也会相应减少。因此,企业财务人员应认真分析生产经营状况,采用一定的方法预测营运资本的需要数量,以便合理使用营运资本。

(二)在保证生产经营需要的前提下,节约使用资本

在营运资本管理中,必须正确处理保证生产经营需要和节约使用资本两者之间的关系。要在保证生产经营需要的前提下,遵守勤俭节约的原则,挖掘资本潜力,精打细算地使用资本。

(三)加速营运资本周转,提高资本的利用效果

营运资本周转是指企业的营运资金从现金投入生产经营开始,到最终转化为现金的过程。在其他因素不变的情况下,加速营运资本的周转,也就相应地提高了资本的利用效果。因此,企业要千方百计地加速存货、应收账款等流动资产的周转,以便用有限的资本,取得最优的经济效益。

(四)合理安排流动资产与流动负债的比例关系,保证企业有足够的短期偿债能力

流动资产、流动负债以及两者之间的关系能较好地反映企业的短期偿债能力。流动负债是在短期内需要偿还的债务,而流动资产则是在短期内可以转化为现金的资产。因此,如果一个企业的流动资产比较多,流动负债比较少,说明企业的短期偿债能力较强;反之,则说明短期偿债能力较弱。但如果企业的流动资产太多,流动负债太少,也并不是正常现象,这可能是因流动资产闲置或流动负债利用不足所致。因此,在营运资本管理中,要合理安排流动资产和流动负债的比例关系,以便既节约使用资金,又保证企业有足够的偿债能力。

第二节 现金管理

现金有广义、狭义之分。广义的现金是指在生产经营过程中以货币形态存在的资金,包括库存现金、银行存款和其他货币资金等。狭义的现金仅指库存现金。这里所讲的现金是指广义的现金。

保持合理的现金水平是企业现金管理的重要内容。现金是变现能力最强的资产,可以用来满足生产经营开支的各种需要,也是还本付息和履行纳税义务的

保证。拥有足够的现金对于降低企业的风险,增强企业资产的流动性和债务的可清偿性有着重要的意义。除了应付日常的业务活动外,企业还需要拥有足够的现金偿还贷款、把握商机以及防止不时之需。但库存现金是唯一的不创造价值的资产,对其持有量不是越多越好,即使是银行存款,其利率也非常低。因此,现金存量过多,它所提供的流动性边际效益便会随之下降,从而使企业的收益水平下降。

所以,企业必须建立一套管理现金的方法,持有合理的现金数额,使其在时间上继起,在空间上并存。现金预算是每个企业必做的功课,以衡量企业在某段时间内的现金流入量与流出量,以便在保证企业经营活动所需现金的同时,尽量减少企业的现金数量,提高资金收益率。

一、持有现金的动机

(一) 交易性动机

企业的交易性动机是企业为了维持日常周转及正常商业活动所需持有的现金额。企业每日都在发生许多支出和收入,这些支出和收入在数额上不相等以及时间上不匹配,为此企业需要持有一定现金来调节,以使生产经营活动能继续进行。

在许多情况下,企业向客户提供的商业信用条件和它从供应商那里获得的信用条件不同可能使企业必须持有现金。如供应商提供的信用条件是 30 天付款,而公司迫于竞争压力,则向顾客提供 45 天的信用期,这样,企业必须筹集足够 15 天的运转资金来维持企业运转。

另外,企业业务的季节性,要求企业逐渐增加存货以等待季节性的销售高潮。这时,一般会发生季节性的现金支出,公司现金余额下降,随后又随着销售高潮到来,存货减少,而现金又逐渐恢复到原来水平。

(二) 预防性动机

预防性动机是指企业需要维持充足现金,以应付突发事件。这种突发事件可能是政治环境变化、公司突发性偿付,也可能是公司的某大客户违约导致企业突发偿债。尽管财务主管试图利用各种手段来较准确地估算企业需要现金数,但这些突发事件会使原本很好的财务计划失去效果。因此,企业为了应付突发事件,有必要维持比日常正常运转所需金额更多的现金。

为应付意料不到的现金需要,企业需掌握的现金额取决于:① 企业愿冒缺少现金风险的程度。② 企业预测现金收支可靠的程度。③ 企业临时融资的能力。一个希望尽可能减少风险的企业倾向于保留大量的现金余额,以应付其交易性需求和大部分预防性资金需求。另外,它会与银行维持良好关系,以备现金短缺之需。

（三）投机性动机

投机性动机是企业为了抓住突然出现的获利机会而持有的现金，这种机会大都是一闪即逝的，如证券价格的突然下跌，企业若没有用于投机的现金，就会错过这一机会。

除了上述三种基本的现金需求以外，还有许多企业持有现金是作为补偿性余额的。即出于银行要求而保留在企业银行账户中的存款，它是企业对银行所提供借款或其他服务的一种间接补偿。

二、现金管理的成本

（一）现金的机会成本

现金作为企业的一项资金占用，是有代价的，这种代价就是它的机会成本。现金的机会成本，是指企业因持有一定现金余额而丧失的再投资收益。再投资收益是企业不能同时用该现金进行有价证券投资所产生的机会成本，这种成本在数额上等于资金成本，即：

机会成本＝平均现金持有量×有价证券利率（或：资本成本率）

例如，某企业的资本成本为10%，年均持有现金50万元，则该企业每年的现金成本为5万元（50×10%）。现金的机会成本，属于变动成本，它与现金持有量的多少密切相关，即现金持有量越大，机会成本越大；反之，就越小。

（二）现金的管理成本

现金的管理成本是指企业因持有一定量的现金而发生的管理费用，如管理人员工资、安全措施费等。现金的管理成本是一种固定成本，与现金持有量之间无明显的比例关系。

（三）现金的交易成本

企业用现金购入有价证券以及用有价证券换回现金是要付出代价的（如支付经纪费用、证券过户费及其他费用），这种代价被称为现金的交易成本。企业在一定时期内现金使用量确定的前提下，现金持有量越多，证券交易（转换）次数越少，现金的交易成本就越低；现金持有量越少，证券交易次数越多，现金的交易成本就越高。因此，现金交易成本与现金持有量成反比。

（四）现金的短缺成本

现金的短缺成本是因缺乏必要的现金，不能应付业务开支所需，而使企业蒙受损失或为此付出的代价。现金的短缺成本随现金持有量的增加而下降，随现金持有量的减少而上升。

三、最佳现金持有量的确定

现金的管理除了做好日常收支，加快现金流转速度外，还需控制好现金持有规模，即确定适当的现金持有量。下面是几种确定最佳现金持有量的方法。

(一) 成本分析模式

成本分析模式是通过分析持有现金的成本，寻找持有成本最低的现金持有量。运用成本分析模式确定最佳现金持有量时，只考虑因持有一定量现金而产生的机会成本、管理成本和短缺成本，而不考虑交易成本。

现金的机会成本、管理成本与短缺成本之和最小的现金持有量，就是最佳现金持有量。如果把这三种成本线放在一个图上(见图 7-4)，就能表现出持有现金的总成本(总代价)，找出最佳现金持有量的点：机会成本线向右上方倾斜，短缺成本线向右下方倾斜，管理成本线为平行于横轴的平行线，总成本线便是一条抛物线，该抛物线的最低点即持有现金的最低总成本。超过这一点，机会成本上升的代价会大于短缺成本下降的好处；这一点之前，短缺成本上升的代价又会大于机会成本下降的好处。这一点横轴上的量，即最佳现金持有量。

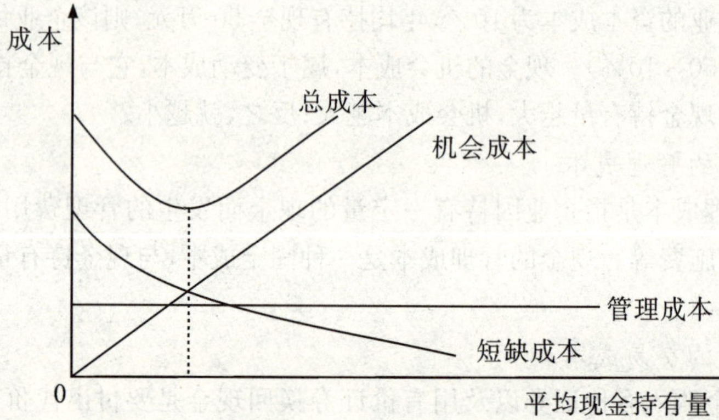

图 7-4 持有现金的总成本

在实际工作中，运用成本分析模式确定最佳现金持有量的具体步骤为：

(1) 根据不同现金持有量测算并确定有关成本数值。

(2) 按照不同现金持有量及其有关成本资料编制现金持有总成本表。

(3) 在总成本表中找出总成本最低时的现金持有量，即最佳现金持有量。

【例 7-1】 某企业有四种现金持有方案，它们各自的机会成本、管理成本、短缺成本如表 7-1 所示。

表 7-1　现金持有方案

单位:元

项目＼方案	甲	乙	丙	丁
平均现金持有量	25 000	50 000	75 000	100 000
机会成本	1 500	5 000	7 500	10 000
管理成本	10 000	10 000	10 000	10 000
短缺成本	12 000	6 750	2 500	1 000

注:机会成本率即该企业的资本收益率为10%。

这四种方案的总成本计算结果见表7-2。

表 7-2　现金持有总成本

单位:元

项目＼方案	甲	乙	丙	丁
机会成本	2 500	5 000	7 500	10 000
管理成本	10 000	10 000	10 000	10 000
短缺成本	12 000	6 750	2 500	1 000
总成本	24 500	21 750	20 000	21 000

将以上各方案的总成本加以比较可知,丙方案的总成本最低,也就是说,当企业持有75 000元现金时,各方面的总成本最低,对企业最合算,故75 000元是该企业的最佳现金持有量。

(二) 存货模式

从上面的分析中我们已经知道,企业平时持有较多的现金,会降低现金的短缺成本,但也会增加现金占用的机会成本;而平时持有较少的现金,则会增加现金的短缺成本,却能减少现金占用的机会成本。如果企业平时只持有较少的现金,在有现金需要时(如手头的现金用尽),通过出售有价证券换回现金(或从银行借入现金),便能既满足现金的需要,避免短缺成本,又减少机会成本。因此,适当的现金与有价证券之间的转换,是企业提高资金使用效率的有效途径。但是,如果每次任意量地进行有价证券与现金的转换,会加大企业现金的交易成本,因此,如何确定有价证券与现金的每次转换量,是一个需要研究的问题,这可以应用现金持有量的存货模式来解决。

现金持有量的存货模式又称鲍曼模型,是威廉·鲍曼(William Baumol)提出的用于确定目标现金持有量的模型。在持有现金的成本中,管理成本因其相对稳定，同现金持有量的多少关系不大，因此，在存货模式中将其视为决策无关成本而不予考虑。由于现金是否会发生短缺、短缺多少、概率多大以及各种短缺情形发生时可能的损失如何，都存在很大的不确定性和无法计量性。因而，在利用存货模式计算现金最佳持有量时，对短缺成本也不予以考虑。在存货模式中，只考虑机会成本和交易成本。这样，现金的成本构成可重新表现为图 7－5 所示。

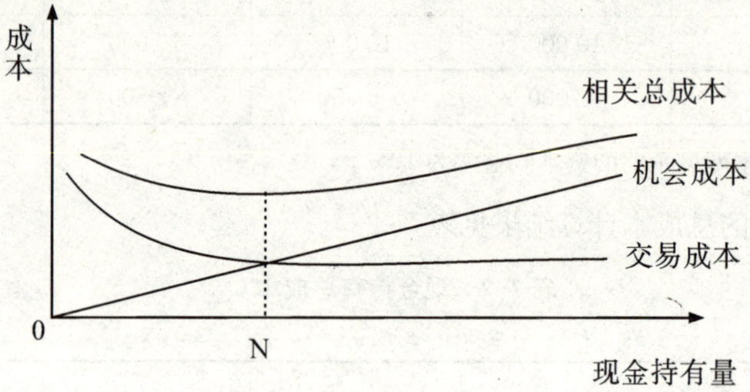

图 7-5　最佳现金余额图

在图 7-5 中，现金的机会成本和交易成本是两条随现金持有量呈不同方向发展的线，两条线交叉点相应的现金持有量即是相关总成本最低的现金持有量，它可以运用现金持有量存货模式求出。以下通过举例，说明现金持有量存货模式的应用。

【例 7－2】 某企业的现金使用量是均衡的，每周的现金净流出量为 20 万元。若该企业第 0 周开始时持有现金 60 万元，那么这些现金够企业支用 3 周，在第 3 周结束时，现金持有量将降为 0，其 3 周内的平均现金持有量则为 30 万元（60÷2）。第 4 周开始时，企业需将 60 万元的有价证券转换为现金以备支用；待第 6 周结束时，现金持有量再次降为 0，这 3 周内的现金平均余额仍为 30 万元。如此循环，企业一段时期内的现金持有状况可表现如图 7-6 所示。

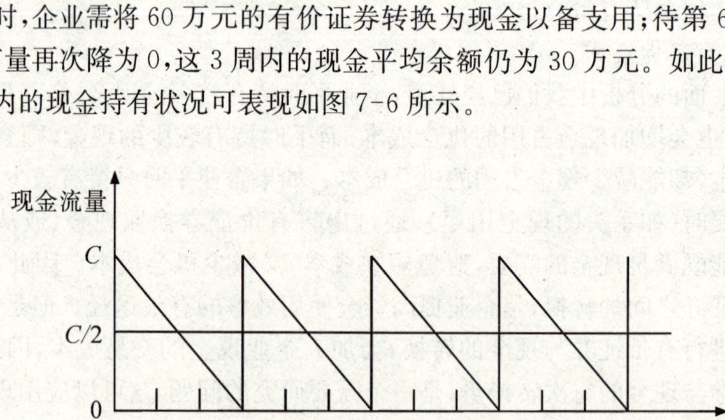

图 7-6　一段时间内的现金持有状况

在图 7-6 中，每 3 周为一个现金使用的循环期，以 C 代表各循环期之初的现金持有量，以 $C/2$ 代表各循环期内的现金平均持有量。如果企业将 C 定得高些，比如定为 120 万元，每周的现金净流出量仍为 20 万元，这些现金将够支用 6 周，企业可以在 6 周后再出售有价证券补充现金，这能够减少现金的交易成本；但 6 周内的现金平均余额将增加为 60 万元(120÷2)，这又会增加现金的机会成本。

如果企业将 C 定得低些，比如定为 40 万元，每周的现金净流出量还是 20 万元，那么这些现金只够支用 2 周，企业必须频繁地每 2 周就出售有价证券，这必然增加现金的交易成本；不过 2 周循环期内的现金平均余额可降为 20 万元(40÷2)，这降低了现金的机会成本。

于是，企业需要合理地确定 C，以使现金的相关总成本最低。解决这一问题首先要明确三点：

(1) 一定期间内的现金需求量，用 T 表示。

(2) 每次出售有价证券以补充现金所需的交易成本，用 F 表示；一定时期内出售有价证券的总交易成本为：

$$交易成本 = (T/C) \cdot F$$

(3) 持有现金的机会成本率，用 K 表示；一定时期内持有现金的总机会成本表示为：

$$机会成本 = (C/2) \cdot K$$

解决这一问题的方法有列表法和公式法两种。

方法一：列表法。

在以上的举例中，企业 1 年的现金需求量为 1 040 万元(20×52)。该企业有几种确定 C 的方案，每种方案对应的机会成本和交易成本，分别如表 7-3、表7-4 所示。

表 7-3　持有现金的机会成本

单位：万元

初始现金持有量 C	平均现金持有量 $C/2$	机会成本(K=0.1)
120	60	6
80	40	4
60	30	3
40	20	2
20	10	1

表 7-4 持有现金的交易成本

单位：万元

现金总需求 T	初始现金持有量 C	交易成本(F=0.1)
1040	120	0.87
1040	80	1.30
1040	60	1.73
1040	40	2.60
1040	20	5.20

计算出了各种方案的机会成本和交易成本，将它们相加，就可以得到各种方案的相关总成本：

$$\text{相关总成本} = \text{机会成本} + \text{交易成本} = (C/2) \cdot K + (T/C) \cdot F$$

该企业各种初始现金持有量方案的相关总成本见表 7-5 所示。

表 7-5 持有现金的相关总成本

单位：万元

初始现金持有量	机会成本	交易成本	相关总成本
120	6	0.87	6.87
80	4	1.30	5.30
60	3	1.73	4.73
40	2	2.60	4.60
20	1	5.20	6.20

如表 7-5 所示，当企业的初始现金持有量为 40 万元时，现金相关总成本最低。以上结论是通过对各种初始现金持有量方案的逐次成本计算得出的。

方法二：公式法。就是利用公式求出成本最低的现金持有量，这一现金持有量称为最佳现金持有量，以 C^* 表示。

从图 7-5 中已知，最佳现金持有量 C^* 是机会成本线与交易成本线交叉点所对应的现金持有量，因此 C^* 应当满足：

机会成本=交易成本，即：

$$(C^*/2) \cdot K = (T/C^*) \cdot F$$

整理后，可得出：

$$(C^*)^2 = \frac{2T \cdot F}{K}$$

等式两边分别取平方根，有：

$$C^* = \sqrt{\frac{2T \cdot F}{K}}$$

本例中，T＝104(万元)，F＝0.1(元)，K＝0.1，利用上述公式即可计算出最佳现金持有量为：

$$C^* = \sqrt{\frac{2 \times 1\,040 \times 0.1}{0.1}}$$
$$= 45.61(\text{万元})$$

现金持有量的存货模式是一种简单、直观地确定最佳现金持有量的方法。但它也有缺点，主要是假定现金的流出量稳定不变，实际上这很少见。相比而言，那些适用于现金流量不确定的控制最佳现金持有量的方法，就显得更具普遍应用性。

（三）随机模式

随机模式是在现金需求量难以预知的情况下进行现金持有量控制的方法。对企业来讲，现金需求量往往波动大且难以预知，但企业可以根据历史经验和现实需要，测算出一个现金持有量的控制范围，即制定出现金持有量的上限和下限，将现金量控制在上、下限之内。当现金量达到控制上限时，用现金购入有价证券，使现金持有量下降；当现金量降到控制下限时，则抛售有价证券换回现金，使现金持有量回升。若现金量在控制的上、下限之内，便不必进行现金与有价证券的转换，保持它们各自的现有存量。这种对现金持有量的控制，如图 7-7 所示。

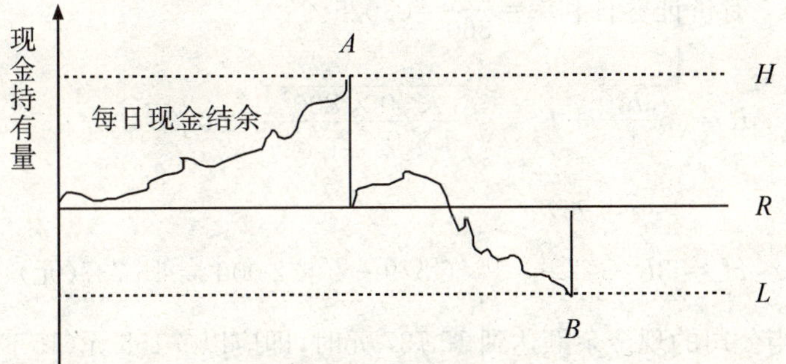

图 7-7　现金持有量的随机模式图

图7-7中，虚线H为现金存量的上限，虚线L为现金存量的下限，实线R为最优现金返回线。从图中可以看到，企业的现金存量(表现为现金每日余额)是随机波动的，当其达到A点时，即达到了现金控制的上限，企业应用现金购买有价证券，使现金持有量回落到现金返回线(R线)的水平；当现金存量降至B点时，即达到了现金控制的下限，企业则应转让有价证券换回现金，使其存量回升至现金返回线的水平。现金存量在上、下限之间的波动属控制范围内的变化，是合理的，不予理会。以上关系中的上限H、现金返回线R可按下列公式计算：

$$R=\sqrt[3]{\frac{3b\delta^2}{4i}}+L$$

$$H=3R-2L$$

式中　b——每次有价证券的固定交易成本；

i——有价证券的日利息率；

δ——预期每日现金余额变化的标准差(可根据历史资料测算)。

而下限L的确定，则要受到企业每日的最低现金需要、管理人员的风险承受倾向等因素的影响。

【例7-3】 假定某公司有价证券的年利率为9%，每次固定交易成本为50元，公司认为任何时候其银行活期存款及现金余额均不能低于2 000元，又根据以往经验测算出现金余额波动的标准差为800元。最优现金返回线R、现金控制上限H的计算为：

$$\text{有价证券日利率}=\frac{9\%}{360}=0.025\%$$

$$R=\sqrt[3]{\frac{3b\delta^2}{4i}}+L=\sqrt[3]{\frac{3\times50\times800^2}{4\times0.025\%}}+2\,000$$

$$=6\,579(\text{元})$$

$$H=3R-2L=3\times6\,579-2\times2\,000=15\,737(\text{元})$$

这样，当公司的现金余额达到15 737元时，即应以9 158元(15 737－6 579)的现金去投资于有价证券，使现金持有量回落为6 579元；当公司的现金余额降至2 000元时，则应转让4 579元(6 579－2 000)的有价证券，使现金持有量回升为6 579元，这可以用图7-8表示。

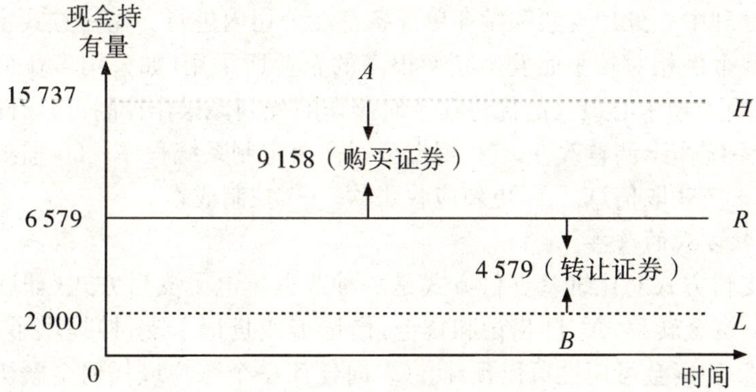

图 7-8 随机模式的示例

随机模式建立在企业的现金未来需求总量和收支不可预测的前提下，因此计算出来的现金持有量比较保守。

四、现金的日常管理

(一) 现金收入管理

1. 收账的流动时间

一个高效率的收款系统能够使收款成本和收款浮动期达到最小，同时能够保证与客户汇款及其他现金流入来源相关的信息的质量。收款系统成本包括浮动期成本、管理收款系统的相关费用(如银行手续费)及第三方处理费用或清算相关费用。在获得资金之前，收款在途项目使企业无法利用这些资金，也会产生机会成本。信息的质量包括收款方得到的付款人的姓名、付款的内容和付款时间。信息要求及时、准确地到达收款人一方，以便收款人及时处理资金，作出发货的安排。

收款浮动期是指从支付开始到企业收到资金的时间间隔。收款浮动期主要是纸基支付工具导致的，有下列三种类型：① 邮寄浮动期是指从付款人寄出支票到收款人或收款人的处理系统收到支票的时间间隔。② 处理浮动期是指支票的接受方处理支票和将支票存入银行以收回现金所花的时间。③ 结算浮动期是指通过银行系统进行支票结算所需的时间。

2. 邮寄的处理

纸基支付收款系统主要有两大类：一类是柜台存入的体系，一类是邮政支付系统。

这里主要讨论的支付系统，是企业通过邮政收到顾客或者其他商业伙伴的支票。一家公司尽可能采用内部清算处理中心或者一个锁箱来接收和处理邮政支付。具体采用哪种方式取决于两个因素，即支付的笔数和金额。

企业处理中心处理支票和做存单准备都在公司内进行。这一方式主要为那些收到的付款金额相对较小而发生频率很高的企业所采用(如公用事业公司和保险公司)。场内处理中心最大的优势在于对操作的控制。操作控制可以有助于:

① 对系统作出调整改变。② 根据公司需要定制系统程序。③ 监控掌握客户服务质量。④ 获取信息。⑤ 更新应收账款。⑥ 控制成本。

3. 收款方式的改善

电子支付方式对比纸基支付方式是一种改进。电子支付方式(如联储通信系统 Fedwire 资金转移,ACH 借记和贷记,借记卡或贷记卡支付)提供了如下好处:① 结算时间和资金可用性可以预计。② 向任何一个账户或任何金融机构的支付具有灵活性,不受人工干扰。③ 客户的汇款信息可与支付同时传送,更容易更新应收账款。④ 客户的汇款从纸基方式转向电子化,减少或消除了收款浮动期,降低了收款成本,收款过程更容易控制,并且提高了预测精度。

(二) 现金支出管理

现金支出管理的主要任务是尽可能延缓现金的支出时间。当然,这种延缓必须是合理合法的。

1. 使用现金浮游量

现金浮游量是指由于企业提高收款效率和延长付款时间所产生的企业账户上的现金余额和银行账户上的企业存款余额之间的差额。

2. 推迟应付款的支付

推迟应付款的支付是指企业在不影响自己信誉的前提下,充分运用供货方所提供的信用优惠,尽可能地推迟应付款的支付。

3. 汇票代替支票

汇票分为商业承兑汇票和银行承兑汇票,与支票不同的是,承兑汇票并不是见票即付。这一方式的优点是它推迟了企业调入资金支付汇票的实际所需时间。这样,企业就只需在银行中保持较少的现金余额。它的缺点是某些供应商可能并不喜欢用汇票付款,银行也不喜欢处理汇票,它们通常需要耗费更多的人力。同支票相比,银行会收取较高的手续费。

4. 改进员工工资支付模式

企业可以为支付工资专门设立一个工资账户,通过银行向职工支付工资。为了最大限度地减少工资账户的存款余额,企业要合理预测开出支付工资的支票到职工去银行兑现的具体时间。

(三) 现金收支的综合控制

以上已说明现金收入和现金支出的控制方法,现在再阐述对现金的综合性控制手段。

1. 力争现金流入与流出同步

如果企业能尽量使它的现金流入与现金流出发生的时间趋于一致，就可以使所持有的交易性现金余额降到较低水平，这就是所谓的现金流量同步。基于这种认识，企业可以重新安排付出现金的时间，尽量使现金流入与现金流出趋于同步。

2. 实行内部牵制制度

在现金管理中，要实行管钱的不管账，管账的不管钱，使出纳人员和会计人员互相牵制，互相监督。凡有库存现金收付，应坚持复核制度，以减少差错，堵塞漏洞。出纳人员调换时，必须办理交接手续，做到责任清楚。

3. 及时进行现金的清理

在现金管理中，要及时进行现金的清理。库存现金的收支应做到日清月结，确保库存现金的账面余额与实际库存额相互符合；银行存款账户余额与银行对账单余额相互符合；现金、银行存款日记账数额分别与现金、银行存款总账数额相互符合。

4. 遵守国家规定的库存现金的使用范围

按我国有关制度规定，企业可以在下列范围内使用库存现金：① 职工工资、各项工资性补贴。② 个人劳动报酬。③ 根据国家规定办法给个人的科学技术、文化艺术、教育、卫生、体育等各种奖金。④ 各种劳保、福利费用一级国家规定的对个人的其他支出。⑤ 各种抚恤金、学生奖学金、丧葬补助费。⑥ 出差人员必须随身携带的差旅费。⑦ 结算起点以下的零星支出，现行规定的结算起点为人民币1 000元。⑧ 中国人民银行确定需要支付的其他支出。

5. 做好银行存款的管理

企业超过库存现金限额的现金，应存入银行，由银行统一管理。企业银行存款主要有以下两种类型：

(1) 结算户存款。结算户存款是指企业为从事结算业务而存入银行的款项。其资金主要来自企业出售商品的货款、提供劳务的收入、从银行取得的贷款、发行证券筹得的资金等。结算户存款企业随时可以支取，具有与库存现金一样灵活的购买力，比较灵活方便。但结算户存款利息率很低，企业获得的报酬很少。

(2) 单位定期存款。单位定期存款是企业按银行规定的存储期限存入银行的款项。企业向开户行办理定期存款，应将存款金额从结算户转入专户存储，由银行签发存单。存款到期凭存单支取，只能转入结算户，不能直接提取为库存现金。单位定期存款的利息率较高，但使用不太方便，只有闲置的、一定时期内不准备动用的现金才能用于定期存款。

加强对银行存款的管理具有重要意义，企业应做好以下几项工作：① 按期对银行存款进行清查，保证银行存款安全完整。② 当结算户存款结余过多，一定时期内又不准备使用时，可转入定期存款，以获取较多的利息收入。③ 与银行保持良好的关系，使企业的借款、还款、存款、转账结算能顺利进行。

（四）适当持有交易性金融资产

交易性金融资产管理与现金管理是密不可分的。交易性金融资产由于易变现的特征而成为现金的替代品。

企业持有交易性金融资产主要基于两个理由：

（1）以交易性金融资产作为现金的替代品。交易性金融资产虽然不能直接使用，但是与其他流动资产相比，也具有较高的流动性和较强的变现能力，通过不同的交易性金融资产形式代替现金，可以丰富企业的现金持有形式。

（2）以交易性金融资产取得一定的收益。单纯的现金项目没有收益或收益很低，将一部分现金投资于交易性金融资产，可以在保持较高流动性的同时得到比现金高的收益，所以将持有的部分现金用于交易性金融资产是很多企业的做法。

第三节 应收账款管理

随着市场经济的发展，商业信用的推行，企业应收账款数额明显增多，已成为流动资产管理中一个日益重要的问题。企业通过提供商业信用，采取赊销、分期付款等方式可以扩大销售，增强竞争力，获得利润。应收账款作为企业为扩大销售和盈利的一项投资，也会发生一定的成本。所以，企业需要在应收账款所增加的盈利和所增加的成本之间做出权衡。应收账款管理就是分析赊销的条件，使赊销带来的盈利增加大于应收账款投资产生的成本增加，最终使企业现金收入增加，企业价值上升。

一、持有应收账款的动机、成本与管理目标

（一）持有应收账款的动机

1. 商业竞争

在社会主义市场经济条件下，存在着激烈的商业竞争，竞争机制的作用迫使企业以各种手段扩大销售。除了依靠产品质量、价格、售后服务、广告等外，赊销也是扩大销售的手段之一。对于同等的产品价格、类似的质量水平、一样的售后服务，实行赊销的产品或商品的销售额将大于现金销售的产品或商品的销售额，这是因为顾客将从赊销中得到好处。出于扩大销售的竞争需要，企业不得不以赊销或其他优惠方式招揽顾客，于是就产生了应收账款。由竞争引起的应收账款，是一种商

业信用，这是企业持有应收账款的主要原因。

2. 销售和收款的时间差距

商品成交的时间和收到货款的时间经常不一致，这也导致了应收账款。当然，现实生活中现金销售是很普遍的，特别是零售企业更常见。不过就一般批发和大量生产企业来讲，发货的时间和收到货款的时间往往不同，这是因为货款结算需要时间的缘故。结算手段越是落后，结算所需时间就越长，销售企业只能承认这种现实并承担由此引起的资金垫支。由于销售和收款的时间差而造成的应收账款，不属于商业信用，也不是应收账款的主要内容，不再对它进行深入讨论，而只论述属于商业信用的应收账款的管理。

既然企业发生应收账款的主要原因是扩大销售，增强竞争力，那么其管理的目标就是求得利润。应收账款是企业的一项资金投放，是为了扩大销售和盈利而进行的投资。而投资肯定要发生成本，这就需要在应收账款信用政策所增加的盈利和这种政策的成本之间作出权衡。只有当应收账款所增加的盈利超过所增加的成本时，才应当实施应收账款赊销；如果应收账款赊销有着良好的盈利前景，就应当放宽信用政策增加赊销量。

（二）持有应收账款的成本

应收账款作为企业为增加销售和盈利进行的投资，肯定会发生一定的成本。应收账款管理的成本主要有以下 3 种。

1. 应收账款的机会成本

应收账款会占用企业一定量的资金，企业若不把这部分资金投放于应收账款，便可以用于其他投资并可能获得收益，如投资债券获得利息收入。这种因投放于应收账款而放弃其他投资所带来的收益，即应收账款的机会成本。有关计算公式为：

$$\text{应收账款机会成本} = \text{应收账款占用资金} \times \text{资本成本率}$$

$$\text{应收账款占用资金} = \text{应收账款平均余额} \times \text{变动成本率}$$

$$\text{应收账款平均余额} = \frac{\text{年赊销额}}{360} \times \text{平均收账天数} = \text{平均每日赊销额} \times \text{平均收账天数}$$

综上，应收账款机会成本可按下式计算：

$$\text{应收账款机会成本} = \frac{\text{年赊销额}}{360} \times \text{平均收账天数} \times \text{变动成本率} \times \text{资本成本率}$$

上式中，资本成本率为等风险投资所要求的必要收益率。

【例 7-4】　假设某企业预测的年度赊销额为 3 000 000 元，应收账款平均收账天数为60天，变动成本率为60%，应收账款机会成本率（资本成本率）为10%，则应收账款机会成本可计算如下：

$$应收账款平均余额 = \frac{3\ 000\ 000}{360} \times 60 = 500\ 000(元)$$

$$应收账款占用资金 = 500\ 000 \times 60\% = 300\ 000(元)$$

$$应收账款的机会成本 = 300\ 000 \times 10\% = 30\ 000(元)$$

上述计算表明，企业投放300 000元的资金可维持3 000 000元的赊销业务，相当于垫支资金的10倍之多。这一较高的倍数在很大程度上取决于应收账款收账速度。在正常情况下，应收账款收账天数越少，一定数量资金所维持的赊销额越大；应收账款收账天数越多，维持相同赊销额所需要的资金数量就越大。而应收账款机会成本在很大程度上取决于企业维持赊销业务所需要资金的多少。

2. 应收账款的管理成本

应收账款的管理成本主要是指在进行应收账款管理时所增加的费用，主要包括调查顾客信用状况的费用、收集各种信息的费用、账簿的记录费用、收账费用、现金折扣成本等。

3. 应收账款的坏账成本

在赊销交易中，债务人由于种种原因无力偿还债务，债权人就有可能因无法收回应收账款而发生损失，这种损失就是坏账成本。可以说，企业发生坏账成本是不可避免的，而此项成本一般与应收账款发生的数量正相关。

（三）应收账款的管理目标

应收账款管理的基本目标在于：通过应收账款管理发挥应收账款强化竞争、扩大销售的功能。同时，尽可能降低应收账款的机会成本、管理成本和坏账成本，最大限度地提高应收账款投资的效益。

二、应收账款的信用政策

应收账款的信用政策是企业财务政策的一个重要组成部分。企业要管好应收账款，必须事先制定合理的信用政策。信用政策包括信用标准、信用条件和收账政策。

（一）信用标准

1. 信用标准的概念及判别标准

信用标准是指顾客获得企业的交易信用所应具备的条件。如果顾客达不到信用标准，便不能享受企业的信用或只能享受较低的信用优惠。信用标准通常以预期的坏账损失率作为判别标准。如果企业的信用标准较严，只对信誉好、坏账损失率低的顾客给予赊销，则会减少坏账损失和应收账款的机会成本，但这可能不利于扩大销售量，甚至会使销售量减少；反之，如果信用标准较宽，虽然会增加销售，但会相应增加坏账损失和应收账款的机会成本。企业应根据具体情况进行权衡。

【例 7-5】 某公司现在采用预期坏账损失率限制为10%的信用标准，拟将信用标准调整为5%的预期坏账损失率限制。目前，公司的边际贡献率为40%，应收账款的机会成本率为15%，其他有关的数据如表 7-6 所示。

表 7-6 某公司不同信用标准下的有关数据

项目 \ 信用标准	10%	5%
销售额(元)	100 000	90 000
平均坏账损失率(%)	6	5
平均收现期(天)	45	40

在分析时，首先计算紧缩信用标准后因销售额的减少而引起边际贡献的减少；然后计算减少的成本；最后根据两者比较的结果作出判断。

(1) 因销售额的减少而引起边际贡献总额的减少：

$$\begin{aligned}\text{边际贡献总额的减少} &= \text{销售额的减少} \times \text{边际贡献率} \\ &= 10\,000 \times 40\% = 4\,000(\text{元})\end{aligned}$$

(2)应收账款机会成本减少：

$$\begin{aligned}\text{应收账款机会成本减少} = &\frac{100\,000}{360} \times 45 \times 60\% \times 15\% \\ &- \frac{90\,000}{360} \times 40 \times 60\% \times 15\% = 225(\text{元})\end{aligned}$$

(3) 坏账损失减少：

$$\text{坏账损失减少} = 100\,000 \times 6\% - 90\,000 \times 5\% = 1\,500(\text{元})$$

(4) 改变信用标准对税前利润的影响：

$$\text{边际贡献总额的减少} - \text{信用成本的减少} = 4\,000 - (225 + 1\,500) = 2\,275(\text{元})$$

由于边际贡献总额的减少大于信用成本的减少，故不应该调整信用标准。

2. 确定信用标准的信息来源

当公司建立分析信用请求的方法时，必须考虑信息的类型、数量和成本。信息既可以从公司内部收集,也可以从公司外部收集。无论信用信息从哪儿收集,都必须将成本与预期的收益进行对比。公司内部产生的最重要的信用信息来源是信用申请人执行信用申请(协议)的情况和公司自己保存的有关信用申请人还款历史的记录。

公司可以使用各种外部信息来源来帮助其确定申请人的信誉。申请人的财务报表是该种信息主要来源之一,无论是经过审计的还是没有经过审计的财务报表,因为可以将这些财务报表及其相关比率与行业平均数进行对比,因此,它们都提供了有关信用申请人的重要信息。

获得申请人信誉状况的第二个信息来源是一些商业参考资料或申请人过去获得赊购的供货商。另外,银行或其他贷款机构(如商业贷款机构或租赁公司)可以提供申请人财务状况和可使用信用额度方面的标准化信息。一些地方性和全国性的信用评级机构收集、评价和报告有关申请人信用状况的历史信息。这些信用报告包括还款历史、财务信息、最高信用额度、可获得的最长信用期限和所有未了解的债务诉讼等信息。由于还款状况的信息是以自愿为基础提供给评级机构的,因此,评级机构所使用的样本量可能较小并且(或)不能准确地反映公司还款历史的整体状况。

3. 信用标准的定性评估

企业在设定某一顾客的信用标准时,往往先要评估他赖账的可能性。这可以通过"5C"系统来进行。所谓"5C"系统,是评估顾客信用品质的五个方面,即品质(Character)、能力(Capacity)、资本(Capital)、抵押(Collateral)和条件(Conditions)。

(1) 品质。品质是指顾客的信誉,即履行偿债义务的可能性。企业必须设法了解顾客过去的付款记录,看其是否有按期如数付款的一贯做法,以及与其他供货企业的关系是否良好。这一点经常被视为评价顾客信用的首要因素。

(2) 能力。能力是指顾客的偿债能力,即其流动资产的数量、质量以及与流动负债的比例。顾客的流动资产越多,其转换为现金支付款项的能力越强。同时,还应注意顾客流动资产的质量,看是否有存货过多、过时或质量下降,影响其变现能力和支付能力的情况。

(3) 资本。资本是指顾客的财务实力和财务状况,表明顾客可能偿还债务的背景。

(4) 抵押。抵押是指顾客拒付款项或无力支付款项时能被用作抵押的资产。这对于不知底细或信用状况有争议的顾客尤为重要,一旦收不到这些顾客的款项便以抵押品抵补。如果这些顾客提供足够的抵押,就可以考虑向他们提供相应的信用。

(5) 条件。条件是指可能影响顾客付款能力的经济环境。比如,万一出现经济不景气,会对顾客的付款产生什么影响,顾客会如何做等,这需要了解顾客在过去困难时期的付款历史。

4. 信用标准的定量分析

进行信用标准的定量分析可以从考察信用申请人的财务报表开始。通常使用比率分析法评价顾客的财务状况。常用的指标有流动性和营运资本比率(如流动比率、速动比率以及现金对负债总额比率)、债务管理和支付比率(利息保障倍数、长期债务对资本比率、带息债务对资产总额比率,以及资产负债率)和盈利能力指标(销售净利率、总资产净利率和净资产收益率)。

将这些指标和信用评级机构及其他协会发布的行业标准进行比较,可以深入洞察申请人的信用状况。定量信用评价法常被像百货店这样的大型零售信用提供商使用,具体包括以下四个步骤:

(1) 根据信用申请人的月收入、尚未偿还的债务和过去受雇佣的情况将申请人划分为标准的客户和高风险的客户。

(2) 对符合某一类型申请人的特征值进行加权平均以确定信誉值。

(3) 确定明确的同意或拒绝给予信用的门槛值。

(4) 对落在同意给予信用的门槛值或拒绝给予信用的门槛值之间的申请人进行进一步分析。

这些定量分析方法符合成本—效益原则,并且也符合消费者信用方面的法律规定。判别分析是一种规范的统计分析方法,可以有效确定区分按约付款或违约顾客的因素。信用机构也根据获得专利的模型来评价信誉值。

(二) 信用条件

信用条件是指企业要求顾客支付赊销条款的条件,包括信用期间、折扣期限和现金折扣率。信用期间是指企业为顾客规定的最长付款时间;折扣期限是指为顾客规定的可享受现金折扣的付款时间;现金折扣率是指在顾客提前付款时给予的优惠。如账单中的“2/10,n/30”就是一项信用条件,它规定如果在发票开出后10天内付款,可享受2%的现金折扣率;如果不想取得折扣,这笔货款必须在30天内付清。在这里,30天为信用期间,10天为折扣期限,2%为现金折扣率。提供比较优惠的信用条件能增加销售量,但也会带来额外的负担,如会增加应收账款机会成本、坏账成本和现金折扣成本等。

1. 信用期间

信用期间是企业允许顾客从购货到付款之间的时间,或者说是企业给予顾客的付款期间。例如,若某企业允许顾客在购货后的50天内付款,则信用期为50

天。信用期过短，不足以吸引顾客，在竞争中会使销售额下降；信用期过长，对销售额增加固然有利，但只顾及销售增长而盲目放宽信用期，所得的收益有时会被增长的费用所抵销，甚至造成利润减少。因此，企业必须慎重研究，确定出恰当的信用期。

信用期的确定，主要是分析改变现行信用期对收入和成本的影响。延长信用期，会使销售额增加，产生有利影响；与此同时，应收账款、收账费用和坏账损失增加，会产生不利影响。当前者大于后者时，可以延长信用期，否则不宜延长。如果缩短信用期，情况与此相反。

【例 7-6】 某公司现在采用 30 天按发票金额付款的信用政策，拟将信用期放宽至 60 天，仍按发票金额付款即不给折扣。假设应收账款的机会成本率为 15%，其他有关的数据如表 7-7 所示。

表 7-7 某公司不同信用期下的有关数据

项目 \ 信用期	30 天	60 天
销售量(件)	100 000	115 000
销售额(元)(5 元/件)	500 000	575 000
销售成本(元)		
变动成本(4 元/件)	400 000	460 000
固定成本(元)	50 000	50 000
毛利(元)	50 000	65 000
可能发生的收账费用(元)	3 000	5 000
可能发生的坏账损失(元)	4 000	7 000

在分析时，先计算放宽信用期后因销售额增加而增加的边际贡献，然后计算增加成本，最后根据两者比较的结果作出判断。

(1) 因销售量增加而增加的边际贡献：

边际贡献的增加＝销售量的增加×单位边际贡献

＝(115 000－100 000)×(5－4)＝15 000(元)

(2) 应收账款机会成本增加：

$$变动成本率=\frac{4}{5}\times100\%=80\%$$

$$30天信用期机会成本=\frac{500\ 000}{360}\times30\times80\%\times15\%=5\ 000(元)$$

$$60天信用期机会成本=\frac{575\ 000}{360}\times60\times80\%\times15\%=11\ 500(元)$$

机会成本增加＝11 500－5 000＝6 500(元)

(3) 收账费用和坏账损失增加：

收账费用增加＝5 000－3 000＝2 000(元)
坏账损失增加＝7 000－4 000＝3 000(元)

(4) 改变信用期对税前利润的影响：

边际贡献增加－信用成本增加＝15 000－(6 500＋2 000＋3 000)＝2 500(元)

由于边际贡献的增加大于信用成本增加，故应采用 60 天的信用期。

上述信用期分析的方法是比较简略的，可以满足一般制定信用政策的需要。如有必要，也可以进行更细致的分析，如进一步考虑销货增加引起存货增加而多占用的资金，等等。

2. 现金折扣政策

现金折扣是企业对顾客在商品价格上所做的扣减。向顾客提供这种价格上的优惠，主要目的在于吸引顾客为享受优惠而提前付款，缩短企业的平均收款期。另外，现金折扣也能招揽一些视折扣为减价出售的顾客前来购货，借此扩大销售量。

企业采用什么程度的现金折扣，要与信用期间结合起来考虑。比如，要求顾客最迟不超过 30 天付款，若希望顾客 20 天、10 天付款，能给予多大折扣？或者给予 5%、3%的折扣，能吸引顾客在多少天内付款？不论是信用期间还是现金折扣，都可能给企业带来收益，但也会增加成本。现金折扣带给企业的好处前面已讲过，它使企业增加的成本，则指的是价格折扣损失。当企业给予顾客某种现金折扣时，应当考虑折扣所能带来的收益与成本孰高孰低，权衡利弊，抉择决断。

因为现金折扣是与信用期间结合使用的，所以确定折扣程度的方法与程序实际上与前述确定信用期间的方法与程序一致，只不过要把所提供的延期付款时间和折扣综合起来，看各方案的延期与折扣能取得多大的收益增量，再计算各方案带来的成本变化，最终确定最佳方案。

【例 7-7】 沿用[例 7-6],假定该公司在放宽信用期的同时,为了吸引顾客尽早付款,提出了“0.8/30、n/60”的现金折扣条件,估计会有一半的顾客(按 60 天信用期所能实现的销售量计)将享受现金折扣优惠。

(1) 因销售量变动而增加的边际贡献:

边际贡献的增加=销售量的增加×单位边际贡献

=(115 000−100 000)×(5−4)=15 000(元)

(2) 应收账款机会成本增加:

$$30\text{天信用期机会成本}=\frac{500\,000}{360}\times 30\times 80\%\times 15\%=5\,000(\text{元})$$

提供现金折扣的平均收账天数=30×50%+60×50%=45(天)

$$\text{提供现金折扣的机会成本}=\frac{575\,000}{360}\times 45\times 80\%\times 15\%=8\,625(\text{元})$$

机会成本增加=8 625−5 000=3 625(元)

(3) 收账费用和坏账损失增加:

收账费用增加=5 000−3 000=2 000(元)

坏账损失增加=7 000−4 000=3 000(元)

(4) 估计现金折扣成本的变化:

现金折扣成本增加=新的销售水平×新的现金折扣率

×享受现金折扣的顾客比例−旧的销售水平

×旧的现金折扣率×享受现金折扣的顾客比例

=575 000×0.8%×50%−500 000×0×0

=2 300(元)

(5)提供现金折扣后税前利润的增加:

税前利润的增加=边际贡献增加−信用成本增加

=15 000−(3 625+2 000+3 000+2 300)

=4 075(元)

由于可增加税前利润,故应当放宽信用期,提供现金折扣。

(三) 收账政策

企业对各种不同过期账款的催收方式包括准备为此付出的代价,就是它的收账政策。比如，对过期较短的顾客，不过多地打扰，以免将来失去这一市场；对过期稍长的顾客，可措辞婉转地写信催款；对过期较长的顾客，应频繁地用信件催款并电话催询；对过期很长的顾客，可在催款时措辞严厉，必要时提请有关部门仲裁或提起诉讼，等等。

催收账款要发生费用，某些催款费用还会很高(如诉讼费)。一般来说，收账费用越大，收账措施越有力，可收回的账款应越多，坏账损失也就越小。因此，制定收账政策时，增加的收账费用和所减少的坏账损失以及减少的机会成本之间作出权衡。制定有效、得当的收账政策，很大程度上是靠有关人员的经验；从财务管理的角度讲，也有一些数量化的方法可以参照。根据收账政策的优劣在于应收账款总成本最小化的道理，可以通过比较各收账方案成本的大小对其加以选择。

【例 7-8】 某公司现行收账政策的年收账费用、应收账款平均收现期和坏账损失率分别为 10 000 元、60 天和 4%。建议收账政策的年收账费用、应收账款平均收现期和坏账损失率分别为 25 000 元、30 天和 2%。该公司当年赊销额为 1 800 000 元，收账政策对销售收入的影响忽略不计。该公司变动成本率为 80%，应收账款的机会成本率为 10%。

$$\text{建议收账政策节约的机会成本}=\frac{1\,800\,000}{360}\times 60\times 80\%\times 10\%-\frac{1\,800\,000}{360}\times 30\times 80\%\times 10\%=12\,000(\text{元})$$

建议收账政策减少坏账成本 $=1\,800\,000\times(4\%-2\%)=36\,000$(元)

建议收账政策增加收账费用 $=25\,000-10\,000=15\,000$(元)

建议收账政策可获得收益 $=12\,000+36\,000-15\,000=33\,000$(元)

根据以上计算可知：建议收账政策比现行收账政策多获收益 33 000 元，故应采用建议收账政策。

四、应收账款的日常管理

(一) 应收账款的账龄分析

企业已发生的应收账款时间有长有短，有的尚未超过收款期，有的则超过了收款期。一般来讲，拖欠时间越长，款项收回的可能性越小，形成坏账的可能性越大。对此，企业应实施严密的监督，随时掌握回收情况。实施对应收账款回收情况的监督，可以通过编制账龄分析表进行。

账龄分析表是一张能显示应收账款在外天数(账龄)长短的报告，其格式如表

7-8 所示。

表 7-8 账龄分析表

2010 年 12 月 31 日

应收账款账龄	账户数量	金额(元)	百分率(%)
信用期内	200	80 000	40
超过信用期 1～20 天	100	40 000	20
超过信用期 21～40 天	50	20 000	10
超过信用期 41～60 天	30	20 000	10
超过信用期 61～80 天	20	20 000	10
超过信用期 81～100 天	15	10 000	5
超过信用期 100 天以上	5	10 000	5
合　计	420	200 000	100

利用账龄分析表,企业可以了解到以下情况：

(1) 有多少欠款尚在信用期内。表 7-8 显示,有价值 80 000 元的应收账款处在信用期内,占全部应收账款的 40%。这些款项未到偿付期,欠款是正常的;但到期后能否收回,还要待时再定,故及时的监督仍是必要的。

(2) 有多少欠款超过了信用期,超过时间长短的款项各占多少,有多少欠款会因拖欠时间太久而可能成为坏账。表 7-8 显示,有价值 120 000 元的应收账款已超过了信用期,占全部应收账款的 60%。不过,其中拖欠时间较短的(20 天内)有 40 000 元,占全部应收账款的 20%,这部分欠款收回的可能性很大;拖欠时间较长的(21～100 天)有 70 000 元,占全部应收账款的 35%,这部分欠款的回收有一定难度;拖欠时间很长的(100 天以上)有 10 000 元,占全部应收账款的 5%,这部分欠款有可能成为坏账。对不同拖欠时间的欠款,企业应采取不同的收账方法,制定出经济、可行的收账政策;对可能发生的坏账损失,则应提前做好评准备,充分估计这一因素对利润的影响。

(二) 对客户的信用分析评价

1. 调查客户信用

信用调查是指收集和整理反映客户信用状况的有关资料的工作。信用调查是企业应收账款日常管理的基础,是正确评价客户信用的前提条件。企业对顾客进行信用调查主要通过两种方法。

(1) 直接调查。直接调查是指调查人员通过与被调查单位进行直接接触,通过当面采访、询问、观看等方式获取信用资料的一种方法。直接调查可以保证收集资料的准确性和及时性；但也有一定的局限，往往获得的是感性资料，同时若不能得到被调查单位的配合，则会使调查工作难以开展。

(2) 间接调查。间接调查是指以被调查单位以及其他单位保存的有关原始记录和核算资料为基础，通过加工整理获得被调查单位信用资料的一种方法。这些资料主要来自以下几个方面：

第一，财务报表。通过财务报表分析，可以基本掌握一个企业的财务状况和信用状况。

第二，信用评估机构。因为分析专业的信用评估部门它们的评估方法先进，评估调查细致，评估程序合理，所以可信度较高。

第三，银行。银行是信用资料的一个重要来源，许多银行都设有信用部，为其顾客服务，并负责对其顾客信用状况进行记录、评估。但银行的资料一般仅愿意在内部及同行间进行交流，而不愿向其他单位提供。

第四，其他途径。例如，财税部门、工商管理部门、消费者协会等机构都可能提供相关的信用状况资料。

2. 评估客户信用

收集好信用资料以后，就需要对这些资料进行分析、评价。企业一般采用“5C”系统来评价，并对客户信用进行等级划分。在信用等级方面，目前主要有两种：一种是三类九等，即将企业的信用状况分为 AAA、AA、A、BBB、BB、B、CCC、CC、C 九等，其中 AAA 为信用最优等级，C 为信用最低等级。另一种是三级制，即分为 AAA、AA、A 三个信用等级。

第四节　存 货 管 理

存货是指企业在生产经营过程中为销售或者耗用而储备的物资，包括材料、燃料、低值易耗品、在产品、半成品、产成品、协作件、商品等。存货管理水平的高低直接影响着企业的生产经营能否顺利进行，并最终影响企业的收益、风险等状况。因此，存货管理是财务管理的一项重要内容。

存货管理的目标，就是要尽力在各种存货成本与存货效益之间作出权衡，在充分发挥存货功能的基础上，降低存货成本，实现两者的最佳结合。

一、持有存货的意义

持有存货的意义是指存货在企业生产经营过程中起到的作用。具体包括以下几个方面。

(一)保证生产正常进行

生产过程中需要的原材料和在产品,是生产的物质保证,为保障生产的正常进行,必须储备一定量的原材料;否则可能会造成生产中断、停工待料现象。

(二)有利于销售

一定数量的存货储备能够增加企业在生产和销售方面的机动性和适应市场变化的能力。当企业市场需求量增加时,若产品储备不足,就有可能失去销售良机,所以,保持一定量的存货是有利于市场销售的。

(三)便于维持均衡生产,降低产品成本

有些企业产品属于季节性产品或者需求波动较大的产品,此时,若根据需求状况组织生产,则可能有时生产能力得不到充分利用,有时又超负荷生产,这会造成产品成本的上升。

(四)降低存货取得成本

一般情况下,当企业进行采购时,进货总成本与采购物资的单价和采购次数有密切关系。而许多供应商为鼓励客户多购买其产品,往往在客户采购量达到一定数量时,给予价格折扣,所以企业通过大批量集中进货,既可以享受价格折扣,降低购置成本,因减少订货次数,降低了订货成本,使总的进货成本降低。

(五)防止意外事件的发生

企业在采购、运输、生产和销售过程中,都可能发生意料之外的事故,保持必要的存货保险储备,可以避免和减少意外事件的损失。

二、存货管理的成本

与持有存货有关的成本,包括以下三种。

(一)取得成本

取得成本是指为取得某种存货而支出的成本,通常用 TC_a 来表示。其又分为订货成本和购置成本。

1. 订货成本

订货成本是指取得订单的成本,如办公费、差旅费、邮资、电报电话费、运输费等支出。订货成本中有一部分与订货次数无关,如常设采购机构的基本开支等,称为固定的订货成本,用 F_1 表示;另一部分与订货次数有关,如差旅费、邮资等,称为订货的变动成本。每次订货的变动成本用 K 表示;订货次数等于存货年需要量 D 与每次进货量 Q 之商。订货成本的计算公式为:

$$订货成本 = F_1 + \frac{D}{Q}K$$

2. 购置成本

购置成本是指为购买存货本身所支出的成本，即存货本身的价值，经常用数量与单价的乘积来确定。年需要量用 D 表示，单价用 U 表示，于是购置成本为 DU。

订货成本加上购置成本，就等于存货的取得成本。其公式可表达为：

取得成本＝订货成本＋购置成本

＝订货固定成本＋订货变动成本＋购置成本

$$TC_a = F_1 + \frac{D}{Q} \cdot K + D \cdot U$$

（二）储存成本

储存成本是指为保持存货而发生的成本，包括存货占用资金所应计的利息、仓库费用、保险费用、存货破损和变质损失等等，通常用 TC_c 来表示。

储存成本也分为固定成本和变动成本。固定成本与存货数量的多少无关，如仓库折旧、仓库职工的固定工资等，常用 F_2 表示。变动成本与存货的数量有关，如存货资金的应计利息、存货的破损和变质损失、存货的保险费用等，单位成本用 K_c 来表示，平均储存量用 $\overline{E}$ 表示。用公式表达的储存成本为：

储存成本＝储存固定成本＋储存变动成本

$$TC_c = F_2 + K_c \cdot \overline{E}$$

（三）缺货成本

缺货成本是指由于存货供应中断而造成的损失，包括材料供应中断造成的停工损失、产成品库存缺货造成的拖欠发货损失和丧失销售机会的损失及造成的商誉损失等。如果生产企业以紧急采购代用材料解决库存材料中断之急，那么，缺货成本表现为紧急额外购入成本，缺货成本用 TC_s 表示。

如果以 TC 来表示储备存货的总成本，其计算公式为：

$$TC = TC_a + TC_c + TC_s = F_1 + \frac{D}{Q} \cdot K + DU + F_2 + K_c \cdot \overline{E} + TC_s$$

企业存货的最优化，就是使企业存货总成本，即上式 TC 值最小。

三、存货决策

（一）订货批量的决策

1. 经济订货量基本模型

经济订货量基本模型需要设立的假设条件是：① 企业能够及时补充存货，即需要订货时便可立即取得存货。② 能集中到货，而不是陆续入库。③ 不允许缺货，即无缺货成本，TC_s为零，这是因为良好的存货管理本来就不应该出现缺货成本。④ 需求量稳定，并且能预测，即 D 为已知常量。⑤ 存货单价不变，即 U 为已知常量。⑥ 企业现金充足，不会因现金短缺而影响进货。⑦ 所需存货市场供应充足，不会因买不到需要的存货而影响其他方面。

设立了上述假设后，TC_s为零，存货的平均储存量 $\bar{E}$ 就等于 $Q/2$，存货总成本的公式可以简化为：

$$TC = F_1 + \frac{D}{Q} \cdot K + D \cdot U + F_2 + K_c \cdot \frac{Q}{2}$$

为了确定经济批量，可采用公式法、逐批测试法或图解法来进行计算。

(1) 公式法。当 F_1、K、D、U、F_2、K_c 为常数量时，TC 的大小取决于 Q。为了求出 TC 的极小值，对其进行求导演算，可得出下列公式：

$$Q^* = \sqrt{\frac{2KD}{K_c}}$$

这一公式称为经济订货量基本模型，求出的每次订货批量，可使 TC 达到最小值。

这个基本模型还可以演变为其他形式：

每年最佳订货次数公式：

$$N^* = \frac{D}{Q^*} = \frac{D}{\sqrt{\frac{2KD}{K_c}}} = \sqrt{\frac{DK_c}{2K}}$$

与批量有关的存货总成本公式：

$$TC(Q^*) = \frac{KD}{\sqrt{\frac{2KD}{K_c}}} + \frac{\sqrt{\frac{2KD}{K_c}}}{2} \cdot K_c = \sqrt{2KDK_c}$$

最佳订货周期公式：

$$t^* = \frac{1}{N^*} = \frac{1}{\sqrt{\frac{DK_c}{2K}}}$$

经济订货量占用资金：

$$I^* = \frac{Q^*}{2} \cdot U = \frac{\sqrt{\frac{2KD}{K_c}}}{2} \cdot U = \sqrt{\frac{KD}{2K_c}} \cdot U$$

【例 7-9】 某企业每年耗用某种材料 3 600 千克，单位存储成本为 2 元，一次订货成本 25 元，单价 10 元/千克。则：

$$Q^* = \sqrt{\frac{2KD}{K_c}} = \sqrt{\frac{2 \times 3\ 600 \times 25}{2}} = 300(\text{千克})$$

$$N^* = \frac{D}{Q^*} = \frac{3\ 600}{300} = 12(\text{次})$$

$$TC(Q^*) = \sqrt{2KDK_c} = \sqrt{2 \times 25 \times 3\ 600 \times 2} = 600(\text{元})$$

$$t^* = \frac{1}{N^*} = \frac{1}{12}(\text{年}) = 1(\text{个月})$$

$$I^* = \frac{Q^*}{2} \cdot U = \frac{600}{2} \times 10 = 3\ 000(\text{元})$$

2. 存货陆续供应和使用的经济订货量模型

经济订货量的基本模型是在前述各假设条件下建立的，但现实生活中能够满足这些假设条件的情况十分罕见。为使模型更接近于实际情况，具有较高的可用性，需逐一放宽假设，同时改进模型。

在建立基本模型时，是假设存货一次全部入库，故存货增加时，存量变化为一条垂直的直线。事实上，各批存货可能陆续入库，使存量陆续增加。尤其是产成品入库和在产品转移，几乎总是陆续供应和陆续耗用的。在这种情况下，需要对基本模型作一些修改。

【例 7-10】 某零件年需用量(D)为 7 200 件，每日送货量(P)为 30 件，每日耗用量(d)为 10 件，单价(U)为 10 元，一次订货成本(生产准备成本)(K)为 50 元，单位储存变动成本(K_c)为 2 元。陆续供货时存货数量的变动如图 7-9 所示。

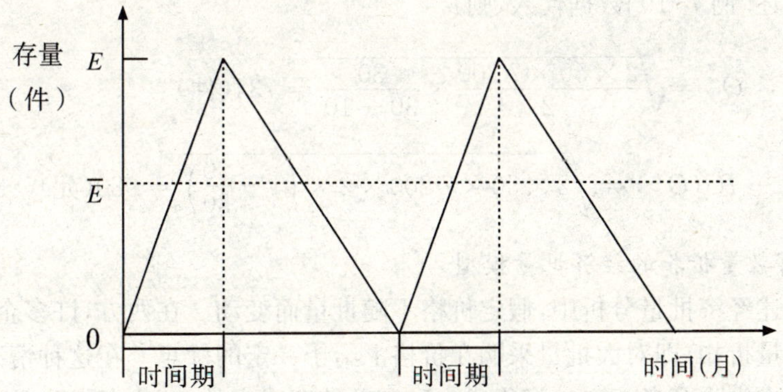

图 7-9　陆续供货时存货数量的变动

设每批订货批量为 Q。由于每日送货量为 P，故该批货全部送达所需日数为 Q/P，称为送货期。

因零件每日耗用量为 d，故送货期内的全部耗用量为 $\frac{Q}{P}\cdot d$。

由于零件边送边用，所以每批送完时，最高库存量为 $Q-\frac{Q}{P}\cdot d$。

平均存量则为$\frac{1}{2}\cdot\left(Q-\frac{Q}{P}\cdot d\right)$。

图 7－10 中的 E 表示最高库存量，$\overline{E}$ 表示平均库存量。这样，与批量有关的总成本为：

$$TC(Q)=\frac{D}{Q}\cdot K+\frac{1}{2}\left(Q-\frac{Q}{P}\cdot d\right)\cdot K_c=\frac{D}{Q}\cdot K+\frac{Q}{2}\cdot\left(1-\frac{d}{P}\right)\cdot K_c$$

在订货变动成本与储存变动成本相等时，$TC(Q)$有最小值，故存货陆续供应和使用的经济订货量公式为：

$$\frac{D}{Q}\cdot K=\frac{Q}{2}\left(1-\frac{d}{P}\right)\cdot K_c$$

$$Q^*=\sqrt{\frac{2KD}{K_c}\cdot\frac{P}{P-d}}$$

将这一公式代入上述 $TC(Q)$公式，可得出存货陆续供应和使用的经济订货量总成本公式为：

$$TC(Q^*)=\sqrt{2KDK_c\times\left(1-\frac{d}{P}\right)}$$

将上述[例 7-10]数据代入，则：

$$Q^*=\sqrt{\frac{2\times50\times7\,200}{2}\times\frac{30}{30-10}}=734(\text{件})$$

$$TC(Q^*)=\sqrt{2\times50\times7\,200\times2\times\left(1-\frac{10}{30}\right)}=980(\text{元})$$

3. 有数量折扣的经济批量模型

在上述经济批量分析中，假定价格不随批量而变动。在西方，许多企业在销售时都有批量折扣，即对大批量采购在价格上给予一定的优惠。在这种情况下，与决策相关的成本除了考虑变动订货成本和变动储存成本外，还应考虑购置成本。

【例 7－11】 某企业全年需要甲零件 2 400 件，每订购一次的订货成本为 800

元，每件年储存成本为 6 元，每件价格为 10 元，但如果一次订购超过 1 200 件，可给予 2%的批量折扣，问应以多大批量订货？

此时，如果确定最优订货批量，就要按以下两种情况分别计算三种成本的合计数。

(1) 按经济批量采购，不取得数量折扣。

$$Q^* = \sqrt{\frac{2KD}{K_c}} = \sqrt{\frac{2 \times 800 \times 2\ 400}{6}} = 800(\text{件})$$

相关总成本＝年变动订货成本＋年变动储存成本＋年购置成本

$$= \frac{2\ 400}{800} \times 800 + \frac{800}{2} \times 6 + 2\ 400 \times 10 = 28\ 800(\text{元})$$

(2) 不按经济批量采购，取得数量折扣。如果想取得数量折扣，必须按 1 200 件来采购。

相关总成本＝年变动订货成本＋年变动储存成本＋年购置成本

$$= \frac{2\ 400}{1\ 200} \times 800 + \frac{1\ 200}{2} \times 6 + 2\ 400 \times 10 \times (1 - 2\%)$$

$$= 28\ 720(\text{元})$$

将以上两种情况进行对比可知，订购量为 1 200 件时与决策相关的总成本最低。

(二) 订货时间的决策

1. 再订货点的概念

一般情况下，企业的存货不能做到随用随时补充，因此，不能等存货用光再去订货，而需要在没有用完时提前订货。在提前订货的情况下，企业再次发出订货单时，尚有存货的库存量，称为再订货点，用 R 来表示。它的数量等于交货时间(L)和每日平均需用量(d)的乘积：

$$R = L \cdot d$$

例如，企业订货日至到货期的时间为 10 天，每日存货需要量为 10 千克，那么：

$$\begin{aligned} R &= L \cdot d \\ &= 10 \times 10 \\ &= 100(\text{千克}) \end{aligned}$$

即企业在尚存 100 千克存货时，就应当再次订货，等到下批订货到达时(再次发出订货单 10 天后)，原有库存刚好用完。此时，有关存货的每次订货批量、订货次数、订货间隔时间等并无变化，与瞬时补充时相同。订货提前期的情形如图 7-10 所示。这就是说，订货提前期对经济订货量并无影响，可仍以原来瞬时补充情况下的 300 千克为订货批量，只不过在达到再订货点(库存 100 千克)时即发出订货单罢了。

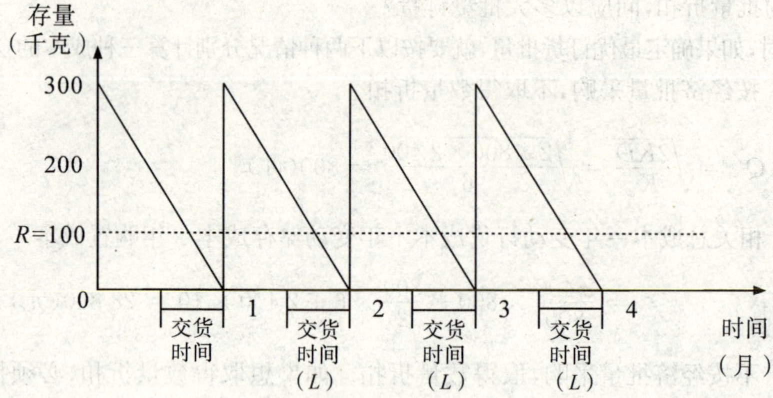

图 7-10　订货提前期

2. 保险储备

以前的讨论，是假定存货的供需稳定且确知，即每日需求量不变，交货时间也固定不变。实际上，每日需求量可能变化，交货时间也可能变化。按照某一订货批量(如经济订货批量)和再订货点发出订单后，如果需求增大或送货延迟，就会发生缺货或供货中断。为防止由此造成的损失，就需要多储备一些存货以备应急之需，称为保险储备(安全存量)。这些存货在正常情况下不动用，只有当存货过量使用或送货延迟时才动用。存货的保险储备，如图 7-11 所示。

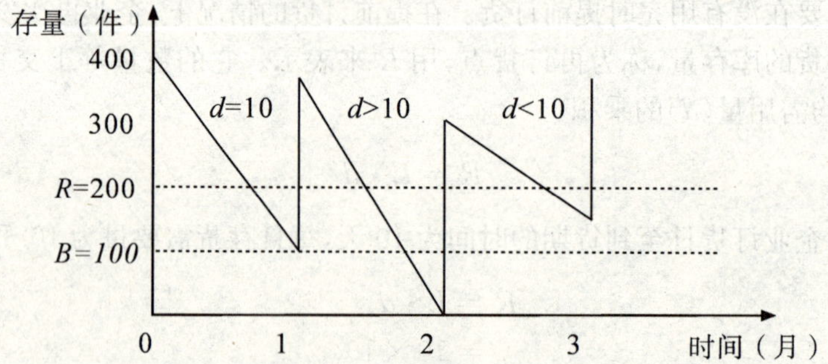

图 7-11　存货的保险储备

图 7-11 中，年需用量(D)为 3 600 件，已计算出经济订货量为 300 件，每年订货 12 次。又知全年平均日需求量(d)为 10 件，平均每次交货时间(L)为 10 天。为防止需求变化引起缺货损失，设保险储备量(B)为 100 件，再订货点(R)由此而相应提高为：

$$R = 交货时间 \times 平均日需求 + 保险储备$$
$$= L \cdot d + B = 10 \times 10 + 100 = 200(件)$$

在第一个订货周期里，$d=10$，不需要动用保险储备；在第二个订货周期内，$d>10$，需求量大于供货量，需要动用保险储备；在第三个订货周期内，$d<10$，不仅不需动用保险储备，正常储备亦未用完，下次存货即已送到。

建立保险储备，固然可以使企业避免缺货或供应中断造成的损失，但存货平均储备量加大却会使储备成本升高。研究保险储备的目的，就是要找出合理的保险储备量，使缺货或供应中断损失和储备成本之和最小。方法上可先计算出各不同保险储备量的总成本，然后再对总成本进行比较，选定其中最低的。

如果假设与此有关的总成本为 $TC(S、B)$，缺货成本为 C_S，保险储备成本为 C_B，则：

$$TC(S,B) = C_S + C_B$$

假设单位缺货成本为 K_u，一次订货缺货量为 S，年订货次数为 N，保险储备量为 B，单位储存成本为 K_C，则：

$$C_S = K_u \cdot S \cdot N$$
$$C_B = B \cdot K_C$$
$$TC(S、B) = K_u \cdot S \cdot N + B \cdot K_C$$

现实中，缺货量 S 具有概率性，其概率可根据历史经验估计得出，保险储备量 B 可选择而定。

【例 7-12】 假定某存货的年需要量 $D=7\ 600$ 件，单位储存变动成本 $K_c=2$ 元，单位缺货成本 $K_u=4$ 元，交货时间 $L=10$ 天，$d=20$ 件；已经计算出经济订货量 $Q=600$ 件，每年订货次数 $N=12$ 次。交货期内的存货需要量及其概率分布如表 7-9所示。

表 7-9　存货需要量及其概率分布

需要量($10\times d$)	140	160	180	200	220	240	260
概率(P_1)	0.01	0.04	0.20	0.50	0.20	0.04	0.01

先计算不同保险储备的总成本：

(1) 不设置保险储备量。即令 $B=0$，且以 200 件为再订货点。此种情况下，当需求量为 200 件或其以下时，不会发生缺货，其概率为 0.75(0.01+0.04+0.20+0.50)；当需求量为 220 件时，缺货 20 件(220－200)，其概率为 0.20；当需求量为

240 件时,缺货 40 件(240－200),其概率为 0.04;当需求量为 260 件时,缺货 60 件(260－200),其概率为 0.01。因此,$B=0$ 时缺货的期望值 S_0、总成本 $TC(S、B)$可计算如下:

$$S_0=(220-200)\times 0.2+(240-200)\times 0.04+(260-200)\times 0.01$$
$$=6.2(\text{件})$$
$$TC(S、B)=K_u\cdot S\cdot N+B\cdot K_C$$
$$=4\times 6.2\times 12+0\times 2$$
$$=297.6(\text{元})$$

(2) 保险储备量为 20 件。即 $B=20$ 件,以 220 件为再订货点。此种情况下,当需求量为 220 件或其以下时,不会发生缺货,其概率为 0.95(0.01＋0.04＋0.20＋0.50＋0.20);当需求量为 240 件时,缺货 20 件(240－220),其概率为 0.04;当需求量为 260 件时,缺货 40 件(260－220),其概率为 0.01。因此,$B=20$ 件时缺货的期望值 S_{20}、总成本 $TC(S、B)$可计算如下:

$$S_{20}=(240-220)\times 0.04+(260-220)\times 0.01$$
$$=1.2(\text{件})$$
$$TC(S、B)=K_u\cdot S\cdot N+B\cdot K_C$$
$$=4\times 1.2\times 12+20\times 2$$
$$=97.6(\text{元})$$

(3) 保险储备量为 40 件。同样运用以上方法,可计算 S_{40}、$TC(S、B)$为:

$$S_{40}=(260-240)\times 0.01=0.2(\text{件})$$
$$TC(S、B)=4\times 0.2\times 12+40\times 2=89.6(\text{元})$$

(4) 保险储备量为 60 件。即 $B=60$ 件,以 260 件为再订货点。此种情况下,可满足最大需求,不会发生缺货,因此:

$$S_{60}=0$$
$$TC(S、B)=4\times 0\times 12+60\times 2=120(\text{元})$$

然后,比较上述不同保险储备量的总成本,以其低者为最佳。

当 $B=40$ 件时,总成本为 89.6 元,是各总成本中最低的,故应确定保险储备量为 40 件,或者说应确定以 240 件为再订货点。

四、存货的日常管理

伴随着业务流程重组的兴起以及计算机行业的发展,存货管理系统也得到了很大的发展。从 MRP(物料资源规划)发展到 MRP－Ⅱ(制造资源规划),再到 ERP(企业资源规划)以及后来的柔性制造和供应链管理,甚至是外包等管理方法的快速发展,都大大地促进了企业存货管理方法的发展。这些新的生产方式把信息技术革命和管理进步融为一体,提高了企业的整体运作效率。以下将对典型的存货控制系统进行介绍。

(一) 存货的归口分级管理

存货的归口分级控制,是加强存货日常管理的一种重要方法。归口分级管理的基本做法是在企业总经理的领导下,财务部门对企业的存货资金实行集中统一管理,财务部门应该掌握整个企业存货资金的占用、耗费和周转情况,实行企业资金使用的综合平衡,加速资金周转。实行存货归口分级管理,有利于调动各职能部门、各级单位和员工管好、用好存货的积极性和主动性,把存货管理同企业的生产经营结合起来,贯彻责、权、利相结合的原则。这一管理方法包括如下三项内容。

1. 在企业管理层领导下,财务部门对存货资金实行统一管理

企业必须加强对存货资金的集中、统一管理,促进供、产、销相互协调,实行资金使用的综合平衡,加速资金周转。财务部门的统一管理主要包括如下几方面工作:① 根据国家财务制度和企业具体情况制定企业资金管理的各种制度。② 认真测算各种资金占用数额,汇总编制存货资金计划。③ 把有关计划指标进行分解,落实到有关单位和个人。④ 对各单位的资金使用情况进行检查和分析,统一考核资金的使用情况。

2. 使用资金的归口管理

根据使用资金和管理资金相结合,物资管理和资金管理相结合的原则,每项资金由哪个部门使用,就归哪个部门管理。各项资金归口管理的分工如下:① 原材料、燃料、包装物等资金,归供应部门管理。② 在产品和自制半成品占用的资金,归生产部门管理。③ 产成品资金,归销售部门管理。④ 工具、用具占用的资金,归工具部门管理。⑤ 修理用备件占用的资金,归设备动力部门管理。

3. 实行资金的分级管理

各归口的管理部门要根据具体情况将资金计划指标进行分解,分配给所属单位或个人,层层落实,实行分级管理。具体分解过程可按如下方式进行:① 原材料资金计划指标可分配给供应计划、材料采购、仓库保管、整理准备各业务组管理。② 在产品资金计划指标可分配给各车间、半成品库管理。③ 成品资金计划指标可分配给销售、仓库保管、成品发运各业务组管理。

(二) ABC 分类法

ABC 分类法就是把企业种类繁多的存货,依据其重要程度、价值大小或者资

金占用等标准分为三大类：A类高价值库存，品种数量占整个库存的10%～15%，但价值占全部库存的50%～70%；B类中等价值库存，品种数量占全部库存的20%～25%，价值占全部库存的15%～20%；C类低价值库存，品种数量多，占整个库存的60%～70%，价值占全部库存的10%～35%。针对不同类别的库存分别采用不同的管理方法，A类库存应作为管理的重点，实行重点控制、严格管理；而对B类和C类库存的重视程度则可依次降低，采取一般管理。

（三）适时制库存控制系统

适时制库存控制系统在我国早就引进了，又称零库存管理或看板管理系统。它最早是由丰田公司提出并将其应用于实践，是指制造企业事先和供应商和客户协调好，只有当制造企业在生产过程中需要原料或零件时，供应商才会将原料或零件送来，而每当产品生产出来就被客户拉走。这样，制造企业的库存持有水平就可以大大下降。显然，适时制存货控制系统需要的是稳定而标准的生产程序以及供应商的诚信。否则，任何一环出现差错将导致整个生产线的停止。目前，已有越来越多的公司利用适时制存货控制系统减少甚至消除对库存的需求，即实行零库存管理，如沃尔玛、丰田、海尔等。适时制存货控制系统进一步的发展被应用于企业生产管理过程中——集开发、生产、库存为和分销于一体，大大提高了企业运营管理效率。

第五节　流动负债管理

流动负债所筹资金的使用时间较短，一般不超过1年。当企业因季节性或周期性的经营活动而出现资金需求时，流动负债筹资方式是较为恰当的途径。其具体形式主要有商业信用、短期借款、发行短期融资券及应收账款保理等。

一、短期借款

企业的借款通常按其流动性或偿还时间的长短，划分为短期借款和长期借款。短期借款是指企业向银行或其他金融机构借入的期限在1年（含1年）以下的各种借款。

（一）短期借款的种类

我国目前的短期借款按照目的和用途分为若干种，主要有生产周转借款、临时借款和结算借款等。按照国际通行做法，短期借款还可按照偿还方式的不同，分为一次性偿还借款和分期偿还借款；按照利息支付方法的不同，分为收款法借款、贴现法借款和加息法借款；按照有无担保，分为抵押借款和信用借款等。

企业在申请借款时，应根据各种借款的条件和需要加以选择。

（二）短期借款的信用条件

按照国际通行做法，银行发放短期借款往往带有一些信用条件，主要有以下几种。

1. 信贷限额

信贷限额是银行对借款人规定的无担保贷款的最高额。信贷限额的有限期限通常为 1 年，但根据情况也可延期 1 年。一般来讲，企业在批准的信贷限额内，可随时使用银行借款。但是，银行并不承担必须提供全部信贷限额的义务。如果企业信誉恶化，即使银行曾同意过按信贷限额提供贷款，企业也可能得不到借款。这时，银行不会承担法律责任。

2. 周转信贷协定

周转信贷协定是银行具有法律义务的承诺提供不超过某一最高限额的贷款协定，在协定的有效期内，只要企业的借款总额未超过最高限额，银行必须满足企业任何时候提出的借款要求。企业享用周转信贷协定，通常要就贷款限额的未使用部分付给银行一笔承诺费。

【例 7-13】 某周转信贷额为 1 100 万元，承诺费率为 0.5%，借款企业年度内使用了 600 万元，余额 500 万元。借款企业该年度就要向银行支付承诺费 2.5 万元（500×0.5%），这是银行向企业提供此项贷款的一种附加条件。

周转信贷协定的有效期通常超过 1 年，但实际上贷款每几个月发放一次，所以这种信贷具有短期和长期借款的双重特点。

3. 补偿性余额

补偿性余额是银行要求借款企业在银行中保持按贷款限额或实际贷款额一定百分比（一般为 10%～20%）的最低存款余额。从银行的角度讲，补偿性余额可降低贷款风险，补偿遭受的贷款损失。从借款企业的角度讲，补偿性余额则提高了借款的实际利率。

【例 7-14】 某企业按年利率 9%向银行借款 10 万元，银行要求维持贷款限额 10%的补偿性余额，那么，企业实际可用的借款只有 9 万元。该项借款的实际利率为：

$$\text{实际利率} = \frac{10 \times 9\%}{9} \times 100\% = 10\%$$

4. 借款抵押

银行向财务风险较大的企业或对其信誉不甚有把握的企业发放贷款，有时需要有抵押品担保，以减少自己蒙受损失的风险，短期借款的抵押品经常是借款企业的应收账款、存货、股票、债券等。银行接受抵押品后，将根据抵押品的面值决定贷款金额，一般为抵押品面值的30%～90%。这一比例的高低，取决于抵押品的变现能力和银行的风险偏好。抵押借款的成本通常高于非抵押借款，这是因为银行主要向信誉好的客户提供非抵押贷款，而将抵押贷款看成是一种风险投资，故而收取较高的利息；同时，银行管理抵押贷款要比管理非抵押贷款困难，为此往往另外收取手续费。

另外，企业向贷款人提供抵押品，会限制其财产的使用和将来的借款能力。

5. 偿还条件

贷款的偿还有到期一次偿还和在贷款期内定期（每月、季）等额偿还两种方式。一般来讲，企业不希望采用后一种偿还方式，因为这会提高借款的实际利率；而银行不希望采用前一种偿还方式，因为这会加重企业的财务负担，增加企业的拒付风险，同时会降低实际贷款利率。

6. 其他承诺

银行有时还要求企业为取得贷款而作出其他承诺，如及时提供财务报表、保持适当的财务水平（如特定的流动比率）等。如企业违背所作出的承诺，银行可要求企业立即偿还全部贷款。

（三）短期借款利率及利息的支付方式

短期借款的利率多种多样，利息支付方法也不一，银行将根据借款企业的情况选用。

1. 借款利率

借款利率分为以下3种：

（1）优惠利率。优惠利率是银行向财力雄厚、经营状况好的企业贷款时收取的名义利率，为贷款利率的最低限。

（2）浮动优惠利率。浮动优惠利率是一种随其他短期利率的变动而浮动的优惠利率，即随市场条件的变化而随时调整变化的优惠利率。

（3）非优惠利率。非优惠利率银行贷款给一般企业时收取的高于优惠利率的利率。这种利率经常在优惠利率的基础上加一定的百分比。比如，银行按高于优惠利率1%的利率向某企业贷款，若当时的最优利率为8%，向该企业贷款收取的利率即为9%；若当时的最优利率为7.5%，向该企业贷款收取的利率即为8.5%。非优惠利率与优惠利率之间差距的大小，由借款企业的信誉、与银行的往来关系及当时的信贷状况所决定。

2. 借款利息的支付方法

一般来讲，借款企业可以用三种方法支付银行贷款利率。

（1）收款法。收款法又称利随本清法，是指在借款到期时向银行支付利息的一种计算方法。银行向工商企业发放的贷款大都采用这种方法收息。采用收款法，借款的实际利率等于借款的名义利率。

(2) 贴现法。贴现法是指银行向企业发放贷款时，先从本金中扣除利息部分，而到期时借款企业则要偿还贷款全部本金的一种计息方法。采用这种方法，企业可利用的贷款额只有本金减去利息部分后的差额，因此，贷款的实际利率高于名义利率。

$$实际利率=\frac{利息支出}{借款总额-利息支出}\times 100\%$$

【例 7-15】 某企业从银行取得借款 10 000 元，期限 1 年，年利率(即名义利率)为 9%，利息额 900 元(10 000×9%)；按照贴现法付息，企业实际可利用的贷款为 9 100 元(10 000−900)，该项贷款的实际利率为：

$$实际利率=\frac{900}{9\,100}\times 100\% = 9.89\%$$

(3) 加息法。加息法是银行发放分期等额偿还贷款时采用的利息收取方法。在分期等额偿还贷款的情况下，银行将根据名义利率计算的利息加到贷款本金上，计算出贷款的本息和，要求企业在贷款期内分期偿还本息之和的金额。由于贷款分期均衡偿还，借款企业实际上只平均使用了贷款本金的半数，却支付全额利息。这样，企业所担负的实际利率便高于名义利率大约 1 倍。

$$实际利率=\frac{利息支出}{借款实际使用额}\times 100\%$$

【例 7-16】 某企业借入(名义)年利率为 10%的贷款 40 000 元，分 12 个月等额偿还本息。该项借款的实际利率为：

$$实际利率=\frac{40\,000\times 10\%}{40\,000\div 2}\times 100\% = 20\%$$

(四) 企业对银行的选择

随着金融信贷业的发展，可向企业提供贷款的银行和非银行金融机构增多，企业有可能在各贷款机构之间作出选择，以图对已最为有利。

选择银行时，重要的是要选用适宜的借款种类、借款成本和借款条件，此外还应考虑下列有关因素。

1. 银行对贷款风险的政策

通常银行对其贷款风险有着不同的政策，有的倾向于保守，只愿承担较小的贷款风险；有的富于开拓，敢于承担较大的贷款风险。

2. 银行对企业的态度

不同银行对企业的态度各不一样。有的银行乐于积极地为企业提供建议，帮助分析企业潜在的财务问题，有着良好的服务，乐于对具有发展潜力的企业发放大量贷款，在企业遇到困难时帮助其渡过难关；也有的银行很少提供咨询服务，在企业遇到困难时一味地为清偿贷款而施加压力。

3. 贷款的专业化程度

一些大银行设有不同的专业部门，分别处理不同类型、不同行业的贷款。企业与这些拥有丰富专业化贷款经验的银行合作，会更多受益。

4. 银行的稳定性

稳定的银行可以保证企业的贷款不致中途发生变故。银行的稳定性取决于它的资本规模、存款水平波动程度和存款结构。一般来讲，资本雄厚、存款水平波动小、定期存款比重大的银行稳定性好；反之，则稳定性差。

（五）短期借款筹资的优缺点

1. 短期借款筹资的优点

(1) 银行资金充足，实力雄厚，能随时为企业提供比较多的短期贷款。对于季节性和临时性的资金需求，采用银行短期借款尤为方便。而那些规模大、信誉好的企业，则可以比较低的利率借入资金。

(2) 银行短期借款具有较好的弹性，可在资金需要增加时借入，在资金需要减少时还款。

2. 短期借款筹资的缺点

(1) 筹资风险大。短期借款的偿还期在一年以内，若企业财务状况不好，发生支付危机，就有可能不能到期还本付息，与其他筹资方式相比，筹资风险大。

(2) 限制较多。向银行借款，银行要对企业的经营和财务状况进行调查以后才能决定是否贷款，有些银行还要对企业有一定的控制权，要企业把流动比率、负债比率维持在一定的范围之内，这些都会构成对企业的限制。

二、商业信用

（一）商业信用的概念及形式

商业信用是指在商品交易中由于延期付款或预收货款所形成的企业间的借贷关系。商业信用产生于商品交换之中，是所谓的“自发性筹资”。虽然按照惯例，经常将把它们归入自发性负债，但严格来说，它是企业主动选择的一种筹资行为，并非完全不可控的自发行为。商业信用运用广泛，在短期负债筹资中占有相当大的比重。

商业信用的具体形式有应付账款、应付票据和预收账款等。

1. 应付账款

应付账款是企业购买货物暂时未付款而欠对方的账项，即卖方允许买方在购货后一定时期内支付货款的一种形式。卖方利用这种方式促销，而对买方来说，延期付款则等于向卖方借用资金购进商品，可以满足短期的资金需要。

2. 应付票据

应付票据是企业进行延期付款商品交易时开具的反映债权债务关系的票据。根据承兑人不同，应付票据分为商业承兑汇票和银行承兑汇票两种。支付期最长不超过 6 个月。应付票据可以带息，也可以不带息。应付票据的利率一般比银行借款的利率低，且不用保持相应的补偿余额和支付协议费；所以，应付票据的筹资成本低于银行借款成本。但是，应付票据到期必须归还，如若延期便要交付罚金，因而风险较大。

3. 预收账款

预收账款是卖方企业在交付货物之前向买方预先收取部分或全部货款的信用形式。对于卖方来讲，预收账款相当于向买方借用资金后用货物抵偿。预收账款一般用于生产周期长、资金需要量大的货物销售。

此外，企业往往还存在一些在非商品交易中产生，但亦为自发性筹资的应付费用，如应付职工薪酬、应交税费、其他应付款等。应付费用使企业收益在前，费用支付在后，相当于享用了收款方的借款，一定程度上缓解了企业的资金需要。应付费用的期限具有强制性，不能由企业自由斟酌使用，但通常不需花费代价。

（二）应付账款的成本

企业赊购商品时，销货方会在付款时间和现金折扣上对购货方作出具体规定，此规定即为信用条件。因此，购货方应选择对自己最有利的信用条件、付款时间和付款金额，为此需要进行决策，决策时需考虑应付账款的成本。

1. 如果销货方给购货方的信用条件是“延期付款、无折扣”

【例 7-17】 某企业按“n/30”的条件赊购货物 20 万元。如果该企业在第 30 天付款 20 万元，相当于该企业向销货方借了 20 万元，使用了 30 天，没有向销货方支付利息及手续费，那么该企业利用应付账款筹资无成本。

2. 如果销货方给购货方的信用条件是“延期付款、有折扣”

（1）购货方在规定的折扣期内享受折扣，则企业利用应付账款筹资无成本。

【例 7-18】 某企业按“2/10、n/30”的条件赊购货物 20 万元。如果该企业享受折扣，就应在第 10 天付款 19.6 万元，相当于该企业向销货方借了 19.6 万元，使用了 10 天，没有向销货方支付利息及手续费，那么该企业利用应付账款筹资无成本。因此，也可将 19.6 万元称作“免费信用”。

（2）购货方放弃折扣，则企业利用应付账款筹资有成本（机会成本）。

【例 7-19】 沿[例 7-18],倘若购货方放弃折扣,就应在第 30 天付款 20 万元。理论上讲,销货方给购货方折扣,购货方应享受折扣(或免费信用),但购货方放弃了该折扣,相当于购货方在第 10 天向销货方借了 19.6 万元,使用了 20 天,向销货方支付利息 0.4 万元,那么该企业(购货方)利用应付账款筹资有成本(机会成本)。该企业放弃折扣所负担的(年)机会成本率计算如下:

$$机会成本率=\frac{0.4}{19.6}\times\frac{360}{20}\times100\%=\frac{2\%}{1-2\%}\times\frac{360}{30-10}\times100\%=36.7\%$$

由此可知,放弃现金折扣的机会成本率可由下式求得:

$$\text{放弃现金折扣的机会成本率}=\frac{折扣百分比}{1-折扣百分比}\times\frac{360}{信用期(或:付款期)-折扣期}\times100\%$$

公式表明,放弃现金折扣的机会成本率与折扣百分比的大小、折扣期的长短同方向变化,与信用期(或付款期)的长短反方向变化。

(三) 利用应付账款成本的决策

一般说来,有以下几种情况。

(1) 如果能以低于放弃折扣的机会成本率的利率借入资金,便应在现金折扣期内用借入的资金支付货款,享受现金折扣。比如,[例 7-19]同期的银行短期借款年利率为 12%,则购货方应利用更便宜的银行借款在折扣期内偿还应付账款;反之,企业应放弃折扣。

(2) 如果在折扣期内将应付账款用于短期投资,所得的投资收益率高于放弃折扣的机会成本率,则应放弃折扣而去追求更高的收益。

(3) 如果企业因缺乏资金而欲展延付款期,即在信用期之后付款,则需在降低了的放弃折扣成本与展延付款带来的损失之间作出选择。展延付款带来的损失主要是指因企业信誉恶化而丧失供应商乃至其他贷款人的信用,或日后招致苛刻的信用条件。

(4) 如果面对两家以上提供不同信用条件的卖方,应通过衡量放弃折扣机会成本率的大小,选择机会成本率最小(或所获收益最大)的一家。比如,[例 7-19]中另有一家供应商提出“1/20、n/40”的信用条件,其放弃折扣的机会成本率为:

$$\frac{1\%}{1-1\%}\times\frac{360}{40-20}\times100\%=18.2\%$$

如果决定放弃折扣,应选择第二家供应商,如果决定享受折扣,应选择第一家供应商。

（四）商业信用筹资的优缺点

1. 商业信用筹资的优点

（1）商业信用容易获得。商业信用的提供方一般不会对企业的经营状况和风险作严格的考量，企业无需办理像银行借款那样复杂的手续便可取得商业信用，有利于应对企业生产经营之急需。

（2）企业有较大的机动权。企业能够根据需要，选择决定筹资的金额大小和期限长短，要比银行借款等其他方式灵活得多，甚至如果在期限内不能付款或交货时，还可以通过与客户的协商，请求延长时限。

（3）企业一般不用提供担保。通常，商业信用筹资不需要第三方担保，也不会要求筹资企业用资产进行担保。这样，在出现逾期付款或交货的情况时，可以避免像银行借款那样面临的抵押资产被处置的风险，企业的生产经营能力在相当长的一段时间内不会受到限制。

2. 商业信用筹资的缺点

（1）商业信用筹资成本高。尽管商业信用的筹资成本是一种机会成本，但由于商业信用筹资属于临时性筹资，如果企业放弃现金折扣，其筹资成本比银行信用高。

（2）容易恶化企业的信用水平。商业信用的期限短，还款压力大，对企业现金流量管理的要求很高。如果长期和经常性地拖欠账款，会造成企业的信誉恶化。

（3）受外部环境影响较大。商业信用筹资受外部环境影响较大，稳定性较差，即使不考虑机会成本，也是不能无限利用的。其主要原因在于：一是受商品市场的影响，如当求大于供时，卖方可能停止提供信用。二是受资金市场的影响，当市场资金供应紧张或有更好的投资方向时，商业信用筹资就可能遇到障碍。

三、短期融资券

短期融资券（以下简称融资券）是由企业依法发行的无担保短期本票。在我国，短期融资券是指企业依照《短期融资券管理办法》的条件和程序在银行间债券市场发行和交易的、约定在期限不超过 1 年内还本付息的有价证券。中国人民银行对融资券的发行、交易、登记、托管、结算和兑付进行监督管理。

（一）短期融资券的特征和条件

（1）发行人为非金融企业，发行企业均应经过在中国境内工商注册且具备债券评级能力的评级机构的信用评级，并将评级结果向银行间债券市场公示。

（2）发行和交易的对象是银行间债券市场的机构投资者，不向社会公众发行和交易。

（3）融资券的发行由符合条件的金融机构承销，企业不得自行销售融资券，发行融资券募集的资金用于本企业的生产经营。

(4) 对企业发行融资券实行余额管理，待偿还融资券余额不超过企业净资产的40%。

(5) 融资券采用实名记账方式在中央国债登记结算有限责任公司(简称中央结算公司)登记托管，中央结算公司负责提供有关服务。

(6) 融资券在债权债务登记日的次一工作日，即可以在全国银行间债券市场的机构投资者之间流通转让。

(二) 短期融资券的种类

(1) 按发行人分类，短期融资券分为金融企业的融资券和非金融企业的融资券。在我国，目前发行和交易的是非金融企业的融资券。

(2) 按发行方式分类，短期融资券分为经纪人承销的融资券和直接销售的融资券。非金融企业发行融资券一般采用间接承销方式进行，金融企业发行融资券一般采用直接发行方式进行。

(三) 短期融资券的发行程序

(1) 公司作出发行短期融资券的决策。

(2) 办理发行短期融资券的信用评级。

(3) 向有关审批机构(中国人民银行)提出发行申请。

(4) 审批机关对企业提出的申请进行审查和批准。

(5) 正式发行短期融资券，取得资金。

(四) 发行短期融资券的筹资特点

(1) 短期融资券的筹资成本较低。相对于发行公司债券筹资而言，发行短期融资券的筹资成本较低。

(2) 短期融资券筹资数额比较大。相对于银行借款筹资而言，短期融资券一次性的筹资数额比较大。

(3) 发行短期融资券的条件比较严格。必须具备一定的信用等级的、实力强的企业，才能发行短期融资券筹资。

四、应收账款保理

(一) 保理的概念

保理是保付代理的简称，是指保理商与债权人签订协议，转让其对应收账款的部分或全部权利与义务，并收取一定费用的过程。

在《国际保理公约》中，保理又称托收保付，是指卖方(供应商或出口商)与保理商间存在的一种契约关系；根据契约，卖方将其现在或将来的基于其与买方(债务人)订立的货物销售(服务)合同所产生的应收账款转让给保理商，由保理商为其提供下列服务中的至少两项：贸易融资、销售分户账管理、应收账款的催收、信用风险控制与坏账担保。可见，保理是一项综合性的金融服务方式，其同单纯的筹资或收账管理有本质区别。

应收账款保理是企业将赊销形成的未到期应收账款在满足一定条件的情况下，转让给保理商，以获得银行的流动资金支持，加快资金的周转。

（二）保理的种类

在现实运作中，保理业务有不同的操作方式，因而有多种类型。按照风险承担方式，保理可以分为如下几种。

1. 有追索权的保理和无追索权的保理

如果按照保理商是否有追索权来划分，保理可以分为有追索权的保理和无追索权的保理。如果保理商对毫无争议的已核准的应收账款提供坏账担保，称为无追索权保理，此时保理商必须为每个买方客户确定赊销额，以区分已核准与未核准应收账款，此类保理业务较常见。另一类是有追索权保理，此时保理商不负责审核买方资信，不确定赊销额度，也不提供坏账担保，仅提供贸易融资、账户管理及债款回收等服务，如果出现坏账，无论其原因如何，保理商都有权向供货商追索预付款。

2. 明保理和暗保理

按保理商是否将保理业务通知买方来划分，保理可以分为明保理和暗保理。暗保理即供货商为了避免让对方知道自己因流动资金不足而转让应收账款，并不将保理商的参与通知给买方，货款到期时仍由供货商出面催款，再向保理商偿还预付款。

3. 折扣保理和到期保理

如果保理商以预付款方式提供筹资，则为筹资保理，又称为折扣保理。因为供货商将发票交给保理商时，只要在信用销售额度内的已核准应收账款，保理商立即支付不超过发票金额80%的现款，余额待收妥后结清，如果保理商不以预付款方式提供筹资，而是在赊销到期时才支付，则为到期保理，届时不管货款是否收到，保理商都必须支付货款。

（三）应收账款保理的作用

1. 低成本筹资，加快资金周转

保理业务的成本要明显低于短期银行借款的利息成本，银行只收取相应的手续费用。而且如果企业使用得当，可以循环使用银行对企业的保理业务授信额度，从而最大限度地发挥保理业务的筹资功能。尤其是对于那些客户实力较强、有良好信誉，而收款期限较长的企业作用尤为明显。

2. 增强销售能力

由于销售商有进行保理业务的能力，会对采购商的付款期限作出较大让步，从而大大增加了销售合同成功签订的可能性，拓宽了企业的销售渠道。

3. 改善财务报表

在无追索权的买断式保理方式下，企业可以在短期内大大降低应收账款的余额水平，加快应收账款的周转速度，改善财务报表的资产管理比率指标。

4. 筹资功能

应收账款保理，其实质上是利用未到期应收账款这种流动资产作为抵押从而获得银行短期借款的一种筹资方式。

关键术语

营运资本　现金管理　最佳现金持有量　应收账款管理　信用政策　存货管理　经济订货量　短期借款　商业信用　短期融资券　应收账款保理

思考题

1. 营运资本管理的内容有哪些？
2. 企业持有现金的动机和现金管理的成本分别是什么？
3. 应收账款的持有动机和应收账款管理的成本分别是什么？
4. 如何制定信用政策？
5. 持有存货的意义和存货管理的成本分别是什么？
6. 银行短期借款的种类有哪些？
7. 企业如何选择贷款银行？
8. 短期融资券应该遵循什么样的发行程序？

练习题

1. 某公司预计全年需要现金 80 000 元，现金与有价证券的交易成本为每次 400 元，有价证券的利息率为 25%。

【要求】 计算该企业的最佳现金余额。

2. 某企业 20×8 年 A 产品销售收入为 4 000 万元，总成本为 3 000 万元，其中固定成本为 600 万元。2009 年该企业有以下两种信用政策可供选用。

甲方案：给予客户 60 天信用期限（“n/60”），预计销售收入为 5 000 万元，货款将于第 60 天收到，其信用成本为 140 万元。

乙方案：信用政策为“2/10，1/20，n/90”，预计销售收入为 5 400 万元，将有 30%的货款于第 10 天收到，20%的货款于第 20 天收到，其余 50%的货款于第 90 天收到（前两部分货款不会产生坏账，后一部分货款的坏账损失率为该部分货款的 4%）。收账费用为 50 万元。

该企业 A 产品销售额的相关范围为 3 000 万～6 000 万元，企业的资本成本率为 8%（为简化计算，本题不考虑增值税因素，1 年按 360 天计算）。

【要求】

(1) 计算该企业 2008 年的下列指标：① 变动成本总额。② 以销售收入为基础计算的变动成本率。

(2) 计算乙方案的下列指标：① 应收账款平均收账天数。② 应收账款平均余额。③ 应收账款占用资金。④ 应收账款机会成本。⑤ 坏账损失。⑥ 乙方案的现金折扣。⑦ 边际贡献总额。⑧ 税前收益。

(3) 计算甲方案的税前收益。

(4) 为该企业作出采用何种信用政策的决策，并说明理由。

3. 某公司的年赊销收入为 360 万元，平均收账期为 40 天，坏账损失为销售额的 10%，年收账费用为 5 万元。该公司认为通过增加收账人员等措施，可以使平均收账期降为 30 天，坏账损失下降为销售额的 4%。假设公司的资本成本率为 6%，变动成本率为 50%。

【要求】 为使上述变更经济合理，计算新增收账费用的上限（1 年按 360 天计算）。

4. 甲公司是一家分销商，商品在中国香港地区生产然后运至上海。管理当局预计 2011 年度需求量为 14 400 套。购进单价为 200 元。订购和储存这些商品的相关资料如下。

(1) 每份订单的固定成本为 280 元，每年的固定订货费用为 40 000 元。

(2) 产品从生产商运抵上海后，接收部门要进行检查。为此雇佣 1 名检验人员，每个订单的抽检工作需要 0.5 小时，发生的变动费用为每小时 16 元。

(3) 公司租借仓库来存储商品，估计成本为每年 2 500 元，另外加上每件 6 元。

(4) 在储存过程中会出现破损，估计破损成本为平均每件 18 元。

(5) 占用资金利息等其他储存成本为每件 12 元。

(6) 从发出订单到货物运到上海需要 4 个工作日。

(7) 为防止供货中断，公司设置了 100 套的保险储备。

(8) 公司每年经营 50 周，每周营业 6 天。

【要求】

(1) 计算每次订货费用。

(2) 计算单位存货年变动储存成本。

(3) 计算经济订货批量。

(4) 计算每年与批量相关的存货总成本。

(5) 计算再订货点。

(6) 计算每年存货总成本。

5. 某企业从银行取得借款500万元(名义借款额),期限为1年,名义利率为10%。

【要求】 计算下列几种情况下的实际利率:

(1) 收款法付息。

(2) 贴现法付息。

(3) 银行规定补偿性余额为15%。

(4) 银行规定补偿性余额为15%,并按贴现法付息。

6. 某公司购入20万元商品,卖方提供的信用条件为“2/10,n/30”,若企业由于资金紧张,延至第50天付款。

【要求】 计算放弃折扣的成本。

7. 如果一家公司正面对着两家提供不同信用条件的卖方。甲公司信用条件为“3/10,n/30”,乙公司信用条件为“2/20,n/30”。

【要求】

(1) 如该笔款项在10~30天有机会投资于回报率为60%的项目,公司是否在10天内归还甲公司的应付账款,以取得3%的折扣?

(2) 若该公司只能在20~30天内付款,那么应该选择哪家供应商?

第八章　利润分配管理

重点提示

学习本章，要求掌握剩余股利政策、固定或稳定增长的股利政策、固定股利支付率政策、低正常股利加额外股利政策的优缺点，现金股利与股票股利的基本内容；熟悉股利无关论和股利相关论及其主要观点，以及股利理论对股利政策的影响；理解我国公司制公司利润分配的一般程序、影响股利分配的因素；了解利润分配原则和股利支付程序。

第一节　利润分配管理概述

公司年度决算后实现的利润总额，要在国家、公司、所有者和职工之间进行分配。利润分配关系着国家、公司、职工及所有者各方面的利益，是一项政策性较强的工作，必须严格按照国家的法规和制度执行。利润分配的结果，形成了国家的所得税收入，投资者的投资报酬和公司的留存利润等不同的项目，其中公司的留存利润是指盈余公积金和未分配利润。由于税法具有强制性和严肃性，缴纳税款是公司必须履行的义务，从这个意义上看，财务管理中的利润分配，主要是指公司的净利润分配，利润分配的实质就是确定投资者分红与公司留用利润的比例。

一、利润分配的基本原则

（一）依法分配原则

为规范公司的利润分配行为，国家制定和颁布了若干法规，这些法规规定了公司利润分配的基本要求、一般程序和重大比例。公司的利润分配必须依法进行，这是正确处理公司各项财务关系的关键。

（二）资本保全原则

资本保全原则要求公司进行利润分配时必须确保所有者权益的完整。公司绝不能在亏损、无利润可分的情况下用资本金（包括实收资本或股本和资本公积）向投资者分配利润，这是公司产权制度的客观要求。随着公司的所有权和经营权分离，只要存在所有者和经营者之分就必须确保所有者权益不受侵害。按照这一原则，一般情况下，公司如果存在尚未弥补的亏损，应首先弥补亏损，再进行其他分配。

（三）兼顾各方面利益原则

公司除依法纳税外，投资者作为资本投入者、公司所有者，依法享有净利润的分配权。公司的债权人在向公司投入资金的同时也承担了一定的风险，公司的利润分配中应当体现出债权人利益的充分保护，不能伤害债权人的利益。另外，公司的员工是公司净利润的直接创造者，公司的收益分配应当考虑员工的长远利益。因此，公司在进行利润分配时应统筹兼顾，维护各利益相关者的合法权益。

（四）分配与积累并重原则

公司的利润分配，要正确处理长期利益和近期利益这两者的关系，坚持分配与积累并重。公司除按规定提取法定盈余公积金以外，可适当留存一部分利润作为积累，这部分未分配利润仍归公司所有者所有。这部分积累的净利润不仅可以为公司扩大生产筹措资金，增强公司发展能力和抵抗风险的能力，同时，还可以供未来年度进行分配，起到以丰补歉、平抑利润分配数额波动、稳定投资报酬率的作用。

二、利润分配的程序

利润分配程序是指公司制公司根据适用法律、法规或规定，对公司一定期间实现的净利润进行分派必须经过的先后步骤。公司向投资者分配利润，应按一定的顺序进行。按照我国公司法的有关规定，利润分配应按下列顺序进行：

第一，弥补以前年度的亏损，计算可供分配的利润。按我国财务和税务制度的规定，公司的年度亏损，可以由下一年度的税前利润弥补，下一年度税前利润尚不足以弥补的，可以由以后年度的利润继续弥补，但用税前利润弥补以前年度亏损的连续期限不超过5年。5年内弥补不足的，用本年税后利润弥补。将本年利润（或亏损）与年初未分配利润（或亏损）合并，计算出可供分配的利润。如果可供分配的利润为正数（即本年累计盈利），公司可进行后续分配；如果可供分配的利润为负数（即亏损），则不能进行后续分配。

第二，提取法定公积金。可供分配的利润大于零是计提法定公积金的必要条件。如果公司年初未分配利润为借方余额，即年初累计亏损，法定公积金以净利润扣除以前年度亏损为基数（本年净利润－年初未分配利润借方余额），按10%提取；如果公司年初未分配利润为贷方余额时，法定公积金计提基数为本年净利润，按 10%提取，未分配利润贷方余额在计算可供投资者分配的净利润时计入。当公司法定公积金达到注册资本的 50%时，可不再提取。法定公积金主要用于弥补公司亏损和按规定转增资本金，但转增资本金后的法定公积金一般不低于注册资本的 25%。

第三，提取任意公积金。任意公积金是根据公司发展的需要经股东会或股东大会决议，从公司的税后利润中提取。计提比例由股东会或股东大会决议根据需要决定。任意公积金不是法定必须提取的，是否提取及计提的比例由股东会或股东大会决议。

第四，向投资者分配利润。公司本年净利润扣除弥补以前年度亏损、提取法定公积金和任意公积金后的余额，加上年初未分配利润贷方余额，即为公司本年可供投资者分配的利润，按照分配与积累并重原则，确定应向投资者分配利润的利润数额。

【例 8-1】 A 公司 2005 年年初未分配利润账户的贷方余额为 37 万元，2005 年发生亏损 100 万元，2006～2010 年间的每年税前利润为 10 万元，2011 年税前利润为 15 万元，2012 年税前利润为 40 万元。所得税税率为 25%，法定公积金计提比例为 10%。

【要求】 (1) 计算 2011 年是否交纳的所得税？是否计提法定公积金？

(2) 计算 2012 年年可供给投资者分配的利润为多少？

(1) 2011 年年初未分配利润＝37－100＋10×5＝－13(万元)(为以后年度税后利润应弥补的亏损)

2011 年应交纳所得税＝15×25%＝3.75(万元)

2011 年税后利润＝15－3.75＝11.25(万元)

公司可供分配的利润＝11.25－13＝－1.75(万元)(不能计提法定公积金)

(2) 2012 年税后利润＝40×(1－25%)＝30(万元)

可供给分配的利润＝30－1.75＝28.25(万元)

计提法定公积金＝28.25×10%＝2.85(万元)

可供给投资者分配的利润＝28.25－2.85＝25.4(万元)

分配给投资者的利润，是投资者从公司获得的投资回报。向投资者分配利润应遵循纳税在先、公司积累在先、无盈余不分利的原则，其分配顺序在利润分配的最后阶段，这体现了投资者对公司的权利与义务以及投资者所承担的风险。

三、股利支付的程序和方式

(一) 股利支付的程序

公司股利的发放必须遵守相关的要求，按照日程安排来进行。一般情况下，先由董事会提出分配预案，然后提交股东大会决议通过才能进行分配。股东大会决议通过分配预案后，要向股东宣布发放股利的方案，并确定股权登记日、除息日和股利发放日。

(1) 股利宣告日，即股东大会决议通过并由董事会将股利支付情况予以公告的日期。公告中将宣布每股应支付的股利、股权登记日、除息日以及股利支付日。

(2) 股权登记日，即有权领取本期股利的股东资格登记截止日期。凡是在此指定日期收盘之前取得公司股票，成为公司在册股东的投资者都可以作为股东享受公司分派的股利。在这一天之后取得股票的股东则无权领取本次分派的股利。

(3) 除息日，即领取股利的权利与股票分离的日期。在除息日之前购买的股票才能领取本次股利，而在除息日当天或是以后购买的股票，则不能领取本次股利。由于失去了“付息”的权利，除息日的股票价格会下跌。

(4) 股利发放日，即公司按照公布的分红方案向股权登记日在册的股东实际支付股利的日期。

【例 8-2】 某上市公司于 20×8 年 4 月 10 日公布 20×7 年度的最后分红方案，其公告如下：“20×8 年 4 月 9 日在北京召开的股东大会，通过了董事会关于每股分派 0.15 元的 20×7 年股息分配方案。股权登记日为 4 月 25 日，除息日为 4 月 26 日，股东可在 5 月 10 日至 25 日之间通过深圳交易所按交易方式领取股息，特此公告。”那么，该公司的股利支付程序如图 8-1 所示。

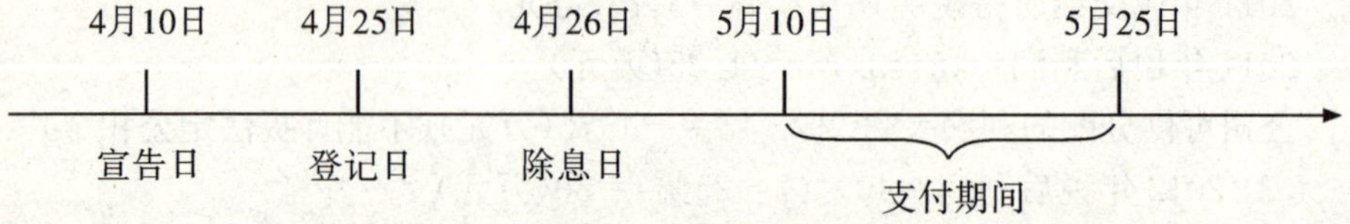

图 8-1 某上市公司股利支付程序图

(二) 股利支付的方式

股利支付方式可以分为不同的种类，主要有以下四种。

1. 现金股利

现金股利是以现金支付的股利，它是股利支付最常见的方式。公司选择发放现金股利除了要有足够的留存收益外，还要有足够的现金，而现金充足与否往往会成为公司发放现金股利的主要制约因素。

2. 财产股利

财产股利是以现金以外的其他资产支付的股利，主要是以公司所拥有的其他公司的有价证券，如债券、股票等，作为股利支付给股东。

3. 负债股利

负债股利是以负债方式支付的股利，通常以公司的应付票据支付给股东，有时也以发放公司债券的方式支付股利。

财产股利和负债股利实际上是现金股利的替代，但这两种股利支付形式在我国公司实务中很少使用。

4. 股票股利

股票股利是公司以增发股票的方式所支付的股利，我国实务中通常也称其为“红股”。股票股利对公司来说，并没有现金流出公司，也不会导致公司的财产减少，而只是将公司的留存收益转化为股本。但股票股利会增加流通在外的股票数量，同时降低股票的每股价值。它不改变公司股东权益总额，但会改变股东权益的构成。

第二节 股利理论

公司的股利分配方案既取决于公司的股利政策，又取决于决策者对股利分配的理解与认识，即股利分配理论。股利分配理论是指人们对股利分配的客观规律的科学认识与总结，其核心问题是股利政策与公司价值的关系问题。市场经济条件下，股利分配要符合财务管理目标。人们对股利分配与财务目标之间关系的认识存在不同的流派与观念，还没有一种被大多数人所接受的权威观点和结论。围绕着公司股利政策是否影响公司价值这一问题，主要有股利无关论和股利相关论两类不同的股利理论。

一、股利无关论

股利无关论认为，在一定的假设条件限制下，股利政策不会对公司的价值或股票的价格产生任何影响，投资者不关心公司股利的分配。公司市场价值的高低，是由公司所选择的投资决策的获利能力和风险组合所决定，而与公司的利润分配政策无关。

由于公司对股东的分红只是盈利减去投资之后的差额部分，且分红只能采取派现或股票回购等方式，因此，一旦投资政策已定，那么，在完全的资本市场上，股利政策的改变就仅仅意味着收益在现金股利与资本利得之间分配上的变化。如果投资者按理性行事的话，这种改变不会影响公司的市场价值以及股东的财富。

该理论是米勒(Merton Miller)和莫迪格利安尼(Franco Modigliani)于 1961

年在以下的假设之上提出的:第一,公司的投资政策已确定并且已经为投资者所理解。第二,不存在股票的发行与交易费用。第三,不存在个人或公司所得税。第四,不存在信息不对称。第五,经理与外部投资者之间不存在代理成本。上述假设描述的是一种完美的资本市场,因而股利无关论又被称为完全市场理论。

二、股利相关论

与股利无关理论相反,股利相关理论认为,公司的股利政策会影响股票价格和公司价值。

(一)"一鸟在手"理论

"一鸟在手"理论认为,用留存收益再投资给投资者带来的收益具有较大的不确定性,并且投资的风险随着时间的推移会进一步加大,因此,厌恶风险的投资者会偏好确定的股利收益,而不愿将收益留存在公司内部,去承担未来的投资风险。该理论认为,公司的股利政策与公司的股票价格是密切相关的,即当公司支付较高的股利时,公司的股票价格会随之上升,公司价值将得到提高。

(二)信号传递理论

信号传递理论认为,在信息不对称的情况下,公司可以通过股利政策向市场传递有关公司未来获利能力的信息,从而会影响公司的股价。一般来讲,预期未来获利能力强的公司,往往愿意通过相对较高的股利支付水平吸引更多的投资者。对于市场上的投资者来讲,股利政策的差异或许是反映公司预期获利能力的有价值的信号。如果公司连续保持较为稳定的股利支付水平,那么,投资者就可能对公司未来的盈利能力与现金流量抱有乐观的预期。另外,如果公司的股利支付水平在过去一个较长的时期内相对稳定,而现在却有所变动,投资者将会把这种现象看作公司管理当局将改变公司未来收益率的信号,股票市价将会对股利的变动作出反应。

(三)所得税差异理论

所得税差异理论认为,由于普遍存在的税率和纳税时间的差异,资本利得收入比股利收入更有助于实现收益最大化目标,公司应当采用低股利政策。一般来说,对资本利得收入征收的税率低于对股利收入征收的税率。再者,即使两者没有税率上的差异,由于投资者对资本利得收入的纳税时间选择更具有弹性,投资者仍可以享受延迟纳税带来的收益差异。

(四)代理理论

代理理论认为,股利政策有助于减缓管理者与股东之间的代理冲突,即股利政策是协调股东与管理者之间代理关系的一种约束机制。该理论认为,股利的支付能够有效地降低代理成本。首先,股利的支付减少了管理者对自由现金流量的支配权,这在一定程度上可以抑制公司管理者的过度投资或在职消费行为,从而保护外部投资者的利益。其次,较多的现金股利发放,减少了内部融资,导致公司进入资本市场寻求外部融资,从而公司将接受资本市场上更多、更严格的监督,这样便通过资本市场的监督减少了代理成本。因此,高水平的股利政策降低了公司的代理成本,但同时增加了外部融资成本,理想的股利政策应当使两种成本之和最小。

第三节　股 利 政 策

一、制定股利政策应考虑的因素

公司的利润分配涉及公司相关各方的切身利益,受众多不确定因素的影响,在确定分配政策时,应当考虑各种相关因素的影响。

(一) 法律限制

1. 资本保全限制

资本保全限制规定,公司不能用资本发放股利。如我国法律规定,各种资本公积准备不能转增股本,已实现的资本公积只能转增股本,不能分派现金股利;盈余公积主要用于弥补亏损和转增股本,一般情况下不得用于向投资者分配利润或现金股利。

2. 资本积累限制

公司积累限制规定,公司必须按税后利润的一定比例和基数,提取法定公积金。公司当年出现亏损时,一般不得给投资者分配利润。

3. 偿债能力限制

偿债能力限制是指公司按时足额偿付各种到期债务的能力。如果公司已经无力偿付到期债务或因支付股利将使其失去偿还能力,则公司不能支付现金股利。

4. 超额累积利润限制

由于资本利得与股利收入的税率不一致,如果公司为了避税而使得盈余的保留大大超过了公司目前及未来的投资需要时,将被加征额外的税款。

(二) 公司因素

公司长期发展和短期经营活动对现金的需求,成为了对股利的最重要的限制因素,其相关因素主要有以下几点。

1. 现金流量

由于会计规范的要求和核算方法的选择,公司盈余与现金流量并非完全同步,净收益的增加不一定意味着可供分配的现金流量的增加。公司在进行利润分配时，要保证正常的经营活动对现金的需求，以维持资金的正常周转，使生产经营得以有序进行。

2. 资产的流动性

公司现金股利的分配，应以一定资产流动性为前提。如果公司的资产流动性越好，说明其变现能力越强，股利支付能力也就越强。高速成长的盈利性公司，其资产可能缺乏流动性，因为，它们的大部分资金投资在固定资产和永久性流动资产上了，这类公司当期利润虽然多但资产变现能力差，公司的股利支付能力就会削弱。

3. 投资机会

如果公司的投资机会多，对资金的需求量大，那么它就很可能会考虑采用低股利支付水平的分配政策。相反，如果公司的投资机会少，对资金的需求量小，那么它就很可能倾向于采用较高股利支付水平的分配政策。此外，如果公司将留存收益用于再投资所得报酬低于股东个人单独将股利收入投资于其他投资机会所得的报酬时，公司就不应多留存收益，而应多发放股利，这样有利于股东价值的最大化。所以，处于成长中的公司，因一般具有较多的良好投资机会而多采取低股利政策，许多处于经营收缩期的公司，则因缺少良好的投资机会而多采取高股利政策。

4. 筹资能力

如果公司规模大、经营好、利润丰厚，其筹资能力一般很强，那么在决定股利支付数额时，有较大选择余地。但对那些规模小、新创办、风险大的公司，其筹资能力有限，这类公司应尽量减少现金股利支付，而将利润更多地留存在公司，作为内部筹资。

5. 盈利的稳定性

公司的现金股利来源于税后利润。盈利相对稳定的公司，有可能支付较高股利，而盈利不稳定的公司，一般采用低股利政策。这是因为，对于盈利不稳定的公司，低股利政策可以减少因盈利下降而造成的股利无法支付、公司形象受损、股价急剧下降的风险，还可以将更多的盈利用于再投资，以提高公司的权益资本比重，减少财务风险。

6. 资本成本

留存权益是公司内部筹资的一种重要方式，同发行新股或举借债务相比，不但筹资成本较低，而且具有很强的隐蔽性。公司如果一方面大量发放股利，而另一方面又以支付高额资本成本为代价筹集其他资本，那么，这种舍近求远的做法无论如何是不恰当的，甚至有损于股东利益。因而从资本成本考虑，如果公司扩大规模，需要增加权益资本时，不妨采取低股利政策。

7. 其他因素

由于股利的信号传递作用，公司不宜经常改变其利润分配政策，应保持一定的连续性和稳定性。此外,利润分配政策还会受其他公司的影响,比如不同发展阶段、不同行业的公司股利支付比例会有差异,这就要求公司在进行政策选择时要考虑发展阶段以及所处行业状况。

(三)股东因素

股东在避税、规避风险、稳定收入和股权稀释等方面的意愿,也会对公司的股利政策产生影响。毫无疑问,公司的股利政策不可能使每个股东财富最大化,公司制定股利政策的目的在于,对绝大多数股东的财富产生有利影响。

1. 避税考虑

公司的股利政策不得不受到股东的所得税负影响。在我国,由于现金股利收入的税率是20%,而股票交易尚未征收资本利得税,因此,低股利支付政策,可以给股东带来更多的资本利得收入,达到避税目的。

2. 规避风险

"双鸟在林,不如一鸟在手"。在一部分投资者看来,股利的风险小于资本利得的风险,当期股利的支付解除了投资者心中的不确定性。因此,他们往往会要求公司支付较多的股利,从而减少股东投资风险。

3. 稳定收入

如果一个公司拥有很大比例的富有股东,这些股东多半不会依赖公司发放的现金股利维持生活,它们对定期支付现金股利的要求不会显得十分迫切。相反,如果一个公司绝大部分股东,属于低收入阶层以及养老基金等机构投资者,他们需要公司发放的现金股利来维持生活或用于发放养老金等,因此,这部分股东特别关注现金股利,尤其是稳定的现金股利发放。

4. 股权稀释

公司必须认识到高股利支付率会导致现有股东股权和盈利的稀释,如果公司支付大量现金股利,然后再发行新的普通股以融通所需资金,现有股东的控制权就有可能被稀释。另外,随着新普通股的发行,流通在外的普通股股数增加,最终将导致普通股的每股盈利和每股市价的下降,对现有股东产生不利影响。

(四)其他限制

1. 债务契约

一般来说,股利支付水平越高,留存收益越少,公司的破产风险就会加大,就越有可能损害到债权人的利益。因此,为了保证自己的利益不受侵害,债权人通常都会在债务契约、租赁合同中加入关于借款公司股利政策的限制条款。

2. 通货膨胀

通货膨胀会使货币购买力水平下降,导致固定资产重置资金不足,此时,公司往往不得不考虑留用一定的利润,以便弥补由于购买力下降而造成的固定资产重置资金缺口。因此，在通货膨胀时期，公司一般会采取偏紧的股利分配政策。

3. 机构投资者的投资限制

机构投资者包括养老基金、储蓄银行、信托基金、保险公司和其他一些机构。机构投资者对投资股票种类的选择，往往与股利，特别是稳定股利的支付有关。如果某种股票连续几年不支付股利或所支付的股利金额起伏较大，则该股票一般不能成为机构投资者的投资对象。因此，如果某一公司想更多地吸引机构投资者，则应采用较高而且稳定的股利政策。

二、股利政策

股利政策是指公司管理层对与股利有关的事项所采取的方针策略。股利分配在公司制企业经营理财决策中，始终占有重要地位。这是因为股利的发放，既关系到公司股东的经济利益，又关系到公司的未来发展。通常较高的股利，一方面可使股东获取可观的投资收益；另一方面还会引起公司股票市价上涨，从而使股东除股利收入外还获得了资本利得。但是过高的股利必将使公司留存收益大量减少，或者影响公司未来发展，或者大量举债，增加公司资本成本负担，最终影响公司未来收益，进而降低股东权益。而较低的股利，虽然使公司有较多的发展资金，但与公司股东的愿望相背离，股票市价可能下降，公司形象将受到损害。因而对公司管理当局而言，如何均衡股利发放与企业的未来发展，并使公司股票价格稳中有升，便成为企业经营管理层孜孜以求的目标。股利分配政策的核心问题是确定支付股利与留用利润的比例，即股利支付率问题。常用的股利政策主要有以下几种类型。

(一) 剩余股利政策

剩余股利政策是指公司在有良好的投资机会时，根据目标资本结构，测算出投资所需的权益资本额，先从盈余中留用，然后将剩余的盈余作为股利来分配，即净利润首先满足公司的资金需求，如果还有剩余，就派发股利；如果没有，则不派发股利。剩余股利政策的理论依据是 MM 股利无关理论。根据 MM 无关理论，在完全理想状态下的资本市场中，公司的股利政策与普通股每股市价无关，故股利政策只需随着公司投资、融资方案的制定自然确定。因此，采用剩余股利政策时，公司要遵循如下四个步骤：第一步，设定目标资本结构，在此资本结构下，公司的加权平均资本成本将达到最低水平；第二步，确定公司的最佳资本预算，并根据公司的目标资本结构预计资金需求中所需增加的权益资本数额；第三步，最大限度地使用留存收益来满足资金需求中所需增加的权益资本数额；第四步，留存收益在满足公司权益资本增加需求后，若还有剩余再用来发放股利。

【例 8-3】 某公司 2008 年税后净利润为 2 000 万元，2009 年的投资计划需要资金 2 200 万元，公司的目标资本结构为权益资本占 60%，债务资本占 40%。

按照目标资本结构的要求，2009 年公司投资方案所需的权益资本数额为：

$$2\,200\times 60\%=1\,320(\text{万元})$$

公司 2008 年全部可用于分派的盈利为 2 000 万元，除了满足上述投资方案所需的权益资本数额外，还有剩余可用于发放股利。2008 年，公司可以发放的股利额为：

$$2\,000-1\,320=680(\text{万元})$$

假设该公司 2008 年流通在外的普通股为 2 000 万股，那么，每股股利为：

$$680\div 2\,000=0.34(\text{元/股})$$

剩余股利政策的优点是：留存收益优先保证再投资的需要，有助于降低再投资的资金成本，保持最佳的资本结构，实现企业价值的长期最大化。

剩余股利政策的缺点是：若完全遵照执行剩余股利政策，股利发放额就会每年随着投资机会和盈利水平的波动而波动。在盈利水平不变的前提下，股利发放额与投资机会的多寡呈反方向变动；而在投资机会维持不变的情况下，股利发放额将与公司盈利呈同向波动。剩余股利政策忽略了不同股东对资本利得与股利的偏好，损害那些偏好现金股利的股东利益，从而有可能影响股东对公司的信心。此外，公司采用剩余股利政策是以投资的未来收益为前提的，由于公司管理层与股东之间存在信息不对称，股东不一定了解公司投资未来收益水平，也会影响股东对公司的信心。剩余股利政策不利于投资者安排收入与支出，也不利于公司树立良好的形象，一般适用于公司初创阶段。

（二）固定或稳增长的股利政策

固定或稳定增长的股利政策是指公司将每年派发的股利额固定在某一特定水平或是在此基础上维持某一固定比率逐年稳定增长。公司只有在确信未来盈余不会发生逆转时才会宣布实施固定或稳定增长的股利政策。在这一政策下，应首先确定股利分配额，而且该分配额一般不随资金需求的波动而波动。

固定或稳定增长股利政策的优点是：由于股利政策本身的信息含量，稳定的股利向投资者传递着公司正常发展的信息，有利于树立公司的良好形象，增强投资者对公司的信心，稳定股票的价格；稳定的股利额有助于投资者安排股利收入和支出，有利于吸引那些打算进行长期投资，并对股利有很高依赖性的投资者。

固定或稳定增长股利政策的缺点是：股利的支付与公司的盈利相脱节，即不论公司盈利多少，均要支付固定的或按固定比率增长的股利，这可能导致公司资金紧缺，财务状况恶化。此外，在公司无利可分的情况下，若依然实施固定或稳定增长的股利政策,也是违反《公司法》的行为。

因此,采用固定或稳定增长的股利政策,要求公司对未来的盈利和支付能力作出准确的判断。一般来说,公司确定的固定股利额不宜太高,以免陷入无力支付的被动局面。固定或稳定增长的股利政策通常适用于经营比较稳定或正处于成长期的公司,但很难被长期采用。

(三) 固定股利支付率政策

固定股利支付政策是指公司将每年净利润的某一固定百分比作为股利分派给股东。这一百分比通常称为股利支付率,股利支付率一经确定,一般不得随意变更。在这一股利政策下,只要公司的税后利润一经计算确定,所派发的股利也就相应确定了。固定股利支付率越高,公司留存的净利润越少。

固定股利支付率的优点是:采用固定股利支付率政策,股利与公司盈余紧密地配合,体现了"多盈多分、少盈少分、无盈不分"的股利分配原则。由于公司的获利能力在年度间是经常变动的,因此,每年的股利也应当随着公司收益的变动而变动。采用固定股利支付率政策,公司每年按固定的比例从税后利润中支付现金股利,从公司的支付能力的角度看,这是一种稳定的股利政策。

固定股利支付率的缺点是:大多数公司每年的收益很难保持稳定不变,导致年度间的股利额波动较大,由于股利的信号传递作用,波动的股利很容易给投资者带来经营状况不稳定、投资风险较大的不良印象,成为公司的不利因素;容易使公司面临较大的财务压力,因为公司实现的盈利多,并不能代表公司有足够的现金流用来支付较多的股利额;合适的固定股利支付率的确定难度比较大。

由于公司每年面临的投资机会、筹资渠道都不同,而这些都可以影响到公司的股利分派,所以,一成不变地奉行固定股利支付率政策的公司在实际中并不多见,固定股利支付率政策只是比较适用于那些处于稳定发展且财务状况也较稳定的公司。

【例 8-4】 某公司长期以来用固定股利支付率政策进行股利分配,确定的股利支付率为 20%,20×8 年税后净利润为 4 000 万元,如果继续执行固定股利支付率政策,公司本年度将要支付的股利为:

$$4\,000 \times 20\% = 800(\text{万元})$$

但公司下一年度有较大的投资需求,因此,准备本年度采用剩余股利政策。如果公司下一年度的投资预算为 5 000 万元,目标资本结构为权益资本占 60%。按照目标资本结构的要求,公司投资方案所需的权益资本额为:

$$5\,000 \times 60\% = 3\,000(\text{万元})$$

公司20×8年度可以发放的股利为：

$$4\,000-3\,000=1\,000(\text{万元})$$

（四）低正常股利加额外股利政策

低正常股利加额外股利政策是指公司事先设定一个较低的正常股利额，每年除了按正常股利额向股东发放股利外，还在公司盈余较多、资金较为充裕的年份向股东发放额外股利。但是，额外股利并不固定化，不意味着公司永久地提高股利支付率。

低正常股利加额外股利政策的优点是：赋予公司较大的灵活性，使公司在股利发放上留有余地，并具有较大的财务弹性。公司可根据每年的具体情况，选择不同的股利发放水平，以稳定和提高股价，进而实现公司价值的最大化；使那些依靠股利度日的股东每年至少可以得到虽然较低但比较稳定的股利收入，从而吸引住这部分股东。

低正常股利加额外股利政策的缺点是：由于年份之间公司盈利的波动使得额外股利不断变化，造成分派的股利不同，容易给投资者收益不稳定的感觉；当公司在较长时间持续发放额外股利后，可能会被股东误认为"正常股利"，一旦取消，传递出的信号可能会使股东认为这是公司财务状况恶化的表现，进而导致股价下跌。

相对来说，对那些盈利随着经济周期而波动较大的公司或者盈利与现金流量很不稳定的公司，低正常股利加额外股利政策也许是一种不错的选择。

第四节　股票股利、股票分割和股票回购

一、股票股利

股票股利是公司以增发股票的方式所支付的股利，一般都是按在册股东持有股份的一定比例来发放，我国实务中通常也称其为"红股"。股票股利并不直接增加股东的财富，不导致公司资产的流出或负债的增加。同时也并不因此而增加公司的财产，但会引起所有者权益各项目的结构发生变化。发放股票股利以后，如果盈利总额与市盈率不变，会由于普通股股数的增加而引起每股收益和每股市价的下降。但由于股东所持股份的比例不变，每位股东所持有股票的市场价值总额仍保持不变，因而股票股利不涉及公司的现金流。

【例8-5】　某上市公司在20×9年发放股票股利前，其资产负债表上的股东

权益账户情况如表 8-1 所示。

表 8-1 发放股票股利前股东权益账户表

单位:万元

普通股(面值1元,发行在外 1000 万股)	1 000
资本公积	3 000
盈余公积	2 000
未分配利润	3 000
股东权益合计	9 000

假设该公司宣布发放 20%的股票股利,现有股东每持有 10 股,即可获赠 2 股普通股。

若该股票当时市价为 6 元,那么随着股票股利的发放,需从“未分配利润”项目划转出的资金为:

$$1\,000\times20\%\times6=1\,200(\text{万元})$$

由于股票面值(1 元)不变,发放 200 万股,“普通股”项目只应增加 200 万元,其余的 1 000 万元[1000×20%×(6－1)]应作为股票溢价转至“资本公积”项目,而公司的股东权益总额并未发生改变,仍是 9 000 万元,股票股利发放后的资产负债表上的股东权益部分如表 8－2 所示。

表 8-2 发放股票股利后股东权益账户表

单位:万元

普通股(面值1元,发行在外 1 200 万股)	1 200
资本公积	4 000
盈余公积	2 000
未分配利润	1 800
股东权益合计	9 000

假设一位股东派发股票股利之前持有公司的普通股 10 万股,那么,他所拥有的股权比例为:

$$\frac{10}{1\,000}=1\%$$

派发股利之后,他所拥有的股票数量和股份比例为:

$$10\times(1+20\%)=12(\text{万股})$$

$$\frac{12}{1\,200}=1\%$$

可见，发放股票股利，不会对公司股东权益总额产生影响，但会引起资金在各股东权益项目间的再分配。而股票股利派发前后每一位股东的持股比例也不会发生变化。需要说明的是，例题中股票股利以市价计算价格的做法，是很多西方国家所通行的，但在我国，股票股利价格则是按照股票面值来计算的。

【例 8-6】 假定在[例 8-5]中，该上市公司发放股票股利的价格是按照股票面值来计算，那么，随着股票股利的发放，“未分配利润”项目按面值减少（增加的股数×每股面值），需从“未分配利润”项目划转出的资金为：

$$1\,000\times20\%\times1=200(万元)$$

“股本”项目按面值增加。由于股票面值（1 元）不变，发放 200 万股，“普通股”项目只应增加 200 万元，“资本公积”项目不变，而公司的股东权益总额并未发生改变，仍是 9 000 万元，股票股利发放后的资产负债表上的股东权益部分如表 8-3 所示。

表 8-3　发放股票股利后股东权益账户表

单位：万元

普通股（面值 1 元，发行在外 1 200 万股）	1 200
资本公积	3 000
盈余公积	2 000
未分配利润	2 800
股东权益合计	9 000

发放股票股利虽不直接增加股东的财富，也不增加公司的价值，但对股东和公司都有特殊意义。

对股东来讲，股票股利的优点主要有：

第一，从理论上讲，派发股票股利后，每股市价会成比例下降，但实务中这并非必然结果。

市场和投资者普遍认为，发放股票股利往往预示着公司会有较大的发展和成长，这样的信息传递会稳定股价或使股价下降比例减小甚至不降反升，股东便可以获得股票价值相对上升的好处。

第二，由于股利收入和资本利得税率的差异，如果股东把股票股利出售，还会给他带来资本利得纳税上的好处。

对公司来讲，股票股利的优点主要有：

第一，发放股票股利不需要向股东支付现金，在再投资机会较多的情况下，公司就可以为再投资提供成本较低的资金，从而有利于公司的发展。

第二，发放股票股利可以降低公司股票的市场价格，既有利于促进股票的交易和流通，又有利于吸引更多的投资者成为公司股东，进而使股权更为分散，有效地防止公司被恶意控制。

第三，股票股利的发放可以传递公司未来发展前景良好的信息，从而增强投资者的信心，在一定程度上稳定股票价格。

二、股票分割

（一）股票分割的含义

股票分割又称拆股，即将一股股票拆分成多股股票的行为。股票分割一般只会增加发行在外的股票总数，但不会对公司的资本结构产生任何影响。股票分割与股票股利非常相似，都是在不增加股东权益的情况下增加了股份的数量，所不同的是，股票股利虽不会引起股东权益总额的改变，但股东权益的内部结构会发生变化，而股票分割之后，股东权益总额及其内部结构都不会发生任何变化，变化的只是股票面值。

（二）股票分割的作用

第一，降低股票价格。股票分割会使每股市价降低，买卖该股票所需资金量减少，从而可以促进股票的流通和交易。流通性的提高和股东数量的增加，会在一定程度上加大对公司股票恶意收购的难度。此外，降低股票价格还可以为公司发行新股做准备，因为股价太高会使许多潜在投资者力不从心而不敢轻易对公司股票进行投资。

第二，向市场和投资者传递“公司发展前景良好”的信号，有助于提高投资者对公司股票的信心。

【例 8-7】 某上市公司在 20×9 年年末资产负债表上的股东权益账户情况如表 8-4 所示。

表 8-4 某上市公司 20×9 年末股东权益账户表

单位：万元

普通股（面值 10 元，发行在外 1 000 万股）	10 000
资本公积	10 000
盈余公积	5 000
未分配利润	8 000
股东权益合计	33 000

【要求】 假设该公司按照1∶2的比例进行股票分割，股票分割后，股东权益有何变化？每股净资产是多少？

股票分割后股东权益情况如表8-5所示。

表8-5 某上市公司20×9年股票分割后股东权益账户表

单位：万元

普通股(面值5元，发行在外2000万股)	10000
资本公积	10000
盈余公积	5000
未分配利润	8000
股东权益合计	33000

每股净资产＝33000÷(1000×2)＝16.5(元/股)

与股票分割相反，如果公司认为其股票价格过低，不利于其在市场上的声誉和未来的再筹资时，为提高股票的价格，会采取反分割措施。反分割又称股票合并或逆向分割，是指将多股股票合并为一股股票的行为。反分割显然会降低股票的流通性，提高公司股票投资的门槛，它向市场传递的信息通常都是不利的。

三、股票回购

(一) 股票回购的含义及方式

股票回购是指上市公司出资将其发行在外的普通股以一定价格购买回来予以注销或作为库存股的一种资本运作方式。公司不得随意收购本公司的股份，只有满足相关法律规定的情形才允许股票回购。

股票回购的方式主要包括公开市场回购、要约回购和协议回购三种。其中，公开市场回购是指公司在公开交易市场上以当前市价回购股票；要约回购是指公司在特定期间向股东发出的以高出当前市价的某一价格回购既定数量股票的要约；协议回购则是指公司以协议价格直接向一个或几个主要股东回购股票。

(二) 股票回购的动机

在证券市场上，股票回购的动机多种多样，主要有以下几点。

1. 现金股利的替代

现金股利政策会对公司产生未来的派现压力，而股票回购不会。当公司有富余资金时，通过购回股东所持股票将现金分配给股东，这样，股东就可以根据自己的需要选择继续持有股票或出售获得现金。

2. 改变公司的资本结构

无论是现金回购还是举债回购股份，都会提高公司的财务杠杆水平，改变公司的资本结构。公司认为权益资本在资本结构中所占比例较大时，为了调整资本结构而进行股票回购，可以在一定程度上降低整体资金成本。

3. 传递公司信息

由于信息不对称和预期差异，证券市场上的公司股票价格可能被低估，而过低的股价将会对公司产生负面影响。一般情况下，投资者会认为股票回购意味着公司认为其股票价值被低估而采取的应对措施。

4. 基于控制权的考虑

控股股东为了保证其控制权不被改变，往往采取直接或间接的方式回购股票，从而巩固既有的控制权。另外，股票回购使流通在外的股份数变少，股价上升，从而可以有效地防止敌意收购。

（三）股票回购的影响

股票回购对上市公司的影响主要表现在以下几个方面。

第一，股票回购需要大量资金支付回购成本，容易造成资金紧张，降低资产流动性，影响公司的后续发展。

第二，股票回购实际上相当于返还股东出资，公司回购自己的股票会导致注册资本的减少，这将影响资本的充实，在一定程度上削弱了对债权人利益的保护，损害债权人的利益。

第三，股票回购容易导致公司操纵股价。公司回购自己的股票容易导致其利用内幕消息进行炒作，加剧公司行业的非规范化，损害投资者的利益。

关键术语

剩余股利政策　固定或稳定增长的股利政策　固定股利支付率政策
低正常股利加额外股利政策　股利无关论　股利相关论　股票股利　股票分割
股票回购

思考题

1. 剩余股利政策的优缺点及适用范围分别是什么？

2. 固定或稳定增长的股利政策优缺点及适用范围分别是什么？

3. 固定股利支付率政策的优缺点及适用范围分别是什么？
4. 低正常股利加额外股利政策的优缺点及适用范围分别是什么？
5. 发放股票股利对股东和公司有哪些特殊意义？
6. 股利无关论及其假设条件是什么？
7. 股利相关论及其主要观点是什么？
8. 股票分割的作用是什么？
9. 股票回购的方式、动机及影响是什么？

练　习　题

1. M公司2004年开业，历年的税前利润如表8-6所示(假设无其他纳税调整事项，所得税税率为25%，法定公积金计提比例为10%)。

表8-6　M公司2004—2012年税前利润表

单位:元

2004年	亏损	100 000
2005年	利润	40 000
2006年	亏损	30 000
2007年	利润	10 000
2008年	利润	10 000
2009年	利润	10 000
2010年	利润	10 000
2011年	利润	40 000
2012年	利润	20 000

【要求】 计算并回答下列问题。

(1) 2010年应否交纳所得税？应否提取法定公积金？

(2) 2011年应否交纳所得税？应否提取法定公积金？

(3) 2012年应否提取法定公积金？可否给股东分配股利？

2. N公司2009年的税后利润为260万元，目前最佳资本结构为资产负债率45%，执行20%的固定股利支付率政策，因产品销路稳定，2010年拟投资600万元扩大生产能力。

【要求】 计算并回答下列问题。

(1) 2009 年公司的留存收益。

(2) 2010 年公司增加的外部借款和权益资本筹资额。

3. 某公司的本年税后利润为 300 万元,下一年拟投资一新项目,需投资 400 万元,公司的目标资本结构为负债与权益之比为 2∶3,公司流通在外的普通股为 200 万股,公司采用剩余股利政策。

【要求】 计算并回答下列问题。

(1) 公司本年可发放的股利额。

(2) 股利支付率。

(3) 每股股利。

4. F 公司 2010 年全年实现净利润 1 000 万元,年末在分配股利前的股东权益账户余额如表 8-7 所示。

表 8-7 F 公司 2010 年末股利分配前股东权益账户表

单位:万元

股本(面值 1 元)	1 000
盈余公积	500
资本公积	4 000
未分配利润	1 500
合计	7 000

若公司决定发放 10% 的股票股利,并按发放股票股利后的股数支付现金股利,每股 0.1 元,该公司股票目前市价为 8 元。

【要求】 计算并回答下列问题。

(1) 发放股利后该公司股东权益结构有何变化(计算各账户余额)?

(2) 预计 2011 年净利润将增长 5%,若保持 10% 的股票股利发放率与固定股利支付率,则 2011 年发放多少股利?

5. 某公司年终进行收益分配前的股东权益情况如表 8-8 所示。

表 8-8 收益分配前股东权益账户表

单位:万元

股本(面值 2 元,已发行 100 万股)	200
资本公积	400
未分配利润	200
股东权益合计	800

【要求】 计算并回答下列问题。

(1) 如果公司宣布发放10%的股票股利，并按发放股票股利后的股数发放现金股利，每股0.1元，发放的股票股利按照市价9元计价。则计算发放股利后的股东权益各项目的数额。

(2) 如果按照1∶2的比例进行股票分割，计算进行股票分割后股东权益各项目的数额。

6. 某公司2011年实现的净利润为250万元，年初累计未分配利润为400万元。2010年实现净利润200万元，分配的股利为120万元。

【要求】 计算并回答下列问题。

(1) 如果预计2012年需要增加投资资本200万元，公司的目标资本结构为权益资本占60%，债务资本占40%。公司采用剩余股利政策，公司本年应发放多少股利?

(2) 如果公司采用固定股利政策，公司2011年应发放多少股利?

(3) 如果公司采用固定股利支付率政策，公司2011年应发放多少股利?

(4) 如果公司采用低正常股利加额外股利政策，规定每股正常股利为0.1元，按净利润超过正常股利部分的30%发放额外股利，该公司普通股股数为400万股，公司2011年应发放多少股利?

第九章　全 面 预 算

重点提示

学习本章，要求掌握全面预算的分类、预算的编制方法、业务预算和现金预算的编制；熟知全面预算的有关概念，全面预算的意义；了解资本性支出预算以及预计财务报表的编制。

第一节　全面预算概述

一、全面预算的有关概念

（一）预算的概念

预算是指一个单位对其未来的经济活动过程和结果所做的具体详细的数量说明，它具有以下几方面的含义：

(1) 预算是一个单位未来经济活动过程和结果的一种数量表现。在管理上讲求精细管理的单位都会对未来的经济活动过程和结果作出各种各样的计划和安排，这些计划和安排既可以用文字、图像等形式来表现，又可以用数量的形式来表现。如果以数量化的形式来表现，就可以称为预算。

(2) 预算是为了完成特定目标而对所拥有的有限资源进行的合理安排。单位所拥有的资源，既包括我们通常所讲的人、财、物等资源，又包括各种权、责、利的划分等制度资源。要让一个责任单位或一个责任人完成一定的经济业务，除了给该责任单位或责任人一定的财产资源，还需要明确其权、责、利的范围。这些财产资源的安排和权、责、利的划分是预算中的重要内容。

(3) 预算是以货币或现金流量的形式为主对单位未来某一特定时期经济活动过程和结果所作的系统而详细的表述。单位的经济活动都是围绕取得各种各样的收入而安排的。而为了取得一定的收入,单位一般都会发生一定的费用。所以单位的经济活动几乎都要涉及现金的收支,因而对未来经济活动的安排必然涉及对现金收支的安排。

(4) 预算是对各项经济活动过程和结果进行有效控制的一种工具。预算一方面对未来的经济活动作了安排;另一方面还对经济活动的结果作了合理的估计。这样,预算可以从两个角度对单位的经济活动进行控制:一是预算规定了各责任单位或责任人的权、责、利以及各责任单位或责任人之间的关系,这实际上是将经济活动的过程作了粗线条的规范,经济活动在执行过程中,可以依据这些规范来纠正偏差;二是对未来经济活动结果的预计是经济活动结束后考评的标准,如果单位业绩的考核与预算挂钩,奖惩的实施又与预算考评结果挂钩,那么各责任中心对合理利益的追求一定会促使单位的经济活动按预算的要求进行。

预算、计划、预测三者的关系表现为:预测是预算和计划的前提,没有预测就没有预算和计划;预算是将企业计划数量化、表格化的体现,它侧重数量,注重的是数学逻辑;而计划则是侧重于文字,注重的是语言逻辑。

(二) 全面预算的概念

全面预算是由一系列预算构成的体系,各项预算之间相互联系,关系比较复杂,很难用一个简单的办法准确描述。图 9-1 是一个简化了的例子,反映了各预算之间的主要联系。

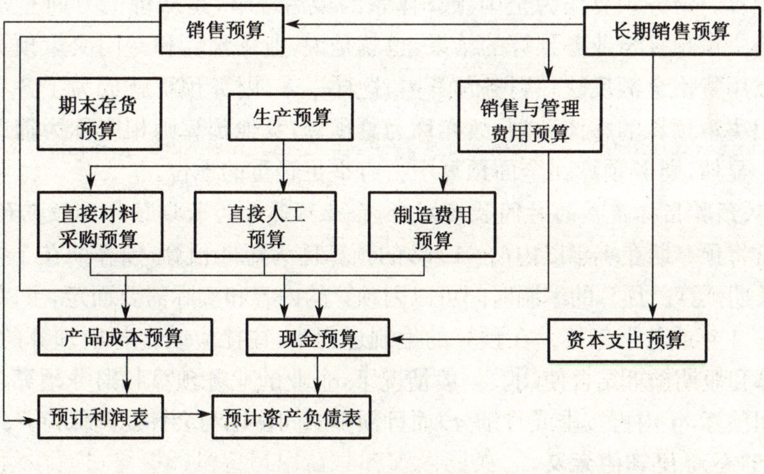

图 9-1 全面预算

企业应根据长期战略目标和自身生产能力,确定长远规划和奋斗目标,编制长期销售预算,以此为基础进行经济预测,确定年度销售预算,并根据企业财力确定资本支出预算。销售预算是全面预算编制的起点,根据以销定产的原则确定生产预算，同时确定所需要的销售及管理费用。生产预算的编制除了考虑计划销售量外，还要考虑现有存货和年末存货。根据生产预算来确定直接材料、直接人工和制造费用预算。产品成本预算和现金预算是有关预算的汇总。预计利润表和预计资产负债表是全面预算的综合。

二、全面预算的分类与意义

（一）全面预算的分类

全面预算可以按不同标准进行多种分类。

1. 根据预算内容不同，可以分为业务预算（即营业预算）、专门决策预算、财务预算

（1）业务预算是指与企业日常经营活动直接相关的经营业务的各种预算。它主要包括销售预算、生产预算、材料采购预算、直接人工预算、制造费用预算、产品成本预算、销售费用和管理费用预算等。

（2）专门决策预算是指企业不经常发生的、一次性的重要决策预算。专门决策预算直接反映相关决策的结果，是实际中选方案的进一步规划。如资本支出预算，其编制依据可以追溯到决策之前收集到的有关资料，只不过预算比决策估算更细致、更精确一些。

（3）财务预算是指企业在计划期内反映有关预计现金收支、财务状况和经营成果的预算。财务预算作为全国预算体系的最后环节，是从价值方面总括地反映企业经营决策预算与业务预算的结果，也就是说，业务预算和专门决策预算中的资料都可以用货币金额反映在财务预算内，这样一来，财务预算就成为了各项业务预算和专门决策预算的整体计划，故亦称为总预算，其他预算则相应称为辅助预算或分预算。显然，财务预算在全面预算中占有举足轻重的地位。

2. 从预算指标覆盖的时间长短划分，企业预算分为长期预算和短期预算

通常将预算期在1年以内（含1年）的预算称为短期预算；预算期在1年以上的则称为长期预算。预算的编制时间可以因预算的内容和实际需要而定，可以是1周、1月、1季、1年或若干年等。在预算的编制过程中，往往应结合各项预算的特点，将长期预算和短期预算结合使用。一般情况下，企业的业务预算和财务预算多为1年期的短期预算，年内再按季或月细分，而且预算期间往往与会计期间保持一致。

（二）全面预算的意义

全面预算能够细化企业发展规划和年度经营目标，它是对整体经营活动一系列量化的计划安排，有利于实现以上目标的监控执行。编制全面预算，将有助于企业上下级之间、部门与部门之间的相互交流与沟通，增进相互之间的了解，加深部门及员工对经营目标的理解和认同。全面预算管理可合理分配资源，强化内部控

制,发现管理中的漏洞和不足,降低日常经营风险。全面预算管理是实施绩效管理的基础,是对部门及员工绩效考核的主要依据,通过预算与绩效管理相结合,使部门和员工的考核真正做到“有章可循,有法可依”。

第二节 全面预算的编制方法

编制全面预算的期间,通常以1年为期,使预算期和会计年度相同便于预算执行结果的分析、评价和考核,年度预算要有分季的数字,季度预算还要按月分解,这样才可以使管理人员经常对未来的经营活动进行策划。本节主要介绍几种常见的预算编制方法。

一、固定预算与弹性预算

编制预算的方法按其业务量基础的数量特征的不同,可分为固定预算和弹性预算方法两种。

(一)固定预算

1. 固定预算的含义

固定预算又称静态预算法,是指在编制预算时,只根据预算期内正常的、可实现的某一固定业务量(如生产量、销售量)水平作为唯一基础来编制预算的一种方法,是编制预算最基本的方法。它是以预算期内某一固定业务活动水平为基础,来确定相应预算指标的编制方法。一般情况下,对于不随业务量变化而增减的固定成本(如折旧费、保险费等)项目预算,可以采用固定预算法进行编制。随着业务量变化而增减的变动成本(如材料消耗等)项目预算,就不宜使用固定预算法。固定预算法存在过于机械呆板和可比性差的缺点。

固定预算法的适用范围是:经营活动比较稳定的企业;企业经营管理活动中的某些相对固定的成本费用支出;社会非盈利性组织。

2. 固定预算的基本特征

不考虑预算期内业务活动水平可能发生的变动,而只按照预算期内计划预定的某一固定的活动水平为基础确定相应的数据;将实际结果与按预算期内计划预定的某一固定的活动水平为基础所确定的进行比较分析,并据以进行业绩考核、评价。

【例9-1】 A企业生产某产品,预计销量为10 000台,预计销售价格为157元/台,预计销售成本为收入的60%,销售费用为销售收入的5%,则可按上述已定的资料编制销售利润预算表,如表9-2所示。

表 9-2 销售利润预算

单位:元

项目	金额
销售收入	157×10 000=1 570 000
销售成本	1 570 000×60%=942 000
销售费用	1 570 000×5%=7 850
销售利润	549 500

3. 固定预算的评价

固定预算是指把企业预算期的业务量固定在某一预计水平上,以此为基础来确定其他项目预计数的预算方法。也就是说,预算期内编制财务预算所依据的成本费用和利润信息都只是在一个预定的业务量水平的基础上确定的。显然,以未来固定不变的业务量水平所编制的预算赖以存在的前提条件,必须是预计业务量与实际业务量相一致(或相差很小)才比较适合。但是,在实际工作中,预计业务量与实际水平相差比较远时,预计业务量与实际业务量相差甚远势必然导致有关成本费用及利润的实际水平与预算水平因基础不同而失去可比性,不利于开展控制与考核。

(二) 弹性预算

1. 弹性预算的定义及其适用范围

弹性预算又称动态预算,是在成本性态分析的基础上,依据业务量、成本和利润之间的联动关系,按照预算期内可能的一系列业务量(如生产量、销售量、工时等)水平来编制预算的一种方法。该方法适用于编制全面预算中所有与业务量有关的预算的编制,主要用于成本费用预算和利润预算,尤其是成本费用预算。

编制弹性预算,要选用一个最能代表生产经营活动水平的业务量计量单位。例如,以手工操作为主的车间,就应选用人工工时;制造单一产品或零件的部门,可以选用实物数量;修理部门可以选用直接修理工时等。

弹性预算法所采用的业务量范围,视企业或部门的业务量变化情况而定,务必使实际业务量不至于超出相关的业务量范围。一般来说,可定在正常生产能力的70%~110%之间,或以历史上最高业务量和最低业务量为其上、下限。弹性预算法编制预算的准确性,在很大程度上取决于成本性态分析的可靠性。

2. 弹性预算的特点

与按特定业务量水平编制的固定预算相比,弹性预算有两个显著特点:① 弹性预算是按一系列业务量水平编制的,从而扩大了预算的适用范围。② 弹性预算是按成本性态分类列示的,在预算执行中可以计算一定实际业务量的预算成本,便于预算执行的评价和考核。

3. 弹性预算法编制预算的基本步骤

运用弹性预算法编制预算的基本步骤是：① 选择业务量的计量单位。② 确定适用的业务量范围。③ 逐项研究并确定各项成本和业务量之间的数量关系。④ 计算各项预算成本，并用一定的方式来表达。

4. 弹性预算法又分为公式法和列表法两种具体方法

(1) 公式法。公式法是运用总成本性态模型，测算预算期的成本费用数额，并编制成本费用预算的方法。根据成本性态，成本与业务量之间的数量关系可用公式表示为：

$$y = a + bx$$

式中 y——某项预算成本总额；

a——该项成本汇总的预算固定成本额；

b——该项成本中的预算单位变动成本额；

x——预计业务量。

【例 9-2】 某企业制造费用中的修理费用与修理工时密切相关。经测算，预算期修理费用中的固定修理费用为 3 000 元，单位工时的变动修理费用为 2 元；预计预算期的修理工时为 3 500 小时。运用公式法，测算预算期的修理费用总额为：10 000 元(3 000+2×3 500)。

【例 9-3】 A 企业经过分析，某种产品的制造费用与人工工时密切相关，采用公式法编制的制造费用预算如表 9-3 所示。

表 9-3 制造费用预算(公式法)

业务量范围(人工工时)	420～660	
项 目	固定费用(元/每月)	变动费用(元/人工工时)
运输费用		0.20
电力费用		1.00
材料费用		0.10
修理费用	85	0.85
油料费用	108	0.20
折旧费用	300	
人工费用	100	
合 计	593	2.35
备 注	当业务量超过 600 工时后，修理费中的固定费用将由 85 元上升为 185 元。	

公式法的优点是：便于计算任何业务量的预算成本。但是，阶梯成本和曲线

成本只能用数学方法修正为直线，才能应用公式法。必要时，还需在“备注”中说明适用不同业务量范围的固定费用和单位变动费用。

(2) 列表法。列表法是在预计的业务量范围内将业务量分为若干个水平，然后按不同的业务量水平编制预算的方法。

应用列表法编制预算，首先要在确定的业务量范围内，划分出若干个不同水平；然后分别计算各项预算值，汇总列入一个预算表格。

【例 9-4】 A 企业采用列表法编制的 2010 年 6 月制造费用预算如表 9-4 所示。

表 9-4 制造费用预算(列表法)

单位:元

业务量(直接人工工时)	420	480	540	600	660
占正常生产能力百分比	70%	80%	90%	100%	110%
变动成本:					
运输费用($b=0.2$)	84	96	108	120	132
电力费用($b=1.0$)	420	480	540	600	660
材料费用($b=0.1$)	42	48	54	60	66
合计	546	624	702	780	858
混合成本:					
修理费用	442	493	544	595	746
油料费用	192	204	216	228	240
合计	634	697	760	823	986
固定成本:					
折旧费用	300	300	300	300	300
人工费用	100	100	100	100	100
合计	400	400	400	400	400
总计	1 580	1 721	1 862	2 003	2 244

列表法的优点是：不管实际业务量是多少，不必经过计算即可找到与业务量相近的预算成本；混合成本中的阶梯成本和曲线成本，可按总成本性态模型计算填列，不必用数学方法修正为近似的直线成本。但是，运用列表法编制预算，在评价和考核实际成本时，往往需要使用内插法来计算“实际业务量的预算成本”，比较麻烦。

就表 9-4 提供的资料来说，如若仅按 600 直接人工小时来编制，就成为固定预算，其总额为 2 003 元。这种预算只有在实际业务量接近 600 小时的情况下，才能发挥作用。如果实际业务量与作为预算基础的 600 小时相差很多，而仍用 2 003 元去控制和评价成本，显然是不合适的。在表 9-4 中，分别列示了五种业务量水平的成本预算数据。根据企业情况，也可以按更多的业务量水平来列示。这样，无论实际业务量达到何种水平,都有适用的一套成本数据来发挥控制作用。

如果固定预算法是按600小时编制的,成本总额为2 003元。在实际业务量为500小时的情况下,不能用2 003元去评价实际成本的高低,也不能按业务量变动的比例调整后的预算成本1 669元(2 003×500÷600)去考核实际成本,因为并不是所有的成本都一定同业务量成正比例关系。

如果采用弹性预算法,就可以根据各项成本与业务量的不同关系,采用不同方法确定"实际业务量的预算成本",去评价和考核实际成本。例如,实际业务量为500小时,运输费等各项变动成本可用实际工时数乘以单位业务量变动成本来计算,即变动总成本650元(500×0.2+500×1+500×0.1)。固定总成本不随业务量变动,仍为400元。混合成本可用内插法逐项计算:500小时处在480小时和540小时两个水平之间,修理费应该在493~544元之间,设实际业务的预算修理费为x元,则:

$$\frac{500-480}{540-480}=\frac{x-493}{544-493}$$

$$x=510(\text{元})$$

油料费用在480小时和540小时分别为204元和216元,500小时应为208元。可见:

$$500\text{小时预算成本}=(0.2+1+0.1)\times 500+510+208+400=1\,768(\text{元})$$

这样计算出来的预算成本比较符合成本的变动规律,可以用来评价和考核实际成本,比较确切并容易为被考核人所接受。

二、增量预算与零基预算

编制成本费用预算的方法按其出发点的特征不同,可分为增量预算方法和零基预算方法两种。

(一)增量预算

增量预算方法又称调整预算方法,是指以基期成本费用水平为基础,结合预算期业务量水平及有关影响成本因素的未来变动情况,通过调整有关原有费用项目而编制预算的一种方法。

增量预算方法的假定前提有以下几点:

(1)现有的业务活动是企业必需的。只有保留企业现有的每项业务活动,才能使企业的经营过程得到正常发展。

(2)原有的各项开支都是合理的。既然现有的业务活动是必需的,那么原有的各项费用开支就一定是合理的,必须予以保留。

(3) 未来预算期的费用变动是在现有费用的基础上调整的结果。

编制这种预算时，往往不加以分析地保留或接受原有的成本项目，而不问其是否有存在的必要。或按主观臆断平均削减，或只增不减，容易造成浪费，有可能使不必要的开支合理化。增量预算最容易掩盖低效率和浪费，同时容易滋长预算中的"平均主义"和"简单化"，不利于企业未来发展。

(二) 零基预算

1. 零基预算的含义

零基预算又称零底预算，全称为"以零为基础编制计划和预算的方法"，是指在编制预算时对于所有的预算支出，均以零为基底，不考虑以往情况如何，从根本上研究分析每项预算有是否支出的必要和支出数额的大小的预算方法。这种预算不以历史为基础作修修补补，在年初重新审查每项活动对实现组织目标的意义和效果，并在成本—效益分析的基础上，重新排出各项管理活动的优先次序，并据此决定资金和其他资源的分配。

美国得克萨斯仪器公司的彼德·A·菲尔(Beter A. Pyhrr)于 1970 年提出了"零基预算法"(Zero-Base Budgeting，缩写为 ZBB)的概念。美国的政府部门，特别是佐治亚政府最早采用 ZBB，并取得了成效。随后，企业组织也相应采用，现在被公认为是管理间接费用的有效方法。

2. 零基预算法的步骤

零基预算编制有以下五个步骤：

(1) 划分和确定基层预算单位。企业里各基层业务单位通常被视为能独立编制预算的基层单位。

(2) 编制本单位的费用预算方案。由企业提出总体目标，然后各基层预算单位从企业的总目标和自身的责任目标出发，编制本单位为实现上述目标的费用预算方案，在方案中必须详细说明提出项目的目的、性质、作用，以及需要开支的费用数额。

(3) 进行成本—效益分析。基层预算单位按下达的"预算年度业务活动计划"，确认预算期内需要进行的业务项目及其费用开支后，管理层对每一个项目的所需费用和所得收益进行比较分析，权衡轻重，区分层次，划出等级，挑出先后。基层预算单位的业务项目一般分为三个层次：第一层次是必要项目，即非进行不可的项目。第二层次是需要项目，即有助于提高质量、效益的项目。第三层次是改善工作条件的项目。进行成本—效益分析的目的在于判断基层预算单位各个项目费用开支的合理程度、先后顺序以及对本单位业务活动的影响。

(4) 审核分配资金。根据预算项目的层次、等级和次序，按照预算期可动用的资金及其来源，依据项目的轻重缓急次序，分配资金，落实预算。

（5）编制并执行预算。资金分配方案确定后，就制定零基预算正式稿，经批准后下达执行。执行中遇有偏离预算的地方要及时纠正，遇有特殊情况要及时修正，遇有预算本身问题要找出原因，总结经验加以提高。

3. 零基预算的优缺点

（1）与传统预算编制方法相比，零基预算具有以下优点：① 有利于提高员工的“投入—产出”意识。传统的预算编制方法，主要是由专业人员完成的，零基预算是以“零”为起点观察和分析所有业务活动，并且不考虑过去的支出水平，因此，需要动员企业的全体员工参与预算编制，这样使得不合理的因素不能继续保留下去，从投入开始减少浪费，通过成本—效益分析，提高产出水平，从而能使投入—产出意识得以增强。② 有利于合理分配资金。每项业务经过成本—效益分析，对每个业务项目是否应该存在、支出金额若干，都要进行分析计算，精打细算，量力而行，使有限的资金流向富有成效的项目，所分配的资金能更加合理。③ 有利于发挥基层单位参与预算编制的创造性。零基预算的编制过程，企业内部情况易于沟通和协调，企业整体目标更趋明确，多业务项目的轻重缓急容易得到共识，有助于调动基层单位参与预算编制的主动性、积极性和创造性 。④ 有利于提高预算管理水平。零基预算极大地增加了预算的透明度，预算支出中的人头经费和专项经费一目了然，各级之间争吵的现象可能缓解，预算会更加切合实际，会更好地起到控制作用，整个预算的编制和执行也能逐步规范，预算管理水平会得以提高。

（2）尽管零基预算法和传统的预算方法相比有许多好的创新，但在实际运用中仍存在一些“瓶颈”：① 由于一切工作从“零”做起，因此，采用零基预算法编制工作量大、费用相对较高。② 分层、排序和资金分配时，可能有主观影响，容易引起部门之间的矛盾。③ 任何单位工作项目的“轻重缓急”都是相对的，过分强调项目，可能是有关人员只注重短期利益，忽视本单位作为一个整体的长远利益。

【例 9-5】 A 公司对销售及管理费用采取零基预算的编制方法，2011 预算年度对销售及管理费用的可支配费用为 80 000 元，经过多次讨论、反复研究，认为预算期内需要发生的费用项目和费用开支水平如表 9-5 所示。

表 9-5 费用开支水平表

单位：元

项 目	预计开支金额（元）
工资费	10 000
广告费	12 000
包装运输费	11 000

（续表）

项　目	预计开支金额(元)
保管费	5 000
租赁费	20 000
保险费	1 000
办公费	35 000

其中，工资费、保管费、租赁费、保险费均属必要开支，须全额得到保证。根据广告费、包装运输费、办公费的以往资料，进行成本—效益分析，计算成本效益比率如表 9-6 所示。

表 9-6　成本效益比率表

项　目	费用发生额	收益发生额	成本效益率	分配率
	(1)	(2)	(3)＝(2)/(1)	(4)
广告费	10 000	100 000	10	10÷(10＋10＋20)＝0.25
包装运输费	12 000	120 000	10	10÷(10＋10＋20)＝0.25
办公费	30 000	600 000	20	20÷(10＋10＋20)＝0.5

确定需全额得到保证的费用金额(工资费、保管费、租赁费、保险费)：

10 000＋5 000＋20 000＋1 000＝36 000(元)

确定其他费用金额(广告费、包装运输费、办公费)：

广告费分配金额＝(80 000－36 000)×0.25＝11 000(元)

包装运输费分配金额＝(80 000－36 000)×0.25＝11 000(元)

办公费分配金额＝(80 000－36 000)×0.5＝22 000(元)

三、定期预算与滚动预算

按预算期的时间特征不同，财务预算方法可以分为定期预算法与滚动预算法。

(一) 定期预算法

1. 定期预算法的含义

定期预算法简称定期预算，也称为阶段性预算，是指在编制预算时以不变的会计期间(如日历年度)作为预算期的一种编制预算的方法。

2. 定期预算法的优缺点

定期预算的唯一优点是：能够使预算期间与会计年度相配合，便于考核和评价预算的执行结果。但是这种方法也有三大缺点：第一，盲目性。因为定期预算多在其执行年度开始前两三个月进行，难以预测预算期后期情况，特别是在多变的市场条件下，许多数据资料只能估计，具有盲目性。第二，不变性。预算执行中，许多不测因素会妨碍预算的指导功能，甚至使之失去作用，而预算在实施过程中又往往不能进行调整。第三，间断性。预算的连续性差，定期预算只考虑一个会计年度的经营活动，即使年中修订的预算也只是针对剩余的预算期，对下一个会计年度很少考虑，形成人为的预算间断。

（二）滚动预算法

1. 滚动预算法的含义

滚动预算法又称连续预算或永续预算，是指按照“近细远粗”的原则，根据上一期的预算完成情况，调整和具体编制下一期预算，并将编制预算的时期逐期连续滚动向后推移，使预算总是保持一定的时间幅度的方法。简单地说，就是根据上一期的预算指标完成情况，调整和具体编制下一期预算，并将预算期连续滚动向后推移的一种预算编制方法。这种方法适用于规模较大、时间较长的工程类或大型设备采购项目。滚动预算的基本做法是使预算期始终保持 12 个月，每过 1 个月或 1 个季度，立即在期末增列 1 个月或 1 个季度的预算，逐期往后滚动，因而在任何一个时期都使预算保持为 12 个月的时间长度，故又称为连续预算或永续预算。这种预算能使企业各级管理人员对未来始终保持整整 12 个月时间的考虑和规划，从而保证企业的经营管理工作能够稳定而有秩序地进行。

2. 滚动预算法的编制

采用滚动预算法编制预算，按照滚动的时间单位不同可分为逐月滚动、逐季滚动和混合滚动。

(1) 逐月滚动方式。逐月滚动方式是指在预算编制过程中，以月份为预算的编制和滚动单位，每个月调整一次预算的方法。

如在 20×1 年 1～12 月的预算执行过程中，需要在 1 月末根据当月预算的执行情况修订 2～12 月的预算，同时补充下一年 20×2 年 1 月份的预算；到 2 月末可根据当月预算的执行情况，修订 20×1 年 3 月至 20×2 年 1 月的预算，同时补充20×2年 2 月份的预算；以此类推。逐月滚动预算方式示意图如图 9-2 所示。

按照逐月滚动方式编制的预算比较精确，但工作量较大。

(2) 逐季滚动。逐季滚动方式是指在预算编制过程中，以季度为预算的编制和滚动单位，每个季度调整一次预算的方法。

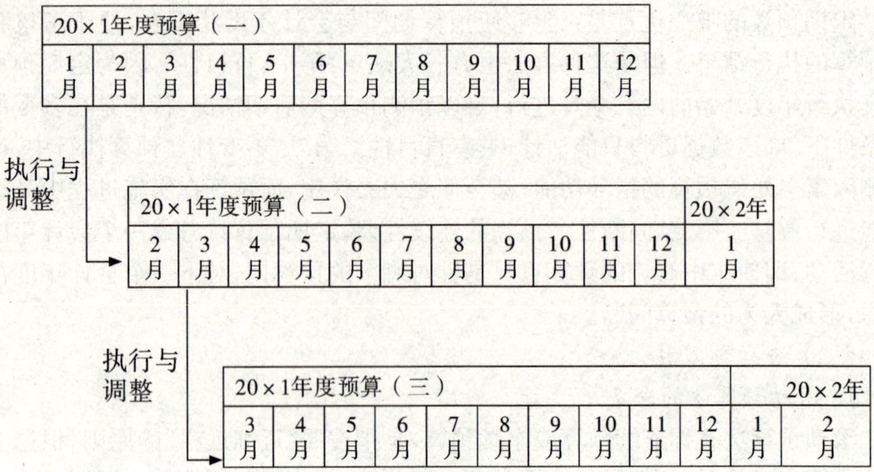

图 9-2　逐月滚动预算方式

逐季滚动编制的预算比逐月滚动的工作量小，但精确度较差。

(3) 混合滚动。混合滚动方式是指在预算编制过程中，同时以月份和季度作为预算的编制和滚动单位的方法。这种预算方法的理论依据是：人们对未来的了解程度具有对近期把握较大，对远期的预计把握较小的特征。混合滚动预算示意图如图 9-3 所示。

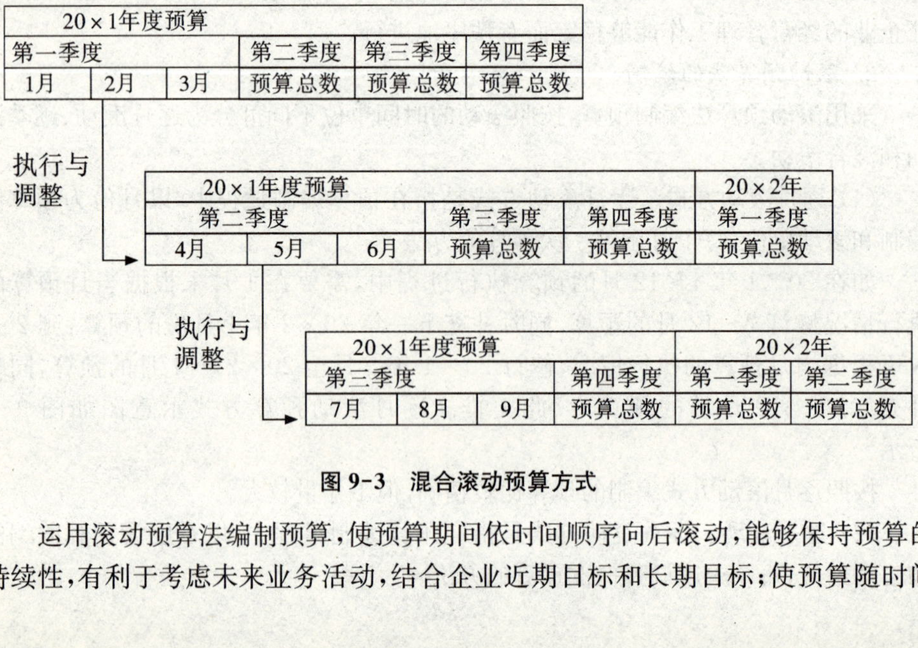

图 9-3　混合滚动预算方式

运用滚动预算法编制预算，使预算期间依时间顺序向后滚动，能够保持预算的持续性，有利于考虑未来业务活动，结合企业近期目标和长期目标；使预算随时间的推进不断加以调整和修订，能使预算与实际情况更相适应，有利于充分发挥预算的指导和控制作用。

3. 滚动预算的优缺点

滚动预算的优点：

(1) 能保持预算的完整性、继续性，从动态预算中把握企业的未来。

(2) 能使各级管理人员始终保持对未来一定时期的生产经营活动作周详的考虑和全盘规划，保证企业的各项工作有条不紊地进行。

(3) 由于预算能随时间的推进不断加以调整和修订，能使预算与实际情况更相适应，有利于充分发挥预算的指导和控制作用。采用滚动预算的方法，预算编制工作比较繁重。为了适当简化预算的编制工作，也可采用按季度滚动编制预算。

(4) 有利于管理人员对预算资料作经常性的分析研究，并根据当前的执行情况及时加以修订，保证企业的经营管理工作稳定而有秩序地进行。

采用滚动预算法编制预算的缺点是工作量大。

第三节 全面预算的编制

在市场经济条件下，企业的业务预算通常是在销售预算的基础上，根据以销定产的原则，依次编制生产预算、直接材料采购预算、直接人工预算、制造费用预算、产品成本预算、销售及管理费用预算等。企业的财务预算是在生产经营预算和资本支出预算的基础上编制出来的。全面预算一般 1 年编制一次。以下就各项预算的编制分别加以说明。

一、业务预算的编制

(一) 销售预算

销售预算是企业全面预算的编制起点，生产、材料采购、直接人工等方面的预算，都要以销售预算为基础。

根据销售预测确定未来期间预计的销售量和销售单价后，求出预计的收入。

$$预计销售收入 = 预计销售量 \times 预计销售单价$$

为了方便编制现金预算，还应在编制销售预算的同时，编制与销售收入有关的经营现金收入预算表。

【例 9-6】 大海公司 2011 计划年度只生产销售 M 产品，每季度销售产品收回的货款占销售额的70%，其余部分在下季收回，2010年年末应收账款余额为60 000元，2011年度分季销售预算、经营现金收入预算如表9-7和9-8所示。

表9-7 大海公司年度销售预算表

项　目	一季度	二季度	三季度	四季度	全年
预计销售数量(件)	3 000	5 000	4 000	6 000	18 000
预计售价(元/件)	30	30	30	30	30
预计销售收入(元)	90 000	150 000	120 000	180 000	540 000

表9-8 大海公司2011年度经营现金收入预算表

单位:元

项　目	一季度	二季度	三季度	四季度	全年
期初应收账款	60 000				60 000
一季度经营现金收入	63 000	27 000			90 000
二季度经营现金收入		105 000	45 000		150 000
三季度经营现金收入			84 000	36 000	120 000
四季度经营现金收入				126 000	126 000
经营现金收入合计	123 000	132 000	129 000	162 000	546 000

（二）生产预算

生产预算是根据销售预算编制的，计划为满足预算期的销售量以及期末存货所需的生产数量。计划期间除必须有足够的产品以供销售之外，还必须考虑到计划期期初和期末存货的预计水平，以避免存货太多形成积压，或存货太少影响下期销售。生产预算是只使用实物量计量单位的预算。其计算公式为：

$$预计生产量 = 预计销售量 + 预计期末存货 - 预计期初存货$$

上式中，预计销售量可在销售预算中找到，预计期初存货量等于上期末存货量，预计期末存货量应根据长期销售趋势来确定，在实践中，一般是按事先估计的期末存货量占下期销售量的比例进行估算。

在编制预算时，应注意保持生产量、销售量、存货量之间合理的比例关系，以避免储备不足、产销脱节或超储积压等。

【例9-7】 假定大海公司各季度的期末产成品存货按下一季的销售量的10%预计，预算年度期初产品存货量为300件，预算年度末产品存货量为400件，编制预算年度的生产预算表如表 9-9 所示。

表 9-9 大海公司年度生产预算表

单位：件

项目	一季度	二季度	三季度	四季度	全年
预计销售量	3 000	5 000	4 000	6 000	18 000
加：期末产成品存货数量	500	400	600	400	400
产成品需要量合计	3 500	5 400	4 600	6 400	18 400
减：期初产成品存货数量	300	500	400	600	300
预计生产量	3 200	4 900	4 200	5 800	18 100

（三）直接材料预算

在生产预算的基础上，我们可以编制直接材料预算，编制此预算与编制生产预算一样，也要考虑预算期间原材料期初与期末的存货水平，调整直接材料的采购量。预计应购入材料的数量可按下式计算确定：

预计采购量＝生产需要量＋期末材料库存量－期初材料库存量

生产需要量＝预计生产量×单位产品材料耗用量

"预计生产量"的数据来自生产预算，"单位产品材料用量"的数据来自标准成本资料或消耗定额资料；"期末材料库存量"一般是按照下期生产需要量的一定百分比来计算的；各季度"期初材料存量"是上季度的"期末材料存料量"。

由于材料采购中有赊购，为了便于编制现金预算，材料预算表下面往往附有各期预算现金支出预算表，其中含前期应付购货款的偿还和本期购货款的支付数额。

【例 9-8】 假定大海公司年初材料存量为 6 000 千克，年末材料存量预计为 3 000千克，其余各期期末材料存量按下期生产需要量的 10%确定，材料计划单价为 1 元/千克，假定所购材料价款于当季支付 50%，下季支付 50%，2010 年年末应付账款余额为 10 000 元，根据以上资料编制直接材料预算和现金支出预算，如表 9-10和表 9-11 所示。

表 9-10 大海公司 2011 年度直接材料预算表

项目	一季度	二季度	三季度	四季度	全年
预计生产量(件)	3 200	4 900	4 200	5 800	18 100
单位产品直接材料耗用量(千克)	10	10	10	10	10
生产需要量(千克)	32 000	49 000	42 000	58 000	181 000
加：期末材料存货数量(千克)	4 900	4 200	5 800	3 000	3 000

（续表）

项　目	一季度	二季度	三季度	四季度	全年
预计需要量（千克）	36 900	53 200	47 800	61 000	184 000
减：期初材料存货数量（千克）	6 000	4 900	4 200	5 800	6 000
直接材料采购数量（千克）	30 900	48 300	43 600	55 200	178 000
直接材料单位价格（元）	1	1	1	1	1
预计采购金额合计（元）	30 900	48 300	43 600	55 200	178 000

表 9-11　大海公司 2011 年度直接材料采购现金支出预算表

单位：元

项　目	一季度	二季度	三季度	四季度	全年
期初应付账款	10 000				10 000
一季度采购现金支出	15 450	15 450			30 900
二季度采购现金支出		24 150	24 150		48 300
三季度采购现金支出			21 800	21 800	43 600
四季度采购现金支出				27 600	27 600
现金支出合计	25 450	39 600	45 950	49 400	160 400

（四）直接人工预算

直接人工预算是指为规划一定预算期内人工工时的消耗水平和人工成本水平而编制的一种经营预算。

直接人工成本包括直接工资和按直接工资一定比例计算的其他直接费用（应付福利费）。

直接人工预算是以生产预算为基础编制的，其主要内容有预计生产量、单位产品工时、人工总工时、每小时人工成本和人工总成本。直接人工预算可以为编制现金预算提供资料。

【例 9-9】 假定大海公司某工序中工人工资为每小时 10 元，生产单位产品需要直接人工小时数为 1 小时，其他直接费用为福利费，提取比例为直接人工工资总额的 3%，福利费的支付比率为每季度提取额的 50%。根据以上资料编制直接人工预算，如表 9-12 和表 9-13 所示。

表 9-12　大海公司 2011 年度单位工时工资率和工时定额资料

项　目	一季度	二季度	三季度	四季度	其他直接费用计提标准为 3%	预计其他直接费用支出率为 50%
单位产品定额工时（小时）	1	1	1	1		
单位工时工资率	10	10	10	10		

表 9-13　大海公司 2011 年度直接人工预算表

项　　目	一季度	二季度	三季度	四季度	全年
预计生产量(件)	3 200	4 900	4 200	5 800	18 100
单位产品直接人工工时(小时)	1	1	1	1	1
直接人工工时合计(小时)	3 200	4 900	4 200	5 800	18 100
单位工时工资率(元/小时)	10	10	10	10	10
直接人工工资(元)	32 000	49 000	42 000	58 000	181 000
其他直接费用(元)	960	1 470	1 260	1 740	5 430
预计福利费现金支出(元)	480	735	630	870	2 715
直接人工成本现金支出合计	32 480	49 735	42 630	58 870	183 715

（五）制造费用预算

制造费用预算指除了直接材料和直接人工预算以外的其他一切生产费用的预算。制造费用按其成本性态可分为变动制造费用和固定制造费用两部分。

变动性制造费用预算根据预计生产量和预计变动费用分配率计算；固定性制造费用可在上期的基础上根据预期变动加以适当修正进行预算。其中，变动费用分配率可按一下公式计算：

$$变动费用分配率=\frac{变动性制造费用}{相关分配标准预算}$$

上式中，分母可以在生产预算或直接人工工时总额预算中选择，在多数情况下，一般可以按后者进行分配。

制造费用项目中，大部分是需要当期用现金支付的，但也有一部分是非付现成本，如固定资产折旧费等。因此，为了便于编制现金预算，还需要确定预算期内制造费用预算的现金支出部分。

【例 9-10】 大海制造公司制造费用预算如表 9-14 和表 9-15 所示。

表 9-14　大海公司 2011 年制造费用预算表

成本项目			费用分配率计算
变动制造费用	间接人工费用	20 000	$变动制造费用分配率=\frac{变动制造费用预算合计}{标准总工时}=\frac{54\ 300}{18\ 100}=3$
	间接材料费用	12 000	
	维护费用	10 400	
	水电费	11 000	
	其　他	900	
	合　计	54 300	

（续表）

成本项目			费用分配率计算
固定制造费用	折旧费	20 000	$\text{固定制造费用分配率}=\frac{\text{固定制造费用预算合计}}{\text{标准总工时}}=\frac{63\ 350}{18\ 100}=3.5$
	维护费	12 300	
	管理费	20 550	
	保险费	10 500	
	其　他	0	
	合　计	63 350	

表 9-15　大海公司 2011 年度制造费用现金支出预算

项　目	一季度	二季度	三季度	四季度	全年
预计直接人工工时(小时)	3 200	4 900	4 200	5 800	18 100
变动制造费用分配率(元/小时)	3	3	3	3	3
预计变动制造费用(元)	9 600	14 700	12 600	17 400	54 300
预计固定制造费用(元)	15 837.5	15 837.5	15 837.5	15 837.5	63 350
预计制造费用(元)	25 437.5	30 537.5	28 437.5	33 237.5	117 650
减:折旧费用(元)	5 000	5 000	5 000	5 000	20 000
现金支出的制造费用(元)	20 437.5	25 537.5	23 437.5	28 237.5	97 650

（六）产品成本预算

产品成本预算是生产预算、直接材料预算、直接人工预算、制造费用预算的汇总，同时，也为编制预计利润表和预计资产负债表提供数据。

以产品成本预算为基础，还可以确定期末存货成本以及销售成本，公式为：

期初产品存货成本 ＋ 本期产品生产成本 ＝ 本期销货成本 ＋ 期末产品存货成本

公式中的期初产品存货成本和本期销货成本，应该根据具体的存货计价方法确定。

【例 9-11】　假定大海公司期初产成品存货为 300 件，期初产品成本为 8 010 元。根据前面已编制的各种业务预算表的资料，编制大海公司产品成本预算如表 9-16所示。

表 9-16 大海公司产品成本预算表

金额单位：元

项目	单位成本			生产成本	期末存货成本	销货成本
	单价	单位耗用量	成本	(18 100 件)	(400 件)	(18 000 件)
直接材料	1	10	10	181 000	4 000	180 000
直接人工	10.3	1	10.3	186 430	4 120	185 400
变动制造费用	3	1	3	54 300	1 200	54 000
固定制造费用	3.5	1	3.5	63 350	1 400	63 000
合　计	—	—	26.8	485 080	10 720	482 400

注：直接人工单价 10.3 元(186 430÷18 100＝10.3)是根据直接人工预算表求得。

(七) 销售及管理费用预算

销售及管理费用预算是反映企业预算期内为实现销售预算和进行一般行政管理工作而预计发生的各项费用水平的一种预算。在考虑销售预算数据时，不仅应考察过去销售费用支出的必要性和效果，而且要和销售预算相结合。

对于随销售量成正比例变动的那部分变动性销售费用，只需要反映各个项目的单位产品费用分配额即可。对于固定销售费用，只需按项目反映全年预计水平。管理费用多属于固定费用，因此，可以过去的实际开支为基础，按预算期的可预见变化来调整。假设除了折旧费、无形资产摊销费用以外，均需支付现金。

【例 9-12】 大海公司销售费用及管理费用预算表如表 9-17 所示。

表 9-17 大海公司 2011 年度销售及管理费用预算

金额单位：元

项　目	一季度	二季度	三季度	四季度	全　年
预计销售量(件)	3 000	5 000	4 000	6 000	18 000
单位变动销售及管理费用	1	1	1	1	1
预计变动销售及管理费用	3 000	5 000	4 000	6 000	18 000
固定销售及管理费用					
广告费	1 000	1 000	1 000	1 000	4 000
管理人员工资	1 250	1 250	1 250	1 250	5 000

（续表）

项　　目	一季度	二季度	三季度	四季度	全　年
保险费	1 000		1 000		2 000
折旧费	500	500	500	500	2 000
其他	500	1 000	1 200	300	3 000
预计固定销售及管理费用合计	4 250	3 750	4 950	3 050	16 000
减:折旧费	500	500	500	500	2 000
现金支出合计	6 750	8 250	8 450	8 550	32 000

二、资本支出预算的编制

资本支出预算是指与投资项目密切相关的预算，又称特种决策预算。由于这类预算涉及长期建设项目的投资、投放与筹措，并经常跨年度，因此，除个别项目以外一般不纳入日常业务预算，但应计入与此有关的现金预算与预计资产负债表。

【例 9-13】 假定大海公司为生产新产品决定 2011 年新建一条生产线，本期内调试安装完毕。有关 2011 年新建生产线的资本支出预算如表 9-18 所示。

表 9-18　资本支出预算表

单位：元

项　目	一季度	二季度	三季度	四季度	全年
勘察设计费	1 500	1 500			3 000
土建工程	20 000	20 000			40 000
设备购置			70 000	70 000	140 000
安装工程				15 000	15 000
其　　他			1 000	1 000	2 000
固定资产投资小计	21 500	21 500	71 000	86 000	200 000

三、财务预算的编制

财务预算包括现金预算、预计利润表和预计资产负债表等。

预计财务报表的作用与历史实际的财务报表不同，主要是为企业财务管理服务，是控制企业的资金、成本和利润总量的重要手段。

（一）现金预算

现金预算是以业务预算和专门决策预算为依据编制的、专门反映预算期内预计现金收入与现金支出的预算。

现金预算由现金收入、现金支出、现金多余或不足、资金的筹措与运用四个部分组成。

(1) 现金收入。现金收入部分包括期初现金余额和预算本期经营现金收入。年初现金余额是在编制预算时预计的；预算本期经营现金收入的数据来自销售预算；可运用现金合计是期初现金余额与本期经营现金收入之和。

(2) 现金支出。现金支出部分包括预算的各项现金支出。其中直接材料、直接人工、制造费用、销售及管理费用的数据，分别来自前述的业务预算；购置设备现金支出的数据来自编制的资本支出预算；所得税、股利分配现金支出的数据为预估数(已知)。

(3) 现金多余或不足。现金多余或不足是可运用现金合计与现金支出合计的差额。财务管理部门应根据现金收支的差额，来确定现金是多余，还是不足。如果现金有多余，可用于偿还借款或用于短期投资；如果现金不足，需要向银行取得新的借款。

(4) 资金的筹措与运用。现金的收支差额与期末余额均要通过协调资金筹措及运用来调节。应当在保证各项支出所需资金供应的前提下，注意保持期末现金余额在合理的上下限范围内波动。因为现金储备过少会影响周转，现金过多又会造成浪费，所以现金余额既不是越多越好也不是越少越好。因此，企业不仅要定期筹措到抵补收支差额的现金，还必须保证有一定的现金储备。当收支差额为正值，在偿还了利息和借款本金后仍超过现金余额上限时，就应拿出一部分钱用于有价证券投资，但是一旦发现还本付息之后的收支差额低于现金余额下限，就应抛出一部分证券来补足现金短缺，如果现金收支差额为负值，可采取暂缓还本付息、抛售有价证券或向银行借款等措施。

【例 9-14】 根据本章前例所编制的各种预算提供的资料，编制现金预算。并假定大海公司期初现金余额为 50 000 元，每季度末应保持现金余额最低 50 000 元，若资金不足或多余，可以 20 000 元为单位进行借入或偿还，借款年利率为 8%，于每季初借入，每季末偿还，借款利息于偿还本金时一起支付。同时，在 2011 年度大海公司准备投资 200 000 元新建一条生产线，于第二季度与第三季度分别支付价款 50%；每季度预交所得税 1 000 元。依上述资料编制大海公司 2011 年度现金预算表如表 9-19 所示。

表 9-19　大海公司 2011 年度现金预算表

单位：元

项　目	一季度	二季度	三季度	四季度	全年
期初现金余额	50 000	86 882.5	54 760	62 292.5	50 000
加：经营现金收入	123 000	132 000	129 000	162 000	546 000
可运用现金合计	173 000	218 882.5	183 760	224 292.5	596 000
减：现金支出					
直接材料	25 450	39 600	45 950	49 400	160 400
直接人工	32 480	49 735	42 630	58 870	183 715
制造费用	20 437.5	25 537.5	23 437.5	28 237.5	97 650
销售及管理费用	6 750	8 250	8 450	8 550	32 000
购置生产设备		100 000	100 000		200 000
预交所得税	1 000	1 000	1 000	1 000	4 000
现金支出合计	86 117.5	224 122.5	221 467.5	146 057.5	677 765
现金多余或不足	86 882.5	(5 240)	(37 707.5)	78 235	(81 765)
资金的筹措与运用					
向银行借款		60 000	100 000		160 000
偿还银行借款				(20 000)	(20 000)
偿还利息(8%)				(1 200)	(1 200)
资金的筹措与运用合计		60 000	100 000	(21 200)	138 800
期末现金余额	86 882.5	54 760	62 292.5	57 035	57 035

（二）预计利润表

预计利润表是指以货币形式综合反映预算期内企业经营活动成果计划水平的一种财务预算。编制预计利润表的主要依据是销售预算、产品成本预算、销售及管理费用预算的基础上分析编制的。

【例 9-15】　大海公司 2011 年度的预计利润表如 9-20 所示。

表 9-20 大海公司 2011 年度预计利润表

2011 年度 单位：元

项目	金额
营业收入	540 000
减:营业成本	482 400
销售及管理费用	34 000
利息费用	1 200
利润总额	22 400
减:所得税费用	4 000
净利润	18 400

（三）预计资产负债表

预计资产负债表是指用于反映企业期末财务状况的一种财务预算。预计资产负债表是以期初资产负债表为基础，根据各项业务预算、资本支出预算、现金预算和预计利润表的有关数据加以调整分析编制的。

【例 9-16】 假设大海公司期末按税后利润的 10%提取盈余公积金，若发生亏损用盈余公积金补亏。根据大海公司期初资产负债表及计划期各项预算中的有关资料进行调整，编制出大海公司 2011 年度预计资产负债表如表 9-21 所示。

表 9-21 大海公司 2011 年度预计资产负债表

单位：元

资产	期初余额	期末余额	负债和所有者权益	期初余额	期末余额
流动资产			流动负债		
现金	50 000	57 035	应付账款	10 000	27 600
应收账款	60 000	54 000	应付职工薪酬	1 000	3 715
材料	6 000	3 000	流动负债总额	11 000	31 315
库存商品	8 040	10 720	长期负债		
流动资产合计	124 040	124 755	长期借款	72 000	212 000
			长期负债合计	72 000	212 000
固定资产	311 470	489 470	负债合计	83 000	243 315
			所有者权益		
			股本	300 000	300 000

（续表）

资　　产	期初余额	期末余额	负债和所有者权益	期初余额	期末余额
			盈余公积	20 000	21 840
			未分配利润	32 510	49 070
			所有者权益合计	352 510	370 910
资产总额	435 510	614 225	负债和所有者权益总额	435 510	614 225

关键术语

全面预算　预测　营业预算　资本支出预算　财务预算　弹性预算　零基预算　固定预算　增量预算

思考题

1. 简述全面预算的概念及其内容。
2. 弹性预算的含义及其特点。
3. 增量预算法的含义及假设前提是什么？
4. 滚动预算法的含义及优缺点是什么？
5. 简述零基预算法的步骤。

练习题

1. 已知：某公司 2004 年 1～3 月实际销售额分别为 38 000 万元、36 000 万元和 41 000 万元，预计 4 月份销售额为 40 000 万元。每月销售收入中有 70%能于当月收现，20%于次月收现，10%于第三个月收讫，不存在坏账。假定该公司销售的产品在流通环节只需缴纳消费税，税率为 10%，并于当月以现金交纳。该公司 3 月末现金余额为 80 万元，应付账款余额为 5 000 万元(需在 4 月份付清)，不存在其他应收应付款项。4 月份有关项目预计资料如下：采购材料 8 000 万元(当月付款 70%)，工资及其他支出 8 400 万元(用现金支付)，制造费用 8 000 万元(其中折旧费等非付现费用为4 000万元)，销售费用和管理费用1 000万元(用现金支付)，预交所得税1 900万元，购买设备12 000万元(用现金支付)。现金不足时，通过向银行借款解决。4月末现金余额要求不低于100万元。

【要求】 根据上述资料，计算该公司4月份的下列预算指标。

(1) 经营性现金流入。

(2) 经营性现金流出。

(3) 现金余缺。

(4) 应向银行借款的最低金额。

(5) 4月末应收账款余额。

2. ABC公司2012年度设定的每季末预算现金余额的额定范围为50万～60万元，其中，年末余额已预定为60万元。假定当前银行约定的单笔短期借款必须为10万元的倍数，年利率为6%，借款发生在相关季度的期初，每季末计算并支付借款利息，还款发生在相关季度的期末。2012年该公司无其他融资计划。ABC公司编制的2012年度现金预算的部分数据如下表9-22所示。

表9-22 2012年度ABC公司现金预算

金额单位：万元

项　　目	第一季度	第二季度	第三季度	第四季度	全年
① 期初现金余额	40				
② 经营现金收入	1 010				
③ 可供支配的现金合计		1 396.30	1 549		
④ 经营现金支出	800			1 302	4 353.7
⑤ 资本性现金支出		300	400		
⑥ 现金支出合计	1 000	1 365		1 602	
⑦ 现金多余或不足				132.3	
⑧ 资金筹措及运用	0				
加：短期借款	0		0	−20	
减：支付短期借款利息	0				
购买有价证券	0	0	−90	52	
⑨ 期末现金余额				60	

【要求】 完成2012年度ABC公司现金预算的编制。

3. 完成下表9-23中第三季度现金预算工作底稿和现金预算(不考虑除所得

税之外的其他税金）。

表 9-23　第三季度现金预算工作底稿和现金预算

单位：元

月　　份	5	6	7	8	9	10
工作底稿						
销售收入	5 000	6 000	7 000	8 000	9 000	10 000
收账：						
销货当月（销售收入的 20%）						
销货次月（销售收入的 70%）						
销货再次月（销售收入的 10%）						
收账合计						
采购金额（下月销货的 70%）						
购货付款（延后 1 个月）						
现金预算						
(1) 期初余额			8 000			
(2) 收账						
(3) 购货						
(4) 工资			750	100	1250	
(5) 其他付现费用			100	200	700	
(6) 预交所得税					2 000	
(7) 购置固定资产			8 000			
(8) 现金余缺						
(9) 向银行借款（1 000 元的倍数）						
(10) 偿还银行借款（1 000 元的倍数）						
(11) 支付借款利息（还款支付，年利率 12%）						
(12) 期末现金余额（最低 6 000 元）						

第十章　财务成本控制

重点提示

学习本章，掌握成本中心、利润中心、投资中心的评价考核指标；熟悉成本中心、利润中心和投资中心的概念以及类型；了解财务控制的意义、特征和种类；了解成本控制的概念和种类；掌握成本控制的基本方法——标准成本控制。

第一节　财务控制概述

财务控制作为现代企业管理水平的重要标志，它是运用特定的方法、措施和程序，通过规范化的控制手段，对企业的财务活动进行控制和监督。

一、财务控制的含义与特征

（一）财务控制的含义与作用

1. 财务控制的含义

财务控制是指财务人员（部门）通过财务法规、财务制度、财务定额、财务计划等目标对资金运动（或日常财务活动、现金流转）进行指导、组织督促和约束，确保财务计划（目标）实现的管理活动。它是按照一定的程序和方法，确保企业内部机构和人员全面落实并实现财务预算的过程。

2. 财务控制的作用

（1）财务控制是财务管理的重要环节或基本职能，与财务预测、财务决策、财务分析与评价一起成为财务管理的系统和全部职能。

（2）财务控制是实现和执行财务计划或预算的基本手段。

（3）财务控制是实现财务管理目标的决定因素。

（二）财务控制的特征

财务控制是内部控制的一个重要组成部分，是内部控制的核心，是内部控制在资金和价值方面的体现。因此，财务控制的特征主要体现在以下三方面。

1. 以价值形式为控制手段

财务控制以实现财务预算为目标。财务预算所包括的现金预算、预计利润表、预计资产负债表等，都是以价值形式来反映的。财务控制必须借助价值手段进行。

2. 以综合经济业务为控制对象

财务控制以价值为手段，可以将不同岗位、不同部门、不同层次的业务活动综合起来。

3. 以现金流量控制为日常控制内容

由于日常的财务活动过程表现为组织现金流量的过程，因此，控制现金流量成为日常财务控制的主要内容。在财务控制过程中，要以现金预算为依据，通过编制现金流量表来考核评价现金流量的运行状况。

二、财务控制的基本原则

财务控制在企业财务管理体系中处于核心地位，企业实施财务控制时，必须遵循一定的原则。根据对财务控制过程的研究，财务控制的基本原则可以概括为以下十个方面。

（一）目的性原则

财务控制作为一种财务管理职能，必须具有明确的目的性，为企业理财目标服务。

（二）充分性原则

财务控制的手段对于目标而言应当是充分的，应当足以保证目标的实现。

（三）及时性原则

财务控制的及时性原则要求及时发现偏差，并能及时采取措施加以纠正。

（四）认同性原则

财务控制的目标、标准和措施必须为相关人士所认同。

（五）经济性原则

财务控制的手段应当是必要的，其产生的价值应大于所耗的费用。

（六）客观性原则

管理者对绩效的评价工作应当客观公正，防止主观片面。

（七）灵活性原则

财务控制应当含有足够灵活的要素，以便在出现任何失常情况下，都能保持对运行过程的控制，不受环境变化、计划疏忽、计划变更的影响。

（八）适应性原则

财务控制的目标、内容和方法应与组织结构中的职位相适应。

（九）协调性原则

财务控制的各种手段在功能、作用、方法和范围方面不能相互制约，而应该互相配合，在单位内部形成合力，以产生协同效应。

（十）简明性原则

财务控制目标应当明确，控制措施与规章制度应当简明易懂，易为执行者所了解和接受。

三、财务控制的种类

财务控制可以按照各种不同的标准进行多种分类。

（一）按照财务控制的内容，可分为一般控制和应用控制两类

一般控制是指对企业财务活动赖以进行的内部环境所实施的总体控制，包括组织控制、人员控制、财务预算、业绩评价、财务记录等内容。应用控制是指作用于企业财务活动的具体控制，包括业务处理程序中的批准与授权、审核与复核以及为保证资产安全而采取的限制措施等控制。

（二）按照财务控制的功能，可分为预防性控制、侦查性控制、纠正性控制、指导性控制和补偿性控制

预防性控制是指为防范风险、错弊和非法行为的发生，或减少其发生机会所进行的控制。侦查性控制是指为了及时识别已经存在的风险、已经发生的错弊和非法行为，或增强识别能力所进行的控制。纠正性控制是指对那些通过侦查性控制查出来的问题所进行的调整和纠正。指导性控制是指为了实现有利结果而进行的控制。补偿性控制是指针对某些环节的不足或缺陷而采取的控制措施。

（三）按照财务控制的时序，可分为事前控制、事中控制和事后控制三类

事前控制是指企业为防止财务资源在质和量上发生偏差，而在行为发生之前所实施的控制。事中控制是指财务活动发生过程中所进行的控制。事后控制是指对财务活动的结果所进行的分析、评价。

（四）按照实施控制的主体，可分为出资者财务控制、经营者财务控制和财务部门的财务控制

出资者财务控制是指为了实现其资本保全和资本增值目标而对经营者的财务收支活动进行的控制，如对成本开支范围和标准的规定等。经营者财务控制是指为了实现财务预算目标而对企业及各责任中心的财务收支活动所进行的控制，这

种控制是通过经营者制定财务决策目标，并促使这些目标得到贯彻执行来实现的，如企业的筹资、投资、资产运用、成本支出决策及其执行等。财务部门的财务控制是指财务部门为了有效地组织现金流动，通过编制现金预算，执行现金预算，对企业日常财务活动所进行的控制，如对各项货币资金用途的审查等。通常认为，出资者财务控制是一种外部控制，而经营者和财务部门的财务控制是一种内部控制。

（五）按照控制的依据，可分为预算控制和制度控制

预算控制是指以财务预算为依据，对预算执行主体的财务收支活动进行监督、调整的一种控制形式。预算表明了其执行主体的责任和奋斗目标，规定了预算执行主体的行为。制度控制是指通过制定企业内部规章制度，并以此为依据约束企业和各责任中心财务收支活动的一种控制形式。制度控制通常规定只能做什么，不能做什么。与预算控制相比较，制度控制具有防护性的特征，而预算控制主要具有激励性的特征。

（六）按照控制的对象，可分为收支控制和现金控制

收支控制是对企业和各责任中心的财务收入活动和财务支出活动所进行的控制。控制财务收入活动，旨在提高收入；控制财务支出活动，旨在降低成本，减少支出；收支控制的根本目标，就是实现利润最大化。现金控制是对企业和各责任中心的现金流入和现金流出活动所进行的控制。由于企业财务会计采取权责发生制，导致利润不等于现金净流入，所以，对现金有必要单独控制。现金控制应力求实现现金流入、流出的基本平衡，既要防止因现金短缺而可能出现的支付危机，又要防止因现金沉淀而可能出现的机会成本增加。

（七）按照控制的手段，可分为定额控制和定率控制，也可称为绝对控制和相对控制

定额控制是指对企业和责任中心采用绝对额指标进行控制。一般而言，对激励性指标确定最低控制标准，对约束性指标确定最高控制标准。定率控制是指对企业和责任中心采用相对比率指标进行控制。一般而言，定率控制具有投入与产出对比、开源与节流并重的特征。比较而言，定额控制没有弹性，定率控制具有弹性。

四、责任中心财务控制

（一）责任中心的概念及特点

责任中心又称“责任单位”，是指具有一定的管理权限，并承担相应的经济责任的企业内部（责任）单位。换句话说，责任中心就是各个责任单位能够对其经济活动进行严格控制的区域。凡是能分清管理范围、明确责任、单独考核业绩的单位或部门，不论大小都可以确定为责任中心。

责任中心通常具有以下特点：

(1) 拥有与企业总体管理自主权相协调，与其管理职能相适应的经营决策权，使其能在最恰当的时刻对企业遇到的问题作出最恰当的决策。

(2) 承担与其经营权相适应的经济责任，有什么样的决策权，就必须承担什么样的经济责任，这是对有效使用其权利的一种制约。

(3) 建立与责任相配套的利益机制，将管理人员的个人利益与其管理业绩联系起来，从而调动全体管理人员和职工的工作热情和责任心。

(4) 各责任中心的局部利益必须与企业整体利益相一致，不能为了各责任中心的局部利益而影响企业的整体利益。

责任中心根据其权限范围大小及业务活动的特点不同，一般可分为成本中心、利润中心和投资中心三种类型。三大责任中心是相互联系而又有区别的。

从层次上看，成本中心是最低层次的责任中心，利润中心是较高层次的责任中心，投资中心是最高层次的责任中心。成本中心从属于利润中心，利润中心从属于投资中心。

从权限上看，成本中心具有成本控制权，利润中心具有生产经营权，投资中心具有投资决策权，成本中心、利润中心和投资中心经营权限依次递增。

从地位上看，成本中心一般不是独立法人，利润中心可以是也可以不是独立法人，投资中心一般是独立法人。

从责任形式上看，成本中心就其可控的责任成本向利润中心负责，利润中心就其本身的经营收入，成本中心和利润中心向投资中心负责，投资中心就其经营的投资利润率和剩余收益向总经理和董事会负责。

(二) 成本中心的考核指标

1. 成本中心的概念

成本中心是指对成本或费用承担责任的责任中心。它不会形成可以用货币计量的收入，因而不对收入、利润或投资负责。成本中心的范围最广，只要有成本费用发生的地方，都可以建立成本中心，从而在企业形成逐级控制、层层负责的成本中心体系，一般包括负责产品生产的生产部门、劳务提供部门以及给予一定费用指标的管理部门。

2. 成本中心的类型

成本中心的种类包括以实际产出量为基础，并按标准成本进行成本控制的标准成本(技术性成本)中心和以直接控制经营管理费用为主的费用(酌量性成本)中心。

标准成本中心是指生产的产品稳定而明确，并且已经知道单位产品所需投入量的责任中心。标准成本中心以技术性成本为控制对象，其典型代表是制造业工厂、车间、工段、班组等。实际上，任何一种重复性的活动都可以建立标准成本中心，只要这种活动能够计量产出的实际数量，并且能够说明投入与产出之间可望达到的函数关系。因此,各行业都可建立标准成本中心。

费用中心是指仅对费用发生额负责的责任中心。费用中心以酌量性成本为控制对象。通常适用于那些产出物不能用财务指标来衡量,或者投入与产出之间没有密切关系的单位。对于费用中心,唯一可以准确计量的是实际费用,无法通过投入与产出的比较来评价其效果和效率,从而限制无效费用的支出,因此,有人称为"无限制的费用中心"。

3. 成本中心的特点

(1) 成本中心只考评成本费用而不考评收益。

(2) 成本中心只对可控成本承担责任。其中,可控成本必须同时具备以下四个条件:① 可以预计。② 可以计量。③ 可以施加影响。④ 可以落实责任。

(3) 成本中心只对责任成本进行考核和控制。

4. 成本中心的考核指标及计算

成本中心的考核指标包括成本(费用)变动额和成本(费用)变动率两项指标:

$$成本(费用)变动额=实际责任成本(费用)-预算责任成本(费用)$$

$$成本(费用)变动率=\frac{成本(费用)变动额}{预算责任成本(费用)}\times 100\%$$

【例 10-1】 某企业内部一车间为成本中心,生产 A 产品,预算产量 15 000 件,单位成本 120 元;实际产量 18 000 件,单位成本 100 元。则该成本中心的成本变动额和变动率分别为:

$$成本变动额=100\times 18\,000-120\times 18\,000=-360\,000(元)$$

$$成本变动率=\frac{-360\,000}{120\times 18\,000}\times 100\%=16.7\%$$

(三) 利润中心的考核指标

1. 利润中心的概念

利润中心是指既对成本负责又对收入和利润负责的责任中心。这类责任中心往往处于企业中较高的层次,一般是指有产品或劳务生产经营决策权的部门或单位,能通过生产经营决策,对本单位的盈利施加影响,为企业增加经济效益,如分厂、分公司以及有独立经营权的各部门等。利润中心的权利和责任都大于成本中心。

2. 利润中心的类型

利润中心的种类包括自然利润中心和人为利润中心两种。

自然利润中心是指可以直接对外销售产品并取得收入的利润中心。这类利润中心本身直接面向市场,具有产品销售权、价格制定权、材料采购权和生产决策权,有很大的独立性，如分公司、分厂等。

人为利润中心是指只对内部责任单位提供产品或劳务而取得“内部销售收入”的利润中心，一般不直接对外销售产品。这类利润中心的产品主要在本企业内转移，一般不与外部市场发生业务上联系，如各生产车间、运输队等。由于人为的利润中心能够为成本中心相互提供产品或劳务规定一个适当的内部转移价格，使得这些成本中心可以“取得”收入进而评价其收益，因此，大多数成本中心总能转化为人为利润中心。

3. 利润中心的计算方式

(1) 利润中心只计算可控成本，不分担不可控成本，即不分摊共同成本。这种方式主要适应于共同成本难以合理分摊或无须进行共同成本分摊的场合。

(2) 利润中心不仅计算可控成本，还计算不可控成本。这种方式适合于共同成本易于合理分摊或不存在共同成本分摊的场合。

4. 利润中心的考核指标及计算

(1) 当利润中心不计算共同成本或不可控成本时，其考核标是：

利润中心边际贡献总额＝该利润中心销售收入总额－该利润中心可控成本总额（或变动成本总额）

(2) 当利润中心计算共同成本或不可控成本，并采取变动成本法计算成本时，其考核指标主要是以下几种：

利润中心边际贡献总额＝该利润中心销售收入总额－该利润中心可控成本总额（或变动成本总额）

利润中心负责人可控利润总额＝该利润中心边际贡献总额－该利润中心负责人不可控固定成本

利润中心可控利润总额＝该利润中心负责人可控利润总额－该利润中心负责人不可控固定成本

公司利润总额＝各利润中心可控利润总额之和－公司不可分摊的各种管理费用、财务费用等

【例 10－2】 某企业的甲车间是一个人为利润中心。本期实现内部销售收入 160 000 元，销售变动成本 120 000 元，该中心负责人可控固定成本 12 000 元，中心负责人不可控应由该中心负担的固定成本为 11 000 元，则该利润中心各项指标分别为：

利润中心边际贡献总额＝160 000－120 000＝40 000（元）

利润中心不可控利润总额＝40 000－12 000＝28 000（元）

利润中心可控利润总额＝28 000－11 000＝17 000（元）

（四）投资中心的考核指标

1. 投资中心的概念

投资中心是指既对成本、收入和利润负责，又对投资效果负责的责任中心。投资中心是企业内部最高层次的责任中心，它在企业内部具有最大的决策权，也承担最大的责任，如大型集团所属的子公司、分公司、事业部等。投资中心与利润中心相比，利润中心只有短期的经营决策权，而投资中心除此之外还拥有长期投资决策权，因而其权利更大，但同时其经营责任也更大。

2. 投资中心的考核指标

除考核利润指标外，投资中心主要考核能集中反映利润与投资额之间关系的指标，包括投资收益率和剩余收益。

（1）投资收益率又称投资利润率，是指投资中心所获得的利润与投资额之间的比率，可用于评价和考核由投资中心掌握、使用的全部净资产的盈利能力。其计算公式为：

$$投资利润率=\frac{利润}{投资额}\times 100\%$$

（2）剩余收益是一个绝对数指标，是指投资中心获得的利润扣减其最低投资收益后的余额。最低投资收益是投资中心的投资额（或资产占用额）按规定或预期的最低投资报酬率计算的收益。其计算公式为：

剩余收益＝利润－投资额（或资产占用额）×规定（或预期）的最低投资报酬率

如果预期指标是总资产息税前利润率时，则剩余收益计算公式应作相应调整，其计算公式为：

剩余收益＝息税前利润－总资产占用额×预期的总资产息税前利润率

以投资收益作为投资中心经营业绩评价指标的评价标准是，各投资中心只要投资利润率大于规定或预期的最低投资报酬率，该项投资便是可行的。

【例 10-3】 某公司下设有 A、B 两个投资中心。A 投资中心的投资额为 200 万元，投资利润率为 15%；B 投资中心的投资利润率为 17%，剩余收益为 20 万元；该公司要求的平均最低投资利润率为 12%，则 A 投资中心的剩余利润和 B 投资中心的投资额计算为：

$$A投资中心的剩余收益=200\times 15\%-200\times 12\%=6（万元）$$

$$B投资中心的投资额=\frac{20}{17\%-12\%}=400（万元）$$

$$该公司的投资利润率=\frac{200\times 15\%+200\times 17\%}{200+400}=16.33\%$$

第二节 成本控制

一、成本控制的概念

“成本控制”一词最早源于美国《会计控制法》，此法是在20世纪30年代由美国哈佛大学企业管理学院制定，其主要目的在于控制成本和不断降低成本，所以又称成本控制法。现代成本控制是指运用成本会计的方法，对企业经营活动进行规划和管理，以实际成本和成本限额比较，衡量经营活动的成绩和效果，并按照例外管理的原则注意对不利差异予以纠正，以提高工作效率，不断降低成本。它是企业实施战略管理的重要环节，是降低成本、提高经济效益的重要手段，是抵抗内外压力、求得生存的主要保障。

成本控制有狭义和广义之分。狭义的成本控制，就是成本的日常控制，主要是指对生产阶段产品成本的控制，即运用一定的方法将生产过程中构成产品成本的一切耗费限制在预先确定的计划成本范围内，然后通过分析实际成本与计划成本之间的差异，找出原因，采取对策以降低成本。广义的成本控制就是成本经营，强调对企业生产经营的各个环节和方面进行全过程的成本控制。广义的成本控制包括成本预测、成本计划、成本日常控制、成本分析和考核等一系列环节。

为了有效地控制成本，成本控制应遵循如下原则。

(一) 经济性原则

经济性原则是指因推行成本控制而发生的成本，不应超过因缺少控制而丧失的收益。加强成本控制，是为了降低成本，提高经济效益。但提高经济效益，不单是依靠降低成本的绝对数，更重要的是实现相对的节约，取得最佳经济效益。

(二) 全面性原则

全面性原则是指成本控制的全部、全员、全过程的控制。全部是对产品生产的全部费用要加以控制，不仅对变动成本(或费用)要控制，对固定成本(或费用)也要进行控制。

(三) 例外管理原则

例外管理原则是指企业应当对那些超乎寻常的例外事项进行重点控制，以便提高成本控制工作的效率和效能。

(四) 有效性原则

有效性原则是指成本控制应根据明确、全面、完整的成本计划，设计成本控制系统，来更好地保证成本计划的实施和成本控制目标的实现。

二、成本控制的种类

成本控制涉及的内容广泛和复杂，为了详细、系统地对成本控制进行研究，充分发挥成本控制的作用，有必要对成本控制按不同的标志进行分类。

根据成本控制的特点等标志，可以把成本控制分为如下几类。

(一) 按成本控制的实施部门不同，可分为宏观成本控制和微观成本控制

企业经济效益的好坏，直接关系到国家和企业的利益，因此，成本控制问题不仅仅是企业自己的事，需要企业和综合经济管理部门共同努力才能完成。从这个角度出发，成本控制可分为宏观成本控制和微观成本控制两大类。

宏观成本控制是指国家综合经济管理部门采取各种措施来降低企业成本费用的支出。国家宏观经济管理部门出台的各项方针政策，对企业成本费用的发生额影响很大，如成本开支范围、税费的收取比例、价格政策、产业扶持政策等，都会对企业的成本费用造成重大的影响。如果国家宏观经济管理部门通过制定一些有利于企业的政策，则可以从宏观上控制企业成本费用的发生。如果国家宏观经济管理部门制定的方针政策不利于控制企业成本费用，企业所采取的控制成本费用发生的各项措施，效果就不是非常明显。所以，宏观成本控制对于企业的成本控制来说，是非常重要的一个方面，有时关系到企业成本控制的成败。

微观成本控制是指企业的会计部门在整个企业范围内所实施的控制，主要是对企业应完成的各项成本指标所进行的控制。实施微观成本控制，可以使企业采取有效的控制措施，以利于企业整体被控指标的完成。同时，企业内部各级核算单位(如基本生产车间、辅助生产车间、各职能科室等)也应根据企业成本管理部门下达给本单位的各项有关成本指标，并结合本单位的具体情况，制定出合理的成本控制程序和方法，进而确保企业整体成本控制目标的完成。

(二) 按成本控制的时间不同，可分为事先控制、事中控制和事后控制

事先控制又称事前控制，是指在成本发生之前，事先确定成本控制标准，如劳动工时定额、物资消耗定额、费用开支预算以及各种材料的成本目标等，对各种资源消耗和各项费用开支规定数量界限，作为衡量生产费用实际超支或节约的依据，并建立健全成本管理制度，以达到防患于未然的目的的控制。事先控制是成本控制的开端。

事中控制又称过程控制，是指对成本的耗费所进行的日常控制。事中控制以成本标准控制成本实际支出，并将成本的实际支出与成本标准进行比较，及时发现产生的偏差，以消除或减少这些差异。如果实际成本支出超过成本标准则为逆差，也称不利的差异；反之，实际成本支出低于成本标准则为顺差，称为有利的差异。成本差异是重要的管理信息，它从成本上及时反映企业经营管理中哪些方面取得

了成绩(顺差),哪些方面存在问题(逆差),这就有利于加强企业的经营管理,寻求降低成本的途径。事中控制是成本控制的中心环节。

事后控制是考核阶段的控制,即对成木的实际耗费进行事后分析,及时查清成本差异发生的原因,确定责任归属,总结经验教训,评定和考核业绩,制定有效的措施,改进工作,以提高成本管理的水平。由此可见,成本的事后控制着眼于将来工作的改进,避免不合理的支出和损失的重新发生,为未来的成本管理工作指出努力的方向。

成本的事后控制是事中控制的延续,而事中控制又是事后控制的前提。成本有了事中控制,就能在每一项生产费用发生之前或发生之时加以控制,把它限制在合理范围之内,以达到降低成本的目的。但是,事中控制还有一定的局限性,它一般只限于一时、一地、一事的单项成本控制,至于一个时期、一个单位、一种服务的综合成本进行分析和考核,则有待于成本的事后控制。另外,由于成本控制是一个不断循环的过程,所以,就本质而言,事后控制实际上还是下一个循环中事先控制的组成部分。

（三）按成本控制控制的范围不同,可分为全面控制和重点控制

全面控制是指对企业所发生的所有的经济业务都要进行控制,使其无一遗漏地处于被控制之中,以确保企业被控指标的全面完成。

重点控制是指对完成被控指标影响最大的重点部门和职工投入很大的人力、物力、财力和时间对其发生的经济业务进行控制。只有重点控制的目标完成了,才能带动其他部门被控目标的完成,进而完成企业整体的成本控制任务。因此,在一般情况下,全面控制和重点控制是相互联系地发挥作用的。

成本管理中所说的成本控制一般是指全面的成本控制,也就是说,应对企业的生产全过程、所有部门和人员都应进行控制,才能取得满意的控制效果。但是,由于时间、精力、财力等方面条件的限制,不可能对所有的对象都进行重点的成本控制,这样也不能取得较好的效果。所以,应对重要的项目进行重点控制,而对于一些非重点的项目进行一般控制。这样,全面控制和重点控制相结合,才能取得较好的控制效果。

（四）按成本控制与其被控制对象的关系不同,可分为直接控制和间接控制

直接控制是指通过制定成本控制制度、方法、标准等方式,直接对企业发生的经济活动所进行的控制。企业发生的各项经济业务都需经过会计部门进行反映和控制,因而,直接控制是成本控制的主要方法,其效果也是非常明显的,它不需经过许多中间环节,而是由会计部门直接实施,因而,可以避免互相推诿和扯皮现象的发生。

间接控制是指对某些活动不是由会计部门直接实施控制,而是由企业的其他

职能部门和有关的职工参与,企业的会计部门只是通过有关的规章制度、方法间接地对其所进行的控制,如企业的材料采购、产品的销售费用等。

直接控制和间接控制都是企业内部成本控制的方式,但在具体使用时却是有区别的。直接控制的对象应是一些主要的项目,即对企业成本费用的高低产生重大影响的一些项目。对于这些项目由于影响较大,控制的好坏直接影响到成本控制的效果。因此,应将其纳入直接控制的范围之内,由厂部成本管理部门实施直接控制。而对于一些次要的项目,由于金额较小,影响不大,则可由各个车间、部门来实施控制。

三、成本控制的基本方法——标准成本控制

(一)标准成本的概念

所谓标准成本是指通过调查、分析与技术测定等科学方法确定的按照成本项目反映的应当发生的单位产品成本目标。

标准成本是用来评价实际成本,衡量工作效率的一种预计成本。一方面,标准成本剔除了不应该发生的浪费和不合理的支出;另一方面,标准成本考虑了未来发展趋势和应采取的措施,因此标准成本能够体现企业的目标和要求。

在实际工作中,标准成本指单位产品的标准成本,亦称"价格标准"或"成本标准",它一般是由会计部门会同采购部门、技术部门和其他相关的经营管理部门,在对企业生产经营的具体条件进行分析、研究和技术测定的基础上根据单位产品的标准消耗量和标准单价计算出来的。

标准成本=单位产品标准成本=单位产品标准消耗量×标准单价

(二)标准成本的种类

按照制定标准成本所依据的生产技术和经营水平不同,标准成本一般可分为三种。

1. 理想标准成本

它是以现有技术、设备和经营管理达到最优状态为基础确定的最低水平的成本。理想标准成本制定的依据,是材料无浪费、设备无事故、产品无废品、工时全有效的最优生产条件和理想生产要素价格。其中,设备无事故是指理论上可能达到的设备利用程度,只扣除不可避免的机器修理、改换品种、调整设备等时间,而不考虑产品销售不佳、生产技术故障等造成的影响;工时全有效是指最熟练的工人在岗全力以赴工作;理想生产要素价格是指原材料、劳动力等生产要素在计划期间最低的价格水平。

理想标准成本的主要用途在于提供一个完美无缺的目标以揭示实际成本下降的潜力,这意味着即使全体职工共同努力也常常无法达到理想标准成本,因此这种成本不宜作为现实考核的依据。

2. 正常标准成本

它是以正常的技术、设备和经营管理水平为基础，根据下期一般发生的生产要素消耗量、生产要素预计价格和预计的生产经营能力利用程度制定的标准成本。与理想标准成本相比，这种标准成本在制定时考虑了生产经营中一般难以避免的损耗和低效率。因此，正常标准成本大于理想标准成本，是经过一定努力可以达到的成本，因而可以调动职工的积极性。正常标准成本的采用是有条件的，即因国内外政治经济形势稳定、企业生产经营比较平稳。

在标准成本制度中，广泛使用正常标准成本。它具有以下特点：

(1) 客观性和科学性。正常标准成本是用科学方法根据客观实验和过去实践经验充分研究后制定出来的，因此具有客观性和科学性。

(2) 现实性。正常标准成本排除了各种偶然性和意外情况，又保留了目前条件下难以避免的损失，代表正常情况下的消耗水平，因此具有现实性。

(3) 激励性。正常标准成本是应该发生的成本，可以作为评价业绩的尺度，成为督促职工努力争取的目标，因此具有激励性。

(4) 稳定性。正常标准成本可以在工艺技术水平和管理有效性水平变化不大时持续使用，不需要经常修订，因此具有稳定性。

3. 现实标准成本

现实标准成本是在正常标准成本的基础上，根据现行期间最可能或应该发生的生产要素价格、生产经营效率和生产经营能力利用程度而制定的标准成本。该成本是期望可以达到的标准成本，它是一种经过努力可以达到的既先进又合理，且切实可行，更接近现实的成本。由于现实标准成本包含了企业在目前的生产经营条件下还不能避免的某些不应有的低效率、失误和过量的消耗，因此，在数量上该成本大于正常标准成本。

(三) 标准成本的制定

一般情况下，在制定标准成本时，企业要根据自身的技术条件和经营水平，在三种不同的标准成本种类中进行选择。

在这三种标准成本中，理想标准成本小于正常标准成本，而正常标准成本又小于现实标准成本。由于正常标准成本具有客观性、现实性、激励性和稳定性等特点，因此被广泛地运用于具体的标准成本的制定过程中。

制定标准成本，首先，确定直接材料和直接人工的标准成本；其次，确定制造费用的标准成本；最后，确定单位产品的标准成本。

1. 直接材料标准成本的制定

某单位产品耗用的直接材料标准成本是由材料的用量标准和价格标准两项因素决定的。

（1）直接材料用量标准的制定。直接材料的用量标准是指单位产品耗用原料及主要材料的数量，通常也称为材料的消耗定额。这一标准包括形成产品实体必不可少的材料消耗量，以及难以避免的各种损耗。

直接材料用量标准一般根据企业产品的设计、生产和工艺的现状，结合企业经营管理的水平，考虑成本优化（尤其是成本）的要求和材料在使用过程中发生的必要损耗，以产品的零部件为对象制定的各种原材料的消耗定额。

（2）直接材料价格标准的制定。直接材料的价格标准是指以往年采购合同的价格为基础，考虑到未来物价、供求等各种变动因素，由会计部门和采购部门共同制定的预计下一年度实际需要支付的进料单位成本。直接材料价格标准一般包括材料买价、运杂费和正常损耗等成本，是取得材料的完全成本。

（3）直接材料标准成本的计算公式。直接材料标准成本根据确定的用量标准和材料价格标准确定，具体计算公式为：

$$\text{某单位产品耗用的第}\,i\,\text{种材料的标准成本} = \text{材料}\,i\,\text{的价格标准} \times \text{材料}\,i\,\text{的用量标准}$$

$$\text{某单位产品耗用的直接材料标准成本} = \sum(\text{材料}\,i\,\text{的价格标准} \times \text{材料}\,i\,\text{的用量标准})$$

【例 10-4】 假定某企业 A 产品耗用甲、乙、丙三种直接材料，其直接材料标准成本的计算如表 10-1 所示。

表 10-1 A 产品直接材料标准成本

项目	标准		
	甲材料	乙材料	丙材料
价格标准①（元/千克）	45	15	30
用量标准②（千克/件）	3	6	9
成本标准③＝②×①（元/件）	135	90	270
单位产品直接材料标准成本（元）④＝∑③	495		

2. 直接人工标准成本的制定

某单位产品耗用的直接人工标准成本是由直接人工工时用量标准和直接人工价格标准两项因素决定的。

（1）直接人工用量标准的制定。直接人工的用量标准是指企业在现有的生产技术条件、工艺方法和技术水平的基础上，考虑提高劳动生产率的要求，采用一定的方法，按照产品的加工工序分别制定的单位产品所需用的标准工作时间，一般包括产品加工工时、必要的间歇或停工工时，以及不可避免的废品所耗用的工时等。

单位产品耗用的各工序标准工时由工程技术部门和生产部门以作业研究和工

时研究为基础参考有关的统计资料制定。

（2）直接人工价格标准的制定。直接人工的价格标准是指由劳动工资部门根据用工情况制定的标准工资率。不同的工资制度下，工资率标准的具体内容不同。

在计件工资制下，标准工资率就是单位产品所支付的生产工人计件工资单价除以产品工时标准；在计时工资制下，标准工资率就是单位工时标准工资率，它是由标准工资总额除以标准总工时来计算的。即：

$$标准工资率=\frac{标准工资总额}{标准总工时}$$

（3）直接人工标准成本的计算。其计算公式为：

单位产品直接人工标准成本＝人工工时用量标准×该产品标准工资率

【例 10-5】 沿用[例 10-4]中的资料，A 产品直接人工标准成本的计算如表 10-2 所示。

表 10-2　A 产品直接人工标准成本

项　　目	标　　准
月标准总工时①（小时）	15 600
月标准总工资②（元）	168 480
工资率标准③＝②÷①（元/小时）	10.8
单位产品工时用量标准④（小时/件）	1.5
直接人工标准成本⑤＝④×③（元/件）	16.2

3. 制造费用标准成本的制定

某单位产品耗用的制造费用标准成本是由制造费用用量标准和制造费用价格标准两项因素决定的。

制造费用的标准成本需用按部门分别编制，各部门制造费用标准成本由变动制造费用标准成本和固定制造费用标准成本两部分组成，某种产品制造费用的标准成本是将生产该产品的各个部门单位制造费用标准加以汇总而得。

（1）变动制造费用标准成本的制定。变动制造费用的用量标准通常采用单位产品直接人工工时标准，除了这一标准以外还可以采用机器工时或其他用量标准，但都应尽可能与变动制造费用保持较好的线性关系。

变动制造费用的价格标准，即每一工时变动制造费用的标准分配率，是根据变动制造费用预算和直接人工总工时计算所得。即：

$$变动制造费用标准分配率=\frac{变动制造费用预算总额}{标准总工时}$$

单位产品变动制造费用标准成本＝单位产品直接人工工时标准成本
×每小时变动制造费用标准分配率

(2) 固定制造费用标准成本的制定。在变动成本法下，固定制造费用属于期间费用不计入产品成本，因此，也就不存在固定制造费用标准分配率问题。变动成本法下，固定制造费用的控制主要是通过预算管理来进行。

在完全成本法下，固定制造费用要计入产品成本，并需要制定其标准成本。为了便于进行差异分析，固定制造费用的用量标准与变动制造费用的用量标准要保持一致。

固定制造费用标准分配率根据固定制造费用预算和直接人工标准总工时计算所得。即：

$$固定制造费用标准分配率=\frac{固定制造费用预算总额}{标准总工时}$$

单位产品固定制造费用标准成本＝单位产品直接人工工时标准成本
×每小时固定制造费用标准分配率

因此，各部门制造费用标准成本就是变动制造费用标准成本与固定制造费用标准成本两者的合计。

【例 10-6】 沿用[例 10-4]中的资料，A 产品制造费用的标准成本计算如表 10-3 所示。

表 10-3　A 产品制造费用标准成本

项目		标准
工时	月标准总工时①(小时)	15 600
	单位产品工时用量标准②(小时/件)	1.5
变动制造费用	标准变动制造费用预算总额③(元)	56 160
	变动制造费用标准分配率④＝③÷①(元/小时)	3.6
	标准变动制造费用标准成本⑤＝②×④(元/件)	5.4
固定制造费用	固定制造费用预算总额⑥(元)	187 200
	固定制造费用标准分配率⑦＝⑥÷①(元/小时)	12
	固定制造费用标准成本⑧＝②×⑦(元/件)	18
单位产品制造费用标准成本⑨＝⑤＋⑧(元)		23.4

4. 单位产品标准成本的制定

单位产品标准成本是根据已经确定的直接材料、直接人工和制造费用的标准成本加以汇总来确定的。通常，企业要为每一种产品编制一张“标准成本卡”，用来反映单位产品标准成本的具体构成。

【例 10－7】 根据[例 10－4]、[例 10－5]、[例 10－6]中的各种有关资料，列示出 A 产品标准成本卡，如表 10－4 所示。

表 10－4 A 产品单位产品标准成本卡

成本项目		用量标准	价格标准	单位标准成本(元)
直接材料	甲材料	3 千克/件	45 元/千克	135
	乙材料	6 千克/件	15 元/千克	90
	丙材料	9 千克/件	30 元/千克	270
	小计	……	……	495
直接人工		1.5 小时/件	10.8 元/小时	16.2
变动制造费用		1.5 小时/件	3.6 元/小时	5.4
固定制造费用		1.5 小时/件	12 元/小时	18
单位产品标准成本				534.60

(四) 成本差异的计算及分析

在标准成本管理模式下，成本差异是指一定时期生产一定数量的产品所发生的实际成本总额与实际产量下的标准成本总额之间的差额。标准成本差异计算和分析的目的就是为了找出产生成本差异的原因，以便采取有效的措施来减少差异，降低产品成本。

从标准成本的制定过程可以看出，每项费用的标准成本都是由用量标准和价格标准两个因素决定的。因此，成本差异分析应该从这两个方面进行。

成本差异＝实际产量下的实际用量×实际价格
－实际产量下的标准用量×标准价格
＝(实际用量×实际价格－实际用量×标准价格)
＋(实际用量×标准价格－标准用量×标准价格)
＝实际用量×(实际价格－标准价格)
＋(实际用量－标准用量)×标准价格
＝价格差异＋用量差异

需要说明的是，这里的实际产量下的标准用量等于实际产量与用量标准的乘积。

1. 直接材料成本差异的计算和分析

直接材料成本差异是指本期生产一定数量的某种产品耗用的直接材料实际成本总额与实际产量下标准成本总额之间的差异。它可进一步划分为直接材料用量差异和直接材料价格差异两部分。

直接材料用量差异=(实际产量下的实际用量-实际产量下的标准用量)×直接材料标准价格

直接材料价格差异=实际产量下的实际用量×(直接材料实际价格-直接材料标准价格)

直接材料用量差异产成的原因主要有：生产工人操作疏忽造成的废品和废料增加、工人用料不精心、操作技术改进而节省材料、新工人技术水平低下造成多用料、机器设备不适用造成用料增加、原材料质量低劣产生的废料、企业用料奖罚制度带来的材料耗用量的增减、成本中心考评情况引起的材料耗用量的变化等。

直接材料价格差异产成的原因主要有：涉及直接材料价格的国家宏观调控、直接材料市场供求关系的变化、运输方式及线路的变动、付款方式的改变、采购人员的素质、材料采购方式及采购批量的调整、承接紧急订货进行的额外采购等。

【例 10-8】 假定例 10-7 中企业本月生产 A 产品 800 件，使用甲材料 2 000 千克，甲材料实际单价为 48 元/千克。根据该产品标准成本卡所列，该产品甲材料的单位产品标准成本为 135 元，即甲材料的用量标准为 3 千克/件，标准价格为 45 元/千克。其直接材料成本差异计算为：

直接材料用量差异=(2 000-800×3)×45=-18 000(元)(节约)

直接材料价格差异=2 000×(48-45)=6 000(元)(超支)

直接材料成本差异=用量差异+价格差异=-18 000+6 000=-12 000(元)(节约)

通过以上计算可以看出，A 产品的直接材料成本总体上节约了 12 000 元。其中甲材料的实际购进单价较标准单价高，导致材料价格差异超支 6 000 元，但可能采用了先进的生产技术，在实际生产中使材料用量节约 18 000 元，从而导致了最终的成本节约。可见技术部门在技术研发上的成绩是值得肯定的。

2. 直接人工成本差异的计算和分析

直接人工成本差异是指生产一定数量的某种产品耗用的直接人工实际成本总额与实际产量下标准成本总额之间的差异。它可进一步划分为直接人工用量差异(效率差异)和直接人工价格差异(小时工资率差异)两部分。

直接人工用量(效率)差异=(实际产量下实际人工工时-实际产量下标准人工工时)×直接人工标准小时工资率

直接人工价格(工资率)差异=实际产量下的实际人工工时×(直接人工实际

工资率－直接人工标准工资率)

造成直接人工用量(效率)差异的影响因素主要有:生产工人技术不娴熟、生产工人经验不足、生产计划安排不当、材料供应不及时、设备维护不到位引发机器设备故障、生产工人积极性高低影响的潜能发挥程度等。

造成直接人工价格(工资率)差异的影响因素主要有:不同工资级别工人的工作岗位变动、人才市场供求关系变动、工资制度的变化、出勤率的变化、季节性或临时性生产等。

【例 10-9】 沿用[例 10-7]中的资料,A 产品工资率标准为 10.8 元/小时,标准工时为 1.5 小时/件,工资标准为 16.2 元/件。假定企业本月实际生产 A 产品 800 件,用工 1 000 小时,实际支付直接人工工资 11 000 元。其直接人工成本差异计算为:

直接人工效率差异＝(1 000－800×1.5)×10.8＝－2 160(元)(节约)

直接人工工资率差异＝1 000×(11 000÷1 000－10.8)＝200(元)(超支)

直接人工成本差异＝效率差异＋工资率差异

＝－2 160＋200＝－1 960(元)(节约)

通过以上计算可以看出,A 产品的直接人工成本总体上节约了 1 960 元。其中,直接人工效率差异节约 2 160 元,但工资率差异超支 200 元。工资率超过标准,可能是为了提高产品质量,调用了一部分技术等级和工资级别较高的工人,使小时工资率增加了 0.2 元(11 000÷1 000－10.8),但也因此在提高产品质量的同时,提高了效率,节约工时 200 小时,从而导致了最终的成本节约。可见,生产部门在生产组织上的成绩是值得肯定的。

3. 变动制造费用成本差异的计算和分析

变动制造费用成本差异是指某期变动制造费用的实际发生总额与按实际产量计算的标准变动制造费用总额之间的差异。它可进一步划分为变动制造费用用量差异(工时差异)和变动制造费用价格差异(分配率差异)两部分。

变动制造费用用量(工时)差异＝(变动制造费用实际工时－变动制造费用标准工时)×变动制造费用标准分配率

变动制造费用价格(分配率)差异＝变动制造费用实际人工工时×(变动制造费用实际分配率－变动制造费用标准分配率)

【例 10-10】 沿用[例 10-7]中的资料,A 产品标准变动制造费用分配率为

3.6元/小时,工时标准为1.5小时/件。假定企业本月实际生产A产品800件,用工1 000小时,实际发生变动制造费用4 000元。其变动制造费用成本差异计算为:

变动制造费用效率差异=(1 000－800×1.5)×3.6=－720(元)(节约)

变动制造费用耗费差异=1 000×(4 000÷1 000－3.6)=400(元)(超支)

通过以上计算可以看出,A产品变动制造费用节约320元。其中,由于提高效率,工时缩短了200小时。但费用分配率提高,使变动制造费用发生超支400元,从而抵销了一部分变动制造费用的节约额。应该查明费用分配率提高的具体原因。

4. 固定制造费用成本差异的计算和分析

固定制造费用成本差异是指某期固定制造费用的实际发生总额与按照实际产量计算的标准固定制造费用总额之间的差异。由于固定制造费用具有在相关范围内不随产量和工时的变化而变化的特性,所以,固定制造费用成本差异与直接材料、直接人工和变动制造费用不同,其分析方法有"二因素分析法"和"三因素分析法"两种。

(1) 二因素分析法。它是指将固定制造费用差异分为固定制造费用耗费差异(预算差异)和固定制造费用能量差异(产量差异)两部分。

固定制造费用耗费差异=固定制造费用的实际数－固定制造费用的预算数
=实际产量下实际固定制造费用
－预算产量下标准固定制造费用

固定制造费用能量差异=固定制造费用预算数－固定制造费用标准成本
=(预算产量下标准工时－实际产量下标准工时)
×固定制造费用标准分配率

【例10-11】 沿用[例10-7]中的资料,A产品固定制造费用标准分配率为12元/小时,工时标准为1.5小时/件。假定企业A产品预算产量为1 040件,实际生产A产品800件,用工1 000小时,实际发生固定制造费用19 000元。其固定制造费用的成本差异计算为:

固定制造费用耗费差异=19 000－1040×1.5×12=280(元)(超支)

固定制造费用能量差异=(1 040×1.5－800×1.5)×12=4 320(元)(超支)

通过以上计算可以看出,该企业A产品固定制造费用超支4 600元,主要是由于生产能力不足,实际产量小于预算产量所致。

(2) 三因素分析法。它是指将两因素分析法下的固定制造费用能量差异进一步分解为效率差异和闲置能量差异，即将固定制造费用成本差异分为耗费差异、效率差异和闲置能量差异三个部分。其中耗费差异的概念和计算与两因素分析法一致。相关计算公式为：

固定制造费用耗费差异＝固定制造费用的实际数－固定制造费用的预算数
＝实际产量下实际固定制造费用－预算产量下标准
＋固定制造费用

固定制造费用闲置能量差异＝(预算产量下标准工时－实际产量下实际工时)
×固定制造费用标准分配率

固定制造费用效率差异＝(实际产量下实际工时－实际产量下标准工时)
×固定制造费用标准分配率

【例 10-12】 沿用[例 10-7]中的资料，计算其固定制造费用的成差异如下：

固定制造费用耗费差异＝19 000－1 040×1.5×12＝280(元)(超支)

固定制造费用闲置能量差异＝(1 040×1.5－1 000)×12＝6 720(元)(超支)

固定制造费用效率差异＝(1 000－800×1.5)×12＝－2 400(元)(超支)

通过上述计算可以看出，采用三因素分析法，能够更好地说明生产能力利用程度和生产效率高低所导致的成本差异情况，便于分清责任。

关键术语

财务控制　责任中心　成本中心　利润中心　投资中心　成本控制
标准成本控制　成本差异

思考题

1. 财务控制的概念和特征是什么？
2. 财务控制的基本原则有哪些？
3. 财务控制按照各种不同的标准进行分类，可分为哪几类？
4. 责任中心的概念和特点是什么？
5. 什么是成本中心？成本中心的考核指标有哪些？

6. 什么是利润中心？利润中心的考核指标有哪些？

7. 什么是投资中心？成本中心的考核指标有哪些？

8. 什么标准成本？按照制定标准成本所依据的生产技术和经营水平不同，标准成本可分为哪几类？

练习题

1. 某企业的某个人为利润中心，有关数据如下。

利润中心销售收入：800 000 元，利润中心销售产品变动成本和变动销售费用 550 000 元，利润中心负责人可控固定成本 50 000 元，利润中心负责人不可控而应由该中心负担的固定成本为 70 000 元。

【要求】 计算该利润中心利润考核指标为多少？

2. 某公司下设投资中心 A 和 B，该公司加权平均最低投资利润率为 10%。现对两公司追加投资，有关资料如表 10-5 所示。

表 10-5 A、B 投资中心的相关信息表

项目		投资额（万元）	利润（万元）	投资利润率（%）	剩余收益（万元）
追加投资前	A	20	1		
	B	30	4.5		
	Σ	50	5.5		
投资中心 A 追加 10 万元	A	30	1.8		
	B	30	4.5		
	Σ	60	6.3		
投资中心 B 追加 20 万元	A	20	1		
	B	50	7.4		
	Σ	70	8.4		

【要求】 计算空白格金额并分析公司状况。

3. 某企业甲产品单位工时标准为 2 小时/件，标准变动费用分配率为 5 元/小时，标准固定制造费用分配率为 8 元/小时。本月预算产量为 10 000 件，实际产量为 12 000 件，实际工时为 21 600 元，实际变动制造费用与固定制造费用分别为 110 160 元和 250 000 元。

【要求】 计算下列指标：

(1) 单位产品的变动制造费用标准成本。

(2) 单位产品的固定制造费用标准成本。

(3) 变动制造费用效率差异。

(4) 变动制造费用耗费差异。

(5) 两因素分析法下的固定制造费用耗费差异。

(6) 两因素分析法下的固定制造费用能量差异。

4. ABC公司为了控制成本指标，实行标准成本会计制度。表10-6是该公司在预计生产15000件甲产品并耗用人工45 000工时情况下的产品标准成本资料。

表10-6　产品标准成本资料

单位：元

项　　目	金　　额
直接材料	75 000
直接人工	180 000
变动制造费用	135 000
合　　计	390 000

假定ABC公司本会计期间，实际耗用49 000工时，生产16 000件产品，其实际成本资料如表10-7所示。

表10-7　实际成本资料

单位：元

项　　目	金　　额
直接材料	?
直接人工	208 000
变动制造费用	140 800
合　　计	?

该会计期间每件产品的实际成本与标准成本的差异为0.80元。

【要求】

(1) 计算该会计期间直接材料的实际成本总额以及甲产品的实际成本总额。

(2) 计算该会计期间每件甲产品的标准成本与实际成本的成本结构以及甲产品的标准工时。

(3) 计算甲产品人工成本的工资率差异与人工效率差异。

(4) 计算甲产品变动制造费用的耗费差异与效率差异。

附录

附表一　复利终值

期数	1%	2%	3%	4%	5%	6%	7%	8%	9%	10%
1	1.0100	1.0200	1.0300	1.0400	1.0500	1.0600	1.0700	1.0800	1.0900	1.1000
2	1.0201	1.0404	1.0609	1.0816	1.1025	1.1236	1.1449	1.664	1.1881	1.2100
3	1.0303	1.0612	1.0927	1.1249	1.1576	1.1910	1.2250	1.2597	1.2950	1.3310
4	1.0406	1.0824	1.1255	1.1699	1.2155	1.2625	1.3108	1.3605	1.4116	1.4641
5	1.0510	1.1041	1.1593	1.2167	1.2763	1.3382	1.4026	1.4693	1.5386	1.6105
6	1.0615	1.1262	1.1941	1.2653	1.3401	1.4185	1.5007	1.5809	1.6771	1.7716
7	1.0721	1.1487	1.2299	1.3159	1.4071	1.5036	1.6058	1.7738	1.8280	1.9487
8	1.0829	1.1717	1.2668	1.3686	1.4775	1.5938	1.7182	1.8509	1.9926	2.1436
9	1.0937	1.1951	1.3048	1.4233	1.5513	1.6895	1.8385	1.9990	2.1719	2.3579
10	1.1046	1.2190	1.3439	1.4802	1.6289	1.7908	1.9672	2.1589	2.3674	2.5937
11	1.1157	1.2434	1.3824	1.5395	1.7103	1.8983	2.1049	2.3316	2.5804	2.8531
12	1.1268	1.2682	1.4258	1.6010	1.7959	2.0122	2.2522	2.5182	2.8127	3.1384
13	1.1381	1.2936	1.4685	1.6651	1.8856	2.1329	2.4098	2.7196	3.0658	3.4523
14	1.1459	1.3195	1.5126	1.7317	1.9799	2.2609	2.5785	2.9372	3.3417	3.7975
15	1.1610	1.3459	1.5580	1.8009	2.0789	2.3966	2.7590	3.1722	3.6425	4.1772
16	1.1726	1.3728	1.6047	1.8730	2.1829	2.5404	2.9522	3.4259	3.9703	4.5950
17	1.1843	1.4002	1.6528	1.9479	2.2920	2.6928	3.1588	3.7000	4.3276	5.0545
18	1.1961	1.4282	1.7024	2.0258	2.4066	2.8543	3.3799	3.9960	4.7171	5.5599
19	1.2081	1.4568	1.7535	2.1068	2.5270	3.0256	3.6165	4.3157	5.1417	6.1159
20	1.2202	1.4859	1.8061	2.1911	2.6533	3.2071	3.8697	4.6610	5.6044	6.7275
21	1.2324	1.5157	1.8603	2.2788	2.7860	3.3996	4.1406	5.0338	6.1088	7.4002
22	1.2447	1.5460	1.9161	2.3699	2.9253	3.6035	4.4304	5.4365	6.6586	8.1403
23	1.2572	1.5769	1.9736	2.4647	3.0715	3.8197	4.7405	5.8715	7.2579	8.2543
24	1.2697	1.6084	2.0328	2.5633	3.2251	4.0489	5.0724	6.3412	7.9111	9.8497
25	1.2824	1.6406	2.0938	2.6658	3.3864	4.2919	5.4274	6.8485	8.6231	10.835
26	1.2953	1.6734	2.1566	2.7725	3.5557	4.5494	5.8076	7.3964	9.3992	11.918
27	1.3082	1.7069	2.2213	2.8834	3.7335	4.8823	6.2139	7.9881	10.245	13.110
28	1.3213	1.7410	2.2879	2.9987	3.9201	5.1117	6.6488	8.6271	11.167	14.421
29	1.3345	1.7758	2.3566	3.1187	4.1161	5.4184	7.1143	9.3173	12.172	15.863
30	1.3478	1.8114	2.4273	3.2434	4.3219	5.7435	7.6123	10.063	13.268	17.449
40	1.4889	2.2080	3.2620	4.8010	7.0400	10.286	14.794	21.725	31.408	45.259
50	1.6446	2.6916	4.3839	7.1067	11.467	18.420	29.457	46.902	74.358	117.39
60	1.8167	3.2810	5.8916	10.520	18.679	32.988	57.946	101.26	176.03	304.48

系数表

12%	14%	15%	16%	18%	20%	24%	28%	32%	36%
1.1200	1.1400	1.1500	1.1600	1.1800	1.2000	1.2400	1.2800	1.3200	1.3600
1.2544	1.2996	1.3225	1.3456	1.3924	1.4400	1.5376	1.6384	1.7424	1.8496
1.4049	1.4815	1.5209	1.5609	1.6430	1.7280	1.9066	2.0872	2.3000	2.5155
1.5735	1.6890	1.7490	1.8106	1.9388	2.0736	2.3642	2.6844	3.0360	3.4210
1.7623	1.9254	2.0114	2.1003	2.2878	2.4883	2.9316	3.4360	4.0075	4.6526
1.9738	2.1950	2.3131	2.4364	2.6996	2.9860	3.6352	4.3980	5.2899	6.3275
2.2107	2.5023	2.6600	2.8262	3.1855	3.5832	4.5077	5.6295	6.9826	8.6054
2.4760	2.8526	3.0590	3.2784	3.7589	4.2998	5.5895	7.2508	9.2170	11.703
2.7731	3.2519	3.5179	3.8030	4.4355	5.1598	6.9310	9.2234	12.166	15.917
3.1058	3.7072	4.0456	4.4114	5.2338	6.1917	8.5944	11.806	16.060	21.647
3.4785	4.2262	4.6524	5.1173	6.1759	7.4301	10.657	15.112	21.119	29.439
3.8960	4.8179	5.3503	5.9360	7.2876	8.9161	13.215	19.343	27.983	40.037
4.3635	5.4924	6.1528	6.8858	8.5994	10.699	16.386	24.759	36.937	54.451
4.8871	6.2613	7.0757	7.9875	10.147	12.839	20.319	31.691	48.757	74.053
5.4736	7.1379	8.1371	9.2655	11.974	15.407	25.196	40.565	64.395	100.71
6.1304	8.1372	9.3576	10.748	14.129	18.448	31.243	51.923	84.954	136.97
6.8660	9.2765	10.761	12.468	16.672	22.186	38.741	66.461	112.14	186.28
7.6900	10.575	12.375	14.463	19.673	26.623	48.039	86.071	148.02	253.34
8.6128	12.056	14.232	16.777	23.214	31.948	59.568	108.89	195.39	344.54
9.6463	13.743	16.367	19.461	27.393	38.338	73.864	139.38	257.92	468.57
10.804	15.668	18.822	22.574	32.324	46.005	91.592	178.41	340.45	637.26
12.100	17.861	21.645	26.186	38.142	55.206	113.57	228.36	449.39	866.67
13.552	20.362	24.891	30.376	45.008	66.247	140.83	292.30	593.20	1 178.7
15.179	23.212	28.625	35.236	53.109	79.497	174.63	374.14	783.02	1 603.0
17.000	26.462	32.919	40.874	62.669	95.396	216.54	478.90	1 033.6	2 180.1
19.040	30.167	37.857	47.414	73.949	114.48	268.51	613.00	1 364.3	2 964.9
21.325	34.390	43.535	55.000	87.260	137.37	332.95	784.64	1 800.9	4 032.3
23.884	39.204	50.006	63.800	102.97	164.84	412.86	1 004.3	2 377.2	5 483.9
26.750	44.693	57.575	74.009	121.50	197.81	511.95	1 285.6	3 137.9	7 458.1
29.960	50.950	66.212	85.850	143.37	237.38	634.82	1 645.5	4 142.1	10 143
93.051	188.83	267.86	378.72	750.38	1 469.8	5 455.9	19 427	66 521	*
289.00	700.23	1 083.7	1 670.7	3 927.4	9 100.4	46 890	*	*	*
897.60	2 595.9	4 384.0	7 370.2	20 555	56 348	*	*	*	*

*>99 999

附表二　复利现值

期数	1%	2%	3%	4%	5%	6%	7%	8%	9%	10%
1	.9901	.9804	.9709	.9615	.9524	.9434	.9346	.9259	.9174	.9091
2	.9803	.9712	.9426	.9246	.9070	.8900	.8734	.8573	.8417	.8264
3	.9706	.9423	.9151	.8890	.8638	.8396	.8163	.7938	.7722	.7513
4	.9610	.9238	.8885	.8548	.8227	.7921	.7629	.7350	.7084	.6830
5	.9515	.9057	.8626	.8219	.7835	.7473	.7130	.6806	.6499	.6209
6	.9420	.8880	.8375	.7903	.7462	.7050	.6663	.6302	.5963	.5645
7	.9327	.8606	.8131	.7599	.7107	.6651	.6227	.5835	.5470	.5132
8	.9235	.8535	.7874	.7307	.6768	.6274	.5820	.5403	.5019	.4665
9	.9143	.8368	.7664	.7026	.6446	.5919	.5439	.5002	.4604	.4241
10	.9053	.8203	.7441	.6756	.6139	.5584	.5083	.4632	.4224	.3855
11	.8963	.8043	.7224	.6496	.5847	.5268	.4751	.4289	.3875	.3505
12	.8874	.7885	.7014	.6246	.5568	.4970	.4440	.3971	.3555	.3186
13	.8787	.7730	.6810	.6006	.5303	.4688	.4150	.3677	.3262	.2897
14	.8700	.7579	.6611	.5775	.5051	.4423	.3878	.3405	.2992	.2633
15	.8613	.7430	.6419	.5553	.4810	.4173	.3624	.3152	.2745	.2394
16	.8528	.7284	.6232	.5339	.4581	.3936	.3387	.2919	.2519	.2176
17	.8444	.7142	.6050	.5134	.4363	.3714	.3166	.2703	.2311	.1978
18	.8360	.7002	.5874	.4936	.4155	.3503	.2959	.2502	.2120	.1799
19	.8277	.6864	.5703	.4746	.3957	.3305	.2765	.2317	.1945	.1635
20	.8195	.6730	.5537	.4564	.3769	.3118	.2584	.2145	.1784	.1486
21	.8114	.6598	.5375	.4388	.3589	.2942	.2415	.1987	.1637	.1351
22	.8034	.6468	.5219	.4220	.3418	.2775	.2257	.1839	.1502	.1228
23	.7954	.6342	.5067	.4057	.3256	.2618	.2109	.1703	.1378	.1117
24	.7876	.6217	.4919	.3901	.3101	.2470	.1971	.1577	.1264	.1015
25	.7798	.6095	.4776	.3751	.2953	.2330	.1842	.1460	.1160	.0923
26	.7720	.5976	.4637	.3604	.2812	.2198	.1722	.1352	.1064	.0839
27	.7644	.5859	.4502	.3468	.2678	.2074	.1609	.1252	.0976	.0763
28	.7568	.5744	.4371	.3335	.2551	.1956	.1504	.1159	.0895	.0693
29	.7493	.5631	.4243	.3207	.2429	.1846	.1406	.1073	.0822	.0630
30	.7419	.5521	.4120	.3083	.2314	.1741	.1314	.0994	.0754	.0573
35	.7059	.5000	.3554	.2534	.1813	.1301	.0937	.0676	.0490	.0356
40	.6717	.4529	.3066	.2083	.1420	.0972	.0668	.0460	.0318	.0221
45	.6391	.4102	.2644	.1712	.1113	.0727	.0476	.0313	.0207	.0137
50	.6080	.3715	.2281	.1407	.0872	.0543	.0339	.0213	.0134	.0085
55	.5785	.3365	.1968	.1157	.0683	.0406	.0242	.0145	.0087	.0053

系数表

12%	14%	15%	16%	18%	20%	24%	28%	32%	36%
.8929	.8772	.8696	.8621	.8475	.8333	.8065	.7813	.7576	.7353
.7972	.7695	.7561	.7432	.7182	.6944	.6504	.6104	.5739	.5407
.7118	.6750	.6575	.6407	.6086	.5787	.5245	.4768	.4348	.3975
.6355	.5921	.5718	.5523	.5158	.4823	.4230	.3725	.3294	.2923
.5674	.5194	.4972	.4762	.4371	.4019	.3411	.2910	.2495	.2149
.5066	.4556	.4323	.4104	.3704	.3349	.2751	.2274	.1890	.1580
.4523	.3996	.3759	.3538	.3139	.2791	.2218	.1776	.1432	.1162
.4039	.3506	.3269	.3050	.2660	.2326	.1789	.1388	.1085	.0854
.3606	.3075	.2843	.2630	.2255	.1938	.1443	.1084	.0822	.0628
.3220	.2697	.2472	.2267	.1911	.1615	.1164	.0847	.0623	.0462
.2875	.2366	.2149	.1954	.1619	.1346	.0938	.0662	.0472	.0340
.2567	.2076	.1869	.1685	.1373	.1122	.0757	.0517	.0357	.0250
.2292	.1821	.1625	.1452	.1163	.0935	.0610	.0404	.0271	.0184
.2046	.1597	.1413	.1252	.0985	.0779	.0492	.0316	.0205	.0135
.1827	.1401	.1229	.1079	.0835	.0649	.0397	.0247	.0155	.0099
.1631	.1229	.1069	.0980	.0709	.0541	.0320	.0193	.0118	.0073
.1456	.1078	.0929	.0802	.0600	.0451	.0259	.0150	.0089	.0054
.1300	.0946	.0808	.0691	.0508	.0376	.0208	.0118	.0068	.0039
.1161	.0829	.0703	.0596	.0431	.0313	.0168	.0092	.0051	.0029
.1037	.0728	.0611	.0514	.0365	.0261	.0135	.0072	.0039	.0021
.0926	.0638	.0531	.0443	.0309	.0217	.0109	.0056	.0029	.0016
.0826	.0560	.0462	.0382	.0262	.0181	.0088	.0044	.0022	.0012
.0738	.0491	.0402	.0329	.0222	.0151	.0071	.0034	.0017	.0008
.0659	.0431	.0349	.0284	.0188	.0126	.0057	.0027	.0013	.0006
.0588	.0378	.0304	.0245	.0160	.0105	.0046	.0021	.0010	.0005
.0525	.0331	.0264	.0211	.0135	.0087	.0037	.0016	.0007	.0003
.0469	.0291	.0230	.0182	.0115	.0073	.0030	.0013	.0006	.0002
.0419	.0255	.0200	.0157	0097	.0061	.0024	.0010	.0004	.0002
.0374	.0224	.0174	.0135	.0082	.0051	.0020	.0008	.0003	.0001
.0334	.0196	.0151	.0116	.0070	.0042	.0016	.0006	.0002	.0001
.0189	.0102	.0075	.0055	.0030	.0017	.0005	.0002	.0001	*
.0107	.0053	.0037	.0026	.0013	.0007	.0002	.0001	*	*
.0061	.0027	.0019	.0013	.0006	.0003	.0001	*	*	*
.0035	.0014	.0009	.0006	.0003	.0001	*	*	*	*

附表三　　年金终值

期数	1%	2%	3%	4%	5%	6%	7%	8%	9%	10%
1	1.0000	1.0000	1.0000	1.0000	1.0000	1.0000	1.0000	1.0000	1.0000	1.0000
2	2.0100	2.0200	2.0300	2.0400	2.0500	2.0600	2.0700	2.0800	2.0900	2.1000
3	3.0301	3.0604	3.0909	3.1216	3.1525	3.1836	3.2149	3.2464	3.2781	3.3100
4	4.0604	4.1216	4.1836	4.2765	4.3101	4.3746	4.4399	4.5061	4.5731	4.6410
5	5.1010	5.2040	5.3091	5.4163	5.5256	5.6371	5.7507	5.8666	5.9847	6.1051
6	6.1520	6.3081	6.4684	6.6330	6.8019	6.9753	7.1533	7.3359	7.5233	7.7156
7	7.2135	7.4343	7.6625	7.8983	7.1420	8.3938	8.6540	8.9228	9.2004	9.4872
8	8.2857	8.5830	8.8923	9.2142	9.5491	9.8975	10.260	10.637	11.028	11.436
9	9.3685	9.7546	10.159	10.583	11.027	11.491	11.978	12.488	13.021	13.579
10	10.462	10.950	11.464	12.006	12.578	13.181	13.816	14.487	15.193	15.937
11	11.567	12.169	12.808	13.486	14.207	14.972	15.784	16.645	17.560	18.531
12	12.683	13.412	14.192	15.026	15.917	16.870	17.888	18.977	20.141	21.384
13	13.809	14.680	15.618	16.627	17.713	18.882	20.141	21.495	22.953	24.523
14	14.947	15.974	17.086	18.292	19.599	21.015	22.550	24.214	26.019	27.975
15	16.097	17.293	18.599	20.024	21.579	23.276	25.129	27.152	29.361	31.772
16	17.258	18.639	20.157	21.825	23.657	25.673	27.888	30.324	33.003	35.950
17	18.430	20.012	21.762	23.698	25.840	28.213	30.840	33.750	36.974	40.545
18	19.615	21.412	23.414	25.645	28.132	30.906	33.999	37.450	41.301	45.599
19	20.811	22.841	25.117	27.671	30.539	33.760	37.379	41.446	46.018	51.159
20	22.019	24.297	26.870	29.778	33.066	36.786	40.955	45.752	51.160	57.275
21	23.239	25.783	28.676	31.969	35.719	39.993	44.865	50.423	56.765	64.002
22	24.472	27.299	30.537	34.249	38.505	43.392	49.006	55.457	62.873	71.403
23	25.716	28.845	32.453	36.618	41.430	46.996	53.436	60.883	69.532	79.543
24	26.973	30.422	34.426	39.083	44.502	50.816	58.177	66.765	76.790	88.497
25	28.243	36.030	36.459	41.646	47.727	54.863	63.294	73.106	84.701	98.347
26	29.526	33.671	38.553	44.312	51.113	59.156	68.676	79.954	93.324	109.18
27	30.821	35.344	40.710	47.084	54.669	63.706	74.484	87.351	102.72	121.10
28	32.129	37.051	42.931	49.968	58.403	68.528	80.698	95.339	112.97	134.21
29	33.450	38.792	45.219	52.966	62.323	73.640	87.347	103.97	124.14	148.63
30	34.785	40.568	47.575	56.085	66.439	79.058	94.461	113.28	136.31	164.49
40	48.886	60.402	75.401	95.026	120.80	154.76	199.64	259.06	337.88	442.59
50	64.463	84.579	112.80	152.67	209.35	290.34	406.53	573.77	815.08	1 163.9
60	81.670	114.05	163.05	237.99	353.58	533.13	813.52	1 253.2	1 944.8	3 034.8

系数表

12%	14%	15%	16%	18%	20%	24%	28%	32%	36%
1.0000	1.0000	1.0000	1.0000	1.0000	1.0000	1.0000	1.0000	1.0000	1.0000
2.1200	2.1400	2.1500	2.1600	2.1800	2.2000	2.2400	2.2800	2.3200	2.3600
3.3744	3.4396	3.4725	3.5056	3.5724	3.6400	3.7776	3.9184	3.0624	3.2096
4.7793	4.9211	4.9934	5.0665	5.2154	5.3680	5.6842	6.0156	6.3624	6.7251
6.3528	6.6101	6.7424	6.8771	7.1542	7.4416	8.0484	8.6999	9.3983	10.146
8.1152	8.5355	8.7537	8.9775	9.4420	9.9299	10.980	12.136	13.406	14.799
10.089	10.730	11.067	11.414	12.142	12.916	14.615	16.534	18.696	21.126
12.300	13.233	13.727	14.240	15.327	16.499	19.123	22.163	25.678	29.732
14.776	16.085	16.786	17.519	19.086	20.799	24.712	29.369	34.895	41.435
17.549	19.337	20.304	21.321	23.521	25.959	31.643	38.593	47.062	57.352
20.655	23.045	24.349	25.733	28.755	32.150	40.238	50.398	63.122	78.988
24.133	27.271	29.002	30.850	34.931	39.581	50.895	65.510	84.320	108.44
28.029	32.089	34.352	36.786	42.219	48.497	64.110	84.853	112.30	148.47
32.393	37.581	40.505	43.672	50.818	59.196	80.496	109.61	149.24	202.93
37.280	43.842	47.580	51.660	60.965	72.035	100.82	141.30	198.00	276.98
42.753	50.980	55.717	60.925	72.939	87.442	126.01	181.87	262.36	377.69
48.884	59.118	65.075	71.673	87.068	105.93	157.25	233.79	347.31	514.66
55.750	68.394	75.836	84.141	103.74	128.12	195.99	300.25	459.45	770.94
63.440	78.969	88.212	98.603	123.41	154.74	244.03	385.32	607.47	954.28
72.052	91.025	102.44	115.38	146.63	186.69	303.60	494.21	802.83	1 298.8
81.699	104.77	118.81	134.84	174.02	225.03	377.46	633.59	1 060.8	1 767.4
92.503	120.44	137.63	157.41	206.34	271.03	469.06	812.00	1 401.2	2 404.7
104.60	138.30	159.28	183.60	244.49	326.24	582.63	1 040.4	1 850.6	3 271.3
118.16	185.66	184.17	213.98	289.49	392.48	723.46	1 332.7	2 443.8	4 450.0
133.33	181.87	212.79	249.21	342.60	471.98	898.09	1 706.8	3 226.8	6 053.0
150.33	208.33	245.71	290.09	405.27	567.38	1 114.6	2 185.7	4 260.4	8 233.1
169.37	238.50	283.57	337.50	479.22	681.85	1 383.1	2 798.7	5 624.8	11 198.0
190.70	272.89	327.10	392.50	566.48	819.22	1 716.1	3 583.3	7 425.7	15 230.3
214.58	312.09	377.17	456.30	669.45	984.07	2 129.0	4 587.7	9 802.9	20 714.2
241.33	356.79	434.75	530.31	790.95	1 181.9	2 640.9	5 873.2	12 941	28 172.3
767.09	1 342.0	1 779.1	2 360.8	4 163.2	7 343.2	27 290	69.377	*	*
2 400.0	4 994.5	7 217.7	10 436	21 813	45 497	*	*	*	*
7 471.6	18 535	29 220	46 058	*	*	*	*	*	*

*>99 999

附表四 年金现值

期数	1%	2%	3%	4%	5%	6%	7%	8%	9%
1	0.9901	0.9804	0.9709	0.9615	0.9524	0.9434	0.9346	0.9259	0.9174
2	1.9704	1.9416	1.9135	1.8861	1.8594	1.8334	1.8080	1.7833	1.7591
3	2.9410	2.8839	2.8286	2.7751	2.7232	2.6730	2.6243	2.5771	2.5313
4	3.9020	3.8077	3.7171	3.6299	3.5460	3.4651	3.3872	3.3121	3.2397
5	4.8534	4.7135	4.5797	4.4518	4.3295	4.2124	4.1002	3.9927	3.8897
6	5.7955	5.6014	5.4172	5.2421	5.0757	4.9173	4.7665	4.6229	4.4859
7	6.7282	6.4720	6.2303	6.0021	5.7864	5.5824	5.3893	5.2064	5.0330
8	7.6517	7.3255	7.0197	6.7327	6.4632	6.2098	5.9713	5.7466	5.5348
9	8.5660	8.1622	7.7861	7.4353	7.1078	6.8017	6.5152	6.2469	5.9952
10	9.4713	8.9826	8.5302	8.1109	7.7217	7.3601	7.0236	6.7101	6.417
11	10.3676	9.7868	9.2526	8.7605	8.3064	7.8869	7.4987	7.1390	6.8052
12	11.2551	10.5753	9.9540	9.3851	8.8633	8.3838	7.9427	7.5361	7.1607
13	12.1337	11.3484	10.6350	9.9856	9.3936	8.8527	8.3577	7.9038	7.4869
14	13.0037	12.1062	11.2961	10.5631	9.8986	9.2950	7.7455	8.2442	7.7862
15	13.8651	12.8493	11.9379	11.1184	10.3797	9.7122	9.1079	8.5595	8.0607
16	14.7179	13.5777	12.5611	11.6523	10.8378	10.1059	9.4466	8.8514	8.3126
17	15.5623	14.2919	13.1661	12.1657	11.2741	10.4773	9.7632	9.1216	8.5436
18	16.3983	14.9920	13.7535	12.9896	11.6896	10.8276	10.0591	9.3719	8.7556
19	17.2260	15.6785	14.3238	13.1339	12.0853	11.1581	10.3356	9.6036	8.9601
20	18.0456	16.3514	14.8775	13.5903	12.4622	11.4699	10.5940	9.8181	9.1285
21	18.8570	17.0112	15.4150	14.0292	12.8212	11.7641	10.8355	10.0618	9.2922
22	19.6604	17.6580	15.9369	14.4511	13.4886	12.3034	11.0612	10.2007	9.4426
23	20.4558	18.2922	16.4436	14.8568	13.4886	12.3034	11.2722	10.3711	9.5802
24	21.2434	18.9139	16.9355	15.2470	13.7986	12.5504	11.4693	10.5288	9.7066
25	22.0232	19.5235	17.4131	15.6221	14.0939	12.7834	11.6536	10.6478	9.8226
26	22.7952	20.1210	17.8768	15.9828	14.3752	13.0032	11.8258	10.8100	9.9290
27	23.5596	20.7059	18.3270	16.3296	14.6430	13.2105	121.9867	10.9352	10.0266
28	24.3164	21.2813	18.7641	16.6631	14.8981	13.4062	12.1371	11.0511	10.1161
29	25.0658	21.8444	19.1885	16.9837	15.1411	13.5907	12.2777	11.1584	10.1983
30	25.8077	22.3965	19.6004	17.2920	15.3725.	13.7648	12.4090	11.2578	10.2737
35	29.4086	24.9986	21.4872	18.6646	16.3742	14.4982	12.9477	11.6546	10.5668
40	32.8347	27.3555	23.1148	19.7928	17.1591	15.0463	13.3317	11.9246	10.7574
45	36.0945	29.4902	24.5187	20.7200	17.7741	15.4558	13.6055	12.1084	10.8812
50	39.1961	31.4236	25.7298	21.4822	18.2559	15.7619	13.8007	12.2335	10.9617
55	42.1472	33.1748	26.7744	22.1086	18.6335	15.9905	13.9399	12.3186	11.0140

系数表

10%	12%	14%	15%	16%	18%	20%	24%	28%	32%
0.9091	0.8929	0.8772	0.8696	0.8621	0.8475	0.8333	0.8065	0.7813	0.7586
1.7355	1.6901	1.6467	1.6257	1.6052	1.5656	1.5278	1.4568	1.3916	1.3315
2.4869	2.4018	2.3216	2.2832	2.2459	2.1743	2.1065	1.9813	1.8684	1.7663
3.1699	3.0373	2.9137	2.8550	2.7982	2.6901	2.5887	2.4043	2.2410	2.0957
3.7908	3.6048	3.4331	3.3522	3.2743	3.1272	2.9906	2.7454	2.5320	2.3452
4.3553	4.1114	3.8887	3.7845	3.6847	3.4976	3.3255	3.0205	2.7894	2.5342
4.8684	4.5638	4.2882	4.1604	4.0386	3.8115	3.6046	3.2423	2.9370	2.6775
5.3349	4.9676	4.6389	4.4873	4.3436	4.0776	3.8372	3.4212	3.0758	0.7860
5.7590	5.3282	4.9464	4.7716	4.6065	4.3030	4.0310	3.5655	3.1842	2.8681
6.1446	5.6502	5.2161	5.0188	4.8332	4.4941	4.1925	3.6819	3.2689	2.9304
6.4951	5.9377	5.4527	5.2337	5.0284	4.6560	4.3271	3.7757	3.3351	2.9776
6.8137	6.1944	5.6603	5.4203	5.1971	4.7932	4.4392	3.8514	3.3868	3.0133
7.1034	6.4235	5.8424	5.5831	5.3423	4.9095	4.5327	3.9124	3.4272	3.0404
7.3667	6.6282	6.0021	5.7245	5.4675	5.0081	4.6106	3.9616	3.4587	3.0609
7.6061	6.8109	6.1422	5.8474	5.5755	5.0916	4.6755	4.0013	3.4834	3.0764
7.8237	6.9740	6.2651	5.9542	5.6685	5.1624	4.7296	4.0333	3.5026	3.0882
8.0216	7.1196	6.3729	6.0472	5.7487	5.2223	4.7746	4.0591	3.5177	3.0971
8.2014	7.2497	6.4674	6.1280	5.8178	5.2732	4.8122	4.0799	3.5294	3.1039
8.3649	7.3658	6.5504	6.1982	5.8775	5.3162	4.8435	4.0967	3.5386	3.1090
8.5136	7.4694	6.6231	6.2593	5.9288	5.3527	4.8696	4.1103	3.5458	3.1129
8.6487	7.5620	6.6870	6.3125	5.9731	5.3837	4.8913	4.1212	3.5514	3.1158
8.7715	7.6446	6.7429	6.3587	6.0113	5.4099	4.9094	4.1300	3.5558	3.1180
8.8832	7.7184	6.7921	6.3988	6.0442	5.4321	4.9245	4.1371	3.5592	3.1197
8.9847	7.7843	6.8351	6.4338	6.0726	5.4509	4.9371	4.1428	3.5619	3.1210
9.0770	7.8431	6.8729	6.4641	6.0971	5.4669	4.9476	4.1474	3.5640	3.1220
9.1609	7.8957	6.9061	6.4906	6.1182	5.4804	4.9563	4.1511	3.5656	3.1227
9.2372	7.9426	6.9352	6.5135	6.1364	5.4919	4.9636	4.1542	3.5669	3.1233
9.3066	7.9844	6.9607	6.5335	6.1520	5.5016	4.9697	4.1566	3.5679	3.1237
9.3696	8.0218	6.9830	6.5509	6.1656	5.5098	4.9747	4.1585	3.5687	3.1240
9.4269	8.0552	7.0027	6.5660	6.1772	5.5168	4.9789	4.1601	3.5693	3.1242
9.6442	8.1755	7.0700	6.6166	6.2153	5.5386	4.9915	1.1644	3.5708	3.1248
9.7791	8.2438	7.1050	6.6418	6.2335	5.5482	4.1659	4.1659	3.5712	3.1250
9.8628	8.2825	7.1232	6.6543	6.2421	5.5523	4.9986	4.1664	3.5714	3.1250
9.9148	8.3045	7.1327	6.6605	6.2463	5.5541	4.9995	4.1666	3.5714	3.1250
9.9471	8.3170	7.1376	6.6636	6.2482	5.5549	4.9998	4.1666	3.5714	3.1250